垂天之雲

歐洲漢學與東／西人文視域的交映

楊雅惠　主編

國立中山大學人文研究中心 出版

序

自歐洲大航海時代、中國明清時期以來，傳教士的西學東介、漢學西傳，開啟了東西之間跨文化對話的新境。傳教士將漢學傳回歐洲，對歐洲人文產生巨大的影響；既引發啟蒙思想理性主義，也開展出專業漢學。時至今日，在全球化語境中，「跨文化」思潮既起，「歐洲漢學」更蛻變為「文化間際」知識體系之典型表徵。因而全球跨文化交流的歷史進程中，「歐洲漢學」始終是旋乾轉坤的軸心關鍵。隨之而來的跨文化課題如：遙遠的世界兩極，是何時開始彼此探索、互相交流呢？東方對西學東漸的接受與影響，如何逐步展開？西方對漢文化與東亞文化的引介、吸納與再詮釋，又如何觸發新知？早期漢人赴歐、歐人在東亞的跨文化體驗，與其原生文化傳統關係如何？在異文化的衝擊之下，無論西方或東方，今日都已成了多元文化流轉不息的生活世界；對於未來，我們又如何開創出另一里程的人文遠景？……，凡此皆為引人興味的學術探索。

在科技部補助人文及社會科學研究圖書計畫推動之下，本校2014年榮獲「歐洲漢學」圖書計畫補助，也開啟了我們東／西跨文化的驚奇之旅。計畫期末於2017年五月，由文學院、人文研究中心、中文系、圖書資訊處共同舉辦了「垂天之雲：歐洲漢學與東／西人文視域的交映」學術研討會暨書展，會議匯聚國際漢學嶄新能量，書展展現豐碩藏書成果；當一切圓滿完成，卻是我們省思未來的開始。會後由與會學者慷慨賜稿，並經嚴格審查，集結而成茲編。書中篇章，多為當今「歐洲漢學」及「東／西跨文化」學術探索的領航之作，當可做為透視遠景的光源，指引出未來的方向。書分三卷：

卷一・歐洲漢學的跨文化哲思：鴻文四篇皆具有哲學指引性與方法論之深義。沈清松教授〈儒家思想對西歐理性主義與啟蒙運動初期影響及其當前省思〉一文，論述十七、八世紀來華耶穌會士向西歐引介儒家思想（含《四書》與孔子、《易經》與康熙），對西歐理性主義與啟蒙運動初期產生了重大影響。由於以笛卡爾（R. Descartes）為首的理性主義關心倫理與形上問題，大不同於只關心殖民利益與公共論域的經驗主義，因而得與儒家思想深相契合。文中以馬勒布朗雪（N. Malebranche）《與中國哲學家的對話》，萊布尼茲（G.W. Leibniz）《中國新事物》，與吳爾夫（Ch. Wolff）〈論中國人的實踐哲學〉為例，論述這些哲人的漢學洞見在啟蒙運動初興及其隨後轉變之跡。最後就當前全球化與跨文化互動脈絡中啟引出哲學省思。全文高瞻遠矚，力能扛鼎，實為本書開宗明義的恢弘導論。

劉千美教授〈古典漢語藝術思想西譯的美學反思〉一文思考漢語藝術理論西譯跨文化解讀的美學問題。首先反思二十世紀初葉以來漢語繪畫理論翻譯不同階段的美學問題，其次討論西方學者在翻譯中國古典藝術文獻時，對於隱含於傳統文化特有的超像美學、象外詩學理論的多重跨文化解讀，檢視其如何重新解讀為相異的認知途徑、創作能量和社會動能的另類思維。進一步探討翻譯過程中遺漏或增補的美學含義，其間含有可見與不可見之間的圖像過渡與穿越的間距問題。劉教授認為這其中所涉及的就不是世界的表象，而是存在活動的蹤跡。全文思路宏觀，引徵豐贍，對於歐洲漢學美學方面之研究，實為一極其珍貴之寶藏。

接續為兩位歐籍學者現身說法。德籍宋灝教授〈歐洲漢學與跨文化思維〉批判當今歐美漢學，逐漸捨棄歐洲人文學傳統，變形轉成以「中國研究」（Chinese studies）為準的方向。傳統「漢學」致力涵蓋中華文化世界的整個歷史發展，尤其是以語文學為基本方法，深入研究不同領域的文獻。但在「漢學」轉 成「中國研究」的典範轉移之下，竟捨棄歷史厚度和思考深度，缺乏歐洲人文學累積的學術知識和理論經驗，對當代哲學思維及人文研究無法導出有意義的貢獻。本文集中於哲學的視角，勾勒歐洲漢學的歷史並批判當代處境，然後以法國漢學家朱利安（François Jullien）的研究為例，討論如何將歷史情境重新納入考量，以便對當代的跨文化思維有所貢獻。

斯洛維尼亞籍 Jana S. Rošker 教授〈中國哲學的方法論與跨文化研究〉一文，指出西方漢學家研究東亞傳統文化時經常使用歐美人文學科方法論，按照西方形式邏輯的「圖」研究中國哲學，忽略中國文化思想的獨特性，因而陷入為難的處境。因中國傳統思維的方法及其概念、範疇和思維規律，都不同於目前現代人所公用的方法和規律。中國傳統思想本屬於一個特定的參照框架，其特定概念與範疇決定著中國古典文本本身固有的程序及方法論架構。因此文中介紹中國哲學參照架構的獨特性，在此基礎上再討論研究中國哲學最合適的方法。

卷二・起源：傳教士漢學，進入歐洲漢學之溯源 —— 傳教士漢學的歷史與文本之研究。李奭學教授〈馬若瑟・中國說部・《漢語劄記》〉介紹了清初耶穌會士中的文學奇才馬若瑟（Joseph de Premare, 1666-1736，撰有小說《夢美土記》與《儒交信》，法文譯有《詩經》八首與元人紀君祥的雜劇《趙氏孤兒》），文中探討馬若瑟為何能把中國文學推向歐洲舞台？檢視 1728 年馬氏所撰《漢語劄記》，李教授細膩考察書中例句，發現馬若瑟徵引了從元曲迄康熙中期的明清通俗說部，包含才子佳人小說與《水滸傳》、《金瓶梅》等當世奇書，計達八十多種，證明他在說部上所下功夫遠甚於詩歌。李教授素以中西文學修辭考證見長，本文鉤沉索隱，雖僅就馬若瑟一例，但已可見當時歐洲傳教士致力於漢學功力之深、工夫之勤；實見人所未見，發人所未發。

潘鳳娟教授〈國王數學家筆下的康熙 —— 以法國耶穌會士白晉與李明的著作為中心〉，以路易十四所派遣的兩位國王數學家李明（Louis Le Comte）與白晉（Joachim Bouvet）著作：《中國現勢新志》和《中國皇帝的歷史肖像》為核心，探討書中對康熙皇帝的詮釋異同及其後續效應，據以詮釋歐洲在啟蒙時代初期的中國熱風潮下，隨著「中國禮儀之爭」的發展與演變，中國耶穌會賴以為辯護中國禮儀的論據，逐漸從以孔子為中心的文人儒學傳統，轉向以帝王（尤其是康熙）為中心之政治論述。而這智慧明君康熙形象之建構，對後來幾位重要思想家如萊布尼茲、伍爾夫、伏爾泰等人影響也頗深。本文以康熙形象為焦點，勾勒漢學在歐洲的大勢關鍵，是精彩的史學論述。

黃渼婷教授〈漢學西傳 — 以早期來華傳教士之著述《中國圖說》（1667）與《中國哲學家孔子》（1687）為例〉，探討十三世紀至十八世紀早期來華傳教士將漢學及中國文化相關知識傳進歐洲的貢獻，尤以耶穌會會士基歇爾（Anthanasius Kircher）《中國圖說》(1667) 與柏應理（Philippe Couplet）等編譯的《中國哲學家孔子》（1687）兩書為主。前者乃介紹當時中國的百科全書，後者則著重在介紹中國的思想文化精神，對於中國各有不同層面的介紹，也可見傳教士們在特定的傳教視野下將中國思想文化引入西方的方法論。

吳建林博士〈從經院評論到《靈言蠡勺》：序言及靈魂定義〉一文，為耶穌會士畢方濟《靈言蠡勺》做西方哲學與神學的溯源——探討晚明該書與《柯因布拉耶穌會學院對亞里士多德《論靈魂》三卷之評論》之間的淵源。循「序言」與「靈魂定義」兩軸，展示此柯因布拉評論如何於其序言內，將亞里士多德所論靈魂知識之功用，化為神學「認己」論述，《靈言蠡勺》則翻譯柯因布拉序言，從而建構其「認己」翻譯藍圖，並將靈魂問題化為靈魂定義。《靈言蠡勺》之定義闡述，亦反映亞里士多德與經院哲學之知識探究方法。

卷三・東／西人文視域的交映：本卷承前之導論、溯源，乃繼以開展歐洲漢學之流衍與跨文化視域之議題。筆者〈深淵與深淵響應：歐洲漢學藏書管窺〉一文，由本校「歐洲漢學圖書計畫」藏書管窺歐洲漢學在歷時性與共時性之大要。首先考察歐洲漢學的起源，即傳教士漢學，由其諸般知識體系的探索與追問，遂展開了歐洲漢學的新章。其次觀察專業漢學在歐洲各國的發展；如德國、荷蘭、法國、英國、義大利、西班牙，固是歐洲漢學大宗；但奧地利、捷克、瑞典與其他小國也都展現具體而微的學術能量。第三，一覽漢文典籍在歐洲各種語文翻譯之情況，如聞漢文經典之在異地的多語交響；第四，點出歐人如何聚焦福爾摩沙，以及身處台灣的我們如何回應歐洲漢學。最後得出「歐洲漢學」對當今世界的啟示。文中介紹珍本古籍數冊，彌足可貴。

其後為幾位青年學者起步之作，雖是新聲，但學術潛能令人期待。如：莊川輝〈對「抒情傳統」的反思及文學身體觀的建立——一種現象學的觀察〉，取徑歐洲當代思潮，引入從海德格（Martin Heidegger）到梅洛龐蒂（Maurice Merleau-Ponty）的現象學視野，將中國「抒情傳統」分為兩個層次論述。首從海德格的「現身情態」切入，指出「此在」須經由情緒來鋪陳出一個世界；次以梅洛龐蒂的身體性討論：「抒」情之「抒」是語言與身體的運作問題。期盼透過「所抒之情」和「如何抒情」兩層面來補充「抒情傳統」的理論基礎。孫宇凡〈虛構實在、多重身變與假設檢驗：論史景遷的歷史詮釋〉一文，以史學家史景遷的歷史書寫風格為中心，從史學家或文學家的身份認定以及詮釋規則角度入手，探討史氏在《大汗之國》中樹立漢學的虛構傳統，以區別《改變中國》中體現的干預傳統；並由文本中剖析其所體現的「被觀察者／被觀察的觀察者／觀察者（或作者）」三重結構，從而證明其文學化歷史書寫風格之形成。翁瓊華〈福爾摩沙之召喚——探索蘇格蘭傳教士李庥牧師之臺灣心〉一文，探討首位至福爾摩沙之蘇格蘭傳教士李庥牧師（Rev. Hugh Ritchie），面對語言、文化和生活習慣之差異，從衝突、對立與排斥，至容忍、接受與互助，建立他理想中的傳教場域。本文以有限的文獻資料，輔以遺跡廢墟考掘方式，將李庥牧師短暫生命呈現，難能可貴。

再續兩篇則如鏡像一般，讓我們看到中西人文視域交映下的女性身影。陳莉萍〈19 世紀在甬西方人對寧波婦女的書寫〉，敘述 19 世紀中國五口通商後，寧波為西方人北上西進的中轉站。在西學、近代工業的影響下，婦女的生活方式及觀念也由此改變。本文由曾在寧波居留的赫德、丁韙良、施美夫、李希霍芬等西方人著作中，探索出：西人如何推動寧波婦女的自我價值認識，以及相關婦女問題的改革，也反映出以西方婦女觀構建中國姐妹新形象的意圖。吳毓琪教授〈林獻堂《環球遊記》凝視異國「女性」形象與文化詮釋〉一文，研究台灣仕紳林獻堂 1927-1928 年間環球之旅如何詮釋異國女性的形象與其文化蘊意；藉由旅遊理論的「看／被看」、「自我／他者」文化之間的對話，探討林獻堂如何體察各國女性文化，包括身體語言、潛質才能、社交地位與主權、身體界線等面向，並借鏡歐美女性文化，以反思臺灣婦女的權力。

本書篇篇精彩，引人入勝。今將付梓，感謝作者的慷慨賜稿，感謝審查委員的嚴謹審查，感謝相關單位的支援及工作人員的辛勞，讓讀者開卷，即發現了一個嶄新的視域 ......。遙遠的世界之極，永遠有我們所不知的奧秘。當知識從海極到天涯，由互譯、外推，進而會通、轉化，也將具有《莊子‧逍遙遊》中的大鵬鳥「怒而飛，其翼若垂天之雲」的壯觀能量。於全球化的跨文化語境下，我們從「歐洲漢學」出發，進而在東西視域的兩極交映中，發掘出人文思維在世界之旅的驚奇異境；若能激起廣大的學術迴響，引發更深遠的研究動力，是所深盼。

歲次戊戌荷月楊雅惠序於西灣

目　次

卷三・東／西人文視域交映

儒家思想對西歐理性主義與啟蒙運動初期影響及其當前省思

沈清松*

〔摘要〕

本文將探討十七、八世紀由於來華耶穌會士向西歐引介《四書》與孔子、《易經》與康熙，而對理性主義與啟蒙運動初期所產生的影響。首先，必須說明為何僅在理性主義產生正面影響？此乃由於其奠立者笛卡爾（R. Descartes）關心倫理與形上問題，並從耶穌會學得的入境問俗、尊重異文化，以致理性主義深受儒家思想影響。這點大不同於當時只關心殖民利益與公共論域，於形上問題無甚關心的經驗主義，以及返回歐洲主體中心，對中國哲學有偏見的德國觀念論。

其次，本文將探討馬勒布朗雪（N. Malebranche）的《與中國哲學家的對話》，萊布尼茲（G.W. Leibniz）的《中國新事物》，與吳爾夫（Ch. Wolff）〈論中國人的實踐哲學〉，乃至啟蒙運動初興及其隨後轉變之跡。最後，將在結論中就當前全球化與跨文化互動脈絡中提出幾點哲學省思。

關鍵詞：儒家思想、理性主義、啟蒙運動、馬勒布朗雪、萊布尼茲、吳爾夫

* 加拿大多倫多大學中華思想與文化講座教授

一、前言

無論是探討中、西哲學研究、比較或交流的方法論，甚或討論中國哲學對西洋哲學的可能貢獻，都應該有一些史實作為基礎，才能免除流於遐想，甚至一廂情願的臆測。為此，本文擬從哲學觀點，探討儒家思想對於西歐理性主義與啟蒙運動的影響，來省思中國哲學對西洋哲學的比較、交流與貢獻。如此的探討既是歷史性的，涉及中西哲學與文化的交流史，同時也是哲學的，主要討論哲學的概念與理論。最後，我想在當前全球化與文化互動的脈絡中，來予以哲學省思，提出幾點哲學結語。

須知，利瑪竇於一五八三年來華，帶來西方的科學、技術、哲學、文化與宗教，開啟了中、西文化交流的大潮。利瑪竇和耶穌會早期來華會士們，瞭解到爲了平等交流，應該把彼此最好的經典拿出來翻譯，以促成深刻的相互瞭解。他們清楚地認識到，文化交流必須要有哲學理論做基礎，為此而有系統地譯介了亞里斯多德（Aristotle），使其成爲中西文化交流史上第一位被系統引進中國的西方哲學思想家。他們也譯介中國經典到歐洲，初期譯介《四書》，而第一位於晚明被譯介到歐洲的中國哲人是孔子，使歐洲人認識儒家智慧與哲人典範；其後，轉入清朝，則致力於譯介《易經》，以使西方認識中國人的數理與宇宙論述，並且介紹康熙皇帝勤政愛民、認真學習科學的聖王典範。可以說，當時擔任中、西互譯的接引者，正是這些心懷慷慨與遠見的耶穌會士們。

至於進行中譯、西譯、中西互譯的理由，主要是由於耶穌會的文化適應政策，以及友誼平等的交流原則。利瑪竇的第一本著作是《交友論》（*De Amicitia*），其中的思想是朋友以友情與平等友善相待、互補有無，其文曰「交友之旨無他，在彼善長於我，則我效習之；我善長於彼，則我教化之。是學而即教，教而即學，兩者互資矣。」[1]

[1] 利瑪竇，《交友論》，收入於李之藻輯，《天學初函》第一冊（台北：學生書局，

利瑪竇這一平等、友善、互補的跨文化交往構想蘊涵着一個根本的典範轉移：原先由近代性產生的帝國宰制對其殖民地而言是不平等的；但現在利瑪竇由於心靈的敏銳、道德的操守和宗教的熱忱，要從平等交友的角度來與中國文化來往，而不是文明對野蠻的暴力宰制，一如帝國主義者對待亞非各國那樣。這是在互動模式上的根本改變，在今天仍有重要的啓發意義。

在此原則下，有一基本的想法：要讓中、西雙方聖賢的思想彼此相遇。這在今天來講是意義深遠的。耶穌會士們想在經典的交流中促成雙方聖賢的對話。這一點可以從艾儒略（G. Aleni）在《西學凡》中的說法得到印證。他說：

> 旅人九萬里遠來，願將以前諸論與同志繙以華言。試假十數年之功，當可次第譯出，更將英年美質之士，乘童心之未泯，即逐歲相因而習之。始之以不空疏之見，繼加循序遞進之功。洞徹本原，闡發自廣……使東海西海群聖之學，一脈融通。[2]

可見，耶穌會士們發願，要把《西學凡》在先前提到（主要是亞里斯多德）的重要經典，翻譯爲華語，使得東聖（如孔子）、西賢（如亞里斯多德）的學問，可以相互融通。

這「一脈融通」的事體，可以從兩方面來研究。其一，就西學在中國產生的中西融合，我有另文交代：其二，則就其在歐洲所產生的影響，此為本文的主旨。大體說來，在西方文藝復興之後，西方近代哲學可分為三個學派：其一是笛卡爾（R. Descartes）、馬勒布朗雪（N. Malebranche）、萊布尼茲（G. W. Leibnitz）與吳爾夫（Ch. De Wolff）等人的理性主義（Rationalism）；其二則是洛克

1972 年），頁 212-213。

[2] 艾儒略，〈西學凡〉，《天學初函》第 1 冊，頁 59。

（J. Locke）、柏克萊（G. Berkeley）、休謨（D. Hume）等人的經驗主義（Empiricism）；其三則有康德（I. Kant）、菲希特（J. G. Fichte）、謝林（F. W. J. Schelling）、黑格爾（G. W. F. Hegel）等人的德國觀念論（German Idealism）。中國哲學對於西歐近代思潮有影響，主要在於理性主義，所以我們以之為本文重點。至於經驗主義，由於彼時正忙著關心英國海外殖民利益與公共領域論述的經驗主義知識論規範，並無對其餘文化與哲學傳統的正面關心。至於稍後的德國觀念論，由於其中的康德（I. Kant）屬於虔信教派，所以為了尊重其教會立場，他不太討論中國，僅在《地理學講義》中論及中國的儒、釋、道，但充滿偏見。雖然說他很有可能閱讀過傳教士們關於中國的著作，且其道德哲學的想法仍有和儒家類似之處，然我們仍不可以熱臉貼冷屁股，一廂情願地誇康德哲學的比較哲學意涵。至於黑格爾，雖在《歷史哲學》、《宗教哲學講錄》中談及中國哲學與中國君王與自由型態，然在此時已經轉為以歐洲為主體，且對中國多所批判，並無實際平等交流之義。

為此，本文的主題，主要是定位在儒家思想對歐洲的理性主義與啟蒙運動初期的影響，及其在今日全球化脈絡下文化交流的省思。

二、為何受中國哲學影響的是理性主義，而非經驗主義？

與理性主義相較之下，為什麼經驗主義哲學家沒有受到中國哲學影響？其原因之一，在於經驗主義者只關心感性經驗與殖民利益；然而理性主義從奠立者笛卡爾開始，便受到耶穌會入境隨俗、尊重異文化精神的影響。早期英國經驗論哲學家們對於中國文化與中國哲學並沒有任何興趣。他們的思想反映了英國殖民擴張及對殖民利益的興趣。例如洛克曾擔任沙茲伯里公爵（Earl of Shaftesbury）的秘書，後者可說是當時英國殖民地擴充的推動者，洛克自己也沒有對其他地區文化的興趣、推崇與尊重。他僅在《降低利率，提高幣值後果的一些考量》（*Some Considerations of the Consequences of the Lowering of In-*

terests, and Raising the Value of Money）一文中提到有關開採銀礦的「中國人聰明的政策」（the wise policy of the Chinese）[3]，至於毫無銀礦自然資源的國家，只好靠「征服或貿易」（conquest or commerce）來賺取銀兩[4]，而英國「由於航海技術的改良，沒有幾個可以匹敵」（since the improvement of navigation, had not raised us many rivals），所以「無論是為了財富或為了存活，留給我們的唯一道路便是貿易。」（Commerce, therefore, is the only way left to us, either for riches or subsistence.）[5]

另外，經驗主義的知識論認為，關於人的知識來源，基本上只有看得見的、聽得見的，換言之，透過感性經驗得到的，才算是可靠的知識來源，才可作為科學論述或公共領域辯論的依據，尤其是關於利益（包含殖民利益）的論辯。但是，人的經驗往往受限於時空與情境，無法普遍化。然而，經驗論主張所有的知識都必須回歸到感性經驗，至於來自其他歷史傳統、形而上思辨或信仰的內涵，往往將其懸置，更不要說有關終極真實的遐想更需沉默以對了。

經驗主義者雖然重視個人自由與經驗科學，可是，個人的自由選擇與科學理性雖然重要，但仍不能因此忽略個人與群體是在時間中成長發展的，因而有其歷史並承接自身所生活其中的傳統這一事實，也因此在著重邏輯與科學理性之時，也不能無視於人的歷史性與文化傳統。然而，自由主義的鼻祖洛克（J. Locke）卻主張將心靈視為「白板」，人在這白板上獲取的知識，只有那些由感覺經驗獲取的觀念和人心按照邏輯組合的觀念才是可靠的，對於來自歷史傳統的知識或信念總表示不信任甚至視為錯誤，一如經驗主義者培根（F. Bacon）所

[3] John Locke, *Some Considerations of the Consequences of the Lowering of Interests, and Raising the Value of Money*, in John Locke, *The Works of John Locke in Nine Volumes*, 12th edition, 9 volumes, London: Livington, 1824. Volume 4, p. 12.

[4] Ibid., p.13

[5] 同前註，頁 13-14。

講，皆屬種族偶像、洞穴偶像、市場偶像、劇場偶像等。這一說法固然有批判錯誤之知的重要用意，然而，人心並非白板，反而是繼承了許多傳統的價值與觀點；歷史傳統雖需經過批判的繼承，但不能將經驗與邏輯以外的知識或信念皆放入錯誤的範疇。洛克將知識僅封限於人對外在事實之知，至於自由則成了人對外在對象的選擇。類似這種將歷史傳統與信仰放在私人領域或不相干的位置，好使得公共事務的參予者能以公開可驗證的知識在公共論域中論述並參與決策。

這種作法在當代仍可見於自由主義者羅爾斯（J. Rawls）的「無知之幕」概念。羅爾斯將來自不同歷史傳統與信仰對於生命意義的看法，以及社會實踐方面的宇宙整合式或宗教上的視野，都放入所謂「無知之幕」之中，好使得人們能在多元主義的公共領域中，依循大家都同意的最少規則，確保最大限度的行動範圍。既然將攸關生活意義和生命奉獻以及自我與群體認同的來源的歷史、文化、傳統與信念，都放入無知之幕的幕後，人們所做所為並不是來自其刻骨銘心的人性呼喚，而且無視於年齡、種族、性別、宗教等種種差異，人在公共領域中只討論程序與分配的正義。

自由主義者將歷史傳統經由不斷演進而得來的價值與美德都放入私人領域。在公共領域中，人們只關心競爭與分配的公共規則。如此將倫理、歷史與宗教信念逐出公共領域之外，放入了「無知之幕」之中，為的是讓公共行動和公平競爭可經由形式上無瑕的正義程序，依據大家同意的權利結構，獲得國家公權力的保障。其立意雖可以了解，然其實際結果，則是私利競奔，有累積與資本者贏之，終究無法提供公民足以高尚其志的動機體系。

依我的看法，經驗主義對於科學的確有許多貢獻。隨著經驗主義發展起來的自由主義，也的確在政治、社會、經濟上多有貢獻。但是，若就它對於文化傳統，對於人的歷史性，以及對於人心所需藉以昂揚其志的理想和動機體系而言，經驗論和自由主義可謂卑之無甚高論。無論是洛克將之放入「白板」（Tabula rasa），或羅爾斯（John

Rawls）將之放入「無知之幕」（Veil of ignorance），都是故意忽視形上學論述、信仰與傳統在公共領域論辯中可有的角色，甚至視若無睹。感性之知、邏輯推論、個人主義與代議政治等論述，雖在人權、市場、公共權利與政黨政治和代議政治等有所貢獻，但這些也往往淪為爭奪權利的藉口。

相較起來，理性主義者從笛卡爾開始，便主張入境隨俗與慷慨待人。理性主義的奠立者笛卡爾，也是整個近代哲學的奠基者，他的名言「我思故我在」說出了近代性（modernity）強調人的主體性的基本精神。我想，近代以來最重要的遺產，仍是人的主體性的發現，雖可批評之，並要求其開放，切莫封閉，但總不可棄之不顧。笛卡爾的哲學體系裡雖沒討論其他文化傳統，但他的「暫時道德」（morale provisoire）信條，第一條就是要入境隨俗，要尊重所進入的文化。笛卡爾本人曾在耶穌會神學院住了兩年，這一條應該是來自學習耶穌會倫理學而有的翻版，是來自耶穌會四處傳教採取的入境問俗的適應策略。在其影響下，笛卡爾心目中有一慷慨的倫理學，也有適應他人風俗、尊重他人文化的胸襟。所以，他在晚年所著《靈魂的熱情》（*De la passion de l'âme*）中強調，唯有慷慨之人，始能認識自我；也唯有認識自我的人，才能對人慷慨。這一點又將我們帶回早期在華的耶穌會士慷慨進行的中西文化交流，所帶來對於歐洲理性主義的正面影響。

三、馬勒布朗雪與中國哲學家的對話

首先就是法國理性主義思想家馬勒布朗雪（Nicolas Malebranche，1638-1715），他曾拜讀了在華傳教士所介紹的中國哲學思想，並著有《一個基督徒哲學家和中國哲學家關於天主的存在與本性的對話》（*Entretien d'un philosophe chrétien et d'un philosophe chinois sur l'existence et la nature de Dieu*, 1708）[6]。馬勒布朗雪是司鐸祈禱會

---

[6] Malebrache, N., *Entretien d'un philosophe chrétien et d'un philosophe chinois sur l'exis-*

會士（Oratorian），受訓期間接受亞里斯多德哲學的訓練，然更受到聖奧古斯丁的影響。他在哲學上的主旨，是把笛卡爾哲學和聖奧古斯丁思想結合起來。

一方面，馬勒布朗雪接受笛卡爾的本體論證：認為人有積極的無限概念，然而有限者無法想像這一無限存在，所以無限的概念是由無限者所給予的。另一方面，也繼承了聖奧古斯丁的光照說，認為人在智性最清晰明判的概念中所見，都是在神內看見。所有理性的真理，尤其數理真理，「無限」概念，以及所有自然理性可以看見的道德法則，皆是在神內看見。

馬勒布朗雪在《基督徒對話錄》（*Conversations Chrétiennes*）一書開宗明義就推崇孔子，認為孔子是人按照自然理性便能獲得道德法則的重要範例。他在該書一開始就說：「聖多瑪斯應用了亞里斯多德的感受，聖奧古斯丁則應用了柏拉圖的感受，為了向哲學家說明信仰的真理，而我如果沒有錯的話，也是因為這層關係，使得中國人得以從該國哲學家孔子那裡得到切近於我們的學說的這些真理。」[7] 從以上這些話看來，馬勒布朗雪是十分推崇孔子的。

馬勒布朗雪在《一個基督徒哲學家和中國哲學家關於天主的存在與本性的對話》中，轉過來對於宋明新儒家有所檢討與批評。此時他所針對的，其實是朱熹的理氣論。經由對話來評論朱熹理氣論之不足，藉此論證天主或神本身是無限的存有者。馬勒布朗雪表明，他所要批駁的中國人的錯誤觀念包含以下六點：第一點，只有兩個種類的存有，也就是「理」或「至高的理性、規則、智慧與正義」，和「物質」（其實就是「理」和「氣」）。第二點，「理」和「氣」（物質）都是永恆的存有。其實，在朱熹，「理」在理論上先於「氣」，且當這個宇宙消滅了之後，「理」還可以再另生發別的宇宙。第三，「理」

---

tence et la nature de Dieu, in *Oeuvres* Completes, Tome XV, Paris: J. Vrin, 1958.

[7] Malebranche, N., *Conversations Chrétiennes*, in *Oeuvres*, Paris: Gallimard, 1979, p.1129.

並不是在己存在，也不獨立於物質而存在，顯然中國人將之視為一種形式（亞里斯多德意義下的形式），或者像是一個分散在物質中的性質。其實，按照朱熹，「理」也作為總名、作為「太極」，都不是在「氣」中。馬勒布朗雪把「理」當作形式，甚至是一種性質，恐怕都是根據來自東方不足的資訊或出自根據亞里斯多德的形質論、範疇論所做的想像。第四，「理」既不認知也不思想，雖然它本身被當作至高的智慧和理智。第五，「理」一點都不自由，它的動作完全出於其本性的必然性，對於自己的行為既不認知也不意願。其實，在朱熹那裡，「理」不是位格的，當然就沒有意志可言。不過，馬勒布朗雪進一步推論，既然「理」沒有意志，一切都變成是必然的，這是把朱熹的「理」設想為斯賓諾莎的實體了。朱熹的「理」既是原理原則，也充滿了許多可能性，而可能性並不等於必然性。第六，「理」把那些傾向於接受理智、智慧與正義的物質，轉變為理智的、智慧的和正義的。針對此一批評，須知當朱熹講「理」、「氣」結合，並不是說「理」使得「氣」變成智慧的，而是說「理」、「氣」密切結合，使得那具體存在的人可以有智慧。總之，按照馬勒布朗雪所談到的那些中國文人來說，人的精神只不過是被淨化了的物質，或傾向於理所賦形的物質，藉此而變成智慧的或有能力去思想的。顯然是因為這點，他們同意說，「理」就是光，可以光照所有人們，而且人們在光之中可以看見萬物真貌。[8]

從以上六點我們可以看出，馬勒布朗雪大體上是按照亞里斯多德的形式與質料學說的角度來看「理」和「氣」，雖然這一詮釋有某些時候是正確的，但對於朱熹的「理」和「氣」並不是完全正確的了解。其實，這包含了他對於朱熹哲學的誤會。因為就朱熹而言，在形而上

[8] 以上六點，表述在馬勒布朗雪〈敬告讀者〉(Avis au lecteur)，見 Malebrache, N., *Entretien d'un philosophe chrétien et d'un philosophe chinois sur l'existence et la nature de Dieu*, in Oeuvres Completes, Tome XV, Paris: J. Vrin, 1958, p.40-41 在此文中我略加闡述與批評。

層面，「理」可以在其自身；在形下層面，「理」馭「氣」而行，「理」「氣」不分離。馬勒布朗雪只知道，「理」「氣」不分離，可是並不知道「理在其自身」，且在形而上層面，是「理」高於「氣」，而且可以與「氣」分離。只有在形而下的實際存在上，是「理」「氣」並行。

馬勒布朗雪對於理氣論，是根據他對亞里斯多德形質論批評的角度來看的，將理氣關係視如形式與質料的關係。但這絲毫不影響他對孔子的推崇。他從孔子那裡學到：透過人的自然理性也可以看見道德的真理，這一點後來被萊布尼茲和吳爾夫加以發展，甚至引發西方啟蒙運動的開端。至於他對朱熹理氣論的批評，在意圖上是為了呈顯有一無限的存有者天主作為萬物存在的原因。在這一點上，中國的宋明理學僅訴求於「理」做為原因，而沒有指向超越而無限的實體做為原因。這也是利瑪竇和在華傳教士批評的對象，但我們不能說朱熹哲學思想的優點有被馬勒布朗雪體會、吸收到。孔子雖被他視為典範，但朱熹則是他用來批評的借鏡。

四、萊布尼茲的中國新奇事物

萊布尼茲（G. W. Leibniz, 1646-1716）是個有多方成就的天才，既是外交家、政治家、數學家、科學家，也是哲學家。他像儒家一樣，致力於在各種衝突、二元對立間，取得和諧與中道，譬如說德國與法國之間的衝突，天主教與新教之間的衝突，笛卡爾哲學與傳統亞里斯多德哲學之間的衝突，科學與神學之間的衝突…等等，總試圖在他們之間找到促進和諧的中道。尤其他更盼望，能將歐洲文明與其新發現的亞洲文明，即近代歐洲與中國傳統之間，取得協調之道。

萊布尼茲主張多元論，他的單子論認為每個單子都反映了全體，而全體也反映了每一個單子。這點頗相似華嚴宗帝網的寶珠一般，每顆珠子反映了全體珠子，全體珠子也反映了每顆珠子。不同的是，萊布尼茲認為這是出自上帝的預立和諧。換言之，萊布尼茲主張多元的世界，在上帝的預立和諧下都可以達到完美而充量的和諧。他這想法也有點像《易經》所說的「各正性命，保合太和」。事實上，萊布尼茲主張衝突的雙方可以透過交流、交談，以達至充量和諧。因此，我們可以說，萊布尼茲看到的世界雖屬多元，但他認為在多元之間仍應彼此互動、交談。我願意說，萊布尼茲已經有了「跨文明交談」的想法。

萊布尼茲認為儒家所講的「天」、「帝」或「上帝」，和朱熹所講的「理」，都是在講天主，都在講基督宗教裡的上帝。萊布尼茲把中國哲學與宗教裡的「帝」、「上帝」、「天」或「理」都詮釋為是天主或上帝。這是啟發自白晉（Joachim Bouvet）與他的弟子馬若瑟（Joseph de Prémare）的索隱派（figurists），認為中國的經典與文字的象徵，都是指向天啟的隱喻。

萊布尼茲甚至希望儒家也能派傳教士到歐洲，這一想法並不合乎傳統儒家的精神。一方面，儒家有聖賢、有老師，然而並沒有傳教士；另方面，《禮記》說「禮聞來學，未聞往教」，儒家缺乏自我走出的慷慨，常持中國中心主義的思想。為此，在儒家看來，若外國人想要學習儒學，必須來老師這裡聽講，沒有說老師出去講給你聽的。如此一來，儒家就沒有像佛教和基督宗教遠出傳教的慷慨精神。自秦漢以降，「中」的概念被窄化詮釋的結果，以自己所在之國為「中」，成為儒家慷慨精神的阻礙。

唯獨乾隆年間一位落魄儒生夏敬渠（1705-1787）的小說《野叟曝言》用想像的方式彌補此憾。這本小說主角文素臣是一位文武全才的儒士，不但能除奸去佞，以儒家思想勝除釋、道；而且兒子文麟征服印度，他的朋友景京征服歐邏巴二十餘國，以孔孟之道締建新國，號「大人文國」，使儒家思想傳播到了歐洲，建立了一個全新的儒學國度。這是一本落魄儒生撰寫的烏托邦小說。儒家本身沒有親身赴歐洲去傳播儒學，而實際傳播儒家思想的，還是靠歐洲人自己，尤其是靠傳教士。《野叟曝言》是在想像中完成了以儒家思想征服歐洲，建立起新的儒家國度的幻想。[9]

萊布尼茲在實踐哲學上關心的問題是：為什麼中國人這些道德的信念以及理性的智慧，可以在日常生活裡面一一實現出來，而不會像西方人，為了一點小小的原因就武裝起來，彼此戰爭。萊布尼茲發現，這是因為中國人有「禮」，無論是在《論語》或《禮記》那裡，都可以看到一套人應該如何依以生活的「禮」。譬如，在《論語》裡，孔子說「非禮勿視，非禮勿聽，非禮勿言，非禮勿動」，關於什麼該看？什麼不該看？什麼該說？什麼不該說？等等，教人在生活裡避免養成壞的習慣。《禮記》裡，不但有祭天、祭社稷，而且一般鄉人飲酒也有禮，教人與尊長講話該怎麼站、怎麼坐？都有一定禮的規定；面對父執輩要如何舉止？如何照料父母？也都有規矩。孔子自己講「吾十有五而志於學；三十而立；四十而不惑；五十而知天命；六十而耳順；七十而從心所欲不踰矩」，看來連生命的每個階段都有其基本精神，且一直向上演進，都有道理。而且，對於禮的遵循，應重視內在精神，而不只是注意外在形式而已。譬如，對於孝順父母，孔子說：「今之孝者，是謂能養。至於犬馬，皆能有養，不敬，何以別乎？」如果內心裡面沒有孝順的誠意，養父母跟養犬馬有什麼不一樣呢？

萊布尼茲在《有關中國新事物》的序言裡表示：「（在中國）很少有人在日常交談中用點滴言語去觸犯別人，很少顯示憎恨、憤怒或激動。我們（歐洲人）的相互尊敬和謹慎說話，只在剛認識之後持續幾天，甚至更短時間…。中國人恰恰相反，他們在鄰居和家人之前，堅持受到禮的制約，因此他們可以維持恆久的禮貌。」[10]

萊布尼茲希望用中國哲學來濟補西方的，就是中國這套貫串了言與行的實踐哲學。他十分佩服康熙皇帝，因為白晉曾經介紹他說，康熙皇帝每天在百忙之餘一定要學數學，講《易經》，而且充分運用

---

[9] 夏敬渠：《野叟曝言》，大約出版於 1772 年到 1780 年之間，是夏敬渠晚年之作。

[10] Donald Lack, *The Preface to Leibniz's Novissima Sinica*, Honolulu : University Press of Hawaii, 1957), pp.70-71.

理性，把國家治理得有條不紊，是一位儒家治理者。相形之下，路易十四比較像霍布斯式的君王，雖然代表了基督徒，但隨時可以動兵起武，與人征戰。所以，萊布尼茲更推崇康熙皇帝，認為儒家的皇帝能夠展現的自然理性，要比以基督徒為名的、受神啟示的君王，更完整的表現出一個皇帝應有的風範。

萊布尼茲在寫給德雷蒙先生（Monsieur de Rémond）的信件裡提到，「我很高興閱讀過你送來有關中國思想的書。我傾向於相信中國作者們，尤其那些古代的，十分合理。雖然一些近代作家的意見不然，但古代作者們毫無困難可稱為理性的。」[11] 從這封信可以見到，萊布尼茲認為中國古代的人是更為理性的；中國的近代走向內在化，是因為他們忘記了經典中的隱喻性質；朱熹的「理」也可以是指向上的或天主的。不過，古典和近代之間的差別，就好像早期教父與初期教會有更虔誠而深刻的信仰，後來哲學史的發展往往忽略了這點一般。在這封信件裡，萊布尼茲認為他所閱讀的《論語》、《禮記》、《詩》、《書》都是可以顛撲不破的。相反地，近代中國人的一些想法，反而比較游移不定。

萊布尼茲在他的《有關中國的最新事物》的〈序言〉中表示：「我認為這是個天定獨特的計畫，今天人類的文明與改良必須集中在我們這塊大陸的兩端，也就是歐洲和中國。中國是東方的明珠，就如同我們歐洲是另一端的明珠一般，或許至高的天意已經頒布了這樣的安排，使這兩個最有文化、最遙遠的人民彼此伸出手來，好使得那些居間的民族也可以逐漸提昇邁向較好的生活方式。」可見，萊布尼茲把歐洲和中國這歐亞兩端看作是最好的文明，其他的民族都應該效法與學習，重視修身和美化，進而改善他們的生活方式，趨向更好的文

[11] Leibniz, *Discourse on the natural theology of the Chinese* ; translated, with an introduction, notes, and commentaries by Daniel J. Cook and Henry Rosemont, Jr. Honolulu: University Press of Hawaii, 1977. p. 53.

明發展。」[12] 由此可見，他對儒家有很深的期待；更希望中國與西歐，彼此伸出手來，共同改善世界。

五、吳爾夫論中國人的實踐哲學

吳爾夫（Christian de Wolff, 1674-1754）是萊布尼茲的弟子，但在許多方面不同於後者。萊布尼茲多用拉丁文和法文寫作，顯示其為國際性的思想家；然吳爾夫可以說是德國哲學的開宗人物，用德文寫作，像康德年輕時所讀的德文書，多是吳爾夫的哲學著作。整個吳爾夫的哲學系統，強調哲學完全是在研究「可能性」，而不是在研究現實性。為此，他以不矛盾律為思想原理，凡是矛盾的便是不可能的，不像萊布尼茲那樣以充足理由律為主，凡現實存在皆有理由。然對於吳爾夫，哲學不能侷限於任何具體的對象和事物，而應思考可能性。吳爾夫把哲學分為理論與實踐；在理論方面，他分為一般存有論、宇宙論、理性心理學；在實踐方面，他區分倫理學、經濟學和政治學幾個部份，旨皆在研究其可能性，而非現實性。

吳爾夫對於萊布尼茲所理解的中國，也有相當程度的不同。他並不接受索隱派的解釋，不認為「上帝」、「帝」、「天」都指向或用隱喻的方式來說造物者、天主或上帝。吳爾夫基本上認為中國人並沒有這樣的想法，他們並沒有依賴啟示，而完全只表現自然理性發現的結果。他認為：中國人按照自然理性，竟然可以發現道德法則、自然律，這才顯得可貴。

吳爾夫本來在哈勒（Halle）大學教書，該所大學是虔信教派的大本營。吳爾夫學術地位雖然崇隆，可他在 1721 年在哈勒大學做的一場演講，給他惹來了很大的麻煩，但也變成爾後歐洲啟蒙運動的開端。這也是歐洲學術史上最戲劇性的一場演講。他的演講題目是「中國人的實踐哲學」（*Rede über die praktische Philosophie der Chi-*

---

12 Donald Lack, trans, *The Preface to Leibniz'Novissima Sinica*, Honolulu: University Press of Hawaii, 1957, p.68.

nesen）。從前面的分類可知，實踐哲學主要是在講倫理道德、政治學和經濟學。吳爾夫在演講裡推崇中國人的自然理性與道德，不需訴諸上帝的啟示就能發現自然法則以及德行和完善的治理。他說：「所以我認為中國人將教育完全導向行善，不做任何違背這目標的事，實在值得欽佩。再者，他們全心關注實踐，只求人生幸福的作法，也非常令人欽佩。那個時代是全人民都根據自己的能力而勤勉求學的時代。最後，我再次讚揚中國人，並且自勉勉人，力求行善，在行為上毫不荒淫的作法。」[13]

從以上這段話可以看出，吳爾夫對於中國文化的正面評價與讚賞，大體上還是跟隨著萊布尼茲的論點；然而，他更清楚的表示，是受到衛方濟（François Noël）的著作的影響，只不過他把對於上帝的論述放在一旁。他認為，「中國人的第一原則，是小心培養理性，以達到明辨是非，為選擇德行而行善，不為恐懼上司或追求報償而行善的能力。這種對於善惡是非的清楚辨別，只能通過對於事物性質與理由的深入認識而達到。」[14] 吳爾夫對於孔子和中國的讚美，強調作為人的理性不需經由神啟，只需經由人的努力便能夠達到道德真理，這一公開的論述激怒了虔信教派。於是虔信教派就拿著這一演講內容，向當時的皇帝菲特列 • 威廉一世（Frederick William I, 1688-1740 ）提出告訴。他們用來說服威廉一世的說法是：人類既然自己有理性，那麼，如果你的士兵自己認為什麼該作、什麼不該做，他們若不受命於你，你也不能懲罰他們。既然他們自己有理性判斷，那麼皇帝也不能評斷或指揮他們。換言之，吳爾夫的學說，與政府處罰逃兵的作法不相容。

菲特列 • 威廉一世聽此讒言，一怒之下，命令吳爾夫必須在四十八小時之內離開普魯士邊境，否則將他吊死。於是，吳爾夫逃往

---

[13] 吳爾夫：〈中國人的實踐哲學〉，參見秦家懿：《德國哲學家論中國》（台北：聯經出版，1999 年），頁 158。唯其中「德性」一詞，皆改為「德行」，以適合西方哲學脈絡。

[14] 同前註。

鄰近的薩可孫邦（Saxony），立刻奔赴馬堡大學，擔任講座。這件事情激起全歐洲的知識份子的義憤，紛紛起來支持吳爾夫。許多知識份子都起來寫信支持吳爾夫，而且吳爾夫在馬堡大學變成熱門人物，不但招生增加一倍，而且他的言論立刻受到熱烈的迴響。當時歐洲針對吳爾夫著作的迴響，熱烈討論人類自然理性的自主地位，無論贊成或反對，總共將近有兩百多篇書冊紛紛出現，這一熱潮形成了初期的啟蒙運動。

在菲特列・威廉一世駕崩之後，繼位的菲特列大帝（Frederick the Great, 1712-1786）極力邀請吳爾夫返國任職普魯士學術院，然而吳爾夫還是選擇回到哈勒大學。其後菲特列大帝又封吳爾夫為男爵，可以說享盡了哲學家的殊榮。

六、歐洲啟蒙運動及其三層轉折

啟蒙運動是起自對於人類理性的讚揚，而其實例則是孔子的倫理智慧和康熙的開明治國。值得注意的是，這時歐洲哲學所提倡的理性包含了理論理性和實踐理性兩者；對中國的推重包含《易經》的數理與儒家的倫理、政治的智慧與實踐。可惜，啟蒙運動後來的發展，對於理性的推崇逐漸萎縮為只著重理論理性，只關注自然科學發展的狹義理性。也就是說，理論理性又轉萎縮成對於自然科學的研究，以自然科學表現的狹義理性作為其他理論理性的標準，甚至轉向實證主義，認為所有人類道德的進步，都必須根據自然科學的進步來加以衡量。這是爾後啟蒙運動遭到詬病的地方。這也是西歐人對於西方近代性的負面發展必須負起的責任所在，而不是出自原先啟發他們的中國哲學的教導。

總之，西方的啟蒙運動基本上經歷了三層轉折：

一、啟蒙初期，受儒家整全理性影響，強調人可不經啟示，掌握自然法與道德原則。所提倡的理性包含了理論理性和實踐理性。

二、其後，整全理性萎縮為理論理性，只關注自然科學。於是，理論理性又轉縮成以自然科學表現的狹義理性作為其他理論理性的標準，甚至轉向實證主義，認為所有人類道德的進步，都必須根據自然科學的進步來加以衡量。

三、最後，在康德〈「什麼是啟蒙？」問題的答覆〉[15] 一文中，指出啟蒙是人超脫自己導致的未成年狀態，而敢於運用理性去思想。由於其《純粹理性批判》、《實踐理性批判》指出了理性批判的、先驗的一面，從此啟蒙運動轉向實證主義與批判理性，與浪漫主義分道揚鑣。德國觀念論從康德的先驗主體，朝向費希特（J. G. Fichte）的主觀觀念論，歷經謝林（F. W. J. Schelling）的客觀觀念論發展，直到黑格爾（G. W. F. Hegel）的絕對觀念論。黑格爾雖然在其《哲學史講錄》、《宗教哲學講錄》、《歷史哲學》等著作中對於中國哲學有許多講論，但充滿許多來自歐洲中心論的偏見，對此我已於《從利瑪竇到海德格》一書中，詳加評論，茲不再贅。[16]

總之，德國觀念論發展到了黑格爾，轉趨以歐洲中心來批判中國。由於禮儀之爭暴露出中國本身有不少問題，在跨文明交往一段時期之後，由於康熙、雍正、乾隆的禁教措施，使得在中西交往上，中國也開始採取封閉的態度；而西方的傳教士從檢討利瑪竇的開放政策、外推精神，反而回到基督宗教本身的立場上。於是，從雙方相互的了解與豐富，轉為各自的堅持。歐洲從開放學習到返回自己的主體精神，從此開始對中國多所負面批判。

七、結論與省思

從以上的分析，我們可以得知，某一個文化中產生的哲學體系與傳統，若想對另一個文化產生的哲學傳統產生積極正面的影響，例如

[15] Immanuel Kant, *Qu'est-ce que les Lumières?* choix de textes, traduction, préface et notes de Jean Mondot, Saint-Etienne : Publications de l'Université de Saint-Etienne, 1991.

[16] 參考沈清松：《從利瑪竇到海德格》（台北：商務印書館，2014 年），頁 219-240。

儒家哲學對理性主義產生了正面影響，除了自身必須擁有可普化的價值，不論是經由自己或他人來外推己方的富藏，更須對方擁有跨文化的胸襟與文明交談的視野。以西方近代為例，經驗主義隨著英國只對殖民利益感到興趣，而德國觀念論或因虔誠教派的宗教理由，或因強調主體主義，以歐洲為中心，而多所偏見；唯獨理性主義有尊重異文化之心，具跨文化視野，有文明交談的心意，是以能與儒家思想交談，受其影響，甚至產生啟蒙運動初期對於整全理性之嚮往。

在當前全球化階段，各文明不得不走出自己，彼此交往，所以自聯合國將公元兩千年訂為「文明交談年」，沒有文明可以自限於自己；相反的，各文明都必須自我走出，與其他文明交談。在此脈絡下，我們必需先對自家的儒家思想進行省思：儒家在《禮記》中主張「禮聞來學，未聞往教」，雖然凸顯了師道的尊嚴，但同時也失去了走出自己，向外邦人去傳道、授業、解惑的慷慨熱情。道家祖師爺老子晚年出關；佛教有玄奘和尚遠赴印度；然而儒家從來不出國，一直要到明末朱舜水才為了逃離滿清而遠赴日本。儒家如此受制於中國中心論，以致迄今還是被視為中國的，而非全球的，其可普性頗受限制。今後有必要發揮在仁愛與恕道中明顯含有的慷慨精神，自我走出，進行外推，邁向多元他者，還回儒家的慷慨精神。

從原初慷慨，可以發出並完成相互性。相互性可分靈活與僵化兩種。靈活的相互性，便是以慷慨的友誼平等為原則，正如利瑪竇《交友論》所提出，其所追求的是互善、互補、互利，共同提升至更高的可普化性，乃至止於至善。至於僵化的相互性之所以僵化，在於失去慷慨的動因，且一旦失去原初慷慨的支持，往往轉成宰制或沒落的情勢。例如，古典儒家在仁愛與恕道之中，明顯含有的慷慨精神。然到了漢代的三綱（臣以君為綱，子以父為綱，妻以夫為綱）以及帝國中心的框架中，逐漸失去了熱誠慷慨的內在動力。及至佛教進入中國，從《大乘啟信論》的一心開二門，直到禪宗的明心見性，雖有利於開發國人心性資源，然卻也使得中國哲學逐漸內化，忘卻對多元他者的原初慷慨。心中既無慷慨、不進行外推，更不把交談視為相互外推，如此一來便很難談到中國文化與哲學的世界化或全球化。

關於中國哲學的「中」概念，我們再也不能主張地理學意義的「中」或帝國時期挪用的政治的「中」。誠如艾儒略在《職方外紀》中所表示「地既圓形，則無處非中」，應已成為舉世的共識。又如艾良德（Mircea Eliade）的研究指出，許多民族都相信自己住在世界中心附近，或者居於世界中軸（axis mundi），所以各有其中，是多元的中。然而，作為心理和道德的中，則仍然是有效的，「喜怒哀樂之未發謂之中；發而皆中節謂之和。」至於道德上，中乃是公平、公道之義，誠如《尚書・洪範》所謂「無黨無偏，王道平平」。這意義的中，是無論任何個人或群體在道德修養和公共政策上必須自我策勵的。

如果哲學的工作之一，就是在當前文化情境中建構具備更高可普性的概念，那麼，中國哲學，尤其是儒家哲學，究竟在目前全球化過程中，有什麼具有可普化的概念，可供今日的文化發展與文明交談參考呢？我想，誠如萊布尼茲所見，人人既是個體，彼此又具內在關係性；相應的，正如《易經》所言，「各正性命，保和太和」，換言之，一方面人人能各正個體自己的性命以至於卓越，然而整體加起來也可達致彼此關係的充量和諧，這一珍貴想法應該能為此刻正處於個人主義與群體主義困境中的人類，提供一條出路。

引用文獻

艾儒略：〈西學凡〉，收入於《天學初函》第 1 冊。

利瑪竇：《交友論》，收入於李之藻輯：《天學初函》第一冊，台北：學生書局，1972 年。

沈清松：《從利瑪竇到海德格》，台北：商務印書館，2014 年。

吳爾夫（Christian de Wolff）：〈中國人的實踐哲學〉，參見秦家懿，《德國哲學家論中國》，台北：聯經出版，1999 年。

夏敬渠：《野叟曝言》，出版於 1772-1780 年之間。

Donald Lack, *The Preface to Leibniz's Novissima Sinica*, Honolulu : University Press of Hawaii, 1957.

Immanuel Kant, *Qu'est-ce que les Lumières?* choix de textes, traduction, préface et notes de Jean Mondot, Saint-Etienne : Publications de l'Université de Saint-Etienne, 1991.

John Locke, *Some Considerations of the Consequences of the Lowering of Interests, and Raising the Value of Money,* in John Locke, *The Works of John Locke in Nine Volumes*, 12th edition, 9 volumes, London: Livington, 1824. Volume 4.

Leibniz, *Discourse on the natural theology of the Chinese* ; translated, with an introduction, notes, and commentaries by Daniel J. Cook and Henry Rosemont, Jr. Honolulu: University Press of Hawaii, 1977.

Malebrache, N., *Entretien d'un philosophe chrétien et d'un philosophe chinois sur l'existence et la nature de Dieu*, in *Oeuvre*s Completes, Tome XV, Paris: J. Vrin, 1958.

_________ , *Conversations Chrétiennes*, in Oeuvres, Paris: Gallimard, 1979.

古典漢語藝術思想西譯的美學反思

劉千美*

〔摘　要〕

本文思考漢語藝術理論西譯跨文化解讀的美學問題。首先反思二十世紀初葉以來漢語繪畫理論翻譯不同階段的美學含義，其次討論西方學者在翻譯中國古典藝術文獻時，對於隱含於傳統文化特有的超象美學、象外詩學理論的多重跨文化解讀，並檢視古典文藝象外思想如何在當代西方學者或漢學家的哲學思想、文學批評和視覺藝術中，重新被解讀為不同的的認知途徑、創作能量和社會動能的另類思維。本文的目的並不在於探討東西方讀者跨越文化界域的困難，而是更進一步探討翻譯過程中遺漏和增補的美學含義，這是可見與不可見之間的圖像過渡與穿越的間距問題，所涉及的不是世界的表象，而是存在活動的蹤跡。

關鍵詞：漢學與美學、翻譯、跨文化閱讀、當代美學轉向

* 加拿大多倫多大學東亞系教授

一、前言

古典漢語藝術思想西譯的跨文化解讀，除了涉及漢學、翻譯與藝術史的跨學科問題研究，也與美學理論的研究方法有關。首先，所涉及的美學方法不僅出自近代美學、尤其是黑格爾美學觀點的思考，亦即把藝術看作美的觀念的實現；更出於當代美學的批判性思維轉向，其目的在於檢視不同文化中藝術創作理念與美感所蘊含之自我批判的反省趨力，以及各種文化在美與藝術的批判與創造的趨力下，自我限度的跨越和新界域的開展。其次，漢語藝術思想的翻譯在中西之間跨文化的影響從來都不是單向度的，而是相互、多元與多層次的。一方面，就西方而言，東方文化的創作元素，以非西方文化的差異他者的姿態，挑戰西方既存美學價值，但也開啟藝術新觀念的創作想像，進而反思以西歐文化為中心的美感價值觀的局限性，甚至顛覆西方文化中既有的藝術概念。另方面，漢語文本在不同語系間的移動，由於語言系統和詞彙指涉含意的差距，因而在翻譯過程造成原始文本之意義的遺漏與增補，而對文本有不同的詮釋與理解，這種過去被認為誤讀、誤譯或誤解的差異閱讀，在跨文化的文本翻譯與閱讀的過程中，有時又回頭影響原初文本語系的讀者對美或藝術概念的理解。例如西文以 vital force 翻譯「氣」的概念、以 inner resonance 釋譯「氣韻生動」的含義[1]、以 trans-mimesis 解譯「象外象」[2]等等，這些翻譯詞彙本身便隱含了西方形上學美學思維的預設與解釋。其影響尤可見於近百年來中國美學、藝術或中國藝術史學理論，在西方近代強調主體思維、理性分析的美學、藝術哲學或藝術史學方法理論下的建構。以藝術史而言，西方學界，尤其是北美地區的研究，多半

---

[1]「氣韻生動」是漢語藝術語彙西譯被討論最多的一個語彙之一。參見 Susan Bush and Hsio-yen Shih(editors). "introduction" *Early Chinese Texts on Painting*. Cambridge, MA: Harvard University Press, 1985, pp 10-15.

[2] 宇文所安的翻譯，參見 Stephen Owen. *The End of the Chinese 'Middle Ages': Essays in Mid-Tang Literary Culture*. Stanford, Calif.: Stanford University Press, 1996, p.108.

藉由對比西方藝術的途徑討論中國藝術的含義，但終究受限於研究的方法和使用西文語彙的框架，例如風格、抽象、或行動藝術等觀念的運用。西方藝術史研究者詹姆斯・埃爾金（James Elkins）便認為脫離西方藝術史的研究方法，幾乎就沒有中國繪畫史的論述可言。[3]

埃爾金這種看來有些極端的論斷，其實隱含兩層意義。其一是質疑以西方藝術理論來論說亞洲藝術文化在方法學上的恰當性；其二是針對在文學藝術領域進行跨文化比較的提問。所涉及的不僅是中西文化間比較文學、比較藝術是否可行的問題；而且更涉及為什麼比較、為什麼翻譯的哲學美學問題。這也是當前世界文學美學所反思的一個問題。自從本雅民（Walter Benjamin, 1892-1940））〈翻譯者的任務〉（"The Task of Translator"）和羅蘭巴特（Roland Barthes, 1915-1980）《S/Z》（1970）所分別提出的翻譯與閱讀理論之後[4]，西歐的讀者多半已能明白，文學作品或藝術理論的翻譯，不只是為了擴充知識、或自我理解，而更是在界限的跨越中，以不同的文字不斷重新書寫文本的差異，延續作品世界的後世生命。也是在翻譯的書寫創作過程中，漢語繪畫藝術思想在西歐，尤其是法語地區的作家書寫筆下的再生。

簡言之，隨著西方美學思潮的發展與轉向，漢語藝術思想在西方的翻譯與解讀下的美學問題與含意，因不同時期思潮轉向而有所差異與變化。我認為，百年來漢語藝術文獻翻譯的美學含義，大約可以分為四個主要的層次與階段，每個階段各有不同的翻譯成就和美學影響力。第一個層次是較初期的發展階段，主要是在西方美學的觀點下進行翻譯並據以體會東方特有的美感特質與藝術精神；第二個層次，覺察東西方美學觀點的差異，著重於漢學的專精研

[3] 參見 James Elkins. *Chinese Landscape painting as western art history*. Hong kong: Hong Kong University Press, 2010.

[4] 本雅民的翻譯理論參見 Walter Benjamin. "The Task of Translator," *Illuminations*, edited and with an introduction by Hannah Arendt. Translated by Harry Zohn; preface by Leon Wieseltier. New York : Schocken Books, 2007, c1968, pp.69-82. 羅蘭巴特的閱讀理論參見 Roland Barthes. *S/Z*. Paris : Éditions du Seuil, 1970.

究，但不特別討論美學問題；第三個層次，以提問的方式閱讀中國藝術，討論其中隱含的美學問題，例如繪畫表象、詩學隱喻、範疇分類、藝術倫理等；第四個層次，則是在翻譯的過程中漢語藝術思想在西方讀者閱讀與書寫中所形成的創作性的轉移。由於翻譯活動本身即已涉及對差異文化的理解與詮釋，而且翻譯過程中不可避免的遺失與增補，意味移置不同文化語脈的中國藝術理論之問題思維的轉向，這是可見與不可見之間的文化圖像之過渡與穿越的間距問題，所涉及的不是世界的表象，而是存在活動的蹤跡。

二、漢語繪畫理論翻譯的美學含義

二十世紀以來中國藝術理論的西譯與解讀，見證了百年來漢學家、藝術史家在中西文化之間跨界域的穿越、書寫與創作。 從事中國藝術理論的翻譯者，無不具備深厚的漢學造詣，豐富的史學訓練、雋永的藝術品味，以及深刻的哲學美學思維。從早期知名的著作，如岡倉天心（1863-1913）在《東方的理想》（*The Ideals of the East*, 1903）譯介顧愷之的繪畫思想和謝赫《古畫品錄》中畫的六法[5]；翟理斯 (Herbert Giles, 1945-1935）《中國圖畫史概論》（*An Introduction to the History of Chinese Pictorial Art*, 1905/1918）概述漢朝以降歷代文人畫家的生平和繪畫思想特色[6]；勞倫斯·比尼恩（Laurence Binyon, 1869-1943）的《遠東繪畫》（*Painting in the Far East - an Introduction to the History of Pictorial Art in Asia*, 1908）評介中國與日本藝術的美學思維[7]等等；這些初期譯介的書籍對中國藝術作品與理論的敘述儘管簡略，卻是西歐讀者觀看和瞭解亞洲藝術作品的重要入門書籍，也是今天回

[5] 參見 Kakasu Okakura. *The Ideals of the East, with Special Reference to the Art of Japan*. London : John Murray, 1903. pp. 51-53.

[6] 參見 Herbert Giles. *An Introduction to the History of Chinese Pictorial Art*. London: Bernard Quartich, 1905/19018.

[7] 參見 Laurence Binyon. *Painting in the Far East - an Introduction to the History of Pictorial Art in Asia*. London: Edward Arnold, 1908.

看十九世紀末、二十世紀初西方人如何評價亞洲藝術的一個線索。

1930 年代之後，文人的書畫理論逐漸被系統地翻譯和評註。喜仁龍（Osvald Sirén 1879–1966）的《中國繪畫藝術論》（*The Chinese on the Art of Painting: Translations and Comments*, 1936）選譯和評介從漢到清的文人畫論，作為《中國早期繪畫史》（*History of Early Chinese Painting*, vols I-II, 1933）的補充續本[8]，是最早的較完整的文人畫論的翻譯。無論一般對喜仁龍的翻譯如何評價[9]，這本書確是許多西方讀者初步理解中國繪畫藝術含義的依據[10]，當然也間接地接受其中所含蘊的美學解釋，尤其是西方以主體與表象為重的美學思維觀點。另外一本常被研究者參考的文集是 Shio Sakanishi (1896-1976) 編譯的《筆意：中國畫家論自然，從東晉到五代》（*The Spirit of the Brush : Being the Outlook of Chinese Painters on Nature, from Eastern Chin to Five Dynasties, A.D. 317-960*, 1939）。這是 Shio Sakanishi 繼翻譯郭熙《林泉高致》（*Lin Ch'uan Kao Chih. An Essay on Landscape Painting*, 1935）一書之後，更詳盡介紹中國文人繪畫思想的譯本，書中選譯了十篇山水畫論代表作，從顧愷之、宗炳、王微、謝赫、蕭繹、姚最、王維、張彥遠、荊浩、到李成的文章，除了逐一翻譯文本，並在譯文之前以導論的方式，援引其他文人的評論，向西方讀者評介文中含蘊的繪畫思想。例如對於顧愷之把宗炳列於第六品，認為宗炳在理論上理解六法，但作品卻乏善可陳，畫作不平整，雖然繪畫的觀念可以師從，但作品不足以為繪畫的楷模。「宗炳。炳明於六法，迄無適善，而含毫命素，必有損益，跡非準的，意足師放。」Shio Sakanishi 認為顧愷之這樣的評論並未理解宗炳，原因有兩點，其一是顧愷之的繪

[8] 參見 Osvald Sirén. *The Chinese on the Art of Painting*. New York: Dover, 2005, p.5.

[9] 喜仁龍在書中的導言中也承認自己的翻譯雖然儘量符合中文原意，但許多段落仍顯得語義含糊，主要原因是中文原文本身就留有不同解釋的空間。參見 Osvald Sirén. *The Chinese on the Art of Painting*. New York: Dover, 2005, p.4.

[10] 參 Craig Clunas. *Picture and Visuality in Early Modern China*. London: Reaktion Books, 1997, p.14.

畫論點是人物畫，而非山水畫；其二，顧愷之太過強調繪畫的技巧，以致無法欣賞隱含在畫家作品中深刻的精神內涵。Shio Sakanishi 的東方文化素養，把西方讀者對中國繪畫的觀看帶入較深沈的品味理解。[11]

隨著中國繪畫在西方藝術史脈絡下研究的發展，1950 年代之後，中國古代畫論中的重要篇目逐一被重新仔細翻譯和注釋。威廉·埃克（William R.B. Acker, 1907-1974）的 *Some T'ang and Pre-T'ang Texts on Chinese Painting*（1954）除了完整地翻譯了張彥遠《歷代名畫記》並且收入謝赫的《古畫品錄》和姚最的《續畫品》，而書中詳細的註解，更是研究者重要的參考文獻[12]。此外，常被閱讀的著名譯文還有蘇利文（Michael Sullivan, 1916-2013）重新譯注的顧愷之的《畫雲台山記》（"On Painting the Yun-T'ai-Shan ; A Reconsideration of the Essay Attributed to Ku K'ai-chih," 1954）[13]; 索 柏（Alexander Soper）翻譯的朱景玄的《唐朝名畫錄》（*T'ang Ch'ao Ming Hua Lu. Celebrated Painters of the T'ang Dynasty by Chu Ching-hsüan of T'ang*, 1951/1958 ）[14] 和郭若虛的《圖畫見聞志》（*Kuo Jo-Hsü's Experiences*

[11] Shio Sakanishi 的《林泉高致》譯本，參見 Shio Sakanishi. *Lin Ch'uan Kao Chih. An Essay on Landscape Painting by Kuo Hsi*. Translated from the Chinese. A foreword by L.Cranmer-Byng. London: John Murray, 1935. 有關 Shio Sakanishi 對顧愷之評價宗炳的論點，參見 Shio Sakanishi. *The Spirit of the Brush : Being the Outlook of Chinese Painters on Nature, from Eastern Chin to Five Dynasties, A.D. 317-960*. London: John Murray, 1957, p.37.

[12] 參見 William Reynolds Beal Acker, trans. and annot., *Some T'ang and pre-T'ang Texts on Chinese Painting*. Leiden: E. J. Brill,1954.

[13] 參見 Michael Sullivan. "On Painting the Yun-T'ai-Shan ; A Reconsideration of the Essay Attributed to Ku K'ai-chih." *Artibus Asiae* 17（1954）, p.p.87-102.

[14] Soper 認為朱景玄的《唐朝名畫錄》是繼張彥遠《歷代名畫記》後中國繪畫理論史的重要文獻。Soper 的翻譯有兩個版本，最初是以 "T'ang Ch'ao Ming Hua Lu: The Famous Painters of the T'ang Dynasty" 為題，發表於 *the Archives of the Chinese Art Society of America*, IV,1950, pp. 5-28。之後經過修訂才於 1958 年再以 "T'ang Ch'ao Ming Hua Lu. Celebrated Painters of the T'ang Dynasty by Chu Ching-hsüan of T'ang" 重新出版（*Artibus Asiae*, Vol. 21, No. 3/4, 1958, pp. 204-230）

in Painting : Tu Hua Chien Wen Chi : an Eleventh Century History of Chinese Painting, 1951）[15]；尼可拉（Nicole Vandier-Nicolas）翻譯並導讀米芾的《畫史》（*Le Houa-che de Mi Fou （1051-1107） ou le carnet d'un connaisseur à l'époque des Song*, 1964 ）[16] ；李克曼（Pierre Ryckmans）譯注的法文本《苦瓜和尚畫語錄》（*Les propos sur la peinture de Shi Tao - Traduction et commentaire*, 1966）[17]； 郝理庵（Leon Hurvitz）譯注宗炳的《畫山水序》（"Tsung Ping's Comments on Landscape Painting," 1970）[18]; 宗像清彥（Kiyohiko Munakata, 1928-2002）譯注荊浩《筆法記》（*Ching Hao's Pi-fa-chi: A Note on the Art of Brush*, 1974）[19] 等等。這些譯本的價值，除了字斟句酌翻譯出原文的大意，而且逐字逐句注釋、傳遞文本中相關的文學、哲學、歷史的漢學知識。一方面讓西方讀者從中國傳統儒釋道的文化思想脈絡，理解中國文人繪畫思想的深刻之處，另方面呈現出研究中國書畫藝術，必須兼具漢學素養，包括史學考據、文學造詣、藝術知識的方法學途徑。問題是，無論是漢學研究或藝術史的研究是否足以了解中國文人書畫藝術創作的美學問題呢？尤其是中國詩書畫印合體的創作方式，或是獨特的寫畫風格，例如沒骨、破墨、潑墨之類的筆法概念，是否只是像西方繪畫中的技巧性的問題？如何了解詩的藝術在中國繪畫作

---

[15] 參見 *Kuo Jo-Hsü's Experiences in Painting (T'u-hua Chien-wên Chih), An Eleventh Century History of Chinese Painting Together with the Chinese Text in Facsimile.* Translated and annotated by Alexander Coburn Soper, American Council of Learned Societies, Washington, D. C., 1951.

[16] 參見 *Le Houa-che de Mi Fou （1051-1107） ou le carnet d'un connaisseur à l'époque des Song du Nord*, trad. Nicole Vandier-Nicolas. Paris, Presses universitaires de France （Bibliothèque de l'Institut des hautes études chinoises. Vol. 16 ）, 1964

[17] 參見 Ryckmans Pierre. *Les propos sur la peinture de Shi Tao - Traduction et commentaire*. In: *Arts asiatiques*, tome 14, 1966. pp. 79-150.

[18] 參見 Leon Hurvitz. "Tsung Ping's Comments on Landscape Painting," *Artibus Asiae*, VOL. XXXII,1970, pp146-154.

[19] 參見 Ching Hao's *Pi-fa-chi : A note on the art of brush*. Ed., transl. of the Chinese and annotations by Kiyohiko Munakata. Ascona , Switzerland : Artibus Asiae, 1974.

品中的位置？詩是否只是用以題跋作品的附件，或是繪畫作品是詩的視覺呈現？如何了解中國文人以詩書畫作為頤養性情的美學含義？隨著書畫文本翻譯與研究的發展，中國書畫研究除了漢學、史學問題的思考之外，對中國哲學美學的問題的關切逐漸浮現於漢學研究之中。

1967 年林語堂出版《中國藝術理論》（*The Chinese Theory of Art: Translations from the Masters of Chinese Art*）一書，選譯中國歷代文人有關繪畫思想之論述，並且附加簡短評註，內容從孔子的「繪事後素」涵蓋到清朝沈宗騫《芥舟學畫篇》 的繪畫思想。其中許多篇章都已有譯本，但林語堂認為既有的版本，常以詞的分音節、拼寫來拆解中文語彙，以致未能表達中文原著中的奧妙，甚至誤解原文。林語堂選擇重譯這些文獻的目的在於提供英語讀者一本全面瞭解中國繪畫思想、趨勢與發展的資料書，呈現中國藝術家、藝評家對於繪畫技法、風格、品味等問題的思考；並傳達華人對古典文獻不同的閱讀，以及文人論畫所隱含的藝術文化的思想。簡言之，中國畫論不只是畫史資料的一部分，更是探索中國藝術觀念與美學思想的文獻依據。只不過，林語堂對中國書畫論的翻譯、解釋與理解，究竟是對中國原典思維的創作性延展，或只是針對西方讀者面對差異文化之美感價值所感到的困惑的一種回應呢？這是今天讀者重讀林語堂的譯本不得不思考的一個問題。

關於中國藝術中的美學問題的研究，勞倫斯·比尼恩早在《遠東繪畫》中就以展現東方人的美感為職志，當時漢學家多半直接翻譯、介紹，並未反思其中隱含的美學問題。1980 年代之後，漢學家才逐漸從美學的角度翻譯、並思考中國的藝術問題。知名者如卜壽珊（Susan Bush） 和時學顏（Hsio-yen Shih） 所編譯的《中國早期繪畫文獻》（*Early Chinese Texts on Painting*, 1985），收錄從唐之前到元代有關繪畫理論的文本，除了篩選引用已經翻譯的版本，許多都是新譯。在論述的編排上除了按時代先後排列外，主要的貢獻在於各篇章分別按照不同的議題，節選不同時代的作者的文字，讓讀者在閱讀中去思考中國各時代文人對藝術批評、表象的概念、山水的意義、風格與筆法的問題、文人畫的理論、詩與畫、繪畫與書法、形與理等等議題。卜壽珊在導言中指出，中國藝術理論的研究涉及三個領域，除了漢學語言學的文字分析，藝術史學的方法學外，還有中國詩學的研究尤其與中國美學中的圖像藝術理論有關。 而且，西方所謂的「美」的概念也不是中國美學的主要關切。問題是，究竟中國文人所討論的有關畫家和繪畫的語彙如何反映出傳統中國自然哲學的思想體系的基本預設，以及其中所涉及的宇宙秩序和人文意識的意義。卜壽珊和時學顏的選編方式，顯然無意以西方的藝術或美學概念框限讀者的思維，而是隱含著探討中國文人究竟以何種方式看待藝術問題的思維傾向。

不以既存的藝術概念解釋漢語文學與繪畫文獻，意味著以思考問題的方式來翻譯和解讀文本，或是以不同的藝術觀點，來重新解讀漢學領域中的藝術現象和美學思維。這是 1990 年代之後漢學翻譯研究傾向。其中的代表，包括宇文所安（Stephen Owen）選編 的《中國文論》（*Readings in Chinese Literary Thought*, 1992），柯律格（Crag Clunas）節譯、詮釋的《長物志》（*Superfluous Things: Material Culture and Social Status in Early Modern China*, 1991）艾朗諾（Ronal Egan）節譯自錢鍾書《管錐編》的 *Limited Views: Essays on Ideas and Letters*（1998）以及幽蘭（Yolaine Escande）選編的法文譯本，從漢到隋唐、五代的《中國書畫文論》第一冊和第二冊（*Traités chinois de peinture et de calligraphie, Tome 1.* 2003 *Les textes fondateurs, des Han aux Sui. 2003 & Traités chinois de peinture et de calligraphie, Tome II. Les textes fondateurs, les Tang et les Cinq Dynasties*, 2010）等。他們不僅翻譯經典之作，並且著書論述，分別代表漢學家在不同領域的美學思維， 各成一家之言。首先，宇文所安討論的是詩的美學，他在中國詩學的翻譯與研究的貢獻有目共睹，他不僅專研韓孟詩學、翻譯杜詩全集，分別撰寫初唐、中唐、盛唐、晚唐的詩歌創作與美學含義；在《中國文論》中宇文所安選譯、點評的中國文論涵蓋《毛詩大序》、陸機《文賦》、劉勰《文心雕龍》、司空圖《二十四詩品》、歐陽修《六一詩話》、嚴羽《滄浪詩話》等重要文藝論著；他以西方當代美學對認知、詩與創作、非表象等問題的思考，來閱讀漢語文本隱含的各種問題，並針對諸如「知言」、「詩言志」、「象外象」、「羚羊掛角」等美學思想提問，翻轉從朱光潛以來受西方近代美學體系解釋的模仿、形式、或象徵理論的取向。[20]

此外，英國學者柯律格作為東方文物的研究者，選擇從物質文化的角度思索中國文人社會的藝術的不同面向，尤其思考明朝圖像文化的社會運作[21]。美籍漢學家艾朗諾從史學與社會學的角度討論宋代文人對美學問題的思索[22]；而法國籍的幽蘭本身也是書畫家，師從熊秉明，漢學與藝術素養深厚，她從傳統漢學文獻的翻譯與解讀中，反思中國文化中不同於西方的藝術與美學概念內涵，探討中國文人書畫藝術範疇分類的語彙問題，解析中國藝術品評的價值，解讀文人藝術創作的政治社會含義，並討論中國藝術中的美醜問題、中國繪畫中的山水、自然與景觀的含義、以及文人價值的迷思等等。[23]

三、漢語藝術理論西譯、閱讀與當代美學轉向

上文簡要陳述二十世紀初葉以來漢語藝術理論的翻譯的幾個不同階段以及其中隱含的美學問題的發展與轉向。1990 年代之後，去除以歐洲為中心的美感經驗具現化（aestheticisation）、探究對不同文化語脈下之非西方文化的人類學含意，成為西歐當代美學研究的

[20] 參見 Stephen Owen. *Readings in Chinese Literary Thought*. Cambridge, Massachusetts, Harvard University Press, 1992.

[21] 參見 Craig Clunas. *Picture and Visuality in Early Modern China*. London: Reaktion Books, 1997.

[22] 參見 Roland Egan. *The problem of Beauty, Aesthetic Thought and Pursuits in Northern Song Dynasty China*. Cambridge （Massachusetts）: Harvard University Asia Center, 2006

[23] 參見 Yolaine Escande. *Montagnes et eaux. La culture du shanshui*. Paris: Hermann, 2005. 並參見 Yolaine Escande. *Jardins de sagesse en Chine et au Japon*. Paris: Seuil, 2013.

趨勢[24]。在此跨文化思維的語境下，翻譯、閱讀漢語藝術思想的華裔學者、漢學家或藝術史家，在探討中國藝術的美學問題時，不得不思考「中國美學」（Chinese Aesthetics）一詞的內涵與外延。卜壽珊詢問，在中國思想家、或歷代文人的著作中，有沒有為美感經驗建立邏輯，使中國美學也成為一門規範科學的論述？[25] 而幽蘭在研究中國書法理論時，所思考的問題則是究竟古典中國的文藝思想中有沒有西方近代哲學所提出的美學問題。[26] 事實上，當代漢語藝術理論的研究者，在愛德華·薩依德（Edward Said） 的《東方主義》之後，除了關心脫離原始文化脈絡的中國藝術在西方美學框架的審視下，是否能避免陷入另一種「東方主義」視域下的狹隘解釋外，更關心中國傳統經典、或文人的詩書畫論中的藝術思維，與西方近代或當代美學的藝術概念是否有會通之處。其中涉及的不只是中國美學研究方法的恰當性問題、或中國古典藝術跨文化解讀（intercultural reading)如何可能的問題，還涉及以當代美學議題重新解讀傳統中國藝術思想的可譯性問題。包括美學與藝術之範疇與類（category and genre）、藝術的鑑賞與品評的美學倫理化（ethico-aesthetic）、詩書畫藝術中的文與象（text and image）的戲動問題等等。這些問題的提出，不僅與西方當代西方美學問題的轉向，例如圖像轉向的美學研究有關，而且涉及西方學者或漢學家對隱含在中國文化中非表象的象外美學的不同的認知途徑、創作能量和社會動能的另類思維的解讀。

不再以西方近代文化中的美感價值、品味判準去閱讀和理解非西

---

[24] 指的是去歐洲中心的藝術研究，不以西歐文化的美感經驗論說框限西歐地區以外的文化，包括亞洲文化。相關的論述或展示參見 *Qu'est-ce qu'un corps? : Afrique de l'ouest, Europe occidentale, Nouvelle-Guinée, Amazonie*, sous la direction de Stéphane Breton. Paris : Musée du quai Branly : Flammarion, c2006.

[25] 參見 Susan Bush & Christian Murck, eds., "Introduction" *Theories of the Arts in China*. Princeton: Princeton University Press, 1983, p. xv.

[26] 參見 Yolaine Escande. "Tang Dynasty Aesthetic Criteria: Zhang Huaiguan's Shuduan." *Journal of Chinese Philosophy* , 2014 , Volume 41 , Issue 1-2 , pp.148 - 169

方文化的作品和製作理念，而以當代思想關心的議題，反思非西方的藝術與美學問題的思維方式，與當代西歐美學或後現代美學去主體、去表象、非宰制、非理性、甚至非人[27]的觀點重新思考藝術中的各種表象問題的論述有關，諸如身體表象[28]、創作表象、品味表象、商品表象、甚至政治社會表象等。這是西方近代文化將美學的研究化約為藝術的領域內，又把藝術圈限為西歐近代的美術概念，雙重化約所導致的美學危機。因而，重新定位美學作為哲學學門和美學作為研究方法的含義，重新思考藝術與美學之間的關係、不同文化語境下美感行動的多重含意，以及綿密的美感關係系統等是當代新美學的傾向。一如，當代法國哲學家薛佛（Jean-Marie Schaeffer）在《告別美學》（*Adieu à l'esthétique*）一書中的論述。[29]經由不同文化的文學文本，探討美感實踐的含意，薛佛分別從法國司湯達（Stendhal, 1783-1842）的傳記《亨利．布呂拉的一生》（*Vie de Henry Brulard*, 1890）、清朝沈復（1763-1825）的《浮生六記》，以及理查德·埃爾曼（Richard Ellmann）1959年出版的《喬伊斯傳記》（*James Joyce*, 1882-1941）三本書中節錄不同的段落，解析美感行動的多重實現的面貌。從司湯達對聲音的描述：鐘聲、水聲和笛聲；沈復童年觀察微小事物的愉悅記憶，到喬伊斯意識流式的對生活空間與物件存在的描繪。薛佛認為司湯達見證的是美感體現的歷史性、生活性，以及美感關注從日常生活作息汲取綿延不絕的來源，勾勒出人性的心靈的輪廓，這

[27] 有關非人的思想有兩種解釋，一是非人性的表現，一是不以人為中心的思維。前者如西班牙美學家奧特嘉．伊．加塞特（José Ortega y Gasset, 1883-1955）於1925年針對前衛藝術去人性化的論述，參見 *La deshumanización del arte e Ideas sobre la novela*。後者如李奧塔（Jean-François Lyotard，1924-1998）於1991年出版的藝術評論集，《非人》*The Inhuman: Reflections on Time*。

[28] 例如法國巴黎布朗利河岸博物館（musée du quai Branly）於2006開館展《什麼是身體》（Qu'est-ce qu'un corps?）有關美學和人類學的爭議。參見 *Qu'est-ce qu'un corps? : Afrique de l'ouest, Europe occidentale, Nouvelle-Guinée, Amazonie*, sous la direction de Stéphane Breton. Paris : Musée du quai Branly : Flammarion, c2006.

[29] 參見 Jean-Marie Schaeffer. *Adieu à l'esthétique, Paris*, PUF , 2000.

是近代美學所拒斥、忽略的美感事實的人類學與心理學的特質。而沈復的《浮生六記》和理查德·埃爾曼《喬伊斯傳記》所見證的則在於指出，美感實現的是一種關係的網絡，而不是物體本身的屬性。

薛佛從《浮生六記》中選取卷二〈閒情記趣〉所記錄的童年記憶中對世界的覺察與感受，原文如下：「余憶童稚時…明察秋毫。見藐小微物，必細察其紋理，故時有物外之趣。… 又常於土牆凹凸處、花臺小草叢雜處，蹲其身，使與臺齊。定神細視，以叢草為林，以蟲蟻為獸，以土礫凸者為丘，凹者為壑，神遊其中，怡然自得。」不過薛佛閱讀的是 Simon Leys 翻譯的版本[30]，從這個翻譯本薛佛讀到的是，美感關係構成特質的跨越文化界域的實踐，一種融合認知力的專注、和賞閱態度的美感關係的雙重顯現。他認為沈復這段描述童年知覺記憶的重要意義，在於見證了不同文化、不同時期的美感領域都不是孤立的，與司湯達一樣，沈復所揭示的是孩童的美感經驗的愉悅，不受成年人刻板知識的框限。此外，這段描繪清楚顯示美感行為的活動性，美感體驗絕不是被動地等待與接受。經由知覺和想像力的建構，孩童也可以為自己創建一個遊樂於其中的世界。

在薛佛的筆下，明朝作家的文本，透過翻譯被閱讀成為啟迪當代美學思維的一種途徑，促使原文讀者反思沈復文本中未被覺察的美學議題。一如薛佛所指出，無論司湯達、沈復或喬伊斯所揭示的美感現實，都與認知的區辨能力有關，例如沈復幼時觀察飛蚊、蟲蟻、觀察花台草木。這種觀察的美感價值，不只是認知的滿足（satisfaction），而在於樂趣（plaisir），以及由此而擴充對世界面容的感知。沈復的原文清楚的說明這是一種「物外之趣」，「神遊其中，怡然自得」。不過薛佛讀的是 Simon Leys 的法文譯本。法文譯本遺漏了物外之趣，但增添了 contemplation（默觀、體悟）的字眼。[31] 因此在薛佛的解釋中

[30] 法文引文見 Jean-Marie Schaeffer. *Adieu à l'esthétique*, p.14。

[31] Simon Leys 的法文翻譯是 “mon plus grand plaisir était de m'absorber dans la contemplation minutieuse de tous les détails de leur forme et de leur constitution.” 相較之下，

沒有提及作為中國美學範疇的關鍵詞之一的「物外」（otherworldly）[32] 的美感認知價值，但卻從分析哲學的角度闡釋 contemplation 的美感覺知含意，解讀明朝文人書寫生活世界在美感實踐的關係網絡中的顯現，而賦予明人筆下「童趣」深刻的美感認知與存在意義。

四、 閱讀東方藝術作為認知、行動、創作的來源

這裡遇到的似乎是漢語藝術理論從翻譯到詮釋所不得不面對的遺漏與增補的美學問題，尤其是漢語藝術範疇語彙跨文化的可翻譯性，原始文本跨文化誤讀所衍生的知識論的謬誤爭議、或虛構危機等。不過，另方面就美學閱讀而言，透過翻譯的閱讀，促使西方學者從不同的角度思索原本存在的藝術問題，成為另一種意義增補的創作價值。換言之，閱讀東方藝術成為當代西方學者思考美感認知、創作、藝術行動等當代美學議題的另一種文化來源。除了前述薛佛從《浮生六記》的翻譯中思考認知美學的問題外，在西歐，尤其是在法國，還有許多透過翻譯與跨文化閱讀進行藝術創作與美學問題思考的例子。例如米修（Henri Michaux） 與中國書法美學互動的創作 [33]；梵樂歐（François Flahault 馮士瓦 • 伏拉歐）透過道家養身思想對藝術創作概念的反思；達彌施（Hubert Damisch）透過閱讀米芾《畫史》、石濤《畫語錄》[34] 建構東方思想雲的符號理論；邊留

Graham Sanders2011 年出版英文新譯本較為貼切："and often I would be transported by their otherworldly charms." 參 見 Shen Fu. *Six Records of a Life Adrift*. Translated with an introduction and notes by Graham Sanders. Indianapolis: Hackett Publishing, 2011, p.60.

32 這是 Graham Sanders 英文本翻譯的用語。

33 米修（Henri Michaux） 與中國書法美學互動的創作的研究，參見幽蘭（Yolaine Escande）著，〈圖像與書寫之遊戲——論亨利・米修之《表意文字在中國》〉，《哲學與文化》34:11=402 2007.11〔民 96.11〕，頁 99-111; 並參見同期劉千美著，〈書評：《亨利・米修全集》評註本〉頁 171-174.

34 Pierre Ryckmans. *Traduction et commentaire de Shitao. Les Propos sur la peinture du moine Citrouille-Amère*. Bruxelles, Institut belge des hautes études chinoises, 1970, Paris, Éditions Hermann, 1984.

久（Augustin Berque ）閱讀宗炳《畫山水序》中的山水（landscape/paysage） 思維，反思西方近代文化中山水概念的現代性的危機[35]。更不用說法國漢學家朱利安（François Jullien ）在跨文化閱讀、詮釋與書寫所出版的介乎中國與西方思想對話，所涉及的各種當代議題的著作。雖然也引起各種有關跨文化閱讀方法、誤讀與過度詮釋的問題討論，但漢學思想在當代普世思維語境的貢獻卻是不容忽視的。

透過漢語文獻翻譯，理解中國古典文化中的藝術含意，並進而轉化成與西方思想對話的途徑，是法國學者梵樂歐的文章 "The Image of the Plant and Self-Cultivation"（〈植物意象與自我陶養〉）的寫作意圖之一。[36] 在這篇文章中梵樂歐以自我發展，自我修養的問題為始，思考中國傳統中的「藝」的位置與西方「種子」概念的含義。他批評西方近代文化所發展的個人主義的封閉性，並從西方前哲學的神話或傳奇故事對照中國古典思想，以植物及栽種作為自我陶養之意象，來考察這些出自不同文化之意象的寓意，強調其間共同處則在於人與生活世界之間恰當而充分的往來關係。不僅人與人之間的密切關係會變動，而且自我與周圍世界的關係也處於變動中。

梵樂歐認為以植物作為人格陶養的隱喻，中西皆然。在西方，植物的隱喻最早由柏拉圖為定義靈魂而提出。到了十九世紀，植物的隱喻則與「作你自己」（Be yourself !）的標語聯想在一起。這個自己被認為是人天生內在的核心，我們可以憑藉自己來予以陶養發展。但在民間傳奇的故事裡，植物的意象則大為不同。植物代表從父母到子女、從死到生的生命傳演。承受這天賦之禮物的男孩和女孩都必須轉而將之繁衍、茁壯。而且，為此目的，必須以充分恰當的方式、持續不斷與生活環境互動。他指出，自我發展在現代西方的觀念意象，

[35] 參見 Augustin Berque. "Landscape and the Overcoming of Modernity──Zong Bing's Principle."《哲學與文化》 39.11=462, 2012, pp. 7-26. 並見 Augustin Berque. *Thinking through Landscape*, London ; New York : Routledge, 2013.

[36] 參見 François Flahault. "The Image of the Plant and Self-Cultivation." 《哲學與文化》 36:10=425，2009.10〔民 98.10〕，頁 3-20。

以及「自我陶養」的語詞表達，二者皆令人聯想起植物的生長，雖然方式並不完全一樣。事實上，陶養我自己，意味去吸收先於我的文化、而我必定會被其轉化；因此我並不是一株單憑自己而生長的植物，而是，經由根和葉，而得以受惠於生長環境滋養的一株植物。

梵樂歐認為這樣的思想，對照於中國文化，則與藝術（Art）的概念有關。在中文裡對應於「Art 」之意義的字是「藝」，按字源學，「藝」是「種植」、「栽種」的意思，衍生為「陶養人品、自我發展」（cultiver sa personnalité, se développer）。植物、或某種植物的意象，無疑地也在於需要滋養其所賴以生存的生命。對於中國文化中描繪「養生」之道的故事，梵樂歐引述的是《列子》〈說符第八〉「 能燕戲者」[37] 和《莊子》 「梓慶削木為鐻」的故事。他認為 《列子》的故事，顯示中國思想所重視的比較是與人的關係，而不是與物的關係。按特殊程序與機緣，其所謀合的環節情勢，首要者乃是關係。其中的一種情勢是，因優遊自在而得以恰如其分。另一種情勢則是，無為之勢，虛之以為用（La position de non-maîtrise, le bon usage du vide）。梵樂歐並以此理解《老子》「少則得，多則惑」（Avec moins on trouve, avec trop on se perd ），莊子：「虛則靜、靜則動、動則得矣」（Le vide confère à l'âme une disponibilité qui fait que toute action accomplie est efficace）的思想。他認為在《莊子》的思想中與「滿目生機」（sérendipité）有關的問題是忘我的概念。他進一步解釋，忘我並不意謂克制自我、或犧牲奉獻，而是自我與「適其所適」（être-en-phase-avec）之間的銜接：「自我意識不但阻礙與情境之交融，也阻礙自然本性所從出之下層意識的滋長與成熟。想要再次擷取在充分意識之所覺察的所是，想要愉悅地看到自己有一個完整且確定的面容、一如鏡中的反照，這樣的欲望所構築的是自戀的陷阱，不願

[37] 梵樂歐在文章中引述的法文出自 *Philosophes taoïstes*（Gallimard: La Pléiade, 1980）。

接受造成自己限度的缺陷，以至於錯過其所原本所能達成之所是。」[38]

在中國，促動思考此一問題的核心是對自我實現的反思。梵樂歐引用《莊子》〈達生〉「梓慶削木為鐻」的故事，作為論述的證據。梓慶在製鐻之前，齊心以靜，良久，以至於不敢懷想慶賞爵錄、非譽巧拙，其唯一所尋求者，其所專致者，乃如其所言：「以天合天」意即「以吾之天，遇木之天」（l'harmonie entre ma nature et celle du bois）。庖丁的故事則是另一樁可與之媲美的事。庖丁解牛，遊刃於骨節之間，因此刀刃若新發於硎。提刀四顧，而為之躊躇滿志。向庖丁問話的文惠王，驚嘆地說：「善哉！吾聞庖丁之言，得養生焉。」[39] 從這段故事的跨文化閱讀中，梵樂歐題問道：「得養生焉」豈不就是我們每一個人所要培養的豐沛的生命力？自我陶成或「修養」（se cultiver）豈不意味努力鍛鍊自我同時尋求與我們生活環境的恰當和諧關係？[40] 梵樂歐的提問意味著，當代西方學者探問透過翻譯來閱讀西歐以外的文化資產的跨文化含義。他在文章的結尾處說到：「建立通向非西方文化的橋樑，將有助於我們針對自己的文化後退一步，引導我們面對他者學習、以便好好思考我們人性關係的情境。」[41] 對梵樂歐而言，漢語文獻西譯之文本的閱讀，宛若鏡象，反照出掩隱在西方文化理性與表象思維之後的身影框架，也相互照見思維框架之外的可能性。東方的異國文本的翻譯、閱讀與詮釋，因而成為東西方文化相互對話與相互豐富的可能途徑。

關於「養生」的思維，朱利安在《養生：別於幸福》（*Nourrir*

[38] 梵樂歐著：〈植物意象與自我陶養〉劉千美譯，頁 31。

[39] 這段出自《莊子》〈達生〉篇故事段落的閱讀與法文翻譯，和庖丁解牛的故事出自 *les Traités chinois de peinture et de calligraphie*（《中國書畫論類編》）Yolaine Escande （幽蘭）翻譯與 註解，第一冊，*les textes fondateurs*,（Paris: Klincksieck, 2003, pp.34-42）。 以及 Anne Cheng（程艾蘭）著，*Histoire de la pensée chinoise*（《中國思想史》）（Paris: Seuil, 1997, p.120）

[40] 同前註。

[41] Ibid., p.32.

sa vie. À l'écart du bonheur, 2005）[42] 一書中，以閱讀《莊子》的文本探索養身 / 養精的含義，並認為可以從三個層面來解讀。一是從隱含在西方自希臘哲學內的多層次的思維，揭示養生在漢語文化語境內的意義投射；其次，閱讀莊子提供一條外部思維的的途徑，反照西方文化以旁觀理論（theorein）的成見，構築或形塑西方人探索自由與真理的心靈主體性的框架；此外，對朱利安而言，解讀《莊子》的最根本的意義，在於他個人在跨文化閱讀中的創造性思維的啟迪。朱利安在《論普世》（*De l'universel, de l'uniforme, du commun et du dialogue entre les cultures*, 2008）[43]、《居處風景 / 理性之未思》（*Vivre de paysage ou L'impensé de la Raison*, 2014）[44] 等書更進一步反思文化是否有個別獨特單一性的問題，如何拆解西方文化從主體自足性尋索人的自由的思維？在《居處風景》朱利安指出，風景不只是觀看的對象，或表象的呈現，而更是居存之處，風景與生命的思維密切相關。[45]

雖然朱利安的論述，無論有關養生、風景、或風景與養生之關係的思考，一如他所論述的有關平淡、勢、間距、默化等思維，都會引起許多討論與爭議，包括跨文化翻譯、詮釋、方法學等各層面的議題。[46] 批判的觀點各有不同，但重要的是，在閱讀中引發讀者思維朱利安所謂的未思（l'impensé），無論是中西傳統的未思、或朱利安論述中的未思。而朱利安自己則把未思視為思想的起點，這也是中國傳統詩學理論中「興」的深刻修辭學與美學含義。

[42] François Jullien. *Nourrir sa vie. À l'écart du bonheur*. Paris: Seuil, 2005 ; rééd. « Points », Seuil, 2015.

[43] François Jullien. *De l'universel, de l'uniforme, du commun et du dialogue entre les cultures*. Paris: Fayard, 2008 ; rééd. « Points », Seuil, 2010.

[44] François Jullien. *Vivre de paysage ou L'impensé de la Raison*. Paris: Gallimard, 2014.

[45] 參見 Ibid. p.10

[46] 關於朱利安的爭議與討論，除了參見畢來德（Jean François Billeter）的 Contre François Jullien.（Paris: Allia, 2006）之外，並參見何乏筆（Fabian Heubel）主編的《「間與勢：朱利安對中國思想的詮釋」專輯》（上）（下），《中國文哲研究通訊》24.4， 2014 &25.1，2015.

簡言之，對朱利安而言，翻譯、解讀漢語詩書畫文獻的重要價值，並不在於重複過去，而在於興起創作性的想像與思維，逸出既有既存框架的侷限，並在當代的語境中論述其中隱含的議題，為漢語美學開啟新的研究契機。這種跨文化翻譯美學的態度，也表述在他 2012 年《間距與之間：他者性教席就職演講》以「間距」取代差異，作為走向世界的普世思想途徑中。[47] 2016 年朱利安延續「間距」的論點，更以《捍衛文化資源而非文化認同》（*Il n'y a pas d'identité culturelle, mais nous défendons les ressources d'une culture*）為題，指稱沒有文化身份認同的問題，因為文化本身在不斷發展變化中。[48] 差異形成對立，但間距意味文化之間得以互惠、發展的空間，透過生活型態與藝術形式使得共有的文化資源，語言、歷史和理性得以共同體的存在延續其生機。這也是朱利安在《論普世》一書的主張。他認為當代思想家，包括德希達（Jacques Derrida）、儂希（Jean-Luc Nancy）等皆傾向擱置政治歸屬的邏輯思惟，而以禮物與借貸的交換關係來重新思索開放、而不封閉的共同體的概念。[49] 就此而言，跨文化翻譯的普世性的意義，在於任何群體、或族群都在相互借貸（la dette）和贈與（le don）的關係脈絡中，既具個體性、且具相互包容之普世性，而不自我侷限於已建構的認同架構。這也是朱利安作為漢學家，從事漢語文本解讀多年的體悟，尤其是藉由翻譯、閱讀、解析中國古典文人的詩學、畫論、文論的核心含義的旨意。其目的不在於向不同語言的讀者提供不同的認知見解、或表達贊同或反對的立場，或教導人們度某種生活方式；而在於經由閱讀與翻

[47] François Jullien. *L'écart et l'entre. Leçon inaugurale de la Chaire sur l'altérité*, Galilée, 2012. 中譯本參見 朱利安著，卓立、林志明譯：《間距與之間：論中國與歐洲思想之間的哲學策略》（臺北：五南圖書公司，2013 年）。

[48] François Jullien. *Il n'y a pas d'identité culturelle, mais nous défendons les ressources d'une culture*. Paris: Éditions de l'Herne, 2016.

[49] François Jullien. *De l'universel de l'uniforme, du commun et du dialogue entre les cultures,* p.48.

譯，不把自己侷限於偏頗之處，反而逸出邊界，開啟生命的界域。一如他在《居處風景》致讀者中有關哲學反思的看法，「哲學…是開發資源的藝術。」朱利安的論述或許不符傳統漢學法規，但當今文化間際的界線日益模糊之時，朱利安以普世的觀點，視中國古典文獻為普世共享的資源，以不拘於既有文獻的解讀，來闡述古典文人詩書畫論的象外美學思維，或許在漢學界有其可待發展的生機。

五、尾聲：漢語詩書畫文本翻譯與當代美學議題討論

隨著全球普世化的趨勢和後現代思維的發展，21 世紀的漢學研究逐漸從漢語文本西譯跨文化閱讀的可能性問題的爭議，轉向為當代文化議題在不同文化間的論述的可能性的問題。以西方既有語彙進行漢語藝術文獻翻譯工作，已被認為是從事漢學美學研究的基本功夫。如何以批判性的思維、以提問的方式解讀古典文人美學思想、詩書畫論的當代意義，儼然成為當代漢學藝術與美學研究的主要課題。

事實上，指出中國文學或藝術理論不同於西方的模仿理論的表象思維，對當代西方漢學家而言已不是新鮮事。重點是，當代學者對於中國傳統文人書寫創作中的非表象思維方式的翻譯、理解和討論，除了挑戰近代美學知識論轉向的語境下的議題，例如以寓意（allegory）的修辭功能解析語言與指涉之間的間隙問題外[50]，如何跨越既有理論框架，揭露中國藝術創作和作品詩意的幽遠投向，是許多當代漢語藝術與美學研究者所關切的議題。宇文所安在大量翻譯了中國詩文之後，同樣覺察到跨文化閱讀的困難。他認為閱讀的困難不只是由於詩文譯自不同的語言、或消失的時代，例如唐、宋年代的詩文；而是在建立必要的閱讀參考框架的同時，系統的闡述卻可能違背閱讀行動、引入歧途、完全忘卻詩歌閱讀的自由。對於詩歌的翻譯的美學意義， 宇文所安認為「詩歌的續存不僅有賴於

[50] 有關中國詩學研究的寓意修辭美學的爭議討論，參見 Haun Saussy. *The Problem of a Chinese Aesthetic*. Stanford: Stanford University Press, 1993.

注釋和正統解釋，也依賴隱含的預設、默認的認知方式、無以言說的焦慮。由於時間、語言、文明的因素，詩歌被移置，沈默的藝術情境因成為無以復原的大體系。」[51] 他坦言《中國傳統詩與詩學》（*Traditional Chinese Poetry and Poetics*）一書，便是出自「一個文學史家對文學史無力處理詩歌的不滿」而寫成的作品。而《中國文論》（*Readings in Chinese Literary Thought*）的選譯與評註，更隱然透露宇文所安對中國傳統美學思維中隱含的當代多重美學議題的關注，包括詩學、作者性、文本、模擬、文類、文與象等議題。[52]

基本上，21 世紀以來許多有關中國傳統文學或視覺藝術的文獻的翻譯，都多半被納入研究的語境出版。例如，姜斐德（Alfreda Murck）的《宋代詩話中的政治隱情》（*Poetry and Painting in Song China: The Subtle Art of Dissent*, 2000）[53]、喬迅（Jonathan Hay）的《石濤》（*Shitao, Painting and Modernity in Early Qing China*, 2001）[54]、艾朗諾（Ronald Egan）的《美的焦慮》（*The problem of Beauty, Aesthetic Thought and Pursuits in Northern Song Dynasty China*, 2006）[55]、田曉菲（Xiaofei Tian）的《神遊》（*Visionary Journeys: Travel Writings from Early Medieval and Nineteenth-Century*, 2011）[56] 等等古典文學藝術的研究中都譯有大量的詩文。被翻譯的文本在這些著作中，一方面被漢學家分別從政治、社會、經濟、歷史、遊記

---

[51] Stephen Owen. *Traditional Chinese Poetry and Poetics*. Madison: University of Wisconsin Press, 1985, p.4

[52] 參見 Stephen Owen. "Introduction," in *Readings in Chinese Literary Thought*. pp.3-17.

[53] Alfreda Murck. *Poetry and Painting in Song China: The Subtle Art of Dissent*. Cambridge, MA: Harvard University Press, 2000.

[54] Jonathan Hay. *Shitao, Painting and Modernity in Early Qing China*. Cambridge: Cambridge University Press, 2001.

[55] Ronald Egan. *The problem of Beauty, Aesthetic Thought and Pursuits in Northern Song Dynasty China*. Cambridge, Massachusetts: Harvard University Asia Center, 2006.

[56] Xiaofei Tian. *Visionary Journeys: Travel Writings from Early Medieval and Nineteenth-Century China*. Cambridge, MA: Harvard Asia Center; 2011.

等語境討論其中隱含的美學問題。例如姜斐德從過去士大夫的仕途命舛，閱讀和解析歷代中國文人詩歌創作中的悲劇意識，並認為無論屈原、宋玉、賈誼、杜甫、韓愈、柳宗元的詩文創作，都與當時的政治情境和個人的謫遷遭遇有關。而田曉菲則除了從政治遭遇描述謝靈運、王韜等南朝與清末不同時代文人行旅的詩文寫作，解析遊記文學隱含的相關議題，包括觀看（seeing）、視見（visualizing）、圖像建構（image making）以及跨越邊界等。遊記文學議題的討論，也蘊含在附錄謝靈運的《撰征賦》的英譯與註解中。

另方面也可以看到當代漢學家從美學的角度，在文本的翻譯與閱讀中反思中國文人思想語境下的歷史、政治或經濟問題的含義。例如，以《美的焦慮》中對歐陽修《集古錄》的翻譯、解讀而言，艾朗諾不僅以英文完整翻譯歐陽修《集古錄目序》全文，並探討這篇序文中隱含的歷史美學問題；比較《淳化閣法帖》官方收藏名家作品和歐陽修《集古錄》收集散落四方無名碑帖的不同美學含義。前者的意義在於為書法建立美學典範；後者的美學意義卻在於從所收集的斷簡殘篇捕捉消散於時間中的過往痕跡。歐陽修作為編撰《新唐書》、《新五代史》的史學家，深知遺落在正史論述之外、未被言說的真實，隱約顯露於散落於荒野之處的殘缺的碑文間。艾朗諾所探討的是歐陽修「集古」中有關歷史、記憶與消逝的美學含義。他把「古」翻譯為「the past」，不同於一般譯為「antiquity」或「antiquities」（古董）的譯法。他認為歐陽修把所收集的碑帖稱之為「古」的意義不在於時間的久遠，而在於時間之外的消逝與隔絕。從翻譯和閱讀歐陽修為收集的碑文所寫的跋文中，艾朗諾認為歐陽修之所以收集那些無用於正史的無名殘片碑文，是以詩性之眼、在美感經驗的觀照中，跨越時間的距離瞥見曾經臨現過而後消匿、隔絕者的蹤跡，遊徜於其間而樂此不疲。

最後，要指出的是，從當代漢學出版品，我們可以看到中國傳統文學作品還在持續地在被翻譯中。如何恰當解讀與詮釋依舊是漢學翻譯研究的一個重要問題。不過，在當代跨文化的普世性美學下，古典漢語文本不再只是亞洲區域研究的文獻依據，而更是人文世界共有的啟迪創作、思考的文化資源。如何從古典文本的翻譯和閱讀中，與當代人文世界所關切的各種議題進行對話，是漢語美學研究的主要企求，而這也是我們從 21 世紀的出版物中，可以看到的當代漢學研究的新契機。

引用文獻

朱利安著，卓立、林志明譯：《間距與之間：論中國與歐洲思想之間的哲學策略》，臺北：五南圖書公司，2013 年。

伏拉歐著，〈植物意象與自我陶養〉劉千美譯，《哲學與文化》36:10=425，2009.10〔民 98.10〕。

何乏筆（Fabian Heubel）主編：《「間與勢：朱利安對中國思想的詮釋」專輯》（上）（下），《中國文哲研究通訊》24.4，2014 &25.1，2015。

幽蘭（Yolaine Escande）著：〈圖像與書寫之遊戲 —— 論亨利・米修之《表意文字在中國》〉，《哲學與文化》34:11=402 2007.11〔民 96.11〕，頁 99-111。

劉千美著：〈書評：《亨利・米修全集》評註本〉》〉，《哲學與文化》34:11=402，2007.11〔民 96.11〕，頁 171-174。

Alexander Soper. “T'ang Ch'ao Ming Hua Lu: The Famous Painters of the T'ang Dynasty.”*The Archives of the Chinese Art Society of America*, IV,1950, pp. 5-28.

______________.“T'ang Ch'ao Ming Hua Lu. Celebrated Painters of the T'ang Dynasty by Chu Ching-hsüan of T'ang.” *Artibus Asiae*, Vol. 21, No. 3/4, 1958, pp. 204-230.

Anne Cheng. *Histoire de la pensée chinoise*. Paris: Seuil, 1997.

Alfreda Murck. *Poetry and Painting in Song China: The Subtle Art of Dissent*. Cambridge, MA: Harvard University Press, 2000.

Augustin Berque.“Landscape and the Overcoming of Modernity—Zong Bing's Principle.”《哲學與文化》 39.11=462, 2012, pp.7-26.

______________. *Thinking through Landscape*. London ; New York : Routledge, 2013.

Ching Hao. Pi-fa-chi : *A note on the art of brush*. Ed., transl. of the Chinese and annotations by Kiyohiko Munakata. Ascona, Switzerland : Artibus Asiae, 1974.

Craig Clunas. *Picture and Visuality in Early Modern China*. London: Reaktion Books, 1997.

François Flahault.“The Image of the Plant and Self-Cultivation.”《哲學與文化》

36:10=425，2009.10〔民 98.10〕，頁 3-20。

François Jullien. *De l'universel de l'uniforme, du commun et du dialogue entre les cultures*. Paris: Fayard, 2008.

_____________. *De l'universel, de l'uniforme, du commun et du dialogue entre les cultures*. Paris: Fayard, 2008 ; rééd. « Points », Seuil, 2010.

_____________. *L'écart et l'entre. Leçon inaugurale de la Chaire sur l'altérité*. Galilée, 2012.

_____________. *Vivre de paysage ou L'impensé de la Raison*. Paris: Gallimard, 2014.

_____________. *Nourrir sa vie. À l'écart du bonheur*. Paris: Seuil, 2005 ; rééd. « Points », Seuil, 2015.

_____________. *Il n'y a pas d'identité culturelle, mais nous défendons les ressources d'une culture*. Paris: Éditions de l'Herne, 2016.

Herbert Giles. *An introduction to the History of Chinese Pictorial Art*. London: Bernard Quartich, 1905/19018.

Haun Saussy. *The Problem of a Chinese Aesthetic*. Stanford: Stanford University Press, 1993.

Jean-Marie Schaeffer. *Adieu à l'esthétique*. Paris, PUF , 2000.

Jonathan Hay. *Shitao. Painting and Modernity in Early Quing China*. Cambridge: Cambridge University Press, 2001.

Jean François Billeter. *Contre François Jullien*. Paris: Allia, 2006.

James Elkins. *Chinese Landscape painting as western art history*. Hong kong: Hong Kong University Press, 2010.

Kakasu Okakura. *The ideals of the East, with Special Reference to the Art of Japan*. London : John Murray, 1903. Pp. 51-53.

Laurence Binyon. *Painting in the Far East - an Introduction to the History of Pictorial Art in Asia*. London: Edward Arnold, 1908.

Leon Hurvitz."Tsung Ping's Comments on Landscape Painting," *Artibus Asiae,* VOL. XXXII,1970, pp146-154.

Michael Sullivan. "On Painting the Yun-T'ai-Shan ; A Reconsideration of the Essay Attributed to Ku K'ai-chih." *Artibus Asiae* 17（1954）, p.p.87-102.

Mi Fu. *Le Houa-che de Mi Fou（1051-1107）ou le carnet d'un connaisseur à l'époque des Song du Nord*, trad. Nicole Vandier-Nicolas. Paris, Presses universitaires de France（Bibliothèque de l'Institut des hautes études chinoises. Vol. 16）, 1964

Osvald Sirén. *The Chinese on the Art of Painting*. New York: Dover, 2005.

Pierre Ryckmans. *Traduction et commentaire de Shitao. Les Propos sur la peinture du moine Citrouille-Amère*. Bruxelles, Institut belge des hautes études chinoises, 1970, Paris, Éditions Hermann, 1984.

Roland Barthes. *S/Z*. Paris : Éditions du Seuil, 1970.

Roland Egan. *The problem of Beauty, Aesthetic Thought and Pursuits in Northern Song Dynasty China*. Cambridge (Massachusetts): Harvard University Asia Center, 2006

Shio Sakanishi. *Lin ch'uan kao chih. An Essay on Landscape Painting by Kuo Hsi*. Translated from the Chinese. A foreword by L.Cranmer-Byng. London: John Murray, 1935.

____________. *The Spirit of the Brush : Being the Outlook of Chinese Painters on Nature, from Eastern Chin to Five Dynasties, A.D. 317-960*. London: John Murray, 1957.

Shen Fu. *Six récits au fil inconstant des jours, trad. et commentaires par Simon Leys*. Bruxelles : Éditions Larcier, 1966.

_______. *Six Records of a Life Adrift*. Translated with an introduction and notes by Graham Sanders. Indianapolis: Hackett Publishing, 2011.

Susan Bush & Christian Murck, eds. *Theories of the Arts in China*. Princeton: Princeton University Press, 1983.

Susan Bush and Hsio-yen Shih, eds. *Early Chinese Texts on Painting*. Cambridge, MA: Harvard University Press, 1985.

Stephen Owen. *Traditional Chinese Poetry and Poetics*. Madison: University of Wisconsin Press, 1985.

____________. *Readings in Chinese Literary Thought*. Cambridge, Massachusetts, Harvard University Press, 1992.

____________. *The End of the Chinese 'Middle Ages': Essays in Mid-Tang Literary Culture*. Stanford, Calif.: Stanford University Press, 1996.

Stéphane Breton, ed. *Qu'est-ce qu'un corps?* : *Afrique de l'ouest, Europe occidentale, Nouvelle-Guinée, Amazonie*. Paris : Musée du quai Branly : Flammarion, c2006.

William Reynolds Beal Acker, trans. and annot., *Some T'ang and pre-T'ang Texts on Chinese Painting*. Leiden: E. J. Brill,1954.

Walter Benjamin. "The Task of Translator" in *Illuminations*, edited and with an introduction by Hannah Arendt. Translated by Harry Zohn; preface by Leon Wieseltier. New York : Schocken Books, 2007, c1968.

Yolaine Escande. *Les Traités chinois de peinture et de calligraphie*, Vol.I, *les textes fondateurs*. Paris: Klincksieck, 2003.

_____________. Montagnes et eaux. *La culture du shanshui*, Paris, Hermann, 2005.

_____________. *Jardins de sagesse en Chine et au Japon*, Paris, Seuil, 2013.

_____________. "Tang Dynasty Aesthetic Criteria: Zhang Huaiguan'sShuduan." *Journal of Chinese Philosophy*, 2014, Volume 41, Issue 1-2 ,pp.148–169.

Xiaofei Tian. *Visionary Journeys: Travel Writings from Early Medieval and Nineteenth-Century China*. Cambridge, MA: Harvard Asia Center; 2011.

歐洲漢學與跨文化思維

宋　灝*

〔摘　要〕

當今歐美的「漢學」（sinology）逐漸在捨棄歐洲人文學傳統，變形轉成一種近來甚為流行之「文化研究」（cultural studies），以「中國研究」（Chinese studies）的名義直接回到「中國通」與頗籠統「地區研究」（area studies）的水準。傳統「漢學」致力涵蓋中華文化世界的整個歷史發展，特別是以語文學為基本方法，深入研究不同領域的文獻。可是，在「漢學」轉成「中國研究」這個深刻的典範轉移之下，整個研究導向便從文學、史學、哲學、藝術學等人文學科系轉至多少僅關當代中國政治、社會、經濟等情況的探索。新興「中國研究」在對象方面捨棄歷史厚度和思考深度，而就其方法論反思和科學標準而言，它缺乏歐洲人文學一代復一代累積起來的學術知識和理論經驗，也無法對當代哲學思維及人文研究導出有意義的貢獻。本文集中於哲學的視角，先勾勒歐洲漢學的歷史情形並批判其當代處境，然後以法國漢學家朱利安（François Jullien，亦作于連、余蓮）的研究為例，討論當代「中國研究」若將歷史情境重新納入考量，它便可能對一個當代的跨文化思維從其研究對象爭取何種重要啟發。

關鍵詞：漢學、哲學、跨文化思維、華語思維、朱利安

* 國立中山大學哲學研究所專任教授

一、緣起：「漢學」？還是「中國研究」？

本文的主要關懷源自一種危機感：隨著中國各方面的崛起，近三十年來歐美各國漢學界發生了影響廣大且深遠的變更，而且若由歐洲人文學傳統的角度觀之，此轉變幾乎是一種崩潰或顛覆。當今歐美各國學院制度中古典科系「漢學」（sinology）逐漸在游離歐洲人文學的脈絡，根據近來甚為流行的範本變形而轉成一種有關「中國」這個當代地理單元的「文化研究」（cultural studies）。此新興起的「中國研究」（Chinese studies）彷彿意圖直接繼承其隸屬歐洲「漢學」科學化頂峰時期之前的前身，或者從事一種範圍、內容、目標及學術標準都非常籠統的「地區研究」（area studies），甚或類似其他於殖民時代為了應付商業需求針對歐洲文化世界之外的地區所發展出來的商業和政治顧問這種範例，重新行銷當時所謂「中國通」具備的某種特殊異國知識。

然而，置身於當代全球化脈絡下的新「中國研究」其實蔑視「人類學」、「民族學」的基本認知和理論體系，更別說它也忽視人文學傳統數百年來所培養而且已經成熟的問題意識、方法論意識以及理論成就。以往「漢學」致力涵蓋中華文化世界一整個長久且錯綜複雜的歷史過程為其學術關注的對象，特別是以語文學為基礎性方法，深入研究各種領域的歷史文獻。可是，在「漢學」轉成「中國研究」之際，基於一種深刻的典範轉移，整個研究導向便從文史哲等學門以及藝術學這等領導人文學科系移至一種另類的關懷，以當代中國為立足點，僅關注探索當代中國政治、社會與經濟情況，而且這種探討越來越明顯地缺乏歷史厚度和思考深度，體證了歐洲人文學精神與人文學養成的缺席。就方法論反思和學術標準而言，新興「中國研究」太過輕易地拋棄人文學傳統一代傳承一代累積起來的、濃厚的學術知識和思考經驗。於是，在研究對象方面來看，新興「中國研究」不但傾向於忽略華語文化世界在歷史文獻、文本傳承以及思想各方面所獨有的特色及其無與可比的複雜性，更為甚者，此種新的學問也傾向於低估各地當代華語界基於其內在的跨文化組成給不同當代人文學科所帶來的重大挑戰和潛力。

針對當代歐美漢學界發生了這樣的轉向，目前重要課題之一不但在於，要重新思考古典「漢學」與歐洲人文學傳統固有的歷史聯繫及其當代意義，而且也非常值得從一個當代的跨文化思維視角重新來評估「漢學」這門學科本身的處境及其未來發展的可能性。鑑此，本文將環繞人文精神、哲學反思以及法國漢學家朱利安（François Jullien, 1951-，亦作于連、余蓮）的跨文化哲學研究為主題，討論新興「中國研究」若違逆主流，依然延續古典歐洲「漢學」的一些優點，並且將研究者以及研究對象雙方的歷史處境納入考量，它可以對一個當代的跨文化思維從其研究對象那裡取得何種重要啟發。

二、「漢學」與歐洲人文學傳統的關係

在歐洲的學術體制發生上述典範轉移之前，也就是於二十世紀後半葉達到頂峰並已充分普及各國之前，「漢學」[1]當然曾經歷過不少演變。眾所周知，中國這個猶如神話一般遙遠且陌生的文化世界幾百年前才開始引起歐洲知識分子與歐洲貴族的普遍關注。當諸如利瑪竇（Matteo Ricci, 1552-1610）、衛方濟（François Noël, 1651-1729）等耶穌會傳教士遠赴明末清初的中國並將各種初步的認識連誤解都帶回

至歐洲之際[2]，萊布尼茲（Gottfried Wilhelm Leibniz, 1646-

[1]「漢學」這門歐洲學科在如今已成為一個問題，「漢學」所指已不再自明、理所當然，而且有鑑於本文所反思的主題之一也是這門學科的導向、特質和存在意義，因此下文會盡量維持以引號標出此特殊學門的表述方式。

[2] 哲學方面對這段中、歐之間的歷史交流最齊全深入的討論即 Iso Kern, „Die Vermittlung chinesischer Philosophie in Europa“, in: Jean-Pierre Schobinger（ed.）, [*Grundriß der Geschichte der Philosophie*] *Die Philosophie des 17. Jahrhunderts. Band 1. Allgemeine Themen. Iberische Halbinsel. Italien*（Basel: Schwabe, 1998）, pp. 225-295.

1716）[3]、渥爾夫（Christian Wolff, 1679-1754）[4]、伏爾泰（Voltaire [François-Marie Arouet], 1694-1778）[5]、 洪 堡（Wilhelm Humboldt, 1767-1835）[6]等哲學家立刻迫不及待地吸收來自「遠東」這個似乎完全另類之文明的種種新聞，也毫不躊躇回應於東來的文化挑戰。透過他們著作中敏銳地分析中國文化的方式，中國在歐洲文人界快速地聲名大噪，除了一般的好奇、驚嘆、佩服等反應，也開始引起恐懼和排斥。後來中國與歐洲在文化暨經濟上發生愈來愈密集深刻的交流，而且此歷史情況不但逐漸形成了中國種種西化的萌芽與壓力，同時中國藝術與中國的奢侈品直接影響了歐洲，例如「洛可可風格」（Rococo）、「中國熱」（chinoiserie）等流行浪潮。當初悠久的中國思想傳承也是歐洲的哲學界所關注肯定的，「漢學」自十九世紀初因此逐步被收入歐洲大學的學院體制[7]，作為此文化交流最重要的產物。然而，歷史很弔詭，因為一方面「漢學」初始成立，另一方面黑格爾（Georg Friedrich Wilhelm Hegel, 1770-1831）與其他歐洲哲學家卻已經開始對落入政治和經濟危機的滿清中國提出負面評論。

毋庸置疑，歐洲「漢學」的起源在於殖民時期的開端，因而富有當時的異國情調、東方主義心態的遺產，換句話說，它擺盪在科學與意識型態之間。然而，另一個不可否認的事實是，歐洲哲學家早就關注並敬佩中國非常發達的政治制度和倫理學導向。同時語言學者從一

---

[3] 參見萊布尼茲於 1697 年寫成的《之那最新情報》（*Novissima Sinica*）。

[4] 參見於 1721 年問世的講稿〈論中國實踐哲學〉（Oratio de sinarum philosophia practica 或 Rede über die praktische Philosophie der Chinesen）。

[5] 參見於 1755 年首演的劇本《中國孤兒》（*L'orphelin de la Chine*）。

[6] Christoph Harbsmeier, *Wilhelm von Humboldts Brief an Abel Rémusat und die philosophische Grammatik des Altchinesischen*（Stuttgart–Bad Cannstatt: frommann-holzboog, 1979）.

[7] 1814 年雷暮沙（Jean Pierre Abel-Rémusat, 1788-1832）於巴黎建立了第一個「漢學」講座，1829 年諾伊曼（Carl Friedrich Neumann, 1793-1870）受聘慕尼黑大學，1837 年基德（Samuel Kidd , 1797-1843）受聘倫敦大學學院，1838 年碩特（Wilhelm Schott, 1802-1889）受聘柏林大學。

開始對中國話，特別是對獨一無二的中文字極感興趣，也非常聰明地捕捉到此另類的語言體系和書寫模式對屬歐印語系的文化脈絡之自我理解所代表的重大挑戰和啟發。經過無數探索、誤解、發現及覺察，早期「漢學」仰賴諸如哲學、史學、語文學、語言學、詮釋學等歐洲人文學於十九世紀發展成熟的學術風潮，逐漸變成了研究成果精緻可觀的獨立學門。歐洲「漢學」這種學術研究偶爾甚至超越了在同一時期落入內戰並且嚴重瓦解的中國本身所推出的學問，也為北美在二十世紀之後接棒的「中國研究」築建了重要的架構和途徑。清末民初中國文化愈來愈明顯地朝向自我催毀的路線邁進，在這種負面印象下，戰後至 1990 年代左右歐美「漢學」便更加以「中國文化」、「古代中國」為首要研究對象。然而，在「文化大革命」後與台灣解嚴後各方面逐漸開放，中文學術著作的生產率也大量增加。在華語學界的專業化日深之際，歐美「漢學」有關中國文化與中國歷史在學問上所標榜的優越態度自然越來越不合理，仍舊奠基於史學和語文學為基本學術方法的歐美「漢學」突然自其研究對象中國接受到不小的打擊和挑戰。

此刻，歐美漢學家面臨嚴重的困境，因為他們察覺到華人的文化世界與古代希臘、古代羅馬甚或當代印度的情況並非盡然相同，中國這個文化地區尚未死亡。出於長久以來習慣著重所謂古代為首要研究領域「漢學」的預料之外，「中國文化」並不適合被納入世界博物館的收藏，「中國」還活者，中國的歷史不但尚未結束，反而還在繼續發展，中國的語文傳承也還在繁殖！已經落入了全球化之現代結尾的當代看來，特別是中華人民共和國的影響一日復一日更深更廣。於是，華人界自身也開始借用歐美「漢學」對「中國」這個研究對象所培養的種種觀點與研究方法，形成自己的當代「漢學」，而且比起人力畢竟非常有限的歐美學界，華人學界則更快更深亦更豐富地促進有關「屬己」之歷史文化的各式各樣探究。故此，約自 1990 年起，歐美「漢學」被此種權力轉移所逼迫，勢必要重新反思自己的基本研究架構以及處身於歐美社會之「漢學」的定義和道理究竟何在的生死問題。

另一方面，差不多在同一個時候，也就是在東歐共產黨國家解體和開放之際，歐洲國家被源自英美世界的商業精神、資本主義浪潮所沖淹，整個歐洲沉淪於愈來愈馴服一切生活領域的「經濟主義」，而將第二次世界大戰後就已受到重大打擊、早已經衰退的人道觀徹底換成「前進」的理念和價值觀。結果之一在於，一般歐洲社會加強對學院運作的質疑、忌妒和大力干涉，使得大學體制中一整個傳統人文學如同惡夢一般面臨了全面剪制、廢除、改造的壓力，傳統人文學的人道精神被來自英美「新自由主義」與絕對化的經濟考量所根拔、扼絕、消滅，整個當代學術包含人文學的傳統科系都要屈服於企業化規範。在「應用」取代了「求知」作為學術努力的標準之後，當代學者被逼著要以經費的爭取與管理取代以往的「自主研究」，也就是要在「產學合作」這種口號下以種種商業成果取代以往的獨立學問和理論思考。於是，兩百多年前在歐洲成形的「漢學」似乎已不再可能了，它一同落入了上述制度改革，處身對所謂現代化，亦即經濟化壓力下的「漢學」不得不投入一種新類型的營業方式，以便變身成為「中國研究」。大抵，由於社會要求「中國研究」在「產學合作」方面協助歐美各國在「巨大的中國市場」上立足，所以各所大學裡歷史、哲學、文化、語文等等各個領域的傳統研究不再受歡迎，也非常輕易地被淘汰，「中國研究」的研究重心從「中國文化」、「古代中國」等脈絡遷移到最近發展出來的中國、香港、台灣兩岸三地的政治、經濟、社會現況。

然而，由於新興「中國研究」拋棄人文學，也拋棄哲學，追求生產而不重視思考，它顯然又呈現出東方主義、異國情調的陰影，基於無知，它也產生本來可以避免的文化誤解和文化衝突，而且從事新興「中國研究」的學生大多表達一種「惘然」的感受，因為他們不再接觸到一直以來作為傳統人文學之研究動機的「人生意義」，空洞的「當下實況」替代了對「人在世存在」的關懷。歐洲漢學界與歐洲哲學界的關係雖然一向微薄而且緊張，但如今這個聯繫似乎完全斷絕，當今「中國研究」根本不懂亦不想理會哲學，而哲學界也不期待能自「中國研究」方面獲得任何收益或啟發。當今唯一猶然足以挑戰歐洲哲學的只剩下華人世界本身，也就是針對歐美「漢學」保持距離而獨立起來的當代華語思維。那麼，由此現況觀之，「漢學」與哲學原來的關係是怎麼產生的？

在「漢學」變形而成為了「中國研究」之後，此新興學術運動企圖成為談「事實」的科學，無論有意還是無意，它因此全盤拒絕其視為「空想」、「推測」、「思辨」及「批判」的人文學精神，除了可以描寫、規定、統計的文化模樣之外，排斥將該文化的意義向度當成研究對象和目標。然而，這樣一來，這種研究進路的盲點與自然科學一樣，忽視內在於任何「與料」或「數據」的理論架構，忽略其研究對象，即歷史中的「中國」以及其研究資料，也就是種種人生情境與人為的文獻本身所必然具備的某種義蘊，唯有具備義蘊，方才可能變成被關注、收集、解釋的「與料」和「數據」。「中國」的任何情形都不可能僅僅如同不具任何意義的「物質事實」來被計算處理，「中國」這個研究內容還是牽涉人與他的世界，所以連「中國研究」也脫離不了某種程度上的意義詮釋，才會獲得其所謂的「與料」、「數據」。新的「科學漢學」尤其著重社會學與經濟學號稱科學式的研究方法，更加忽略暗藏於這種方法的異國情調與東方主義殘餘。傳統人文學作為史學和語文學一直以來所提問的，就是這種「科學漢學」不但不在乎而且也根本不能應對的問題：這些「與料」和「數據」究竟意味著什麼？我們為何非得研究這一切不可？

不過，對這個問題傳統「漢學」恐怕不是沒有責任。以往「漢學」總是過度費力追求認識其龐大深奧的研究對象，致力掌握中國的語文和中國的歷史文化遺產，反而忽略基礎性人文學養成的深造工作，以致「漢學」從來未曾享有與其他歐洲人文學科對等的地位。就理論水準與思辨能力而言，「漢學」一向停留於布爾喬亞的一般世界觀與一般素養之中，因而無法與歐洲本身的史學、語文學、文學、藝術學等學科相提並論，更何況是人文之首的哲學。結果，傳統「漢學」與學院其他人文學科之間一直以來存在著一種隔閡，彼此互動和交換其實非常有限。而且，「漢學」本身從其興起以來將異國情調與東方主義內化，而與歐洲人文學傳統維持一種弔詭的距離：在早期「漢學」向其他現有的學門求學的同時，它就已經開始以「中國」的陌異性與獨特性為名，對專屬歐洲這種研究對象的理論架構和學術方法產生不滿。可是，遺憾的是，「漢學」從未進一步，而且是系統性地展開自身這種「獨特性」甚或自身對歐洲學界所懷抱的這種「異國優越感」，而且對自身這種不合時宜的基本心態，「漢學」也從未充分反思，導致現今從事「中國研究」的學者也認為自己若直接「跳過」、「捨棄」歐洲人文學十分合理。

那麼，新興「中國研究」之可能這麼順利取代傳統歐洲「漢學」，又如此劇烈地反駁「詮釋」、「反思」、「批判」乃及「理論」等人文學立場，歷史原因之一無疑便在於，「漢學」的學術水準本來不足，地位不高，所以在關鍵時刻得不到其他人文學科的支持和肯定。「漢學」之所以一向對其他人文學科的影響不深也無足輕重，之所以被認為是一種「遠程專業」，是一種「奢侈」，乃至如今轉眼就脫掉人文學的服裝，原因恐怕是「漢學」本身從未成熟，它一向以遙遠的「中國」及其以「另類情況」才擁有的「另類」知識為藉口，而從未認真投入歐洲人文學與歐洲哲學的理論脈絡。由此觀之，難怪歐洲人文學界在巴洛克思想家之後不再願意對中國的文化傳承尋求認識和理解，也難怪歐洲哲學界迄今以根深蒂固的歐洲中心主義，不將中國與「漢學」納入自己的求知視野，更難怪歐洲「漢學」與歐洲人文學之間的關係落入眼前這種危機，甚至可能會完全被割斷。

三、歐美「漢學」為何需要哲學思考？

新「中國研究」不僅不可能割斷自身與傳統「漢學」固有的稠密關聯，而且它也根本不可能完全地離棄傳統人文學與哲學的基礎。自基本科學標準來看，一旦「中國研究」依賴任何跟語文有關甚或包含語言與文字內容的資料，它勢必投入人文學，尤其是語文學與史學的意義詮釋，也必須判斷種種文獻根據並對自己的研究架構和方法予以批判反思，方才及格。再來，「中國研究」本身所身處的立足點與其觀察對象「中國」仍屬同一個脈絡，這個脈絡也就是效應歷史環繞「意義」與「價值」為軸心，在人間世界所劃分出來的求知視域。只有透過此歷史視域，我們才可能接觸到他人，「與他人共處」。「中國」即使如同自然科學的研究對象一般被「中國研究」所對象化，但此種研究對象仍然隱含一個普遍化的「他人」，而此研究架構也依然暗藏著「與他人共處」這個源自效應歷史的情境。

「中國」與「中國研究」皆以各自不同身分隸屬於歐洲人文學曾所關切的「文化環境」，而且猶如胡塞爾（Edmund Husserl, 1859-1938）晚年所探討的「生活世界」一般，人文學牽涉的「文化環境」富有人生經驗、意義和價值，隨而包含科學所瞄準的「自然環境」。就認知論而言，人文學的意義脈絡，即人人在其日常生活勢必所面對、聯繫到的「世界」才是第一層次的「現實」，人文學所關注的就是任何科學不可跳脫的最終且最原本的「實情」。「中國研究」若連這些最普遍、基本的學術情形和理論考量都不在意，它勢必落入一種充滿自相矛盾的「前學術」態度，以致最後變成毫無意義的虛假「學說」。總之，光就學術性問題，即學科身分和地位的問題來說，無論是當代「中國研究」或是古典「漢學」，兩者都需要哲學的協助，才可能充分鎮奠自己的學術水準。

再來，歐美各地新興「中國研究」其實太過輕易遺忘自己的歷史來源，即作為人文學的傳統「漢學」，以致它在後殖民時代又復落入了東方主義與異國情調的陷阱，隨而將其研究對象當成屍體，當成與自己毫無關係的獵獲物收入當代「地區研究」所經營的「世界博物館」。這樣一來，「中國研究」不僅對其研究對象不公平，不承認「中國」為自己的對等他人，是與自身「共處」於同時的他人。「中國研究」不僅系統性地忽略此他人的當代面貌，而且也犧牲掉華人世界在日復一日更加全球化的當今對歐洲中心主義之下的歐美社會帶來的反省機會。

「漢學」、「中國研究」之所以皆需要哲學，更重要且更有意思的理由在於當代華人界的內在哲學性與跨文化組成。所謂「中國」這個研究對象本身近一百多年來非常著重理論與哲學，也經歷了三民主義、馬克思主義等意識形態之間的鬥爭，以致如今華人社會有意無意中都處於一百多年來深層吸收歐美哲學之影響的史況。「古代中國」這個似乎獨立的歷史、文化世界已經進入了一個空前的情形，而且與南美、印度或非洲等被殖民化地區非常不同，華人世界不但不再符合古典「漢學」的一元論，而且也已經超脫了中、西二元對立的研究架構。基於所謂現代化和西化過程，不但「中國」這個過度簡化的名稱已不再適用，而且甚至被來自中、西雙方之因素所拼湊成形的「現代中國」（modern China）實在也不適當，因為歷史的拼貼力量早已形塑出混雜的、既不屬於「中國」亦不屬於「西方」的嶄新情況。

各地當代華人社會的內部組織錯綜複雜，可稱其為「跨文化式混雜文化世界」。當代華人的生態與心態恐怕都比歐美人民的生態與心態來得更複雜，呈現更為跨文化式的形態，比起歐美的情況，華人中不僅止於菁英與讀書人，甚至一般民眾都經歷了更深刻而且強制性的跨文化改造。同理，迄今為止持續無間斷的使用歷史長久的中文這個語境和文字體系來思考並書寫的當代華語思維的處境也是一種多層面的「跨文化的混雜思維」。由於當代華語思維處於古代文言文傳承和近代白話文及新哲學術語之間，又介於中、歐互相無關之兩種古代傳承和論述體系之間，因此就其資源的多樣性構成和啟發潛力而言，比起歐美哲學它豐富且深厚得多。如今華語思維似乎非常適合代表一種位於當代歐美哲學內部的「邊緣」或「域外」，因此它非常有潛力以由此種弔詭的「內部立場」來批判並啟發歐美哲學，隨而在當代思維中進行強而有力的「跨文化轉折」。

當然，當代華語思維也體現貫穿一般華人文化世界的弔詭情形：除了普遍受關注的「西化」現象之外，在華人世界出現的是非常獨特的一種擺盪於自卑和優越、驕傲之間的不確定的心態。藉由不斷地虛構一種「西方形象」的方式，當代華人學界陷入了介於「西方主義」、「自我殖民地化」以及「復古運動」之間產生的矛盾和張力。聚焦於當代中國的「中國研究」根本不可能、也不應該避開這種內部緊張。這個研究對象的複雜性明顯超過「文化研究」、「地區研究」等流行進路所能描寫並掌握的程度。這個現況逼迫要探討它的任何學門務必要將各種理論思考與哲學批判恰當的專業水準上都納入考量。

四、當代思維為何需要「漢學」？

若反過來自當代思維的角度提問，與古今華語世界打交道此事對哲學，特別是當代歐洲思維，可能帶出何種貢獻和潛力，有幾個項目值得一提。首先，尤其是古典「漢學」對中國古代思想所從事的研究和翻譯工夫在宇宙論、倫理學、美學等領域都足以提供各式珍貴的啟發。再來，由於中國的思想傳承與歐洲傳統哲學距離甚遠，許多基本的差異重大，又由於中國古代思想異常濃稠豐富，因此「漢學」居間中介能為哲學開啟一種獨一無二、富有挑戰性的追問和批判場域。「漢學」能以專業的方式介紹並深入探究許多非常值得歐美哲學界詳細關注的思考經驗、辯論模式和哲學見識。針對各種議題歐美哲學界應當將「漢學」的研究成果視為一種優良的哲學試驗場域。

若再往下推一步，「漢學」對哲學的貢獻也涉及方法論問題，牽涉歐美哲學對基本思考架構和基礎性理念與信念的反思。舉例而言，歐美當代思維作為哲學似乎捨不得其自古以來所尋求的「理性主義」和其所附帶的普遍主義假設，哲學是否哲學的關鍵取決於這門學科對「理性」的思考深度，也就是取決於其對所謂「真理」之普遍性的界定與掌握。然而，中國的思想傳承具有如此廣泛且精緻的系統性，亦具備如此長久的歷史連續性，此思想又已經如此深刻地被「漢學」探究，使得歐美哲學界確實可能依賴中國思想這個脈絡，來更深入亦更有批判性地對「理性」、「真理」等基礎性概念進行省思。而且，今日全世界大概沒有另一個猶如中國古代思想一般是獨立、基本導向相對歐哲則截然不同的思考境域。連同樣豐富的古代印度思想，由於印歐雙方民族和語系的親緣，歷史上互動交流的頻繁，而且被殖民地化的現代印度與自身思想傳統彷彿也發生嚴重的裂斷，故古代印度的情況不能與古代中國的情形同日而論。

最後，近四十多年來逐漸發展成形之各式各樣「跨文化哲學」可以自「漢學」的中國經驗獲取難得的具體且豐富的啟發與考驗。既然當代哲學中「跨文化哲學」這個支流專注歐洲以外的種種古今思想脈絡，由於當代華語界透過語言和文字的持續應用以及各方面的教學、研究努力，所以與自身「古代」維持又密切又多元且複雜的關係，因此「跨文化哲學」應當特別珍惜中國文化的當代情況，而且透過關注古代中國與當代華語世界兩邊史況的「漢學」為中介，一旦歐美「跨文化哲學」得以深入了解華語思維在古今的整體情形，它便能夠「由古視今」，並且透過當代探討古代思想這種周到的方法，爭取穩固且具體的工作場域。

尤其隸屬「比較哲學」、「文化間際哲學」、「間文化哲學」等思潮以往有傾向於採取一種俯瞰視點，僅只關注所謂的傳統文化脈絡，隨而以「中國與歐洲」、「東方與西方」、「歐、印、中」等籠統的名義將不同人類史、世界史的領土相互對照[8]。可是，這些研究介入卻無法將各地當代處境納入考量，以致這些思考努力從一開始呈現嚴重的片面性和弔詭，也就是說它們企圖針對歐美哲學的當代立場與歐洲以外的非當代這兩種不同質的立足點引發哲學討論。甚至

[8] Ram Adhar Mall, *Die drei Geburtsorte der Philosophie. China, Indien, Europa*（Bonn: Bouvier, 1989）.

專門探索此跨文化對話之可能性、限制及方法等問題的學術嘗試，例如哈伯瑪斯（Jürgen Habermas, 1929-）所追求的「言談倫理學」（Diskursethik）[9]或維麻（Franz Martin Wimmer, 1942-）所標榜的「多數對話」（Polylog）[10]，甚至這些追求系統性反思與批判的進路也都因為依然仰賴充盈歐洲中心主義餘味的方法論立場而犧牲說服力，對歐洲之外的「他者」未能取得充分具體的認知與理解，而且根本不考慮到不同語境所附帶的難題，況且對於整個文本傳承以及詮釋學的複雜性問題也不予以思考[11]。由此觀之，「跨文化哲學」運動實在可以藉由「漢學」爭取非常重要甚至是決定性的哲學洞察、外語能力以及詮釋學經驗，而且透過「漢學」做中介便可以完成自己的企劃，終於可以與一個實質的「歐洲以外的他者」，即當代華語思維，落實其「溝通哲學」的方法，實際上進行哲學對談[12]。

一旦跨文化思維下決心要與華語思維界打交道，它便難免必須大規模倚靠「漢學」，否則它很可能從一開始就喪失其專業性的一大部分。然而，以上所勾勒的系統性嘗試背後其實有一個更原本且龐大的歷史力量在發揮作用，揭露另一項為何當代思維不捨「漢學」的理由。自從賀德（Johann Gottfried Herder, 1744-1803）、洪堡、尼采（Friedrich

---

9 Jürgen Habermas, *Vorstudien und Ergänzungen zur Theorie des kommunikativen Handelns*, Frankfurt a. M.: Suhrkamp, 1984; J. H., *Theorie des kommunikativen Handelns*, 2 Bde.（Frankfurt a. M.: Suhrkamp, 1995）.

10 Franz Martin Wimmer, *Interkulturelle Philosophie: Geschichte und Theorie*（Wien: Passagen, 1990）; Fr. M. Wimmer, *Essays on Intercultural Philosophy*（Chennai: Satya Nilayam Publications, 2002）.

11 Mathias Obert, „Philosophische Sprache und hermeneutisches Sprechen: Kritische Überlegungen zur chinesischen Sprache und ihrer Beschreibung aus philosophischer Sicht“, in: *Zeitschrift der deutschen morgenländischen Gesellschaft,* 155 （2005.12）, pp. 545–575.

12 至於更深入的討論科以參考：Mathias Obert, „Interkulturalität und philosophische Grundfragen? Polylog im chinesischsprachigen Denken der Gegenwart“ , in: Gmainer-Pranzl, Franz/ Anke Graneß （ed.）, *Perspektiven interkulturellen Philosophierens*（Wien: facultas.wuv, 2012）, pp. 341-355.

Nietzsche, 1844-1900）等思想家以來，歐洲哲學界內部對古代形上學式的普遍主義以及對近代，特別是啟蒙時期的思想所標榜的普遍主義，都業已提出劇烈的質疑和反駁。接著，在二十世紀特別是海德格（Martin Heidegger, 1889-1976）、法蘭克福學派以及法語區新思潮諸家，也就是所謂的後形上學思維者，他們嚴謹地批判歐洲哲學傳統所固持的「同一性哲學」，也凸顯歐洲文化內部所隱含的各種「差異性」，並且對「他者」、「他異者」、「陌異者」等現象發揮敏銳的省思和論述。

例如承襲海德格思想的德希達（Jacques Derrida, 1930-2004）曾經主張，哲學本來所從事乃是「思索屬於自己的他者」（penser son autre）[13]，使得哲學致力於朝向非即自己的「邊緣」（marges）、「域外」（dehors）來跨越自己原來既有的「界限」（limites），也就是企圖「朝向別處之絕對外在性跨離」[14]。德氏一邊執「哲學論述普遍性」歸屬西方「某些文化及語言」，另一邊則強調當代「國際哲學交流」之意義奠基在於，要在歐洲哲學與其「域外」的、非狹義下屬「哲學」的思想文化之間產生一種「歧執」（différend）[15]。鑑此，為了解構歐洲的形上學思維，德希達訴求當代哲學應該「轉換界域」（changer de terrain），甚至應該「以激烈暴戾的方式來棲居於域外」（s'installer brutalement dehors），並必須「肯定絕對斷絕和差異性」（affirmer la rupture et la différence absolues）[16]。

然而，在哲學思考開始從「域外」來解構自身之際，哲學就「必須說幾種語言、同時產生幾種文章」[17]。德希達的觀點和訴求，若自目前介於文言傳承、現代白話文以及幾種不同外語影響之間的當代華

---

[13] Jacques Derrida, *Marges de la philosophie*（Paris: Minuit, 1972）, p. I.

[14] Derrida, p. V : « s'écarter vers l'extériorité absolue d'un autre lieu ».

[15] Derrida, pp. 132–133.

[16] Derrida, p. 162.

[17] Derrida, p. 163 : « il faut parler plusieurs langues et produire plusieurs textes à la fois ».

語思維的情況來看，難道不極為面熟嗎？既然德希達猶如海德格一樣堅持所謂「哲學」乃身處歐洲或西方，當他企圖推進「哲學的——亦即西方的——內裡與域外之間的交流」[18] 而特地尋求「某種域外」（un certain dehors）[19] 時，「漢學」最熟悉的這個「域外」，即華語文化世界，難道不非常符應於這樣的思考架構嗎？於是，傅柯（Michel Foucault, 1926-1984）就更確定地斷言：「那麼，若有未來的一個哲學的話，它必定會在歐洲以外誕生，或者它必定會源由歐洲與非歐洲之間的相遇、震盪而誕生」[20]。傅柯似乎很認真地想要請求當代華語思維藉由「漢學」的媒介作用，來援拯歐洲哲學，或者至少可以肯定的是，他主張將來只有在中西之間際上才有可能產生的某種「跨文化思維」會延續已走入了死巷的歐洲哲學。

由此觀之，當代思維所盼望的其實不僅局限於「某種域外」以及「差異性」這個哲學範疇，當代思維頗緊急所渴望要開發的，就是一個盡量具體的「域外」，一個富含哲學深度的他在生活世界。當代華人界不就非常適合回應這樣的籲求？難道為了落實「跨越至域外」的這一舉，在歐洲哲學界已經初步放開而要與當代華語思維產生交談之際，此時此刻思考者難道不是非常需要「漢學」的協助？當然，關鍵前提還是在於，「漢學」本身不但首先必須保存人文學的遺產，不可以轉成豪不思考的「中國研究」，而且傳統「漢學」也必須首先將自己的視域擴大，將其關懷的重點自先秦思想擴至一整個中國思想史，以專業的方式探究近代之後中國接觸到歐洲、西方這段複雜的歷史，

[18] Jacques Derrida, *Positions* （Paris: Minuit, 1967）, p. 15 : « la circulation entre le dedans et le dehors de la philosophie – c'est à dire de l'Occident ».

[19] Derrida, p.15 .

[20] Michel Foucault, « Michel Foucault et le zen: un séjour dans un temple zen » , in: *Michel Foucault, Dits et écrits 1954 – 1988. III 1976 – 1979*, éd. par Daniel Defert/ François Ewald, （Paris: Gallimard, 1994）, （No 236） pp. 622–623 : « Ainsi, si une philosophie de l'avenir existe, elle doit naître en dehors de l'Europe ou bien elle doît naître en conséquence de rencontres et de percussions entre l'Europe et la non-Europe. »

並特別專注近一百多年來蓬勃發展的華語思維這個當代脈絡。另一個條件在於，將來「漢學」必須比以往更進一步取得各種哲學知識與理論思考的專業能力，它才不會一直繼續令歐洲哲學界對其所提供的文獻翻譯與研究成果有所失望。這方面，「漢學」本身迄今也已經付出一些努力值得參考。

五、朱利安：自「漢學」過渡到哲學的跨領域研究

若要在「漢學」和哲學之間際上從事跨文思考，首先可以立足於當代華語思維的立場，以華語的論述和書寫，從當代哲學的視域之內的角度，而且透過同時參考古今歐美哲學以及古代中文文獻的方式，將這兩個歷史脈絡和當代處境都連結起來，以便針對當代問題追求跨文化詮釋、批判思考以及新哲思。但是，為了避免落入「比較哲學」、「文化間際哲學」等進路均所呈現的弊病，為了避開上述盲點，務必得對自身當代處境，即研究者與思考者自身所歸屬之歷史脈絡進行批判性反思。再來，對自身所引入之語境與哲學資源，又對基本思考架構、範疇與概念並對被關注之現象與被提之問題的來原和脈絡這些環節也必須專門展開考察與反省，否則自己所瞄準的跨文化思維恐怕既未充分滿足歐洲哲學對反思深度與推論標準的要求，又無法落實真正可稱為「跨文化式」的思維。無論是國內或國外的哲學界也好，或者是歐美漢學界也罷，凡是認真從事跨文化思維者，皆得留意某些迄今已充分明確化的課題與陷阱。

若從另一個當代處境出發，為了更具體闡釋當代歐洲「漢學」本身對當代思維可能有何種貢獻，也為了詳細彰顯這當中「漢學」所面臨之難題，本文接著將以當代歐洲「漢學」為對象，從哲學方法論的視角來討論法國漢學家朱利安的思考工程，並討論其視野與治學方法。在整個當代歐美漢學界看來，朱利安是最確定訴求「漢學」必須從事哲學思考的學者，而且他也已經成功地實現這種企劃。就其哲學視域的廣度而言，朱利安的工作某種程度上似乎承接因為與納粹

運動之糾纏致今日已不被引論的福克（Alfred Forke, 1867-1944）與馮友蘭（1895-1990）等學者的開拓性工作。就獨特的創見而言，朱利安肯定超過尉禮賢（Richard Wilhelm, 1873-1930）、馬伯樂（Henri Maspero, 1883-1945）、葛蘭言（Marcel Granet, 1884-1940）、陳榮捷（1901-1994）、葛瑞漢（Angus C. Graham, 1919-1991）、安樂哲（Roger T. Ames,1947-）等漢學家。另一方面，萊布尼茨、渥夫爾、伏爾泰、洪堡、黑格爾、海德格等歐洲哲學家雖然曾經致力開拓通往東方的途徑，但由於他們對一般歷史文化以及中文文獻的知識殘缺不足，所以先輩哲學家，包含上述「文化間際哲學」的支持者，都只可能從一個於華語文化世界是外在的角度，憑藉二手資料來推動某種跨文化思維。身為漢學專家的朱利安則可以將中國古代一整個文化傳承納入到其深入吸收後形上學式當代思維的思考視野，隨而藉「漢學」來提高當代跨文化思維的哲學標準。

大致來說，朱利安的出發點在於，他捨棄普遍主義的假設而採取「文化差異」的觀點，將歐洲與中國視為兩種各自不同的「思考部署」（dispositifs de la pensée），也就是斷定歐洲與中國直至二十世紀之前基本上代表兩種獨立且互相無交流的文化典型，人類史上歐洲哲學與中國古代思想等於是兩種完全迥異的思考模式。於是，朱利安承襲傅柯「考古學」式與尼采「係譜學」式的歷史反思，以中國古代文化脈絡為「域外」，來對歐洲文化、歐洲哲學進行某種深層解構。經由這種跨文化式的反思和分析，朱利安企圖更清晰地揭露出隱藏於歐洲歷史發展中的特質、限制、缺點和優勢。朱利安認為歐洲應當將中國文化看成非常有對照價值與啟發性的「他者」，因此，歐洲哲學一旦借鏡遙遠的中國思想便能看透自身，哲學若繞道中國這個「域外」再返回至歐洲，也就是經由一種「迂迴」（détour）的方法，哲學便可能取得對自身更深刻的認知和理解[21]。

[21] 關於朱利安的哲學立場和研究方法可以參閱 François Jullien, *Procès ou Création. Une introduction à la pensée des lettrés chinois*（Paris: du Seuil, 1989）, p.16/ pp. 275-88；

毋庸置疑，朱利安的貢獻在於，這樣的思考架構大益於提出一些非常根本的問題，也讓研究者以富有創意的方式，在中國與歐洲兩邊都捕捉各種基礎性文化現象，並釐清雙方各自所奠基其上之根本哲學識見。然而，從整體與細節來看，朱利安的構想與其整個「漢學」式哲學研究都呈現一系列嚴重的瑕疵，脫離不掉任何大體上或者是預設或者是實行「對照」或「比較」的困境：被忽略的乃是高達美（Hans-Georg Gadamer, 1900-2002）所命名的「效應歷史」（Wirkungsgeschichte），因為「效應歷史」已經先行將研究者與其研究對象以無法確定、無法控制的方式在許多平面上連繫起來了。換言之，任何追求「對照」或「比較」的研究進路多少都落入人類學、民族學甚或一般異國旅遊者共同面臨的陷阱，它免不得包含一種根本的自相矛盾，以致朱利安的企劃從一開始傾向於摧毀自己的工作假設和實質前提：一旦歐洲「漢學」開始研究中國思想這個所謂的「哲學他者」，在學者「繞路」前赴那個無法被理解的、截然不同的「域外」之際，此「域外」已喪失了被預設的這個絕對化的陌異性。一旦「漢學」拓開「迂迴」的途徑之後，中國的思想傳承立刻轉成了一種「別樣選擇」，華人文化世界便可以提供與歐洲的傳統是平等的更多參考資料，也就是華語界的思想早已變成了所有當代思維資源中之一，而不再是所謂的「哲學他者」。不但此思考架構所假設的「中國」如今已不復存在，也由於各種西來的影響，包含今日歷史處境的「中國」根本就不再適合扮演「域外」那種角色。於是，此研究進路畢竟也

F. Jullien, *Le détour et l'accès: Stratégies du sens en Chine, en Grèce*,（Paris: Grasset, 1995）, pp. 7–10/ pp. 429–30；F. Jullien/ Thierry Marchaisse, *Penser d'un dehors □la Chine）. Entretiens d'Extrême-Occident*,（Paris: Seuil, 2000）。由於筆者對朱利安早、中期的著作和研究品質評價較高，但對朱氏近十年來發表的著作有頗嚴重的意見，認為例如 *L'écart et l'entre. Leçon inaugurale de la Chaire sur l'altérité*（Paris: Galilée, 2012）、*Il n'y a pas d'identité culturelle, mais nous défendons les ressources d'une culture*（Paris: Éditions de l'Herne, 2016）等書的意識形態過重，思考不夠深入，自相矛盾太嚴重，因此不將其收入本文的討論範圍。

大量依賴當代華人的生活世界和華語學界，即歐洲以外的另一種「漢學」，使得研究對象「中國」這個「哲學他者」早已經轉成為研究者本身所含納的系統性成分。

基於朱利安從一開始採取之辯證法式的思考框架，上述歷史弔詭也就必然轉為方法上的悖論情形，導致朱利安的研究從一開始奠建於不甚穩固的理論基礎上，而且在余氏的若干論述中，這個大問題隨處可見，令人對這一整個跨文化思維產生嚴重的疑問，以下詳細論述。支撐朱利安的整個「『比較』關懷（即中國——希臘）」（intérêt „comparatiste“（la Chine – la Grèce））[22]的根本假設在於，中國與歐洲的對峙情況被一種無從跨越的隔閡所支配，這兩個文化地區皆具備一種極端化的「外在性」（extériorité），使得兩者以往「互不相識」（s’ignorant réciproquement），亦根本互不了解。對於歐洲而言，「中國」代表一個完整的「他異場所」（hétérotopie），而且「『他異場所』此種別處既非『他者』，亦非『差異者』、『相反者』，簡直（嚴格來講）是無法寫入於我們初始所引進來的框架」[23]。「為了使這兩種思想從其互相漠不關心的情境走出」[24]，朱利安規劃的方法是「他異性的逐漸建構」（construction progressive de l’altérité）[25]，也就是漢學家所要導出的兩者之間的某種「中介作用」（médiation）[26]。然而，這種假設隱含幾個值得質疑追問的環節。

朱利安既將中國預設為一種絕對的「他異場所」，但又追求「對

[22] François Jullien, *Du « temps ». Eléments d’une philosophie du vivre*（Paris : Grasset, 2001）, p. 131 ; Jullien/ Marchaisse, *Penser d’un dehors*, p. 418.

[23] François Jullien, *Chemin faisant, connaître la Chine*, *relancer la philosophie*（Paris: du Seuil, 2007）, p. 85 : « Ailleurs （celui de l’ « hétérotopie »） n’est pas l’ « autre », ni non plus le « différent », ni non plus l’ « opposé » ; mais simplement（rigoureusement）ce qui ne s’inscrit pas dans notre cadre intitial ».

[24] Jullien, p. 86 : « pour sortir ces deux pensées de leur *in-différence* mutuelle ».

[25] Jullien, p. 86.

[26] Jullien, p. 87.

他異性的逐漸構造」。由此觀之，余氏似乎承認所謂的他異性基本上是源自某種構造過程，這個他異性並非構建工作的先在條件，而是構建的結果，以致於整個研究進路有循環論證之嫌。若從歐洲的視角來看，此構建工夫不就是歐洲「漢學」經過兩、三百年的努力早就開始進行的事業嗎？朱利安未來所追求「對他異性的逐漸構造」似乎內部已經隱藏一種類似的歷史構造，即「漢學」之「對他異性的逐漸建構造」。

再來，先秦中國與古希臘的對照從一開始在兩者間際上設置一種關聯，兩者彷彿共有一種「可對比性」，而且此關聯根植於「漢學」本身所歸屬的歷史脈絡這種後設平面。所謂「互相漠不關心」這種前提自相矛盾，因為此觀點隸屬一個當代的研究場域，預設雙方自近代以來已經開始發生交流。即使古代中國與古代歐洲之間確實有「不相識」、「互相漠不關心」，但漢學家本身猶然立足於現代，他不僅仰賴中國自漢代迄今對自身所進行之歷史詮釋，他也倚靠歐洲幾百年以來對中國所展開的關注和探究。要將古代中國思想與古代希臘思想對立並對照，這種工作在某種程度上是虛假的，因為比較哲學所進行之對比其實奠基於這樣的對比或者透過「漢學」的專業架構早已被完成，或者這個對立本身就源自歷史的構造活動，因而它既非所原有亦非最合理或唯一合理的研究架構。換言之，「他異場所」這個論點恐怕只是一種學術構想與研究假設。然而，這種見解根本無濟於事，它不但將種種實質的差異性與共同性一併遮蔽起來，而且此舉也將整個研究本身所固有之歷史歸屬和歷史條件全都引入隱蔽之中。眾多「比較哲學」的弱點在於，其自身所採取的歷史立足點被遺忘掉，但任何比較型研究架構都務必要對自身所在批判反省，否則在隱瞞自己的前提下，它會喪失學術性與說服力。

類似的問題涉及「中國思想」（la pensée chinoise）這種過於簡化的說法。基本上朱利安打算將「中國思想」一詞所指定在先秦諸子百家的思想，因此他將漢後思想發展史全部僅視為對古代之註解，除了王夫之外，他不肯將漢後思想史當成真正的哲學資源看待。可是，難道唐高僧法藏、智顗，或者宋代張載、二呈、朱熹，明朝王守仁等儒學家皆無高度創見和哲學價值嗎？特別是西來的佛教深刻影響了原有的「中國思想」，對儒道兩家的思想都有莫大刺激和彌補，也就是大規模上改造了中國文化世界的整個語境和思考方式，而且正好針對朱利安所專注的問題脈絡，例如「時間」和「實踐」，漢後思想畢竟深具重要的啟發。朱利安將其所有對「中國思想」的推斷都歸結至先秦思想，同時也標榜其論斷與洞察其實牽涉一整個作為「哲學他者」的「中國」，這種籠統的論述免不了導致余氏整個學術成就有片面與不足之嫌疑。

對簡約歷史脈絡或者乾脆遺忘這個問題可以再回溯至更深的層面來分析：即使將探索範圍縮小是合理的，即使漢學家朱利安同時也參考「中文集解」（les commentaires chinois）[27]，除了王夫之等「哲學大師」之外，他還是不將「集解」的歷史組織當成哲學原典、第一手思考資源看待，因此他根本不能充分考慮到整個註解資料的歷史力量以及這個傳承本身對先秦思想這個基礎所導出之種種衍生和演變。然而，中國的情況與歐洲恐怕稍微不同，清末民初中國文化的特徵之一正好在於，註疏工夫多處超過僅為史學或語文學的考證工作，長達兩千多年的註解傳統猶如書法上的臨摹一樣，對現有之思想都導出一種歷史性承擔和延續。「歷代相傳」這個任務早已經是「中國思想」的重要特色，若從現在回頭看，一代復一代相傳的註釋努力是所謂「中國思想」之內部構造的因素。不但當代華語思維本身有部分仍然歸屬此傳承脈絡，而且「漢學」本身對所謂「中國思想」所爭取得的知識全然仰賴自古迄今各個世代對古時思想所致力之「更新」和「轉化」，自古迄今在華語界本身發展出來的這一整個構造工夫是當代「漢學」所不可忽略的可能性條件。「漢學」僅只能夠藉由自漢至今的註疏和

[27] Jullien, p. 87.

思考傳承這種在「域外」境內早已發生的「迂迴」，才能接觸到所謂的「先秦思想」，故朱利安所瞄準之「中國思想」其實是漢後的中國以及歐洲「漢學」這兩個歷史脈絡共同構成之觀念，而其所指之內涵既不確定亦非不言自明。

即使將研究對象的現代發展全都自研究範圍排除是合理的，但在研究者這邊有另一種現代性來支配並困擾漢學家的思路。即便朱利安時常強調自己立足於歐洲文化，自己所關懷僅是歐洲哲學，但因為如此就能與「漢學」主流共通聲氣，也就是將「中國」關進馬爾羅（André Malraux, 1901-1976）所命名的「想像中的博物館」（musée imaginaire）嗎？一個懷抱深刻「漢學」素養的思考者可以合理地標榜自己自頭至尾僅歸屬歐洲，亦只關切歐洲嗎？一旦學者藉由「漢學」的專業養成深入吸收「中國思想」此研究對象的啟發，一旦他甚至被中國思想召喚，藉以順著該「他異場所」所鋪陳之「迂迴」來回顧歐洲，這個學者的身分明顯不再受限於歐洲。與其說這樣的研究者與其研究對象僅維持一種外部關係，倒不如承認此研究者本身早已經被其研究對象捲入某種位在歐洲以外、與歐洲傳統或少或多有偏離的立足點。漢學家的研究立場本身到某種程度勢必早已變形變質，早已轉成一種中西難分之跨文化式場所。嚴格來講，此所在是於那個被對象化或借用的「域外」，即「中國」建立之前，便於「此岸」早已形成了研究者不可以忽略的另一種「域外」。朱利安就算是承認自己是就一種「之間」（entre）來「描寫」（décrire）[28]其研究對象，但他顯然忽略此情況實際所意味的是，漢學家作為漢學家已經變成一個「跨文化人」，他所立足「之間」的內部結構錯綜複雜，以致他只能透過中、西當代關係所磨成之鏡片去觀察、「描寫」其研究對象。漢學家作為漢學家不得不或多或少屬於其所瞄準的「中國」。就其學術性與哲學價值而言，朱利安天真不自覺的「描寫」勢必輸給具嚴謹批

[28] Jullien, *Du « temps »*, p. 116.

判性的哲學反思，例如「現象學懸擱」及其「現象學描寫」與「現象學還原」。任何不充分反思這個雙重「域外」問題的「比較哲學」都體現同樣的非學術性與天真。

從實質研究內容和執行方式說來，同樣的矛盾也滲透至朱利安論述的細微處，形成一切「比較哲學」與「文化間際哲學」名義下至今都尚未逃脫的困境：朱利安所企圖的是，要按照歐洲哲學的習慣透過「概念化」的工作重構「中國思想」，也就是藉由「概念創造」（création conceptuelle）[29] 方式研究者要賦予「中國思想」本來所沒有的概念 [30]，例如要依據中國的思想傳承，給時間經驗重新開拓一個「觀念場域」（champ notionnel），尤其是要經由「嘗試釐清諸種中國觀念的合理性」[31] 的方式，來將「中國思想」所著重的「智慧」，也就是「留在哲學之前、之下的」（l'infra-philosophique）日常智慧，「帶入到羅格斯之光，即建構與概念之光」[32]。然而，所謂「概念」、「合理性」、「羅格斯」等標語都屬歐洲哲學的思辨標準，也都充盈著歐洲哲學的特殊精神。研究者一旦仰賴這樣的思考模式，他究竟還能從所謂「哲學之他者」期待獲得多少「他異性」的啟發，他究竟能夠在什麼深度反省並解構歐洲哲學本身？一旦「中國思想」依據歐洲哲學的範疇，根據黑格爾的名語，「被置入概念」（auf den Begriff gebracht），難道如此受哲學重構的「中國思想」不會從頭至尾僅只體現歐洲哲學的面貌，不會系統性地被剝奪任何啟發和批判力嗎？這樣一來，當代歐洲哲學到底還能從中國的思想傳承學到什麼？由於朱利安對「概念創造」有所抱負，向「中國思想」尋覓「域外」，進而

---

29 Jullien, *Chemin faisant*, p. 62.

30 Jullien, *Du « temps »*, p. 131 ; Jullien/ Marchaisse, *Penser d'un dehors*, p. 418.

31 Jullien, *Du « temps »*, p. 37:« en tentant d'élucider la cohérence des notions chinoises ».

32 Jullien, p. 131 ; Jullien/ Marchaisse, *Penser d'un dehors*, p. 418 : « porter au jour du logos, celui de la construction et du concept ».

經由此種「迂迴」企圖對歐洲取得更深刻的認知，看來朱利安的整個研究方法與這個目標恰好背道而馳。

朱利安自身似乎已察覺到此方法論難題。雖然據其所說「概念」的必要性已為普世所承認[33]，但研究者還是盼望透過「中國思想」將自身脫離環繞概念為主軸的「哲學」（philosophie），藉以歸到另類的「智慧」（sagesse）。通往中國的「迂迴」目的在於要辨別哲學與智慧各自所「達成的自我意識」（prise de conscience），而且朱利安肯定「智慧」追求某種「落實」（réalise），不再猶如哲學一般「形成概念」（conçoit）[34]。當研究者企圖依賴中文文獻，以自己的問題為「場所」（lieu），來營造「中國」與「歐洲」雙方為了能夠相遇所需要之「共同點」（le commun）作為兩者彼此相遇之「場地」（terrain）[35]之時，他便宛如海德格對「日常狀態」（Alltäglichkeit）所採取的現象學回溯兼揭示方法，尋求「位於觀念之前、先行於哲學家之工作」的觀點與自我理解[36]。只不過，為何朱利安馬上又將中國智慧對他所標記之「落實」歸結至近代歐洲哲學最所珍貴的、純理論性的「明證」（évidence）[37]？他為何要將得自「域外」所啟發的「內在性基源」（fonds d'immanence）馬上又還原至歐洲的概念式哲學，為何要透過「掌握」（saisir）此生活基源的方式，使其「重新為哲學所擁有」（réappropriation par la philosophie）[38]？假設朱利安真的打算區分歐洲式理論認知與中國式「智慧」、「落實」這兩種基本思維類型，進而將歐洲哲學引回至更佳且更原始的一種「內在性基源」，為

[33] François Jullien, *Un sage est sans idée ou l'autre de la philosophie*（Paris: du Seuil, 1998）, p. 70 ; Jullien, *Du « temps »*, p. 37.

[34] Jullien, *Un sage est sans idée*, p. 71.

[35] Jullien, *Chemin faisant*, p. 87.

[36] Jullien, *Du « temps »*, p. 90： « l'amont de la notion, précédant le travail des philosophes ».

[37] Jullien, *Un sage est sans idée*, p. 74.

[38] Jullien, p. 76.

了最終讓此另類基源「重新為哲學所擁有」，那麼這一整個努力少說也包含了一個徹底的矛盾，是難解的悖論，甚至也讓人感覺這是學會後現代主義的時髦論述、虛假空談罷了。

就朱利安的整個思考架構、探索目標、研究方法及執行模式來說，基於多方面的自覺批判與深刻反思的欠缺淺薄，所以余氏介於「中國思想」和歐洲哲學，又介於「漢學」和當代思維之間所從事的工作呈現嚴重的盲點和弱點，以致其多數著作實在不足以在當代思維這個脈絡中實質展開中國古代思想及其文本傳承的優點和啟發性，亦不足以落實一個名實相符的跨文化式思維。然而，此困境背後恐怕還有一種更大的弊病暗地裡在危害朱利安的研究構想。余氏雖然對戰後當代思維，特別是對法語區興起的後形上學思潮懷抱親密的歸屬感，但一旦更深入考察則不難以發現，朱利安其實忽略錯綜複雜的當代思維的來龍去脈。於是，他不僅絲毫無顧歐美哲學界中近半個世紀以「比較哲學」「文化間際哲學」、「跨文化哲學」等名目曾發生的種種嘗試，而且也不屑詳細參考並討論現有「漢學」研究成果的得失，以致他對自身所應用的思考工具和思考模式都缺乏系統性的反思與批判，亦無法在一個專業水準上倚靠成熟的哲學涵養，從現有的理論資原中實際衍生嶄新的觀點，實質進行其所標榜之「概念創造」，來對當代思維有真實的貢獻。最終，他又堅持將自清末迄今已展開蓬勃多樣省思和論述的當代華語思維盡然從自己的研究視域中排除。然而，現、當代「中國」，即華人文化界與華語傳承早已深入吸收了淵源自歐美的理論資源，使得當代華語思維早已經變成了一個涵蓋當代歐洲思維之跨文化式思考境域。如今恐怕不再有任何繞路到古代中國的「漢學」，在這種「迂迴」當中不必同時也繞路到當代華語思維這個複雜的研究機制，也就是「漢學」如今不再能避免將當代華語學界當成通往古代中國之管道來應用。總之，朱利安對跨文化思維所給出的諸種刺激和觀點雖然豐富可觀，而且很多細節不乏精彩的構想與珍貴的洞察，但整體來說，此研究努力仍然被無法反省自己的弔詭和矛盾所損害。由於朱利安忽略對自身歷史處境以及自身的方法論基礎進行一種意識形態批判，因此在歐洲「漢學」當中大概可稱為最前進的這個研究工程其實很保守，也不能滿足站在跨文化思維的當代思考者。

六、結語與瞻望：「返回至事物本身」或開放的跨文化式思維

總括以上，在全球化日復一日邁進當中，特別是東亞各處拼命實行所謂現代化與西化等歷史企劃中，華語界既已非常深入吸收來自歐美的文化影響，又復致力於自二十世紀初以來發生的幾波劇烈歷史斷隔之後重新構成、發掘所謂屬己的文化內涵。各地華人社會都希望未來能夠跨越清末民初、第二次世界大戰以及「文革」這三次於自身文化的核心處列開的巨大縫隙，並在「西化」的同時也接續所謂的「中國傳統」。結果，台灣與中國兩個區域卻都陷入了一種當代弔詭，都處在兩種背道而馳的趨勢之下：同時追求「除殖民地化」以及逆向的「自我殖民地化」。然而，在華語界已經投入了構造、成分與權力情形都錯綜複雜之「跨文化式混雜文化世界」這種歷史處境之際，歐洲哲學界便落在後方，無法體會此種跨文化式情境，亦無法在此平面上與華語界進行專業化的跨文化交流。其原因之一在於歐洲「漢學」的失敗與衰退。不但最近傳統「漢學」蛻變為「中國研究」，使得它與歐洲人文學傳統喪失聯繫，並犧牲整個史學、語文學方法以及包含哲學涵養的理論水準。不過，在翻譯與闡釋工作上，歐洲的漢學界一直尚未充分學會哲學思考，「漢學」這個科系從未充分達到滿足哲學界的嚴謹思考標準。故此，歐洲哲學界迄今仍舊缺乏通往中國古代思想以及當代華語思維的專業化通道，甚至也缺少實質開啟當代跨文化思維的機會。如上所述，無論是根植於歐美哲學之「比較哲學」與「文化間際哲學」的諸種潮流也好，或是如同朱利安之研究一般立足於歐洲「漢學」而又企圖進行跨領域探討者也罷，都是短處和盲點過多，導致不論在歐洲哲學界以內還是在歐洲漢學界內，迄今尚無較成功的、展開廣泛影響力的跨文化式思維問世。

有鑑於此，假設當代華語思維不僅知足於對中文資料的重述與考證，亦不局限於對歐美哲學史、哲學文獻的介紹、意譯及義釋等初級步驟，假設如今華語界的思考者意圖認真從事歸屬當代脈絡的哲學省思，那麼研究者一方面應該仔細參考歐洲哲學與歐洲「漢學」所陷入之困境，以爭取更深刻的自我理解。為了避免落入一樣的弔詭、矛盾與不足，當代華語學界應當為了自身的研究爭取更穩固的立足點以及更高的透明度。另一方面，瞄準跨文化思維的研究者應該將焦點從對大體的文化這種概論模式收回，應該盡量專注自身實際可掌握驗證的生活世界為研究領域，藉以對跨文化式的思考處境本身所隱含的各式遺產和潛力培養更加敏銳的哲學直覺與哲學想像。從事哲學思考者應當採取開放的態度，將歐洲的人文學、哲學傳統、古今中文文獻以及當今中、西都置身其中的當代情境均納入跨文化思維的視域和經驗脈絡。於是，學者應當集中在真正牽涉當今人類及其未來的哲學問題上，也就是該向各地哲學傳統所「上未說」或「無從說」的視域敞開思考。依據海德格的構思來說，思考者該回應於「需要被思考的」（das zu Denkende）與「需要被言說的」（das zu Sagende）在歷史中向人發出的召喚，藉以揭露一個擴大的跨文化式歷史脈絡所隱蔽未明之種種環節，並從跨文化思維的視角來開啟海德格所訴求的「未來思想」。

為了朝此方向邁進，朱利安的一些精彩的啟發的確適合繼承，他透過跨文化省思將中文思想傳承全都引入當代思維的資源脈絡，隨而在此新哲學視域中重新對「存有與時間」、「存有與流變」、「哲學與智慧」、「理論與實踐」、「認知與落實」、「真與善」等等基礎性範疇都追求批判性的探索，甚至也應該由一個跨文化式的視角重新來思考某一種歷史思想所自的「原本情態」（Grundstimmung）為何，其動機、目標、價值標準及意義何在等等課題。為了再更具體地闡釋此思考態度上的專向，我建議以跨文化的思維架構為出發點，重新來斟酌胡塞爾當時為了現象學運動曾提出的口訣：「返回至事物本身」（zurück zu den Sachen selbst）。這表示，思考者應當將焦點自歷史文獻的論述和概念遷移至現象學所專注的平面，以便採取類似艾柏非（Rolf Elberfeld, 1964-）所提出的「轉化現象學」（transformative Phänomenologie）[39] 作為一個針對某種固定傳統歸屬相當開放、但卻同時也夠嚴謹的跨文化思考方法。

要勾勒「轉化現象學」的思考模式，除了一般現象學方法之外，更值得注意的是，除了透過批判性反思這個古老的哲學方法取得某種理論知識、哲學認知之外，這個進路更為核心的關懷定在海德格所謂的「操心」（Sorge）和「籌劃」（Entwurf）、傅柯所謂的「自我關切」（souci de soi）上。研究者要將自己的思考努力自理論平面與成果發表逆轉而收回至自身生活過程本身，讓哲學思考自身轉成一種近乎休養工夫的「哲學工夫」（philosophische Übung）。根據朱利安的提醒甚至可以主張，「轉化現象學」讓哲學歸返至「智慧」與「落實」這個更原本的生活場域。然而，一旦這樣的哲學工夫歸屬一個跨文化式思維處境，其具體進行當中主要環節之一便會在於，要藉由跨文化經驗、跨文化的文本資源在兩個不同脈絡之間所拉開的距離，猶如朱利安所企圖，但以加倍放緩的、耐心的工作節奏，來批判、延續、改寫現成的哲學架構、哲學議題和哲學概念。

另一方面，任何當代跨文化思維應該採取比起傳統「漢學」從事的文本詮釋更加富有批判精神與哲學想像的一種「批判詮釋學」（kritische Hermeneutik）作為參考文獻的模式。只有這樣作，思考者才能隨從高達美（Hans-Georg Gadamer, 1900-2002）的洞察，將「漢學」與歐洲哲學皆奠基其上的文本詮釋自狹隘的語文學領域引至廣義下的「哲學詮釋學」這個思維視野。相較於傳統「漢學」的文本研究，「哲學詮釋學」企圖更深入周全地展開諸種隱含於文獻中的問題性、思考可能性及當代意義。於是，相較於局限於歐洲傳統、尚未將眼光向跨文化的思考模式敞開的學院哲學，「哲學詮釋學」可以專門考量

[39] Rolf Elberfeld, "Stichwort Transformative Phänomenologie"〈轉化現象學一命題〉, *in: Information Philosophie 2007:5*, pp. 26-29.

各種特殊語言帶來的問題和優勢，又對不同歷史背景以及種種視角轉換來培養敏銳的專注。若可以將「哲學詮釋學」與「轉化現象學」這種哲學工夫再與當代華語思維以及「漢學」連結起來，便可以大量擴充並豐富當代思維的文本資源，思考者對語境、處境、視角、意蘊脈絡的專注能力都會大進一步，藉由跨文化經驗將當代思維帶至更深厚且更合理的境域。

這樣一來，從事跨文化思維的思考者或者會從不同視角重新思考各方面的傳承曾經提出的人生經驗和思考課題，或者會直接針對個別當代生活世界中諸種現象從事開放的現象學探究，藉以轉化自身對世界、他人和自己的體會和對待方式。此現象學探討之所以合理地可被稱為跨文化思維，理由便在於，這種研究從一開始接受不同文化脈絡與文字傳承的栽培，因而對各種現象它會展開特別銳利的關注與豐富的衍伸。若與胡塞爾當初所構想的現象學省思相較，由於其歷史與文化歸屬並非單一、一致，此種「轉化現象學」的思考工夫會足以導出更嚴謹的跨文化式批判，對未來哲思也從一開始會體現更為豐富的想像。結果，華語思維假設採取「轉化現象學」作為基本思考模式，它會將自身所處的跨文化式處境活化，也會在歐美傳統所壟斷之當代思維內促進各種跨文化式「意義演變」、「意義遷移」及「意義衍生」，以對當代思維形成獨特的貢獻[40]。

最後，在上述構想中，「漢學」都繼續扮演一種佐助角色，一旦當代跨文化思維踏上在華語思維、古代中文遺產和歐洲哲學往返之途，「漢學」依然代表一個相當專業化的中介。即使本文所提出的方法論構想基本上仍然歸屬歐洲哲學的思考範圍，只不過猶如種種「現象學詮釋學」、「生活世界現象學」等進路一般，此進路企圖由跨文化經驗的角度來擴充、彌補、糾正現象學這個現代哲學運動，但由於當代華語思維已不再獨立於一般所謂的當代思維，反而早已投入了此

[40] 宋灝，〈轉化現象學與跨文化哲學思考〉，《國立政治大學哲學學報》，25期（2011年1月），頁47-68。

全球型範圍，故本構想也無法捨棄華語界的協助，而且當代華語思維恐怕也沒有多少其他選擇，「現象學詮釋學」以及「轉化現象學」這種思考工夫對華語思維的當代處境，即對其所身處的跨文化世界似乎就是最適當的思考模式。

引用文獻

宋灝：〈轉化現象學與跨文化哲學思考〉，《國立政治大學哲學學報》，25期（2011年1月），頁47-68。

Derrida, Jacques. *Positions.* Paris: Minuit, 1967.

Derrida, Jacques. *Marges de la philosophie.* Paris: Minuit, 1972.

Elberfeld, Rolf. "Stichwort Transformative Phänomenologie". In: *Information Philosophie 2007:5*, pp. 26-29.

Foucault, Michel. « Michel Foucault et le zen: un séjour dans un temple zen ». In: Defert, Daniel/ Ewald, François (ed.).*Michel Foucault, Dits et écrits 1954 – 1988. III 1976 – 1979.* Paris: Gallimard, 1994.

Habermas, Jürgen. *Vorstudien und Ergänzungen zur Theorie des kommunikativen Handelns.* Frankfurt a. M.: Suhrkamp, 1984.

Habermas, Jürgen. *Theorie des kommunikativen Handelns*, 2 Bde. Frankfurt a. M.: Suhrkamp, 1995.

Harbsmeier, Christoph. *Wilhelm von Humboldts Brief an Abel Rémusat und die philosophische Grammatik des Altchinesischen.* Stuttgart–Bad Cannstatt: frommann-holzboog, 1979.

Jullien, François. *Procès ou Création. Une introduction à la pensée des lettrés chinois.* Paris: du Seuil, 1989.

Jullien, François. *Le détour et l'accès: Stratégies du sens en Chine, en Grèce.* Paris: Grasset, 1995.

Jullien, François. *Un sage est sans idée ou l'autre de la philosophie.* Paris: du Seuil, 1998.

Jullien, François/ Marchaisse, Thierry. *Penser d'un dehors (la Chine). Entretiens d'Extrême-Occident.* Paris: du Seuil, 2000.

Jullien, François. *Du « temps ». Eléments d'une philosophie du vivre.* Paris: Grasset, 2001.

Jullien, François. *Chemin faisant, connaître la Chine, relancer la philosophie.* Paris: du Seuil, 2007.

Jullien, François. *L'écart et l'entre. Leçon inaugurale de la Chaire sur l'altérité*, Paris: Galilée, 2012.

Jullien, François. *Il n'y a pas d'identité culturelle, mais nous défendons les ressources d'une culture,* Paris: Éditions de l'Herne, 2016.

Kern, Iso. „Die Vermittlung chinesischer Philosophie in Europa“. In: Schobinger, Jean-Pierre (ed.). [Grundriß der Geschichte der Philosophie] *Die Philosophie des 17. Jahrhunderts. Band 1. Allgemeine Themen.* Iberische Halbinsel. Italien. Basel: Schwabe, 1998, 225-295.

Mall, Ram Adhar. *Die drei Geburtsorte der Philosophie. China, Indien, Europa.* Bonn: Bouvier, 1989.

Obert, Mathias. „Philosophische Sprache und hermeneutisches Sprechen: Kritische Überlegungen zur chinesischen Sprache und ihrer Beschreibung aus philosophischer Sicht“. In: *Zeitschrift der deutschen morgenländischen Gesellschaft,* 155 (2005.12), 545–575.

Obert, Mathias. „Interkulturalität und philosophische Grundfragen? Polylog im chinesischsprachigen Denken der Gegenwart“. In: Gmainer-Pranzl, Franz/ Graneß, Anke (ed.). *Perspektiven interkulturellen Philosophierens.* Wien: facultas.wuv, 2012, 341-355.

Wimmer, Franz Martin. *Interkulturelle Philosophie: Geschichte und Theorie.* Wien: Passagen, 1990.

Wimmer, Franz Martin. *Essays on Intercultural Philosophy.* Chennai: Satya Nilayam Publications, 2002.

中國哲學的方法論與跨文化研究

Jana S. Rošker*

〔摘 要〕

西方漢學家研究東亞傳統文化時經常使用歐美人文學科方法論。西方科學與人文學科通常所使用的分析方法，本身就是特定的歷史過程、社會結構及其特定意識形態的結果。如果我們不加思索地使用這些方法與抱持這種態度，可能會產生許多危險誤解。如果非要按照西方形式邏輯的「圖」去研究中國哲學，我們就會忽略中國文化和思想的獨特性，這樣必然會得出「中國古代並無哲學」的結論。

我們所生活的當代社會環境具有現代化特色，但正由於這種現代化以及全球化的意識型態基礎，幾乎均為歐洲傳統思想，不僅西方的漢學家，許多中國學者也陷於為難的處境。因中國傳統思維的方法及其概念、範疇和思維規律，都不同於目前現代人所公用的方法和規律。

為了避免這一類問題的發生，我們必須考慮到，中國傳統思想本身屬於一個特定的參照框架。首先，這個框架的具體功能基於不同概念，應用範疇也不同；其次，這些特定概念與範疇決定著中國古典文本本身固有的程序及特定方法論架構。

我們首先介紹中國哲學參照架構的獨特性，在此基礎上再來討論研究中國哲學最合適的方法。

關鍵詞：方法論、跨文化研究、中國哲學、漢學、境界融合

* Professor, University of Ljubljana, Slovenia

前言

研究所謂外國文化時總會跟語言、傳統、歷史和社會化過程中的差異問題連在一起。而要解釋那些不屬於自己文化傳統的任何現象或元素，總要結合被解釋客體以及解釋主體的地理、歷史、政治和經濟地位。

作為一門學科的漢學是基於東方主義的。眾所周知，東方主義奠定了所謂東方文化殖民主義的研究方法與態度。

而西方科學與人文學科通常所使用的分析方法，本身就是特定的歷史過程、社會結構及特定意識形態的結果。如果我們不加思索地使用這些方法且抱持這種態度，可能會產生許多危險誤解。

一、文化、語言與思想的關係

我們西方學者研究中國思想時常常會忽略中國文化與中國思想的獨特性。以西方方法論、概念和範疇體系作為唯一標準的學者，當然無法看到其它很多以不同思維結構為基礎的方法和構思。

此外，不同文化會產生不同的思想系統，因為語言與思想相連結，不同語言會產生不同的思維結構。

但這並不意味著任何價值判斷。一個人無論出生於哪一個國家，在何種語言文化中成長，畢竟是人類；而不管來自哪裡的人類，其大腦結構當然都是完全一樣的。因此，就像通過語言表達思想與感情的能力一樣，思考與推理能力也是人類共有的基本特徵。因此，語言與思想都是人類的基本能力和特徵。

然而不同的地區和文化，會產生不同的語言結構、語法以及表達方式。這些語言結構的不同當然也會反應於思維結構的不同，這是「理一分殊」的道理。但這些差異絕不是價值差異，因為所有的語言和思維模式都是平等的，都有著同等價值；此外，也正由於多樣的分化，我們共有的世界才更加豐富多彩、更加先進，也更有意思。

二、歐洲中心主義與跨文化研究

但另一方面，這種多樣化也會造成許多誤解。上面所提及的問題當然也要結合對文化和哲學比較的研究。我們很難將傳統中國思想的主流典範套入到西方現代普遍主流思維模式內，因為其屬於另外一個認知系統。

如果非要按照西方形式邏輯的「圖」去研究中國哲學，必然會得出「中國古代並無哲學」的結論。如果我們以歐美的思維標準來理解和解釋中國傳統思想，很容易走上一條完全不恰當的道路。

我們所生活的當代社會環境具有著現代化特色，但是正由於這種現代化，以及全球化的意識型態基礎為歐洲傳統思想，不僅西方的漢學家，許多中國學者也陷於為難的處境。因中國傳統思維的方法、概念、範疇和思維規律都不同於目前現代人所公用的方法和規律。

儘管這些問題很複雜，我們在研究中國傳統思想時還是可以達成有效結論，但要符合這一重要的方法論條件，即我們一定要有意識地遵守和引用「所研究文化」本身的具體分類法與方法論結構。

也就是說，即使我們在探究中國傳統理論文本時採用一般西方學科所使用的方法，但也要意識到，我們所研究的資料本身屬於一個特定的參照框架。首先，這個框架的具體功能基於不同概念，應用範疇也不同；其次，這些特定概念與範疇決定著中國古典文本本身固有的程序及特定方法論架構。

三、参照框架的作用

參照框架提供且確定理論，以及確定其它抽象排序認知結構的定義。在此意義上的參照框架可以說是：用於幫助人們感知、理解和解釋現實關係結構或關係網路。這個關係網路包括對評價結構內部起到影響作用的各個語義因素，以及整個結構的概念、範疇、術語、理念、典範、特定觀點和價值體系等。這個參照框架的定義作用，不但關聯到各個概念的涵義，也與它們之間的關係相聯繫。因此，我們可以說它是用於過濾觀念和創造涵義的綜合工具。在跨文化哲學辯論中，考慮到不同的參考框架可能會導致同一客觀現實的不同描述和解釋，這一點非常重要。

例如，牛頓力學和相對論力學代表著兩個不同的參照框架。雖然用英語表述兩種參照框架時應用許多相同的單詞，但在各自的框架裡，這些單詞或概念的涵義不一樣。我們不能使那些形態相同的單詞指代同樣的內容。這是因爲它們的意思會通過應用程序，沿著不同脈絡進行改變。換言之，每個概念意思總與特定語義網絡（範式）相綁定連結。不同理論框架往往會影響同一概念的具體意思。這就是為什麼在某個網絡中使用的某些概念不能應用於另一網絡的原因。[1] 因此，不同的參考框架可能會導致對同一客觀現實的不同描述和解釋。

為了使其讀者更容易理解有關參照框架的問題，馮耀明舉了一個例子：他對兩種不同的鍋子進行了比較。第一種是圓底鍋，第二種是平底鍋。東亞的人們通常使用第一種鍋子，而歐美地區的人則使用第二種。這兩種不同底部的鍋就代表著不同的參照框架或者說兩種不同的理論系統。如果用兩種鍋炒相同材料，炒製的菜則有著不同的形狀、厚度、顏色和味道。按照馮耀明的看法，不同的參照框架也會導致類似的結果。如果用兩種不同的理論體系或參照框架來描寫、限定或解釋同樣的客觀現實，所得到的結果及解釋也會不一樣。因此這兩種類型鍋子的具體功能，各自的優缺點，也就代表著兩種理論體系或參照框架各自的優缺點。[2]

根據多數科學理論家的說法，不同參照框架間是相互不可通約的。如庫恩（Kuhn）强調：「不同典範對於表面同一的概念有不同的規限和關聯，因此表面同一指涉或同一含義的概念在不同參照框架中發揮著不同的功能。故此，我們很難在不同的典範間找到可通約的參照框架。」同時他也說道：「在新範式中，舊的術語、概念和假設互相建立新的關係。在此情況下會出現不可避免的結果，即兩個競爭學派間存在誤解（儘管這個單詞用得可能不太恰當，但是目前找不到

[1] 馮耀明：《中國哲學的方法論問題》(臺北：臺北允晨實業，1989 年)，頁 43。

[2] 同前註，頁 181。

更合適的詞）……例如，哥白尼因為宣布地球是移動的而被稱為瘋子，而把哥白尼看作瘋子的人並不是沒有錯但也不是全對。因為這個人認為，地球是一個固定的物體，他所認知的地球至少是不能移動的。相應地，哥白尼的創新理論不僅僅是移動地球，相反地，是用一種嶄新的方式來考慮物理和天文學問題。而這種看待物理和天文學的新方式也必然包含著對『地球』和『移動』這兩個概念的一種新理解或定義。」[3]

對此，馮耀明也有類似的看法，他說：「西洋哲學與中國哲學有著不同的概念系統和範疇體系；因此他們屬於兩種不同的，相互不可通約的參考框架。由於不同概念架構或理論系統之間之不可轉移性，即使我們不反對不同文化、傳統、架構或系統之間的概念可以有啓發性的借用，一邊對比、照察有關文化、傳統、架構或系統之特殊性格、思想趣向；但若將其間的概念做系統性的移植或鑲嵌，乃是既不可能的事。」[4]

五、兩種參照框架的核心區別

筆者認爲不同文化間還是會有非常系統化的交換。爲了解釋這種系統交換的可能性以及不同理論體系的通約性，我們首先來看一下兩種參照框架的主要區別。我們可以說，現代（當代）歐美的主要哲學

---

[3] Thomas S. Kuhn, *The Structure of Scientific Revolutions* (Chicago: University of Chicago Press, 1996), pp. 149. “Within the new paradigm, old terms, concepts and experimentals fall into new relationship one with the other. The inevitable result is what we must call, though the term is not quite right, a misunderstanding between the two competing schools...Consider, for example, the man who called Copernicus mad because he proclaimed that the earth moved. They were not either just wrong or quite wrong. Part of what they meant by ‘earth’ was a fixed position. Their earth, at least, could not move. Correspondingly, Copernicus innovation was not simply to move the earth. Rather, it was a whole new way of regarding the problems of physics and astronomy, one that necessarily changed the meaning of both ‘earth’ and ‘motion’.”

[4] 馮耀明：《中國哲學的方法論問題》，頁 179。

思想體系與中國傳統的思想體系基本上屬於兩種不同的參照框架。在這裡筆者想要簡短地介紹兩種參照框架的不同特徵。筆者將第一種框架稱之為「甲」，第二種稱之為「乙」。我們假設現代歐美哲學體系比較傾向於「甲」式框架，而中國傳統思想體系則比較傾向於「乙」式框架。

由於篇幅關係，筆者在此主要提出這兩種框架的三個核心區別，因爲其最具代表性。

第一個代表性區別：「甲」= 超越；「乙」= 內在

「甲」式框架强調超越與內在的區分，是基於形而上與形而下的區分。不同的是，「乙」式框架的基本精神是「超越而內在」，這與「甲」式框架中「超越而外在」的基本模式明顯不同。

比如說，基督宗教的神觀可定為「纯粹超越」（pure transcendence），意思是上帝創造了世界，但他並不是世界的一部份，於是上帝具有這種超越於世界之外的特性。

然而老子的「道」也是一種創造一切的終極原則，因此屬於超越的境界。但同時，「道」也屬於形而下的現象世界：「大道汎兮，其可左右。萬物恃之而生而不辭，功成不名有。衣養萬物而不為主，常無欲，可名於小；萬物歸焉，而不為主，可名為大。以其終不自為大，故能成其大。」[5]

另一個關於中國「道」的概念：中國傳統相信，道流行在天壤間，一方面「形而上者謂之道，形而下者謂之器」[6] 另一方面「器亦道，道亦器」。「道」既是形而上，非一物可見，故超越；但「道」又必須通過「器」表現出來，故內在，這樣便是一種「內在超越」的型態。

[5]〔戰國〕老子：《道德經．三十四》（徵引自：http://ctext.org/dao-de-jing ，2015 年）。

[6]〔西周〕：〈系辭上．十二〉，《周易》（徵引自：http://ctext.org/book-of-changes ，2017 年）。

第二個代表性區別：「甲」= 二元論；「乙」= 對立範疇

對立二元模式是人的基本思考模式之一，因此無論人們處於什麼樣的文化，都一定會使用這種模式來思考。然而在不同的語言文化裏，這種模式的具體方法又有所不同。

「甲」式參照框架的基礎是二元論範疇，基於三個基本思維規律：

同一律稱 A = `A；矛盾律稱 A ≠ `A；排中律稱 A v `A。這裡的 A 與 `A 不但互相對立，同時也互相排除和互相矛盾。

「乙」式參照框架的基礎是對立範疇：兩者相輔相成。兩個範疇是對立的，但卻不互相矛盾（如：陰陽、本末、體用等對立範疇）。

第三個代表性區別：「甲」= 靜態；「乙」= 動態

「甲」式參照框架裡，研究對象基本上都是轉化爲靜態不變的抽象形式。它是一種具體的時間之外的存在，其必須與自身同一，才能作為思維方式或形式邏輯的對象，因為理性思維對象是概念，它是不變的東西。因此，這種思維基於一種靜態、有定義的、固定不變狀態。

與此相反，「乙」式參照框架的基本狀態基於動態多變、不確定和模糊的模式，在使用概念時，其往往會跟著具體語義背景的變化而作出改變。

六、方法論的研究：分析方法

因爲出現上述的問題，中國當代學術界很多學者越來越成功地轉向「重新發現和使用特定的中國傳統所創造的方法和概念體系」這一方向。而他們的著作中也提出「很多關於怎麼看待或理解中國古典文本」之論點，並對正確的解讀方法提出不同見解。

雖然他們的共同點都是重新發現和使用特定中國傳統方法和概念，但所推薦的方法卻又很不一樣。在此筆者將簡短地介紹其中兩種主要途徑，並對他們所推薦的研究方法進行討論。

第一種是分析法，第二種是傳統詮釋學方法。

提倡形式邏輯方法的當代學者通常認為，邏輯分析仍是最恰當的方法，因為此方法最為客觀。因此他們反覆地提倡和強調，研究中國古代經典文本時使用邏輯分析法不僅是可行的，更是必要的。他們認為，分析法的應用並不限於有關倫理或社會的文本，就連研究形上學和無法表述的玄學文本也同樣可以使用邏輯分析法分析。其他一些學者則警告我們，使用邏輯分析法時應該更加謹慎，並注意其本身的局限性。

馮友蘭是首批使用邏輯分析法研究中國哲學的學者之一。他把中國哲學史劃分為「子學時代」和「經學時代」兩大階段，並對各哲學學派進行嚴格區分：法家有重勢、重術、重法三派；名家有以惠施為代表的「合同異」和以公孫龍為代表的「離堅白」兩派；宋明道學有以程朱為代表的理學和以陸王為代表的心學兩派，二程兄弟則分別為后來心學和理學的先驅。

有關中國哲學中的概念，他有著清楚明確且非常固定的理解，如將「天」析為五義：物質之天、主宰之天、運命之天、自然之天、義理之天。他認為公孫龍所說的「指」實際上等於共相，理學中的「理」和「氣」類似於希臘哲學中的形式和質料等。馮友蘭的這些特識卓見，是其運用近代邏輯學的成就，更是採用現代邏輯分析方法研究中國哲學史取得的重大成果。

馮友蘭直接援引新實在論的哲學觀念和邏輯分析方法，在中國哲學史的研究上取得了新的積極成果。今天我們雖然都知道借用西方的理性之光、邏輯之鏡只能看到中國傳統哲學的缺點，而看不到它獨特的優點。但在當時馮先生的確奠定了中國哲學的現代研究基礎，因此我們不能不尊重他在這方面所做出的貢獻。

然而分析方法的使用也是有一定限制的：我們只能在某一程度上使用它，或者說，只能在特定類型的研究問題中使用它。分析法的主要問題之一是，它的使用者有時並未全面考慮文本的整體性，他們也未考慮文本的內涵連續性或文本的內在邏輯。他們察覺不到，文本的內涵脈絡決定著他們的理論體系或參照架構。他們經過分析得出的結論通常只建基於從正文的上下文中抽出的部分語篇段落（這就有點類似西醫與中醫的關係）。

下面，筆者將通過一些有名的道家例子來列舉這種分析方法的局限性：

例如，如果我們用這種注重語篇分段分析法去探討老子《道德經》中的道、有與無的關係，就會得出好幾個不同的、甚至互相矛盾的結論。[7]

胡適先生強調「道」等於「無」，他說：

> 「老子所說的『無』与『道』，簡直是一樣的。所以他即說，『道生一，一生二，二生三，三生萬物』。一方面又說：『天地萬物生於有，有生於無』。道與無同是萬物的母，可見道就是無，無就是道。」

他的結論模式是這樣的：

P1. 道 => 萬物

P2. 無 => 萬物

C. 道 = 無

嚴靈峰先生認爲「道」等於「有」：

> 「『道生一，一生二，二生三，三生萬物』，這就是說明『道』為『萬物之母』。又說『天下萬物生於有』...... 又說，『有，名萬物之母』可見，『有』也是萬物之母。是則，老子以『道』

[7] 王博：〈老子哲學中「道」、「有」、「無」的關係試探〉，《哲學研究》（1991年8月），頁38-40。

為有，與『有』同體，無可質疑。」

他的推理是這樣的：

P1. 道 = 萬物之母

P2. 有 = 萬物之母

C. 道 = 有

張岱年先生則相信道等於有與無加在一起，他寫道：

「老子的『道』是『有』與『無』的同一。《老子》第一章說，『故常無，欲以觀其妙，常有，欲以觀其徼。此兩者同處而異名，同謂之玄。玄之又玄，眾妙之門。』有與無，皆謂玄，玄之又玄即道。有無同處於道。道一方面是無，一方面是有。」

P1. 有 + 無 = 玄

P2. 玄 = 道

C. 有 + 無 = 道

實際上，我們可以用這種方法辯證一切論點。無論我們主張哪一種觀點，基於何種假設，都可以找到能證明這些論點的篇章。

以上有關「道」、「有」、「無」關係分析法的做法都是引用某些話，將其摘取下來當作推理的假設。

儘管如此，我們還是應該承認，邏輯分析法於跨文化研究某些方面還是非常有用的方法，因爲它沒有文化、傳統或國界之分，任何地方都可以使用。

七、詮釋學方法

第二種是詮釋學方法。根據西方現代詮釋學理論，此方法基於視界融合概念。這就意味著理解或解讀的過程是在「文本的作者原初視界」和「解釋者現有視界」的交織融合，達到一種既包容，又超出文本與讀者原有視野的新的視界。按照現代詮釋學大師伽達默爾（Hans-Georg Gadamer，1900-2002 年）的說法，人的理解過程是一種所謂「解釋學的循環」。理解過程就會形成一種部分理解有賴於全部理解，而全部理解又有賴於部分理解的循環，這就是所謂「解釋學的循環」。

但是，使用詮釋學方法時，我們也會碰到一些問題。比如說，按照伽達默爾的說法，理解本身也基於一種固定的涵義概念。對於他而言，理解的對象或表現總是基於一定的涵義：

> 「視野」這一概念本身就體現了這一點，因為它表述了，嘗試理解的人必須擁有寬廣的視覺……我們總在希望和恐懼中被最接近我們的東西所影響，并且在這樣一種影響中接觸過去的證詞。因此，要不斷防止過分輕率地把過去看成是我們自己對涵義的期待，只有這樣，傳統才能有機會讓我們傾聽到其自身的涵義。[8]

這裡，我們看到了一種有關固定涵義存在，可從原文轉移到讀者的假設。這樣的視野或者甚至這樣的「視覺」太概念化，因此是有問題的。

所以，齊澤克（Slavoj Žižek，1949-）從拉康（Jacques-Marie-Émile

---

[8] Hans-Georg Gadamer, *Truth and Method* (2nd Edition, translated by Weinsheimer, J. and Marshall, D.G., New York: Crossroad, 1989), pp. 305. "The concept of 'horizon' suggests itself because it expresses the superior breadth of vision that the person who is trying to understand must have. …We are always affected, in hope and fear, by what is nearest to us, and hence we approach the testimony of the past under its influence. Thus it is constantly necessary to guard against over hastily assimilating the past to our own expectations of meaning. Only then can we listen to tradition in a way that permits it to make its own meaning heard."

Lacan，1901-1981）的心理學角度來批評傳統歐洲詮釋學的不足。

齊澤克（Žižek）否認這種基於原本意義視域的整體性詮釋學循環：

> 「拉康否認伽達默爾『完整的語境』概念時強調，由於『循環的無堅持性』所以不可能存在『完整的語境』，在此基礎上，齊澤克否定詮釋學循環的存在。齊澤克認為，詮釋學到達了認識的邊緣，但就在即將認識的瞬間閉上雙眼，詮釋學有意忽視這兩點：一、不存在主導差分網絡的參照傳輸的原本意義；二、意義總是關連性的。」[9]

筆者認同這一假設，即意義總是具有關係性的，正如現實領域內的任何其他實體一樣，它會被嵌入到關係網絡中。因此無論在任何時刻，它永遠都不會孤立或以獨立不變的方式而存在。中國語言與中國哲學領域對於脈絡的依賴性卻更為明顯。

筆者認爲，我們在使用詮釋學方法研究中國哲學的時候，不應該從固定的意義概念出發，而應該把境界當成主要典範。所以筆者建議用另外一種更加整體的動態性概念——「境界融合」概念——來代替伽達默爾所建議的「視野融合」。

八、境界融合

境界是一種極爲複雜的整體概念，其屬於哲學、藝術和文藝理論

---

[9] Slavoj Žižek, "Hermenevtika in psihoanaliza," *Anthropos* 3/6 (1976): pp. 75. "Na podlagi Lacanovega vztrajanja na 'brezopornosti kroga', torej v popolni kontekstualnosti pomena kot produkta neskončnega drsenja označevalne površine, Žižek zavrača hermenevtični krog, ki predpostavlja predhodnost celote horizontal smisla posameznim izjavam; hermenevtika po njegovem pride na rob, a si tik pred njim zastre oči za spoznanje, da ne obstoji prasmisel, ki bi „obvladoval diferencialni splet označevalnega posredovanja, in da je pomen zgolj relacionalen."

領域。

王國維這樣描述境界概念：境界領域不僅指的是景觀或場景。喜悅悲傷、憤怒快樂的情緒也構成了人類心中的審美境界。因此，如果一首詩借由真實的場景或情感抒發，就可以說是傳達美學的境界。如此看來，我們可以說境界是一種外在背景和內心感受，即內外領域的統一。境界在主客體統一中側重于主體。

下面筆者嘗試通過莊子兩個有名的故事來展示境界融合的詮釋學方法及其與整體主體性的關係：

1．海鳥

> 且女獨不聞邪？昔者海鳥止於魯郊，魯侯御而觴之於廟，奏九韶以為樂，具太牢以為善。鳥乃眩視憂悲，不敢食一臠，不敢飲一杯，三日而死。此以己養養鳥也，非以鳥養養鳥也。夫以鳥養養鳥者，宜栖之深林，遊之壇陸，浮之江湖，食之鰍鰷，隨行列而止，委蛇而處。彼唯人言之惡聞，奚以夫譊譊為乎！咸池、九韶之樂，張之洞庭之野，鳥聞之而飛，獸聞之而走，魚聞之而下入，人卒聞之，相與還而觀之。魚處水而生，人處水而死，故必相與異，其好惡故異也。故先聖不一其能，不同其事。名止於實，義設於適，是之謂條達而福持。[10]

故事的結論就是：人不是鳥，不能簡單地判斷鳥的需要。我們不能認為，適合自己的東西一定也適合鳥。實際上在這裏我們可以看到儒家經常提倡的金玉良言（「己所不欲，勿施於人」）的道教批判。我們應該要意識到這一點，即我們各自生活在不同的世界裡，以及處於不同的現實世界中。

這個故事當然僅是莊子的一種感知表現。莊子認為，因為他不是一隻鳥，他不可能天生知道鳥的喜惡。這只不過是莊子解釋某種情況

---

[10]〔戰國〕莊子：〈外篇．志樂．五〉，《莊子》(徵引自：http://ctext.org/zhuangzi，2017 年）。

的觀點，是一種生活智慧，他並沒有試圖以此建立任何邏輯系統化體系。

如果說我們無法了解鳥，因為我們並不是鳥，那麼是否也可以說，我們不了解魚，因為我們不是魚？然而，莊子並不認為事情那麼簡單，讓我們看一看莊子的《魚之樂》這一故事。

2・魚之樂.

> 莊子與惠子遊於濠梁之上。莊子曰：「儵魚出遊從容，是魚樂也。」惠子曰：「子非魚，安知魚之樂？」莊子曰：「子非我，安知我不知魚之樂？」惠子曰：「我非子，固不知子矣；子固非魚也，子之不知魚之樂全矣。」莊子曰：「請循其本。子曰『汝安知魚樂』云者，既已知吾知之而問我，我知之濠上也。」[11]

莊子是否在玩詭辯？顯然他在玩文字遊戲，因為古漢語中「安」這一疑問代詞可以就某件事情所發生的時間、空間或者方式进行提问，即可表示：什麼、為何、如何、何时或何地 ...... 如果我們把惠施的「安」理解成「何地？」，那麼莊子的回答當然完全合乎邏輯。

然而，如果考慮道家的的傳統思想，以及他們對現實的態度，我們很快意識到，莊子這麼說是因為他其實是想要表達一些有意義的思想和傳授一種教義。這種喜悅感的識別源於觀察魚的整個境界。莊子興高采烈地在祥和的大自然中散步，身旁有著知己的陪伴，他非常享受這種美好境界，而魚也是整體境界組成部分之一。莊子、惠施與魚都同處於這一境界，都是境界的一部分。因此，莊子內心的快樂與魚的快樂沒有分別，他們都處於一個整體性的快樂境界。

正是這種整體性統一的喜樂使莊子對魚的跡先的、完整的、通透的理解得以實現。對於什麼應該被視為（真實和普遍有效的）知識這一問題，歸根結底是個人的主體性。人內心的、表面上的客觀性和

---

[11]〔戰國〕莊子：〈外篇・秋水・十三〉,《莊子》(徵引自：http://ctext.org/zhuangzi，2017 年）

獨立性曾多次被證明是假的，是虛幻的嵌合體，只會導致自我欺騙而已。

現在讓我們試著通過境界融合的詮釋學方法將這兩個故事連接起來。在此筆者使用的是滲入性詮釋方法。

我們必須要首先考慮這兩個故事有著什麼樣的共同內在脈絡，因為兩個故事都是此脈絡中的組成部分。筆者認爲這兩個故事的基本問題都與人際關係相關連。

第一個故事強調人與人（或活物與活物）之間的差異。首先要意識到，我們都生活在各自不同的世界裡。只有在這樣的認知基礎上，人們才可以創建實際密切的真正的關係（這種關係當然也可以是鳥與人、西方漢學家與中國人，或作者與讀者間的關係）。相反地，第二個故事告訴我們的是：正是通過創造這種真正的關係、接觸和溝通，才得以證明我們都生活在一個整體性的世界裡。

九、結論

我們生活在既同又異的世界裡，如果作爲主體的我們想要了解這個多重世界的多樣性，我們的主體性就不能限制於狹窄的心靈紙箱中，只有建立在跨主體性的基礎上，才能進入、感受和理解這一多重世界。

跨主體性的相互理解不能以「必須建立共同承認」這一前提為客觀標準，相反地，跨主體性的基礎是當下，是我們所碰到的事情的本身，是我們自身對這種境界、脈絡理解的能力。換言之，這種跨主體性的基礎就是境界融合。

在這種跨主體性的境界融合中，作為人，我們一方面總是被限制在各自獨立密閉的世界裡，而另一方面，我們又不斷地、時刻與其他人的世界相連結、接觸和結合，使得我們自己的世界與他人種種不同的世界結合成一個動態的整體。而這兩種不同境界間靈活機動的彈性活力滲透著我們的存在，也正是這種無法控制和預知的人生本質瀰漫在我們與我們所經歷的時間和空間中。

引用文獻

一、中文

王博：〈老子哲學中「道」、「有」、「無」的關係試探〉，《哲學研究》，1991 年 8 月，頁 38-44。

李明輝：《當代儒學的自我轉化》，北京：中國社會科學出版社，2001 年。

朱熹：《朱熹集》，郭齊、尹波點校，成都：四川教育出版社，1996 年。

馮耀明：《中國哲學的方法論問題》，臺北：允晨文化實業，1989 年。

趙汀陽：〈語言和語言之外〉，《哲學研究》，1987 年 3 月，頁 74-80。

二、外文

Cui, Qingtian and Zhang, Xiaoguang. Chinese Logical Analogism. *Asian and African Studies.* 9/3(2005): 14-24.

Gadamer, Hans-Georg. *Truth and Method.* 2nd Edition. Translated by Weinsheimer, J. and Marshall, D.G. New York: Crossroad, 1989.

Graham, Agnus Charles. *Disputers of the Tao – Philosophical Argument in Ancient China.* Chicago: Open Court Publishing, 1989.

Kuhn, Thomas S. *The Structure of Scientific Revolutions.* Chicago: University of Chicago Press, 1996.

Rošker, Jana S. *Na ozki brvi razumevanja – metodologija medku lturnih raziskav v sinoloških študijah.* Ljubljana: Oddelek za azijske in afriške študije, Filozofska fakulteta Univerze v Ljubljani, 2006.

Žižek, Slavoj. Hermenevtika in psihoanaliza. *Anthropos* 3/6(1976): 69-98.

三、網頁徵引

老子：《道德經》，徵引自：http://ctext.org/dao-de-jing，徵引時間：2015 年 1 月 12 日。

莊子：《莊子》，徵引自：http://ctext.org/zhuangzi，徵引時間：2015 年 1 月 12 日

《周易》，徵引自：http://ctext.org/book-of-changes，徵引時間：2017 年。

馬若瑟‧中國說部‧《漢語劄記》

李奭學 *

〔**摘 要**〕

馬若瑟（1666-1736）是清初耶穌會士中的文學奇才。他撰有傳教士小說《夢美土記》與《儒交信》，也用法文譯有《詩經》八首與元人紀君祥的雜劇《趙氏孤兒》，把中國文學推向歐洲舞台。馬若瑟何以臻此，尤其就其所譯《趙氏孤兒》言之？我們由 1728 年馬氏所撰的《漢語劄記》觀之，或可窺得問題的部分答案。此書世人多以文法書視之，我們若觀其論白話與修辭的部分，可說此書乃馬若瑟學習中文，訓練自己寫作與翻譯能力的積澱所得。檢視書中例句，我們發現馬若瑟徵引了從元曲迄康熙中期的明清通俗說部，包含才子佳人小說與《水滸傳》、《金瓶梅》等當世奇書，計達八十多種。1698 年，在東來的「安菲特萊特號」（L'Amphitrite）上，馬若瑟決定抵華後要以「中國詩歌和文字」為「學術專業」，然而從《漢語劄記》看來，馬氏當年的決定似乎有頭無尾，因為他在說部上所下的功夫遠甚於詩歌。難怪馬若瑟下筆創作或翻譯，不是小說就是戲劇。

關鍵詞：漢學、馬若瑟、《漢語劄記》、清初耶穌會、中國說部

* 中央研究院中國文哲研究所研究員、台灣師範大學翻譯研究所合聘教授、輔仁大學跨文化研究所合聘講座教授。

中國文學史上，清代（1644–1911）有別於其他時期之處不在傳統說部大行，而在這個時代的小說上承明代，下啟民國，在創作與翻譯上雙雙加入基督信仰的質素，讓天主教和基督教小說同時並現，和傳統文言與白話說部合卺共飲，交杯同歡。基督信仰早在隋唐之際即因敘利亞聶派景教而在華現身，復因羅馬天主教在明末來華而益形興盛。然而景教只有教理說明，而天主教在明代雖中譯了不少歐洲宗教文學，獨缺篇幅不一的小說創作。中國要見到此刻尚稱「外來宗教」的說部，非得待明清易鼎，新的政權建立不可。

基督教時稱「耶蘇教」，天主教先其入華，其中文小說不論出以中國傳統或以西方形式，當然一馬當先，在歷史上拔得書寫頭籌。就韓南（Patrick Hanan,1927-2014）在二十世紀末提出來的「傳教士小說」（missionary novels）而言[1]，如果也含括短篇與翻譯之作，則毫無疑問，我們不能忽略的源頭濫觴，仍需從法國耶穌會談起。清代初期，順治與康熙二帝於歐洲學問皆感興趣，其後遂有白晉（Joachim Bouvet,1656–1730）與張誠（Jean-François Gerbillon,1654–1707）等奉路易十四之命來華的所謂「國王數學家」（Mathématiciens du Roy）出現。這些出身法國皇家科學院（Academie des Sciences）的耶穌會士中，白晉又奉康熙之命西返，募得馬若瑟（Joseph Henri Marie de Prémare, 1666– 1736）與殷弘绪（Père Francois Xavier d'Entrecolles, 1664–1741）等人再蒞震旦古國[2]，而白晉與張誠雖然在文學上幾乏貢獻，馬若瑟與殷弘緒卻不然。兩人在小說創作或詩與戲曲的法譯上都有過人的成就，馬若瑟尤然[3]。清末基督教人士如馬儒翰（John Robert

---

[1] Patrick Hanan, "The Missionary Novels of Nineteenth–Century China," *Harvard Journal of Asiatic Studies* vol. 60, no. 2（2000）, pp. 413–443; also see Patrick Hanan, *Chinese Fiction of the Nineteenth and Early Twentieth Centuries*（New York: Columbia University Press, 2004）, pp. 58–84。

[2] Claudia von Collani, *P. Joachim Bouvet S.J.: sein Leben und sein Werk*（Nettetal: Steyler Verlag, 1985）, pp. 14-24.

[3] 馬若瑟在文學上的成就，下文會提及。殷弘緒則譯有數種取自《今古奇觀》等書

Morrison, 1814-1843）所稱「中國文學在歐洲的奠基人」[4]，恐怕也只有馬若瑟當得上。

馬若瑟猶在歐洲之時，就已經飽讀西洋詩書，當代作家與本教聖師之外，還曾遊目上古異教名家，荷馬（Homer, 9-8 BCE）、魏吉爾（Virgil, 70-19 BCE）、西賽羅（Marcus Tullius Cicero, 106-43 BCE）與荷雷斯（Horace, 65-27 BCE）等人，無不在其橐囊之中[5]。馬若瑟稱西賽羅為「西惻隆」，因《國家篇》（*De re publica*）裡的名章〈西比歐之夢〉（"Somnium Scipionis"）故，他寫下了生平第一篇傳教士小說〈夢美土記〉（1709），引述了不少中國經書，而且所寫乃一類唐人傳奇的文言小說[6]。儘管如此，馬若瑟於中國傳統說部亦不陌生，

的短篇小說如〈莊子休鼓盆成大道〉、〈呂大郎還金完骨肉〉與〈懷私怨狠僕告主〉等，俱收於杜赫德（Jean-Baptiste Du Halde）的《中華帝國全志》中，見 Jean-Baptiste Du Halde, ed., *Description géographique, historique, chronologique, politique, et physique de l'empire de la Chine et de la Tartarie chinoise,* 4 vols (Paris: Lemercier, 1735), 3:292-338。這些小說乃馮承鈞考得，見所譯費賴之（Louis Pfister）著：《在華耶穌會士列傳及書目》，2 冊（北京：中華書局，1995 年），2:552。尤德指出 Du Halde, 3:42-65 中，殷弘緒還法譯了清初擬話本小說集《豆棚閒話》中第十二篇〈陳長齋談天論地〉，並有精闢析論，見所著〈介於小說與非小說之間：明清白話小說的全球性以及新發現的清初話本小說早期的西譯〉，《中正漢學研究》第 2 期（2013 年），頁 315-326。但考得〈陳齋長論地談天〉者，應為吳蕙儀，上網發表的時間為 2012 年 7 月 12 日，見 Wu Huiyi 吳蕙儀,"Nouvelle identification d'une traduction chinois-français（1735）,"*Carnets du Centre Chine,* Mis en ligne le 12 juillet 2012. URL: http://cecmc.hypotheses.org/7299；或見 Wu Huiyi,"Alien Voices under the Bean Arbor: How an Eighteenth-Century French Jesuit Translated *Doupeng xianhua* 豆棚閒話 as the'Dialogue of a Modern Atheist Chinese Philosopher,'"T'oung Pao 103.1–3（2017）, pp. 155–205。〈懷私怨狠僕告主〉在杜赫德書中則分為上、下二篇。

4 John Robert Morrison, "The Chinese Language," *The Chinese Repository* vol III, no 1（1834）, p. 10.

5〔清〕馬若瑟：《天學總論》，見鐘鳴旦（Nicholas Standaert）、杜鼎克（Adrian Dudink）、蒙曦（Natahlie Monnet）編：《法國國家圖書館明清天主教文獻》26 冊（臺北：利氏學社，2009 年），26:492。《法國國家圖書館明清天主教文獻》以下簡稱《法國圖》，引用冊數及頁碼隨文夾注。

6 馬若瑟的〈夢美土記〉，我用的是法國國家圖書館（Bibliothèque nationale de

因此而有中篇之作《儒交信》（1720 ？）出，講某李光者因同邑進士司馬溫古與江西省城某「西洋老師」故而棄道毀佛，改宗天主之教。《儒交信》共計六回，這個回數一面指出馬若瑟深諳章回小說中之篇幅較短者，一面則說明他已反出利瑪竇（Matteo Ricci,1552–1610）以來不重中文白話的耶穌會傳統[7]。〈夢美土記〉和《儒交信》成篇，顯示馬氏於中國文學傳統熟稔異常。

學習中文，入華耶穌會向由《四書》，甚至由《尚書》等文言著作入手[8]；而倘就馬若瑟衡之，他則特好中國上古典籍。馬氏為康熙撰《天學總論》，談到荷馬、魏吉爾與西賽羅的思想，在引述他們的嘉言名句時突然插入一語：「中國古經，大寶也哉！」所著《經傳議論》裡，馬氏則援引李卓吾（1527–1602），認定《孟子》有人傳之，又譏評孔穎達（574–648）引讖緯，亂了孔子之書（《法國圖》，26:539 及 554）。開宗明義，他則徵宋儒歐修（1007–1072）道：「經之所書，予之所信也。經所不言，予不信也。」（《法國圖》，26:525）

馬若瑟所稱之「經」，一大部分是身為中國經籍索隱派（figurism）所重的《易經》或《書經》等等，但除了這些經籍外，他也有強烈的文學傾向：所著《經傳議論》的序言裡，嘗謂少時在

France）藏王若翰抄本，編號：Chinois 4989。梵帝岡教廷圖書館庋藏的〈夢美土記〉抄本，編號為 Borg. Cinese 357 (9)。相關討論見李奭學：〈中西合璧的小說新體──清初耶穌會士馬若瑟著〈夢美土記〉初探〉，《漢學研究》第 29 卷第 2 期（2001 年 6 月），頁 81-116。

[7] 耶穌會不重白話恐為誤解，參見李奭學：《明清西學六論》（杭州：浙江大學出版社，2016 年），頁 221-233。有關《儒交信》，參見李奭學：〈「耶穌不滅孔子，孔子倒成全于耶穌」── 試論馬若瑟著《儒交信》〉，《道風：漢語基督教文化評論》第 46 期，頁 27-73。我用的《儒交信》乃法國國家圖書館所藏的抄本，編號 Chinois 7166。

[8] Liam Matthew Brockey, *Journey to the East: The Jesuit Mission to China, 1579-1724*（Cambridge: The Belknap Press of Harvard University Press, 2007）, pp. 266-267.

歐洲就「喜為文辭，好賦新詩」[9]，以故東來時在「安菲特萊特號」（L'Amphitrite）上的漫漫航程中，他已決定抵華後要以「中國詩歌和文字」（Chinese poetry and characters）為「學術專業」（specialty）[10]。中文習之既久而人猶在北京之際，他在前述為康熙所著的《天學總論》中又稱出身「極西」，是故「論詩文詞賦，則豈敢望東儒懷春之玉筆？」（《法國圖》，26:515）後面一語有「修辭反問」（rhetorical question）的味道，言下是自己性喜前述「新詩」或「詩歌」：興許他早就已提筆試吟了。1728 年寫畢的《漢語箚記》（*Notitia linguæ sinicæ*）中，他所稱之「經」已包括屈原（c. 340–c. 278 BCE）的抒情鉅製〈離騷〉（*NLS*, p.243），而這點他應因漢人王逸（c.100-c.150）《楚辭章句》與宋人洪興祖（1090–1155）的《楚辭補注》而得之[11]。是以書中非僅徵引「[朝]飲木蘭之墜露[兮]，[夕]餐秋菊之落英」等名句，還稱道這些詩句讀來令人愉快至極，是故下筆以拉丁文譯之，順理成章。馬若瑟甚至因此還為〈離騷〉計算字數，數了尾韻，探討了其中的修辭，而同類互喻，他則嘉其文采，讚不絕口。「美人香草」的隱喻，他同樣一眼看出，毫不介意，雖然這又是追隨洪興祖的結果。在〈離騷經〉章句之前，洪氏已明示「〈離騷〉之文，依《詩》取興，引類譬諭，故善鳥香草，以配忠貞，…… 靈脩美人，以媲於君」[12]。

[9] 馬若瑟：《經傳議論・自序》（1710；法國國家圖書館藏抄本，編號 Chinois 7164），頁 1a。

[10] Kund Lundbæk, *Joseph de Prémare (1666-1736), S.J.: Chinese Philology and Figurism* (Aarhus: Aarhus University Press, 1991), p. 18. 這裡 Lundbæk 的根據是 E. A. Voretzsch, ed., *François Froger: Relation du premier voyage des français à la Chine fait en 1698, 1699 et 1700 sur le vaisseau L'Amphitrite"*（Leipzig, 1929）一書，不過他未標出此書頁碼，見所著 pp. 189n12 及 206。

[11] 不過洪興祖卻道「古人引〈離騷〉，未有言『經』者。蓋後世之士祖述其詞，尊之為經耳，非屈原意也。」見洪著《楚辭補注》與〔清〕蔣驥：《山帶閣註楚辭》合刊（台北：大安出版社，1991 年），頁 2。

[12] Joseph-Henri-Marie de Prémare, *Notitia linguæ Sinicæ*（Malaccæ: Cura Academiæ Anglo-Sinensis, 1831）, p. 244. *Notitia linguæ Sinicæ* 下文簡稱 *NLS*，引用頁碼隨文夾注。有關〈離騷〉以「美人香草」喻政治上的君臣關係，見洪興祖《楚辭補注》，頁 4-47

萬濟國（Francisco Varo, 1627-1687）的《華語官話語法》（*Arte de la lengua Mandarina*）首倡以中國「小說」（*siáo xuă*）為例解釋中文文法的寫法，馬若瑟從之，但他所稱之「小說」（*siaò chouĕ*），實指傳統上包括戲曲——尤其是結尾皆大歡喜（happy ending）的「喜劇」（*comœdias*）——在內的「說部」（*NLS*, p. 39）。尤德（Daniel M. Youd）又引《華語官話語法》使用小說為例，認為《漢語箚記》同樣可以「文法書」視之[13]。在某一意義上，此見當然無誤，馬若瑟確實探討了許多中文「實字」（*plenas seu solidas*）、「虛字」（*litteras vacuas*）和其他字詞的詞性（*NLS*, pp.39ff）[14]，但書中他也析論中文文章的「各種風格差異」（*diversitate styli*）和四種「修辭格」（*figuris orationis*），因此早已超乎了所謂「文法書」的範疇（*NLS*, pp. 204-247）。龍伯格（Knud Lundbæk）故謂《漢語箚記》是一本介紹中文及其文學的著作，希望引人了解文言文，讀「好的」通俗小說，並可藉此教歐洲人用高雅而優美的中文創作[15]。此所以宋莉華說道：《漢語箚記》的「價值」已「遠遠超越了語法書的範疇」[16]。宋氏這裡所

中洪氏之注。有關中國詩史上的「美人香草」之說，參見康正果：《風騷與艷情：中國古典詩詞的女性研究》（台北：釀出版，2016 年），頁 70-99。

[13] 尤德：〈介於小說與非小說之間：明清白話小說的全球性以及新發現的清初話本小說早期的西譯〉，頁 309-310。

[14] 這些地方多出現在《漢語箚記》的第一及第二部分，相關研究見劉亞輝：〈清代來華傳教士馬若瑟《漢語箚記》中的標記理論〉，《澳門語言學刊》第 1 期（2014 年），頁 58-68。此外，李真：《馬若瑟〈漢語箚記〉研究》（北京：商務印書館，2014 年），頁 136 亦謂在「顯性目的」上，馬若瑟寫《漢語箚記》志在「打造一部符合漢語自身語法規律的著作」。另見李著頁 149-211。不過李著頁 211 之後也論述了馬著瑟對中文風格及修辭的看法，又顯示她不完全以「文法書」視《漢語箚記》。但李著頁 126-138 謂《漢語箚記》的「隱性目的」乃耶穌會的中國經籍索隱學及天主教的正當性，我則有部分同意，也有部分保留。同意的是我們再見以「皇」表「自王」這種拆字法等索隱學（*NLS*, p. 198）；保留的是相關者佔全書比例並不高。

[15] Lundbæk, *Joseph de Prémare (1666-1736), S.J.: Chinese Philology and Figurism,* pp. 64-65.

[16] 宋莉華：《傳教士漢文小說研究》（上海：上海古籍出版社，2010 年），頁 24-

指仍為《漢語箚記》身為傳教士中文教科書的屬性，但是她也表示「這是一本關於中國語言和文學的指南書」，窮馬若瑟三十年心血撰成。我想換個角度在此進一步代為說明的是，《漢語箚記》實則最可看出馬氏和中國文學傳統密切非常的關係，係他琢磨中文三十年，訓練自己成為這種文字的寫手，進而法譯《詩經》八首與元代曲家紀君祥（生卒年不詳）的名作《趙氏孤兒》（1731）的閱讀積累[17]。若非用功若此，馬若瑟無以影響伏爾泰（Voltaire, 1694-1778）撰其所著《中國孤兒》（*L'Orphelin de la Chine: la morale de Confucius en cinq actes*,1753），也無以引出眾多的西方語言的仿作如三年後英人墨菲（Arthur Murphy,1727-1805）的同名英文劇《中國孤兒》（*Orphan of China*, 1756）等等[18]，名震全歐[19]。

從《漢語箚記》看來，馬若瑟在《四書》與《五經》之外，格外欣賞《莊子》（c.369-c.286BCE），而且數度引之，分別置於「文字遊戲」（*verbis luditur*）和「寓言」（*yu-yen*）項下。〈齊物論〉有「莊周夢蝶」的名篇，另有通稱「夢與覺」的佳作一段，馬若瑟認為是「文字遊戲」的修辭傑作，且不忌其將素來崇拜的孔子也納入篇中調況，於是──

> 夢飲酒者，旦而哭泣；夢哭泣者，旦而田獵。方其夢也，不知其夢也，夢之中又占其夢焉；覺而後知夢也，也有大覺而後知

26。

[17] Joseph-Henri-Marie de Prémare, trans., *Tchao-Chi-Cou-Ell, ou Le petit orphelin de la Maison de Tchao,* in Du Halde, ed., *Description géographique, historique, chronologique, politique, et physique de l'empire de la Chine et de la Tartarie chinoise,* 3:344-378.

[18] Cf. Liu Wu-Chi, "The Original Orphan of China," *Comparative Literature* Vol. 5, No. 3（Summer, 1953）, pp. 193-212.

[19] 馬若瑟及伏爾泰影響所及的劇作書目，參見 Theodore Foss, "A Jesuit Encyclopedia for China: A Guide to Jean-Baptiste Du Halde's *Description de la Chine*（1735）," 2 vols., Ph. D. dissertation（University of Chicago, 1979）, 2:544-548。

此大夢也，而愚者自以為覺，竊竊然知之。君乎！牧乎！丘也，與汝皆夢也；于謂汝夢，亦夢也。（*NLS*,p.212）

就文字鋪排而言，我恐怕馬若瑟已難僅視〈齊物論〉這段篇中名為〈弔詭〉者的文字為「文字遊戲」了，因為其中有「層遞」（bicolon），把論點步步推高，也有所謂「夢中賦格」（dream fague）的文體美學，把重點再三鋪排，精彩處不下於同篇中「莊周夢蝶」那一段[20]。既然連孔子可搬出嘲弄，〈弔詭〉所稱之「夢」的寓意也深，馬若瑟引得可比天主教今生與他界輕重有別的常譚，而這點從利瑪竇的《天主實義》（1595）以來，入華耶穌會士即已強調不已[21]。〈弔詭〉齊夢覺，雖有調侃《周禮》顯示的周人好占夢之風之意[22]，但其身為「文字遊戲」的本質，而且係其中之善上者，當可進入文學的殿堂，毋庸置疑。〈弔詭〉因此也是中文廣義的「寓言」之作，深意饒富，何況篇中以夢論覺，又以覺論夢，雙管齊下，而其結果絕對是文學上的修辭佳構，令人想起《儒交信》第二回的夢境[23]。

〈夢美土記〉雖為文言短篇故事，但寓有微言大義。篇中語詞和《漢語劄記》的例句一樣，幾乎句句有出典，字字有來歷！小說的敘述者旅人（案即馬若瑟）常將《詩經》置諸案頭，時而閱之。此一中國上古詩歌總集，馬若瑟並非篇篇都堅持以非以耶穌會索隱派的方法讀之不可，中國古來寓義他也接受。是以「旅人」夜讀〈桑柔〉，詩中蹇蔽之景令他隨即「默恤天下萬方之亂，癙哀下民勞勩之極」，而且一想到「天怒乎上，民困於下」，慨然乎便「憂心以傷」，詩人下

[20] 俱見黃錦鋐註譯：《新譯莊子讀本》（台北：三民書局，1974 年），頁 66-67。

[21] 參見李奭學：《譯述：明末耶穌會翻譯文學論》（香港：香港中文大學出版社，2012 年），頁 328。

[22]《周禮・春官・宗伯》以大卜掌夢，其法「一曰『致夢』，二曰『觭夢』，三曰『咸陟』」。見林尹注譯：《周禮今註今譯》（台北：台商務印書館，1992 年），頁 251。

[23] 馬若瑟：《儒交信》，頁 17-18。

筆當時情景，立即奔至惱海。旅人「憂心慇慇，念我土宇」，不禁潸然淚下，而〈夢美土記〉此時才轉為天主教托喻（allegory），展開了一場追尋教中天鄉的旅程[24]。凡此都在說明讀《詩》之際，馬若瑟也有從個人心境出發的時刻。如此一來，就《詩經》而言，馬氏已走上「文學閱讀」的層次了。

〈夢美土記〉既為文言傳奇，馬若瑟將《詩經》大肆發揮，毋需訝異。他還如前所示，伺機法譯了八首《詩經》，但在迻譯〈敬之〉與〈天作〉等詩之時，馬若瑟反從耶穌會的索隱思想入手，將之詮解成章，然後寄回歐洲，假杜赫德（Jean-Baptiste Du Halde, 1674–1743）而像《趙氏孤兒》一樣收入所纂《中華帝國全志》（*Description geographique, historique, chronologique, politique, et physique de l'empire de la Chine et de la Tartarie chinoise*）中[25]。〈夢美土記〉所引乃文言，我們可以思之過半，而向《山海經》與其他古籍借典，尋常事耳。《漢語劄記》晚出，所「記」者遠遠超越〈夢美土記〉裡的用事，亦屬必然。宋人陳騤（1128-1203）纂輯的《古學鈎玄》、《文則》與據稱是漢人韓嬰（c.200-130BCE）所寫的《韓詩外傳》等名作紛紛出現，顯示馬若瑟汲汲於汲取中文美言佳句的問學熱忱。屈原〈離騷〉中的名句，他引來已是舉重若輕而又筆力千鈞，可見熟諳：「吾令羲和弭節兮，望崦嵫而勿迫。……飲余馬於咸池兮，總余轡乎扶桑。」（*NLS*, p.244）馬若瑟如此大量引經據典，所累積者絕非一蹴立就。我們也可想像他揲文之際，未必晚於《漢語劄記》書成之時，且非數十年功

[24] 馬若瑟：〈夢美土記〉，頁 1a-1b。

[25] Jean-Baptiste Du Halde, ed., *Description geographique, historique, chronologique, politique, et physique de l'empire de la Chine et de la Tartarie chinoise,* 3:370-376. 有關《趙氏孤兒》和《詩經》八首收入《中華帝國全志》的經過，參見 Isabelle Landry-Deron, *La Peruve Par La Chine: La 《Dscription》 de J.-B Du Halde, jésuite,* 1735（Paris: Éditions de l'École des hautes études en sciences sociales, 2002）, pp. 183-185; and pp. 198-200。馬若瑟所譯《詩經》其餘六首為〈皇矣〉、〈抑〉、〈瞻仰〉、〈正月〉、〈板〉與〈蕩〉等，合本文所述二首俱屬《周頌》、《大雅》與《小雅》中的詩作。

力難成[26]。《經傳議論》從歐陽修論經寫起，我們在《漢語劄記》中馬上看到馬若瑟補上〈醉翁亭記〉（*NLS*, p.220），可知他好讀歐陽氏。但馬若瑟並未讓經部走在集部之前：在他的中國文學系統中，他更大的興趣是那些可表現自然的描繪之作，《漢語劄記》以拉丁文翻譯〈醉翁亭記〉，故此有如在「褒揚」〈夢美土記〉裡自己於天鄉的描繪，說來抑且不惶多讓。諷刺的是看在我們眼裡，〈夢美土記〉中那有關美土的描述，乞靈的居然是〈醉翁亭記〉裡歐陽文忠公所刻畫的滁州山景，蓋——

> 其西南諸峰林壑尤美，望之蔚然而深秀者，琅邪也。山行六、七里，漸聞水聲潺潺而瀉出兩峰之間者，釀泉也。……若夫日出而林霏開，雲歸而巖穴暝，晦明變化者，山間之朝暮也。野芳發而幽香，佳木秀而繁陰，風霜高潔，水落而石出者，山間之四時也。朝而往，暮而歸，四時之景不同，而樂亦無窮也。……臨溪而漁，溪深而魚肥；釀泉為酒，泉香而酒洌，山肴野蔌，雜然而前陳者，太守宴也。……（*NLS*, p.219）

馬若瑟極美歐陽修，稱之為「優雅的作家」（*elegantis scriptoris*），認為〈醉翁亭記〉的「描寫」（*descriptio*）乃中文修辭中上乘的「珍寶」（*gemmas*），深怕原文讓自己的拉丁譯文給「玷污了」（*inquinasse*）。景仰若此（*NLS*, p.219），馬若瑟也讓〈夢美土記〉紛繁其寫，那「美土」的修辭手法不輸歐陽修：

> 潾潾其水，猗猗其花，芬芬其風，其山菀菀，其林蓁蓁，其壑窈然而鮮蔭，沂湘之流也。其濁且混矣，洛陽之春也。其臭且媸矣，無雲之良也。嗚呼！其漂洌之風矣，杞梓梧桐之林也。

[26] 參見李真：《馬若瑟〈漢語札記〉研究》，頁 51。

云何其毗劉而不可休矣？舞雩之景也，皆有欠焉！獨我美土也，其如白玉，始無玷焉耳矣！（*NLS*, p.218）[27]

從上引看來，馬若瑟幾乎白描到底，並未讓〈夢美土記〉動感盈然。他的故事故而以靜態的敘寫見長，又以「寓言」的衍述稱雄。〈夢美土記〉中的「寓言」，從西方的理論衡之，其實是「托喻」，但是就中文的籠統性而言，也可以「寓言」呼之，係一較長而富含深義的敘述之作，包含任何比擬性的書寫。就一般寓言而言，馬若瑟極似晚他百年來華的基督教士丁韙良（William Alexander Parsons Martin, 1827–1916），認為此乃中國文學與修辭學淪喪已久的翰林巧藝[28]。〈夢美土記〉借西賽羅來表現，倒顯得長了他人志氣，因為小說的形態雖隸歐洲（1265–1321）的傳統，但故事所呈現的寓言卻近似中國的固有。從清人的角度看，李漁（1610-1680）的傳奇誓詞說得好：「余先平所著傳奇，皆屬寓言」，就算有其寓意，其事絕無專指。易言之「寓言」是有深意的杜撰之作[29]。

《漢語劄記》裡以「比擬」（*comparation*）標示的四則寓言中，有三則出自《莊子》，其一抄自《外篇・山木第二十八》，講莊周行於山中遇巨木與禽類而生「材與不材」之問（*NLS.*, p.246）；另一寓言則淵源自《列子・黃帝》，溯及黃帝神遊於花（華）胥氏之國的見聞（*NLS.*, pp.244-245）[30]。這兩個故事都是地道震旦古國的產物，可見馬若瑟除屈子外，於中國古典文學也不落人後，熟悉異常。利瑪竇以還，道教每見摒於耶穌會及其信眾的視界，而且常以多神教中的泥

[27] 原文見馬若瑟：〈夢美土記〉，頁 2a-2b。

[28] W. A. P. Martin, *The Lore of Cathay*（New York : Fleming H. Revell, 1912）, pp. 144-147.

[29]〔清〕李漁：〈誓詞〉，見《李漁全集》，20 卷（杭州：浙江古籍出版社，1992 年），1:130。

[30]《列子・黃帝》，見莊萬壽註譯：《新譯列子讀本》（台北：三民書局，1989 年），頁 71-72。

菩薩視之[31]，然而他們於道家這類哲學之屬的一脈並不陌生。上述的兩則寓言，都是以哲學見長的道家所寫。即使後世道教興起，變《莊子》為《南華真經》，又改《列子》為《沖虛至德真經》，且引兩位作者為教中真僊，耶穌會依然不改其尊崇道家的初衷。利瑪竇的《畸人十篇》伊始，連《老子》的思想，都常連類之而變成教中常談的中文版[32]。莊子與列子（*c.* 450-*c.* 375 BCE）所志的神奇異事，耶穌會更像史上天主教對待荷馬或希臘羅馬神話一樣[33]，都以「寓言」二字匡限之，從而化腐朽為神奇，又「導邪歸正」，合法化了《莊子》與《列子》。況且在《漢語劄記》裡，馬若瑟還以修辭學為前提，視之為語言典故的練習範例，是訓練自己成為一代譯家或傳世漢學家的重要文學技法（*NLS*, pp.240-247）。

此外，饒有意義的另有「寓言」二字的意涵。馬若瑟用 “yu-yen” 這組聲音對譯「寓言」，沒有用 “fabula” 這個《伊索寓言》常用的「寓言」的拉丁文對等詞譯之，也沒有用 “allegoria” 這個描繪荷馬式「托喻」的常見之辭和之，可見他對中外「寓言」之別確有認識。中國上古經典中的「寓言」二字，尤其是《莊子》所謂「寓言十九，藉外論之」一語裡的此詞，一般而言，並不以故事或其體裁見長，強調的反而是某種富於寄托性的言談[34]，〈弔詭〉屬之，〈山木〉中的「材與不材」一段，也是類此「寓言」。連列子所編的「花胥氏之國」，故事性也不強，若強譯之以故事性重的 “fabula” 一字，或有「寄托」上的雷同，畢竟於體裁大異。馬若瑟譯音不譯字，當然是某

[31] 例子見〔清〕丘晟：《述聞編》，載於鐘鳴旦與杜鼎克編：《耶穌會羅馬檔案館明清天主教文獻》，12 冊（台北：利氏學社，2002 年），10:189-264。

[32]〔明〕利瑪竇：《畸人十篇》，見李之藻輯：《天學初函》6 冊（台北：台灣學生書局，1965 年），1:175-196。

[33] 參見李奭學：《明清西學六論》，頁 80-114。

[34] 郭慶藩：《莊子集釋》（台北：木鐸出版社），頁 947，謂「寓，寄也。世人愚迷，妄為猜忌，聞道己說，則起嫌疑，寄之他人，則十言而信九矣。」

種「此無故」的體現[35]，而其辨別文體的心思確密，翻譯之準確也令人擊節，恐非其時一般耶穌會譯家可比。

明清間天主教下決心全譯《聖經》，事已遲至賀清泰（Louis de Poirot,1735-1813）所處的乾嘉之際[36]。人在熙朝的馬若瑟恐怕連想都不曾想過，但他對1605年前譯出的《宗徒信經》（Apostolic Creed）顯然下過工夫，曾詳予注解，〈夢美土記〉之後的傳教士小說係《儒交信》，可謂事有必然，理有必至，因為這部六回本的白話小說書題中的「信」字，指的正是《宗徒信經》，而馬氏的《信經直解》也穿插在小說裡，形成某種「書中書」的後設形式，章法不凡。由於此時《聖經》尚未全譯，《宗徒信經》在華之重要性即顯崇高無比，幾乎就是一部具體而微的聖典。此外，「回前詞」或「回末詞」乃中國傳統說部常見的敘事套式，《儒交信》這六回中，回回模仿此一傳統，而章回小說特有的插詩，則演自我們熟悉的佛教俗講，《儒交信》回回也都在模仿此一傳統[37]。所以下文請容我略過小說中那些「且看下回分解」的形式問題，再因《儒交信》所用的白話體而從《漢語劄記》稍談馬若瑟對中國傳統說部的認識之精。若非如此，他能否從《元人百種》單挑《趙氏孤兒》，予以法譯，恐怕還是一大問題。

前謂宋莉華已指出《漢語劄記》不僅是一部文法書，而我或可再強調一句話：《漢語劄記》乃地道的「劄記」，正是馬若瑟閱讀中國四庫及說部隨手摘錄的文句集結，有如《經傳議論》一般。差別在《經傳議論》等書純為「經鈔」，而《漢語劄記》在堆疊的最後階段加工了：馬若瑟重新分類，再予編排，而最重要的是以拉丁文加以翻譯，也做了些許語法、修辭或讀後感之類

[35] 這裡我指的當然是玄奘「五不翻」的論點之一，參見〔宋〕周敦義：〈翻譯名義序〉，載羅新璋編：《翻譯論集》（北京：商務印書館，1984年），頁50。

[36] 參見李奭學：《明清西學六論》，頁178-278；另見賀清泰譯註，李奭學、鄭海娟主編：《古新聖經》9冊（北京：中華書局，2014年）。

[37] 參見宋莉華：《傳教士漢文小說研究》，頁30-37。

的穿插與小評，使全書看似系統嚴整。若強以「文法書」稱之，我們頂多只能說他先有筆記，其後再整理分類而形成所謂的「文法」。

前述《漢語劄記》的引語，幾乎句句都有出處，馬若瑟自己在書中指出來的，除了經籍外，另有《元人百種》、《水滸傳》、《畫圖緣》、《醒風流》、《好逑傳》與《玉嬌梨》等說部。這些書多屬「才子佳人小說」一類，我們或可換個角度，再省馬若瑟自我訓練成為譯家與作家所接觸過的中國通俗小說。如果包括千葉謙悟指出來的《平山冷燕》等書[38]，上述諸書多數乃清初的天花藏主人所撰。據沈季友（fl.1692）輯《檇李詩繫》稱，天花藏主人係浙江嘉興府人氏張勻（c.1610-1680）。張氏另有素政堂主人、荑秋散人，甚至是「名教中人」等名號。因張氏乃《平山冷燕》具體可考的作者，而此書亦署名張勻，沈季友之說應該無訛[39]。

天花藏主人所撰的小說中，《好逑傳》、《玉嬌梨》與《平山冷燕》在馬若瑟當時或日後，都曾經珀西（Thomas Percy, 1729–1811）、雷慕沙（Jean-Pierre Abel-Rémusat, 1788-1832）與儒蓮（Stanislas Aignan Julien, 1797-1873）等有或無名人氏一一為之譯為英、法或德文等歐語，而且輾轉重譯者再[40]，是以這

---

[38] 千葉謙悟：『馬若瑟「中國語文注解」（*Notitia Linguae Sinicae*）例句來源考』，見中國語學論集刊行會編：『太田齋、古屋昭弘兩教授還曆紀念集』（東京：好文出版，2013 年），頁 190。『馬若瑟「中國語文注解」（*Notitia Linguae Sinicae*）例句來源考』，以下以作者之姓簡稱之，頁碼隨文夾注。

[39] 柳存仁〈論小說史上的若干問題〉認為天花藏主人是明清間張勻或張劭，見所著《和風堂文集》，2 冊（上海：上海古籍出版社，1911 年），2:1195–1201。蘇興以為此見不差，但更傾向張勻，見所著〈天花藏主人及其才子佳人小說〉與〈張勻、張劭非同一人〉，載於《〈西遊記〉及明清小說研究》（上海：上海古籍出版社，1989 年），頁 199–236。就天花藏主人與張勻關係論述最精者，當推晚出的胡萬川：〈天花藏主人到底是誰？〉，見靜宜文理學院中國古典小說研究中心編：《中國古典小說研究專集》第 6 集（台北：聯經出版公司，1983 年），頁 235-252。

[40] 有關《好逑傳》（1761 年）、《玉嬌梨》（1826 年）與《平山冷燕》（1860 年）的外譯，參見馬祖毅與榮任珍：《漢籍外譯史》（漢口：湖北教育出版社，1997 年），

些說部儘管難以和其時金聖嘆（1608-1661）評定的「六才子書」比肩而觀，距再不久後現身的《紅樓夢》更是形同霄壤，但從明末開始，必然名噪一時，乃廣為人讀的才子佳人小說，如此則東來的天主教士方能視為其時說部代表，也才在日後的歐洲掀起聖俗兩界的翻譯熱潮[41]。《漢語劄記》封筆不久，馬若瑟隨即在中國典籍中開選。他法譯《詩經》，遂將《趙氏孤兒》迻而植入中歐與西歐的東方想像，對於天花藏主人上述喧騰一時的小說怎能視若無睹？擇其口語佳句而譯之以教會通行的拉丁文，理所當然。不過馬氏身為「出家人」，何以特好天花藏主人所撰而以才子佳人為主題結構的這些「言情」之作，倒是令人好奇。

其實也無所謂「好奇」！《好逑傳》、《玉嬌梨》與《平山冷燕》等「言情」之作裡所謂「情」，並非「淫情」，而天花藏主人在《好逑傳》中又以「名教中人」現身，反而把這些「情」都導向「節欲」去了。未得媒妁之言與父母雙方同意 ──《好逑傳》中的男女主角鐵中玉與水冰心，甚至得待皇帝下詔主婚 ── 才子與佳人即使早已心儀對方，而且心曲互通，一律仍得效傳統而嚴男女之防[42]，甚至苛刻到得行儒門禮教設下的「男女授受不親」的規矩[43]。馬若瑟出身法國，12 世紀作家克里汀・德・拓阿（Chrétien de Troyes, fl. between 1160 and 1172）所寫有關藍瑟洛（Lancelot）的亞瑟王傳奇故事（Arthurian romance）必然清楚，而這一系列出自法國南部騎士競技的文學作品所強調的「宮廷愛情」（courtly love）向稱文化基奠[44]。克里汀的系

頁 171–285。

[41]《玉嬌梨》又稱《雙美奇緣》，民國早年滬上童書勛認為撰於明代，見氏著該書〈小引〉，在《中國近代小說史料續編》第 52 冊（台北：廣文書局，1987 年），頁 2。

[42]〔清〕名教中人（天花藏主人）：《好逑傳》（台北：雙笛國際出版，1995 年），頁 379-393。

[43]《孟子・離婁上》：「淳于髡曰：『男女授受不親，禮與？』孟子曰：『禮也。』見〔宋〕朱熹：《四書集註》（台北：世界書局，1956 年），頁 309–310。

[44] Andreas Capellanus, *The Art of Courtly Love,* with introduction, translation, and notes by John Jay Parry（New York: Columbia University Press, 1990）, pp. 28-212.

列傳奇既講「愛」，也令其發乎「情」，不過定然得止乎「禮」，聽來實「有如」十九世紀英國的「紳士之風」（gentleman-like）[45]。如此之「情」，說來又合乎其時並後世天主教對男女婚媾的看法，尤其是其中所施加於中國者[46]。馬若瑟既可因才子佳人之「情」而宣揚本門男女禮法，焉能不向《好逑傳》、《玉嬌梨》與《平山冷燕》等書看齊，向其中自甘於為孔門禮教所綑綁的「言」與「情」借鑒？

李漁生當天花藏主人同時，亦即長於明末而在清初才盡情發揮其人之創作才情，終而暴得大名。馬若瑟不僅喜好笠翁十種曲中的傳奇如《風箏誤》，譯了其中四十八句話入《漢語劄記》（千葉，頁 190），即使是話本小說集《十二樓》，他也青睞有加（千葉，頁 191），而這就有趣，因為看了《十二樓》，馬氏不可能放過其中六回一體的《夏宜樓》。我們甚至可因《夏宜樓》的回數，推想《儒交信》何以設定為篇幅較短的六回。但我之所以強調馬若瑟對《十二樓》的眷顧，李漁的「發明」（invention）是主因[47]。《夏宜樓》的故事實則建立在西學之上，講某士人利用西方傳來的望遠鏡偷窺某家千金，連她運筆行文都看得清楚，終而結為連理。望遠鏡引發創作熱忱，這是中國首見，乃李漁閱讀陽瑪諾（Manuel Dias, Jr, 1574–1659）譯《天問略》、湯若望（Johann Adam Schall von Bell, 1591–1666）譯《遠鏡說》與明人鄭仲夔（fl.1636）著《耳新》之後的結果，我已在他處論之，茲不贅[48]。

李笠翁稱馮夢龍（1574-1646）在明末評定「四大奇書」，且甚

---

[45] Northrop Frye, et al., eds., *The Harper Handbook to Literature*（New York: Harper & Row, 1985）, p. 127.

[46] 李奭學：《譯述：明末耶穌會翻譯文學論》，頁 215-217。

[47] 這個詞，我借用的是如下書名的關鍵字：Patrick Hanan, *The Invention of Li Yu*（Cambridge: Harvard University Press, 1988）。

[48] 李奭學：〈中國「文學」的現代性與明末耶穌會的文學翻譯〉，見所著《明清西學六論》，頁 155-157。

同之[49]，而四奇中除《西遊記》因神通變化故，兼以釋道色彩過濃而我尚未見之徵引於《漢語劄記》外[50]，餘者如《三國演義》、《水滸傳》與《金瓶梅》等小說，俱為《漢語劄記》的出典。後二書徵引、翻譯次數尤多。馬若瑟開書還提到金聖嘆，引其所見讚揚《水滸傳》的藝術技巧與施耐庵的才能，認為秀出班行（*NLS*, p.39），而乾隆年間曹雪芹（1715-1763）撰《紅樓夢》之前，《金瓶梅》的地位穩若泰山，蘭陵笑笑生（生卒年不明）在馬若瑟的心中雄倨高位。千葉謙悟從《漢語劄記》口語篇（"De lingua vulgari et familiari stylo"; *NLS*, pp.38ff）一千九百餘條的例句裡，查考出一千四百餘條的出處，發現這些句子除了上舉《水滸傳》等說部之外，大多抄自《金瓶梅》、《說岳全傳》、《今古奇觀》、《古今小說》、《六十種曲》與《元曲選》等書，其中尤以《金瓶梅》引用次數最多，達 237 次，共 179 條（千葉，頁 190），馬若瑟果然鍾情有加。耶穌會士入會前，都要發誓「絕財」、「絕色」與「絕意」，而明代以來，中國士子多視《金瓶梅》為「穢書」之尤，小說主要人物中幾乎連個「好人」也沒有[51]，馬若瑟的偏好，因此難免啓人疑竇，不知這個「誓絕情色」的「出家人」何以特好這本特重情色的「穢書」，《漢語劄記》就之所引並翻譯的次數居然也最多？

千葉謙悟從崇禎本評語之說，稱《金瓶梅》裡充滿「人情世故」[52]，而這才是此一明人奇書和《漢語劄記》解下不結之緣的原故。此語固然，可也不盡然，蓋馬若瑟放眼《金瓶梅》，一毫也沒放過其

---

49 〔清〕李漁：《三國演義・序》，見所著《雜著》，載《李漁全集》，18:538。

50 不過這不表示馬若瑟忽略了《西遊記》，參見 Lundbæk, *Joseph de Prémare（1666-1736）, S.J.: Chinese Philology and Figurism, p. 35*。

51 見〔明〕東吳弄珠客：《金瓶梅・序》，載齊煙、汝梅點校：《新刻繡像批評金瓶梅》，會校本，2 冊（香港：三聯書店及濟南：齊魯書社，1993 年），1:1。另見〔清〕張竹坡：〈批評第一奇書金瓶梅讀法〉，在黃霖編：《金瓶梅資料彙編》（北京：中華書局，1987 年），頁 74。

52 所謂「書中所寫人事天理，『全為世情所有』，『如天造地設』」，見王汝梅：〈前言〉，在齊煙、汝梅點校：《新刻繡像批評金瓶梅》，1:12-13。

中的情色之語，而如此「重色」，豈是「人情世故」可以比擬？下面我且引千葉捻出的一句為例說明：

> 你若 &ct.〔，〕我就急死了。
>
> 〔S〕i tu &ct. ego statim sollicitudine moriar.
>
> （千葉，頁 190；*NLS*, p.98）

千葉指出上語出自《金瓶梅》第 50 回，卻沒有示人小說的語境為何。他僅僅還原了原文的刪節處（&ct.），全句在小說中故為「你若不和我睡，我就急死了」。《金瓶梅》版本複雜，重要者學界咸認為有三：（一）萬曆 45 年（1617）刊刻的《金瓶梅詞話》（通稱「詞話本」）；（二）崇禎年間印就的《新刻繡像批評金瓶梅》（通稱「崇禎」本）；以及（三）張竹坡（1670-1698）在康熙 34 年（1695）據崇禎本刊印的《皋鶴堂批評第一奇書金瓶梅》（通稱「張評本」）。這三本有文字、詩詞與卷、回數之異[53]，而我翻查詞話本第 50 回，上語實出自西門慶之口，可見此本乃馬若瑟放在手邊翻閱者。第 50 回指西門慶因吃了胡僧的壯陽藥，「那話」變得碩大無比，他尋人一番雲雨後，意猶未盡，笑著又摸向李瓶兒處求歡，從而有上引之語[54]。《金瓶梅》中，類似的「話」不少。馬若瑟是傳教士，《漢語劄記》又是他寄回法國擬出版的著作[55]，「原文照引」有礙風化，於教會形像定然有害，不如用「等等」這類含糊之語帶過去。《漢語劄記》中，故連《金瓶梅》這個書名也隱諱了，可見馬氏不會僅見小說裡的「人情世故」；和世情相干的情色場景，他當然一併讀了。我們就其來華布道的使命所能解釋者，唯馬氏對文學確有所好，「淫書」之佳者，他也不排斥，堂皇譯其語句，供學者欣賞、學習。

---

[53] 參見王汝梅：《金瓶梅版本史》（濟南：齊魯書社，2015 年），頁 3-128。

[54]《金瓶梅詞話》（明萬曆本，東京：大安株式會社影印，1963 年），頁 336。

[55] 李真：《馬若瑟〈漢語札記〉研究》，頁 53-55。

明人四大奇書中，幾唯《金瓶梅》以語言見長。蘭陵笑笑生安身所在的蘭陵乃山東嶧縣。小說裡的對話，確如學者指出的間夾吳語和晉語，但也因笑笑生故而多數都和山東臨清一帶的土語有關，即使《金瓶梅詞話》裡的詞話亦然[56]。魯西之語因此可謂全書口語和詞話的主調[57]，和水泊梁山聚義，眾好漢由各地前來，南腔北調，談吐有別自是有所不同。《水滸傳》的語言重心得如此合流，況且施耐庵（1296–1372）本即南人，而羅貫中（1320–1400）大有可能又出身山東東平[58]。施、羅師徒到處蒐集《水滸傳》的相關著作，用其材料，曲筆成書，章法自是和蘭陵笑笑生有別。然而《金瓶梅》名氣雖大，卻因性屬鄉土文學，多的是李漁反對的「方言文字」[59]，山東以外人士不易讀得通徹，縱使笑笑生妙筆生花，也無法使之起死回生，令大眾都解，奇書中原非閱者最多的一本。馬若瑟翻讀「淫書」《金瓶梅》，還得參考語境，翻譯其中句法以為「文法書」之用，可也真難為他了，而我們一思及此，必然莞爾，恐怕更得放下馬若瑟「耶穌會士」的身分，以他特別在意的中國文學大業為重，才解釋得了《漢語劄記》引譯的文句何以出自《金瓶梅》者特夥。明末以來，傳教士在口語上重「官話」[60]，而這一點，《漢語劄記》或馬若瑟似乎都已拋諸腦後！

《平山冷燕》等書雖然也是通俗小說，充斥明清小說家慣用的陳

---

[56] 王汝濤：《〈金瓶梅〉與蘭陵笑笑生》（濟南：山東文藝出版社，1999 年），頁 88-94；

[57] 張鴻魁：《〈金瓶梅〉語音研究》（濟南：齊魯書社，1996 年），頁 2-215；另見太田辰夫：《中國歷代口語》，新訂版（京都：朋友書店，1998 年），頁 52。有關《金瓶梅》裡的吳語，參見褚半農：《〈金瓶梅〉中的上海方言研究》（上海：上海古籍出版社，2005 年）一書，尤其是此書頁 3-67；有關晉語，見陳秉榮：《〈金瓶梅〉晉語淺釋》（太原：三晉出版社，2012 年），頁 265-276。

[58] 陳遼：〈兩個羅貫中〉，《江蘇社會科學》第 4 期（2007 年），頁 179–182。

[59] 李漁：〈少用方言〉，見所著《閑情偶寄》，載《李漁全集》，3:53-54。

[60] 參見李奭學：《中國晚明與歐洲文學——明末耶穌會古典型證道故事考詮》，修訂版（北京：生活 · 讀書 · 新知三聯書店，2010），頁 7-24。

腔濫調，但有些寫景，已經跳脫了「白話」的苑囿，進入了「文言」的層次。馬若瑟讀了喜歡，其實也不會照錄照譯。下面是主人公平如衡因好友計成來訪，哄他由金谷遷居柳莊，聽如織鶯鳴而對沿途景緻的白描，恐怕已非上引《金瓶梅》的對白可比：

> 不多時，便見一帶柳林在望。元來這帶柳林約有里餘，也有疏處，也有密處，也有幾株近水，也有幾株倚山……。（*NLS*,p. 90）[61]

似此描述，尤其是「便見一帶柳林『在望』」或「近水……倚山」等近「文」之「語」，對中國讀者而言，絕非難解之詞，但對《漢語箚記》所擬「教導」的歐洲入門者或對方才來華的傳教士如馬若瑟而言，亦非簡單易解的文句。他得一一譯之以拉丁文不可，否則學者難懂。職是，我們看到馬若瑟近乎直譯，筆下的拉丁文乃以 "......nostris oculise se se obtulit" 指柳樹之「在望」，同時也用 "pars erat propter aquam pars monti videbature inniti" 寫那柳樹的「近水……倚山」（*NLS*, pp. 90-91）。如此一來，《平山冷燕》的原文就較為易解。由是再省，我們與其說《漢語箚記》是為歐人學習華語而刻意編撰的「文法書」，還不如說是馬若瑟在自我訓練時，由識得的中文佳句筆記成書。他涉獵確廣，所讀幾達八十種由元經明而至清室定鼎後刊刻的通俗說部，而且不拘「言情」與「艷情」之作，但以文學的品質為準而閱之，終而筆記成書。

　　《漢語箚記》所引諸作中，和《金瓶梅》這種「鄉土文學」大異，又和「官話」此一語體有別的通俗說部乃《三國演義》。千葉謙悟從《漢語箚記》查得的《三國演義》內文有二，但他在所撰中並未指出

[61] 原文見第 10 回，或見佚名，李致忠點校：《平山冷燕》（瀋陽：春風文藝出版社，1985 年），頁 106。

係哪兩句。我一時也未及查出，雖然這裡我仍想就後者稍加申說。《三國演義》「演義」自陳壽（233-297）的《三國志》，眾所周知，然而所演雖為史事，內文卻非尋常口語，嘉靖本《三國志通俗演義》卷首庸愚子蔣大器（1455-1530）的〈序〉曾如此解说其體：「文不甚深，言不甚俗。」[62] 換言之，這是淺近文言。即使是熙朝毛氏父子本《三國演義》，同樣也出以此等文字，比上陳《平山冷燕》的引文難多了。中國人凡識字者雖多半可解，初入門的異方人氏就難說。總之，不論何本，《三國演義》皆非口語說部，風格絕不類在臨清語言以外而特以北方口語描摹的部分《金瓶梅》。一蹴立解，戛戛乎其難！既然如此，《漢語劄記》的口語篇二引《三國演義》，又所為何來？

《漢語劄記》口語部分令人嘖然稱奇者，其實還不止馬禮遜（Robert Morrison, 1782-1834）及其後的「耶蘇教士」以「淺文理」稱之的《三國演義》[63]。馬若瑟在古來說部探奇訪勝，其實對此書文體頗有保留，故稱小說本身並「不重要」[64]，難怪《漢語劄記》所用有限。雖然如此，馬若瑟卻連早《三國演義》有時而多撰於「四百年前」的元人戲曲也不放過，倒顯矛盾。談到感嘆詞，他還特標「兀的」一詞，謂《元人百種》中，此詞常用。《元人百種》今日通稱《元曲選》，乃明人臧懋循（1550-1620）所編。他更改與添加原作不少[65]，然而大致仍保留元人語的風味。馬若瑟在《漢語劄記》裡舉出來的《元人百種》諸例之一，是「天也兀的不窮殺我也」（*NLS*, p.87）。這句話應該經過馬氏加工改寫，原典或出自關漢卿（1219-1301）的《感天動地竇娥冤》第三折，是竇娥央求婆娑在忌日燒點紙錢奠祭她，而

[62] 〔明〕庸愚子（蔣大器）：〈《三國志通俗演義》序〉，見〔明〕羅貫中：《〔明弘治版〕三國志通俗演義》（台北：新文豐出版公司，1979 年），頁 2。另見同書頁 15「晉平陽侯陳壽史傳 / 後學羅本貫中編次」二句，以及李漁：《三國演義・序》，見《李漁全集》，18:539。

[63] 參見李奭學：《明清西學六論》，頁 225-226。

[64] Lundbæk, *Joseph de Prémare (1666-1736), S.J.: Chinese Philology and Figurism,* p.36.

[65] 吉川幸次郎：《元雜劇研究》（東京：岩波書店，1948 年），頁 47-70。

她婆婆聞後的反應如次：「天哪，兀的不痛殺我也！」但此語也可能出自元代中葉曲家秦簡夫（生卒年不詳）的《宜秋山趙禮讓肥》首折，原句為「兀的不窮殺俺也」[66]。「兀的」在元雜劇中通作發語詞，明人小說也沿用，但趙禮的語氣更強，強調他貧無立錐之處，難以奉養老母。句中差異在趙禮不完全愴地呼天，而「俺」字，馬若瑟則易之為清代官話中的「我」。加上「天也」這個亦屬強調的用語，拉丁文翻譯中就不能採元曲更常見而誼屬同義的感嘆詞「兀的不」，作 "ô cælum cur me......"（*NLS*, p.87）。馬若瑟添上或更改的是簡單的兩筆，不過這一改，《漢語劄記》似已走過四百年，在清代把宋、元白話都拉了進來，且共《西遊記》、《三國演義》、《封神演義》，甚至是《金瓶梅》中的同一發語詞冶於一爐。如果單看「兀的」這個詞 —— 或許再加上其他的例子 ——《漢語劄記》還會令人懷疑是本專講熙朝中文語義的專書！[67]

千葉謙悟指出納《元曲選》的對白入《漢語劄記》，馬若瑟意在「優雅」，教人上等中文。如此解釋，我有牽強之感。時間確可易通俗為古雅，但明清間白話寫得上手者甚多，口語參入文語也可產生同樣之效，馬若瑟實無必要翻出四百年前雜合蒙古語言的「元人」白話而強自以為雅正！我倒覺得他引《元曲選》，依然和上舉對文學的愛好有關，是不忍棄置讀後所做的筆記。走過的路，總得留點痕跡，而凡此雅好，幾乎又可視為是在「自我訓練」往後《趙氏孤兒》的譯才！

《漢語劄記》中引用的語句 —— 尤其是口語部分 —— 因此有古有當時；若可不顧文法問題，馬若瑟幾乎全面蒐索通俗說部，耶穌會向所重視的「正書」或「善書」並不在他計較之中。上文顯現的矛盾之一，便在他遍覽文學群籍，白話說部尤無古往今來之分。當然，中國

[66]《感天動地竇娥冤》的句子見隋樹森編：《元曲選》2 冊（台北：宏業書局，1982 年），2:1510；《宜秋山趙禮讓肥》的句子見隋樹森編：《元曲選》，2:988。《竇娥冤》第三折才開演不久，竇娥的婆婆趕到法場，也哭著叫出幾乎同一語：「天那，兀的不是我媳婦兒？」，2:981509。

[67] 有關「兀的不」的語意，另見李貞：《馬若瑟〈漢語劄記〉研究》，頁 171。

文學的認識之外，我們另可謂馬若瑟筆記群籍當時，志在摸索各種體裁與風格，以為來日翻譯大業之用。從「文法書」的角度看，《漢語劄記》併取《元曲選》的賓白最為難解。明人所輯元曲的集子不少，《元人百種》科白與唱腔俱全，所選最富，也最為出名，但理論上時距《漢語劄記》出版已閱數百年，句型和語法相去皆遠，故而如何使之調和明人的《金瓶梅》和清人的《說岳全傳》，以成就我們所了解的明清間口語的範例，說來並不容易。然而馬若瑟畢竟熟讀《元人百種》，從中又擇取《趙氏孤兒》法譯，則他對元人雜劇的喜好，我們當可窺斑見豹。

《漢語劄記》確實提過唐人李白。但僅道其名，頌其人便罷；也提到《楚辭》諸詩及少數詩人所吟，但論其優美雅緻後，也沒有了下文（*NLS*, p. 189），更提過蘇東坡（1037-1101），興趣却轉到其人的散文去（*NLS*, p. 203）！如此看來，前述若再加上馬若瑟時人如李漁的《十二樓》或《憐香伴》等說曲[68]，則馬氏在文學上實際所攻者，恐不盡然是他東來時所稱的「詩歌」。此所以法譯本《趙氏孤兒》中缺曲文，何況《經傳議論》的〈自序〉裡，馬氏亦稱十五歲時已感知天地奧秘，「於是始絕意文章」（《議論・自序》，頁 1a）。以故「說部」之類如《竇娥冤》或《水滸傳》者，甚至是《金瓶梅》等等——就《漢語劄記》再思——才是他性之所趨，學之所住。難怪馬若瑟不創作便罷，一下筆就是〈夢美土記〉與《儒交信》，而握管一揚起象寄之才，向稱重要者又是元雜劇《趙氏孤兒》或——在他看來乃「經部」而非「集部」的——《詩經》。凡此，多數又非說部莫屬！《漢語劄記》所顯示者，因此是馬若瑟已放棄其「文學大業」部分的初衷，雖則此書也反映出他對中國文學有其全面性的體認。談到這一點，歷史自是失中有得，蓋倘論馬若瑟認識之深，則後人當益形生畏，蓋如此西方來賓，豈是清代常人能及？

---

[68]《憐香伴》的例子可見李漁《憐香伴・拷婢》：「你說的話雖不是指鹿為馬，卻……〔定〕是以羊易牛。」見 *NLS*, p. 100；原文見《十種曲》，1:118。

《漢語箚記》完成於1728年，然而因為傅爾蒙（Etienne Fourmont, 1683-1745）從中作梗，馬若瑟生前未曾出版。我們要看到手稿變鉛字，得待1831年。那年之前馬若瑟終於知音有人，法國學者雷慕沙覓得《漢語箚記》，特央馬六甲英華書院的倫敦傳道會出版之。其後馬若瑟之名終於傳揚東西，因《漢語箚記》而新成的有關中國語言、語法的專書一一推出。龍伯格的研究指出，雷慕沙自己的《中文古代語法與風格概要》（*Élémens de la grammaire chinoise, ou, Principes généraux du kou-wen ou style antique, et du kouan-hoa c'est-à-dire, de la langue commune généralement usitée dans l'Empire chinois*）一書，在他身後不久就為人指出曾參考了馬著，而雷作的序言也早就如此言明。此外，十九世紀中譯《伊索寓言》最著的羅伯聃（Robert Thom, 1807-1846）在《意拾寓言》中介紹中文六書與虛詞時，也用到了《漢語箚記》。連德國學者甲柏連孜（Georg von der Gablentz, 1840-1893）1881年的《中國古代文法與風格》（*Chinesische Grammatik: Mit Ausschluss des niederen Stiles und der heutigen Umgangssprache*）都大受影響，而且對馬若瑟佩服有加，不吝恭維[69]。

其實在龍伯格指出來的上述三位人士及其專著外，馬若瑟的遺澤，在十九世紀還可加上稍後的美國美部會（American Board）傳教士盧公明（Justus Doolittle, 1824-1880）與義大利耶穌會士晁德蒞（Angelus Zottoli, 1826-1902）二人的著作。盧公明在1850年來華，三年後入福州創辦格致書院。其後因病返美，病癒後再來，在福建傳教共計20年，對清末福州社會尤有深入的觀察，著作頗豐。1872年所著辭書《英華萃林韻府》（*A Vocabulary and Hand-book of the Chinese Language*）瑕疵互見，不過參考過的著作不下20種之多[70]，

[69] *Lundbæk, Joseph de Prémare (1666-1736), S.J.: Chinese Philology and Figurism*, pp. 176-184.

[70] 見林立強：《美國傳教士盧公明與晚清福州社會》，（福洲：福建教育出版社，

也接收了不少《漢語劄記》內的例句，而且多屬白話部分，例如下冊所收的「略略明白二分道理」[71]、「洗個大澡把身子弄潔淨些」（頁87）[72]、「若是有些油物」（頁104），「所貴在心投，不在形交」（頁75）[73]，又如「恩情似漆，心意如膠」（頁104）[74]，甚至是《竇娥冤》或《宜秋山趙禮讓肥》那句「天也兀的不窮殺我也」都在其採集之中（頁104）。馬若瑟不僅澤被後代，也算遇到一位基督教的知音。那麼自家天主教人士呢？晁德蒞1848年來華後致力於教育，住則多在前一年落成的上海徐家匯總院[75]，是以他不可能沒見過出版不久的同會前輩所著的《漢語劄記》，而且隨即也步上馬若瑟的前塵，轉入法國耶穌會。晁氏效馬氏而為方才來華的傳教士所著拉丁文《中國文學教程》（*Cursus litteraturæ sinicæ: neo-missionariis accommodatus*）五冊，1879至1882間由土山灣印書館刊印，陸續問世。從首卷開始，此書收錄的詞條便包含《漢語劄記》所收者，而其中又多戲曲、小說與所謂「才子書」的內文，晁氏所選多出自《元人百種》與李漁的《慎鸞交》、《風箏誤》及《奈何天》等《笠翁十種曲》內的劇目，甚至在小說及才子書中也涵括了《今古奇觀》、《三國志》、《好逑傳》、《玉嬌梨》、《平山冷燕》、《水滸傳》、《西廂記》等《漢語劄記》好用的文本，向馬若瑟借兵的用意至顯[76]。晁德蒞除了自己

2005年），頁224。有關《英華萃林韻府》的優劣，較新的簡評為高永偉：〈盧公明和他的《英華萃林韻府》〉，見《辭書研究》第6期（2012年），頁72-77。

[71] Justus Doolittle, *A Vocabulary and Hand-book of the Chinese Language,* vol 2（Foochow: Rozario, Marcal, and Company, 1872）, p. 87. 下引此書，頁碼隨文夾注。

[72] 出自《癡人福》，見《中國古代珍稀本小說》10冊（瀋陽：春風文藝出版社，2003），4: 844。

[73] 此語應出自 *NLS,* p. 65。

[74] 見 *NLS,* p. 65。此語應出自《水滸傳》：「那婦人自當日為始，每日踅過王婆家裡來，和西門慶做一處，恩情似漆，心意如膠。」見施耐菴、羅貫中：《水滸傳》（台北：故鄉出版社，1977年），頁333。

[75] 晁德蒞在徐家匯地區的活動，參見劉釗：〈意大利傳教士晁德蒞文化貢獻淺析〉，《蘭台世界》第18期（2013年9月），頁34-35。

[76] 宋雪提到另有蕭德祥的《楊氏女殺狗勸夫》、劉君錫的《龐居士誤放來生債》與張

尋章摘句外，《中國文學教程》果然見得《漢語劄記》內的例句，諸如前引《金瓶梅》裡潘金蓮對吳月娘說的「沒些家法」[77]，又如清人古吳娥川主人（生卒年不詳）著《新說生花夢奇傳》卷四貞集第一回〈貢副使寬恩御變，康公子大義誅兇〉中之「做些不問而取的勾當」（1: 157）[78]，再如凌濛初《二刻拍案驚奇》卷十五〈韓侍郎婢作夫人，顧提控掾居郎署〉之「我和他有些不伶俐的勾當」（1:157）等皆屬之[79]。盧公明和晁德蒞在所著承襲《漢語劄記》而來的文句或文例，可添上者還有不少，但上引若非特殊已極，而且在書中近似馬氏原著，就是平凡到幾無意義，二氏要到各個文本尋覓，可也難以湊巧若此！他們必然承襲馬若瑟的《漢語劄記》，而這裡我謹列舉些許，可概其餘！

國賓的《薛仁貴衣錦還鄉》等元曲，但我尚未查得。見宋雪：〈文本重構中的晚清圖景——19世紀漢語讀本中三種《西廂記》改寫本研究〉，《國際漢學》第2期（2015年，總第3期），頁132-133。

77 Angelus Zottoli, *Cursus litteraturæ sinicæ: neo-missionariis accommodatus*, 5 vols（Ex-Typographia Missionis Catholicæ in Orphanorophio Tou-Sè-Wè, 1879-1882）, vol 1: *Lingua familiaris*, p. 56. 下引此書，頁碼隨文夾注。

78《新說生花夢奇傳》卷四貞集第一回〈貢副使寬恩禦變，康公子大義誅兇〉的上下文是某「俞四」者，「只因生平好飲好賭，到四十來歲，生意也漸漸衰薄了，兒女又多起來，只得借些重債，販販魚兒……。誰知食口眾多，……不幾年間，利上還利，房租債負，堆積無償，兒女啼饑號寒，難以過日。時常撞到街坊，向背人眼目的去處」，故而時常「做些不問而取的勾當」。見〔清〕古吳娥川主人編次：《生花夢全集》，載大連明清小說研究中心編：《中國古代孤本小說》第一部（瀋陽：春風文藝出版社，1996年），頁20。

79 不過《二刻拍案驚奇》卷十五的原文是：「其夫半喜半疑；喜的是得銀解救，全了三命；疑的是婦人家沒志行，敢怕獨自個一時喉極了，做下了些不伶俐的勾當，方得這項銀子也不可知。」見〔明〕凌濛初：《二刻拍案驚奇》2冊（西寧：青海人民出版社，1981年），1:320。

引用文獻

〔宋〕朱熹：《四書集註》，台北：世界書局，1956 年。

〔宋〕周敦義：〈翻譯名義序〉，載羅新璋編：《翻譯論集》，北京：商務印書館，1984 年。

〔明〕利瑪竇：《畸人十篇》，見李之藻輯：《天學初函》6 冊，台北：台灣學生書局，1965 年。

〔明〕庸愚子（蔣大器）：〈《三國志通俗演義》序〉，見〔明〕羅貫中：《〔明弘治版〕三國志通俗演義》，台北：新文豐出版公司，1979 年。

〔明〕凌濛初：《二刻拍案驚奇》2 冊，西寧：青海人民出版社，1981 年。

〔明〕東吳弄珠客：《金瓶梅・序》，載齊煙、汝梅點校：《新刻繡像批評金瓶梅》，會校本 2 冊，香港：三聯書店及濟南：齊魯書社，1993 年。

〔清〕張竹坡：〈批評第一奇書金瓶梅讀法〉，見黃霖編：《金瓶梅資料彙編》，北京：中華書局，1987 年。

〔清〕蔣驥：《山帶閣註楚詞》，台北：大安出版社，1991 年。

〔清〕李漁：〈誓詞〉，見《李漁全集》20 卷，杭州：浙江古籍出版社，1992 年。

〔清〕名教中人（天花藏主人）：《好逑傳》，台北：雙笛國際出版，1995 年。

費賴之（Louis Pfister）著：《在華耶穌會士列傳及書目》，2 冊，北京：中華書局，1995 年。

〔清〕古吳娥川主人編次：《生花夢全集》，載大連明清小說研究中心編：《中國古代孤本小說》第一部，瀋陽：春風文藝出版社，1996 年。

中国語學論集刊行会編：《太田齋、古屋昭弘兩教授還曆紀念集》，東京：好文出版，2013 年。

太田辰夫：《中國歷代口語》，新訂版，京都：朋友書店，1998 年。

尤德：〈介於小說與非小說之間：明清白話小說的全球性以及新發現的清初話本小說早期的西譯〉，《中正漢學研究》第 2 期，2013 年，頁 315-326。

王汝梅：〈前言〉，見齊煙、汝梅點校：《新刻繡像批評金瓶梅》，香港：三聯書店、濟南：齊魯書社，1993 年。

______：《金瓶梅版本史》，濟南：齊魯書社，2015 年。

王汝濤：《〈金瓶梅〉與蘭陵笑笑生》，濟南：山東文藝出版社，1999 年。

吉川幸次郎：《元雜劇研究》，東京：岩波書店，1948 年。

宋莉華：《傳教士漢文小說研究》，上海：上海古籍出版社，2010 年。
宋雪：〈文本重構中的晚清圖景—— 19 世紀漢語讀本中三種《西廂記》改寫本研究〉，《國際漢學》第 2 期，2015 年，頁 132-133。
李致忠點校：《平山冷燕》，瀋陽：春風文藝出版社，1985 年。
李奭學：〈中西合璧的小說新體——清初耶穌會士馬若瑟著〈夢美土記〉初探〉，《漢學研究》第 29 卷第 2 期，2001 年 6 月，頁 81-116。
______：《譯述：明末耶穌會翻譯文學論》，香港：香港中文大學出版社，2012 年。
______：《明清西學六論》，杭州：浙江大學出版社，2016 年。
______：〈「耶穌不滅孔子，孔子倒成全于耶穌」——試論馬若瑟著《儒交信》〉，《道風：漢語基督教文化評論》第 46 期，頁 27-73。
李真：《馬若瑟〈漢語劄記〉研究》，北京：商務印書館，2014 年。
杜鼎克編：《耶穌會羅馬檔案館明清天主教文獻》12 冊，台北：利氏學社，2002 年。
林尹注譯：《周禮今註今譯》，台北：台商務印書館，1992 年。
林立強：《美國傳教士盧公明與晚清福州社會》，福洲：福建教育出版社，2005 年。
施耐菴、羅貫中：《水滸傳》，台北：故鄉出版社，1977 年。
柳存仁：《和風堂文集》，2 冊，上海：上海古籍出版社，1911 年。
蘇　興：《〈西遊記〉及明清小說研究》，上海：上海古籍出版社，1989 年。
胡萬川：〈天花藏主人到底是誰？〉，見靜宜文理學院中國古典小說研究中心編：《中國古典小說研究專集》第 6 集，台北：聯經出版公司，1983 年。
馬若瑟：《經傳議論》，1710 ？；法國國家圖書館藏抄本，編號 Chinois 7164。
馬祖毅、榮任珍：《漢籍外譯史》，漢口：湖北教育出版社，1997 年。
高永偉：〈盧公明和他的《英華萃林韻府》〉，見《辭書研究》第 6 期，2012 年，頁 72-77。
康正果：《風騷與艷情：中國古典詩詞的女性研究》，台北：釀出版，2016 年。
張鴻魁：《〈金瓶梅〉語音研究》，濟南：齊魯書社，1996 年
莊萬壽譯註：《新譯列子讀本》，台北：三民書局，1989 年。
郭慶藩：《莊子集釋》，台北：木鐸出版社。
陳秉榮：《〈金瓶梅〉晉語淺釋》，太原：三晉出版社，2012 年。

陳遼：〈兩個羅貫中〉，《江蘇社會科學》第 4 期，2007 年，頁 179–182。

賀清泰譯註，李奭學、鄭海娟主編：《古新聖經》9 冊，北京：中華書局，2014 年。

隋樹森編：《元曲選》，2 冊，台北：宏業書局，1982 年

黃錦鋐註譯：《新譯莊子讀本》，台北：三民書局，1974 年。

褚半農：《〈金瓶梅〉中的上海方言研究》，上海：上海古籍出版社，2005 年

劉亞輝：〈清代來華傳教士馬若瑟《漢語劄記》中的標記理論〉，《澳門語言學刊》第 1 期，2014 年，頁 58-68。

劉釗：〈意大利傳教士晁德蒞文化貢獻淺析〉，《蘭台世界》第 18 期，2013 年 9 月），頁 34-35。

廣文書局：《中國近代小說史料續編》第 52 冊，台北：廣文書局，1987 年。

鐘鳴旦（Nicholas Standaert）、杜鼎克（Adrian Dudink）、蒙曦（Natahlie Monnet）編：《法國國家圖書館明清天主教文獻》26 冊，臺北：利氏學社，2009 年。

Andreas Capellanus, *The Art of Courtly Love*, with introduction, translation, and notes by John Jay Parry,New York: Columbia University Press, 1990.

Angelus Zottoli, *Cursus litteraturæ sinicæ: neo-missionariis accommodatus,* 5 vols, Ex-Typographia Missionis Catholicæ in Orphanorophio Tou-Sè-Wè, 1879-1882, vol 1: *Lingua familiaris.*

Cf. Liu Wu-Chi, "The Original Orphan of China,"*Comparative Literature* Vol. 5, No. 3（Summer, 1953）.

Claudia von Collani, *P. Joachim Bouvet S.J.: sein Leben und sein Werk*, Nettetal: Steyler Verlag, 1985.

Isabelle Landry-Deron, *La Peruve Par La Chine: La 《Dscription》 de J.-B Du Halde, jésuite, 1735*. Paris: Éditions de l'École des hautes études en sciences sociales, 2002.

Jean-Baptiste Du Halde, ed., *Description géographique, historique, chronologique, politique, et physique de l'empire de la Chine et de la Tartarie chinoise,* 4 vols. Paris: Lemercier, 1735.

John Robert Morrison,"The Chinese Language," *The Chinese Repository* vol III, no 1 (1834).

Joseph-Henri-Marie de Prémare, *Notitia linguæ Sinicæ,* Malaccæ: Cura Academiæ Anglo-Sinensis, 1831.

Justus Doolittle, *A Vocabulary and Hand-book of the Chinese Language,* vol 2, Foochow: Rozario, Marcal, and Company, 1872.

Kund Lundbæk, *Joseph de Prémare (1666-1736), S.J.: Chinese Philology and Figurism,* Aarhus: Aarhus University Press, 1991.

Liam Matthew Brockey, *Journey to the East: The Jesuit Mission to China, 1579-1724* , Cambridge: The Belknap Press of Harvard University Press, 2007.

Patrick Hanan, "The Missionary Novels of Nineteenth–Century China," *Harvard Journal of Asiatic Studies* vol. 60, no.2, 2000.

____________, *Chinese Fiction of the Nineteenth and Early Twentieth Centuries,* New York: Columbia University Press, 2004.

Theodore Foss,"A Jesuit Encyclopedia for China: A Guide to Jean-Baptiste Du Halde's *Description…de la Chine (1735),*" 2 vols., Ph. D. dissertation, University of Chicago, 1979。

W. A. P. Martin, *The Lore of Cathay,* New York : Fleming H. Revell, 1912）.

Wu Huiyi , "Nouvelle identification d'une traduction chinois-français （1735）," *Carnets du Centre Chine,* Mis en ligne le 12 juillet 2012. URL: http://cecmc.hypotheses.org/7299

________,"Alien Voices under the Bean Arbor: How an Eighteenth-Century French Jesuit Translated *Doupeng xianhua* 豆棚閒話 as the 'Dialogue of a Modern Atheist Chinese Philosopher," T'oung Pao 103. 1–3, 2017。

國王數學家筆下的康熙

——以法國耶穌會士白晉與李明的著作為中心

潘鳳娟[*]

〔摘 要〕

歐洲在十七～十八世紀之際，出版了大量「中國志」方志性質的書籍來介紹中國文字、風土民情、歷史地理等等，並且被再翻譯為其他多種西方語言，廣為流行。初步觀察這些有關東方的出版品，約略可以追溯出一個發展方向，即從對整體東方的描述，逐漸聚焦以中華帝國為中心，描繪其歷史、地理、語言、文字、人物等各方面。在這些出版品中，我觀察到兩個關鍵點，一為以孔子為中心的文人與儒學之論述，一為以康熙為中心的帝王和政治之論述。在啟蒙時代初期的中國熱風潮下，當時東西方交互輝映的兩位君王——康熙大帝與太陽王路易十四，因其諸多面向的相似性，常成為時人與後世學者的比較對象。隨著「中國禮儀之爭」的發展與演變，我發現中國耶穌會的辯護策略出現了「帝國轉向」；亦即，他們賴以為辯護的論據逐漸從強化孔子所代表的文人儒學傳統，轉向以皇帝（尤其是康熙）對中國禮儀的詮釋。康熙的智慧明君形象成為耶穌會士的推崇核心，並藉由圖像和文字傳記等出版品而在歐洲傳播。這被建構的康熙的形象，對後來幾位重要思想家如萊布尼茲、伍爾夫、伏爾泰等人建構理想君王的形象影響頗深。本文以路易十四所派遣的其中兩位國王數學家（Mathématiciens du Roy）李明（Louis Le Comte, 1655-1728）與白晉（Joachim Bouvet, 1656-1730）名下的著作：《中國現勢新志》（*Nouveaux mémoires sur l'état présent de la Chine*, Paris, 1696）和《中國皇帝的歷史肖像》（*Portrait historique de l'empereur de la Chine*, Paris, 1697）為核心，探討兩書中對康熙皇帝的詮釋異同及其後續的效應。

關鍵詞： 國王數學家、康熙皇帝形像、中國耶穌會、法國漢學、單一統治

[*] 台灣師範大學東亞學系專任教授

一、前言

十七世紀中晚期，在太陽王路易十四（Louis XIV, *Louis le Grand, le Roi Soleil*,1638-1715, r. 1643-1715）的掌權之下，法國已經籌劃多年設法擴張對遠東的政經影響力，試圖突破甚至取代由葡萄牙壟斷的遠東利益。在路易十四派遣「國王數學家」（Mathématiciens du Roy）前往中國之前，法國巴黎外方傳教會在 1662 年已經在暹邏建立據點。當時的暹邏國王 Pha Naraï （1632-1688）與法國傳教會交好，多次互派使節建立良好的互動關係，雖然法國傳教會極力促使暹邏王改信的努力，始終未能如願。爾後在南懷仁（Ferdinand Verbiest, 1623-1688）與柏應理（Philippe Couplet, 1623-1693）的推動之下「國王數學家」成軍，1685 年 3 月 3 日白晉（Joachim Bouvet, 1656-1730）、李明（Louis Le Comte, 1655-1728）、洪若翰（Jean de Fontaney, 1643-1710）、劉應（Claude de Visdelou, 1656-1737）、張誠（Jean-François Gerbillon, 1654-1707）和 Guy Tachard （1648-1712）六位耶穌會士從法國出發，於同年 9 月底中停暹邏。國王數學家們曾經一度考慮留在該地，後來僅有 Guy Tachard 留下，其餘五位決定繼續前行。1686 年 7 月 2 日出發，於 1687 年 7 月 23 日抵達寧波。其中，白晉與張誠進入北京宮廷，李明等三人則前往其他省分服務。在 1688-1693 年十多年間，白晉成為康熙皇帝的西學教師，並如同暹羅的傳教士成為路易十四和暹邏王之間的外交使節一樣，他也為康熙與路易十四兩位君王搭起溝通的橋樑。1693 年，康熙派遣白晉帶著包含了漢語和滿語撰寫的書籍以及各種禮物出發，帶著宣揚中國皇帝的偉大、他對中國耶穌會士的禮遇，和招募更多優秀的法國耶穌會士前往北京的指令，返回歐洲。[1]1697 年 3 月底白晉終於抵達巴黎。正是在這一年，白晉於巴黎出版了《中國皇帝的歷史肖像》（*Portrait historique de l'empereur*

[1] 以上有關白晉的歷史敘事，主要根據 Caludia von Collani (ed.), *Joachim Bouvet, S. J. Journal des Voyages*（Taipei: Taipei Ricci Institute, 2005）, pp. 3-35.

de la Chine）。[2] 作為法國國王遣往中國的第一批探子，白晉這本書一方面可以視為致獻路易十四的奏章，一方面也是路易十四遠東擴張計畫的業務報告。書中對康熙皇帝的描述就此串起歐亞大陸兩端的兩位君王之間的聯繫。[3]

白晉的《中國皇帝的歷史肖像》出版兩年後，1699 年萊布尼茲即請人譯為拉丁文收入他的《中國近事》（*Novissima Sinica*, 1697,1699）第二版，同年英國倫敦也出版了英譯本。以康熙為中心的中華帝國的政治和倫理，在十七世紀末已經成為歐美知識階層關注焦點。在白晉出版康熙傳前一年，國王數學家的另一位成員李明，於 1696 年也在巴黎出版了《中國現勢新志》（*Nouveaux mémoires sur l'état présent de la Chine*）一書，紀錄了國王數學家在 1687-1692 年間在中國的相關事蹟。[4] 此書的出版相當大程度是因應中國禮儀之爭而來的對於耶穌會的中國傳教策略的嚴重質疑，[5] 採取書信體的方式編

[2] 值得一提的是，此書標題以「皇帝」*l'empereur* 指涉康熙。劉耿在其〈從王國到帝國——十七世紀傳教士中國國體觀的演變〉一文中，透過對十七世紀耶穌會士的年信裡，對「王國」（reino）和「帝國」（império）兩個關鍵詞語之出現年份和使用頻率，進行了量化分析。他發現 1660 年代是從「王國」轉向「帝國」的轉折時代；爾後逐漸由後者取代前者。年信中對於中國皇帝的稱謂，也在十七世紀末逐漸從「王」（rei）轉向「皇帝」（imperador）。詳見《新史學》28 卷 1 期（2017 年），頁 57-114。

[3] 白晉返歐期間也向羅馬教廷和傳信部為康熙做見證，並取得教宗的證明：康熙皇帝並非無神論者，證書時間是 1697 年 12 月 1 日。詳見 *Caludia von Collani*（*ed.*）, *Joachim Bouvet, S. J. Journal des Voyages,* p. 43-44.

[4] 此書法文原本出版後不久，陸續出版了英文、義大利與德文譯本。法文原本出版後兩年，1698 年英文譯本隔海於英倫出版，題名為《前次中華帝國旅遊途中對地形、物理、數學、機械、自然、文明和教會的回憶錄和觀察》（*Memoirs and Observations Topographical, Physical, Mathematical, Mechanical, Natural, Civil, and Ecclesiastical Made in late Journey through the Empire of China*）。

[5] 1700 年，巴黎索邦大學譴責耶穌會的傳教策略，禁止了耶穌會傳教士對中國禮儀的正面解釋，1742 年甚至禁絕任何有關中國禮儀的討論。李明這本辯護性的書籍，也跟著沈寂了三個世紀。近年隨著中國崛起，歐美學界對中國的研究再一次蓬勃發展，海峽兩岸的學術圈對近代早期中國與歐洲之間的往來，以及近代早期歐美對

寫，由十四封致當時法國在政治、宗教等領域裡重要人士的書信所構成。內容包含了旅途見聞、皇帝接見過程敘述、北京城見聞，關於中國的自然景觀與物產，更重要的是有關中國傳教事業，以及 1692 年剛批准天主教合法傳教的康熙皇帝。李明在書中特別強調，康熙皇帝的容教令，以此證明耶穌會士在中國事業的成功。

十七世紀耶穌會士大規模地譯介人文儒家文獻，包含古代經典和註疏傳統，其中以 1687 年在巴黎出版的《中國哲學家孔子》（*Confucius Sinarum Philosophus*）一書為高峰。十七世紀末，太陽王路易十四派遣「國王數學家」前往北京的行動，標示著法國和中華帝國兩個世俗君王勢力逐漸凌駕於天主教教宗之上。對國王數學家與在華耶穌會士而言，在中國禮儀之爭的論辯最高峰時期，中華帝國的皇帝康熙成為捍衛中國傳教事業的房角石。來華耶會士為其在中國的傳教價值的辯論策略，出現了一種帝國轉向，其辯論的內容大量收錄康熙皇帝對中國傳統經典和禮儀的詮釋。[6] 近年來筆者曾經在對於耶穌會士的經典翻譯研究與觀察裡，發現皇帝（尤其是康熙）在其中扮演的角色愈顯重要。被視為柏應理之後又一經典翻譯重要貢獻的《中國六經》，在譯者衛方濟（François Noël, 1651-1729）及其同儕的作品裡，康熙皇帝對於中國經典的詮釋被強化。衛方濟和龐嘉賓（Casparo Castner, 1665-1709）所編的《對中國學者關於禮儀問題之論證的摘要》一書和書末所收由安多平施（Antoine Thomas, 1644-1709）、閔明我

中國的研究重新燃起興趣。李明此書之現行中譯本題名為《中國近事報導》，由郭強、龍雲、李偉等翻譯，於 2004 年由鄭州大象出版社出版。中譯本乃根據 1990 年由 Frédérique Touboul-Bouyere 編輯再版的法文本 *Un Jésuite à Pékin: Nouveaux memoires sur l›état present de la Chine*, 1687-1692 一書翻譯而成，由北京外國語大學海外漢學中心於 2004 年出版。參見 Jacques Davy, “La condemnation en Sorbonne des ‘Nouveaux memoires sur la Chine de P. Le Comte,”*Recherches de science religieuse,* 37（1950）, pp. 366-397.

[6] 詳見潘鳳娟：〈孝道、帝國文獻與翻譯：法籍耶穌會士韓國英與《孝經》翻譯〉，《編譯論叢》5 卷 1 期（2012 年），頁 71-99。

（Claudio Filippo Grimaldi, 1638-1712）以及徐日昇（Tomé Pereira, 1645-1708）這幾位與白晉同在北京任職的耶穌會士們於 1701 年七月共同簽署完成。這些文件的內容高舉康熙皇帝對中國禮儀中有關天、孔子與中國古代傳統等等的意見。[7] 當衛方濟等人高舉康熙對中國傳統與儒學經典的詮釋位中國禮儀的辯護，儘管天主教會內部似乎並不接受，但在當時歐洲的知識圈內，或者有一定的說服力。我們可以看到，十八世紀末期在北京的耶穌士更直接全面地譯介清朝的「帝國文獻」的作為，給與讀者一種歐洲對於中國的意象：從過去之聚焦在「孔子和儒家」轉向以康熙為核心的「帝國」中心的印象。我們或者也可以將之視為從「歐洲－中國」的抗衡，進入「教宗－皇帝」的抗衡的轉變。請注意，這裡的「皇帝」應該理解為複數。爾後隨著歐洲的啟蒙時代裡世俗化進程的發展，世俗王權的提升，前述之「教宗－皇帝」的抗衡似乎變成「聖－俗」抗衡，並且隨時間推演，逐漸分出高下。[8] 值得繼續觀察的是，此後歐洲單一統治的世俗王權（secular monarchy）[9] 逐漸擺脫天主教會控制的後續發展，似乎說明了他們的著作在付梓傳播之後，其後續的效應已然獨立於作者「原意」之外展開新生。下文擬以白晉和李明的著作為核心，並以萊布尼茲與大約同時期引介康熙的著作為脈絡，從「康熙敘事」與「康熙圖像」兩面向

[7] 現藏於耶穌會羅馬檔案館，編號 Jap Sin I, 206，請參見 Albert Chan, *Chinese Books and Documents in the Jesuit Archives in Rome*, pp. 268-273. 相關細節參見潘鳳娟：〈衛方濟的經典翻譯與中國書寫：文獻介紹〉，《編譯論叢》3 卷 1 期（2010 年），頁 189-212。

[8] 引自潘鳳娟：〈衛方濟的經典翻譯與中國書寫：文獻介紹〉，頁 205。

[9] 陳秀鳳在研究法蘭西王權在近代的世俗化問題時說道：國王登基的祝聖禮，從中世紀視之為純粹慶典的理解，在十二世紀之後逐漸從法學觀點來理解。到十五世紀之後，儘管祝聖禮不必然對王權的正當性具有法制效力，但是「隨著王權的擴張與君主國家的出現，對於十六世紀以後的法國國王們，祝聖典禮的重要性顯然已逐漸減退，成為一種僵化的儀式，儘管如此，祝聖典禮仍沿用到法國君主政體的結束。」詳見陳秀鳳：〈神聖性王權「世俗化」：中世紀晚期法學思想與法蘭西王權關係的探討〉，《新史學》18 卷 3 期（2007 年），頁 131-132。

來觀察分析國王數學家如何建構的東方帝國君主典範，以及如何向差遣他們的太陽王路易十四匯報中國傳教事業。

二、耶穌會的政治理念：單一統治（Monarchy）

路易十四是歐洲歷史上在位最久的君王，長達 72 年，從十七世紀中期到十八世紀初（1638-1715, r. 1643-1715）為法國集權國王、唯一的統治者，也是確立法國絕對王權（monarchie absolue），削弱貴族權力的最重要君王。近年中文世界對於 monarchie absolue 的翻譯，轉而以「絕對王權」取代「君主專制」或「君主專制政體」。十六世紀為使戰爭更有效地處置宗教戰爭過程的突發狀況，以及漫長的戰事帶來的國家分裂危機，國王被賦予高於法律之上的絕對權力。[10] 這個「王權」（monarchie），就其字源 monarcha，指「一位」「統治者」，中文可以直譯為「單一統治」。Harro Höpfl 在其《耶穌會的政治思想》一書開場的第一句話說：「耶穌會就其成立之初就認知到參與世俗君王的世界是不可避免的」。[11] 從耶穌會祖依納爵（Ignatius of Loyola, 1491-1556）寫給葡萄牙 Coimbra 的耶穌會院書信中，很清楚地指示「合一」對於耶穌會的必要性，這必須仰賴上下之間的秩序來維持，對單一長上的服從。這也可以類比宇宙層疊有序的結構，由頭腦來發號施令指揮身體各部位的活動。如果一個身體有多個頭腦，結果就是混亂失序。為了防止這種情況發生，「單一統治」（monarchy）的政府體制是必要的，而且不僅適用耶穌會內部的管理，也適用人類公眾的社會。[12] 他提到在所有政府型態與公共行政制度裡，這種「單一統治」是最好的。[13] 統治者的意志被解釋為積極的法律，而臣民的

---

[10] 詳見秦曼儀：〈絕對王權下貴族的書寫與出版〉，《台大歷史學報》第 55 期（2015 年），註 2。

[11] Harro Höpfl, *Jesuit Political Thought: The Society of Jesus and the State*（Cambridge University Press, 2004）, p. 2.

[12] Harro Höpfl, pp. 27-28, 39-40.

[13] 這是 Harro Höpfl 根據 Pierre Coton 在其〈耶穌會神父共同教義宣告信〉（*Letter*

責任就是服從統治者的意志，這是守法的行為展現。但他也強調，對耶穌會而言，這樣的意志需尊重「自然法」。不過由於自然法是如此普遍涉及層面如此廣泛，需要一些特定的規範才能成為行為準則，這規範來自權威性的決策，做決策的君王並「不受法律拘束」（princeps legibus solutus）。[14]

有關耶穌會的政治理念，梅謙立也在其〈萊布尼茨的《中國近事》及其學術思想的價值〉一文中指出：對耶穌會來說，政治是救贖的必要部份，因為政治為人類提供了一個社會結構，使人在其中經歷與尋找天主。政治和宗教並非絕對對立、排斥的兩個領域，相反的，都是幫助人獲得救贖的工具。但是，政治必須受教會的管轄，也就是說，教宗對世俗君王所統治的世界，具有間接權威。[15] 在耶穌會群體裡絕對的服從精神被嚴格要求，如同臣民對君王的臣服，對待會內的長上。在華耶穌會士認為權威的源頭始終是傾向君主制的單一統治（monos archos），主張這是對世俗世界最好的模式。[16] 不令人意外地，他們肯定中華帝國的君主集權統治，對於維持這一龐大帝國秩序的重要性。在肯認普遍理性的前提之下，獲得天命的中國天子，一如獲得天主授權的教宗，擁有跨越神聖與世俗的雙重權力。在並非屬於天主教會的中華帝國裡建制完成的這套高度發展的文明體制，說明了文明的發展和倫理的建立，或可獨立於天主教會之外，在世俗世界裡被完美地實踐出來。他提到歷史上耶穌會士經常擔任國王告解神父的

Declaratory of the Common Doctrine of the Fathers of the Society of Jesus, 1610）所指內容，詳參 Harro Höpfl, *Jesuit Political Thought: The Society of Jesus and the State*（Cambridge University Press, 2004）, p. 41.

[14] Cf. Harro Höpfl, *Jesuit Political Thought: The Society of Jesus and the State,* pp. 88, 226-227, 367.

[15] 梅謙立，〈萊布尼茨的《中國近事》及其學術思想的價值〉《澳門歷史研究》，第5期（2006年），頁160-171。

[16] 梅謙立的討論主要是根據 Harro Höpfl, *Jesuit Political Thought: The Society of Jesus and the State,* p. 41.

職責，活躍於宮廷之內。梅謙立從萊布尼茨的《中國近事》所收錄的文獻及其對於中國耶穌會的討論，看到這些論述對於近代早期的歐洲宗教與政治走上分流的關鍵角色。他說：「雖然耶穌會士最終無法提供給中國社會一種神學上的合法性，他們還能轉到世俗方面來討論和介紹中國社會與政治，而他們創造了一種新的社會觀念：完全世俗化、不包含任何宗教性的社會。耶穌會士認為，中國遵循儒家傳統，而不拜神，不信任何宗教。向祖先、孔子、皇帝所行的禮儀與宗教無關，而只有社會、文化、政治功能。」這種有關儒家之非宗教性的敘述最典型的例子是如柏應理的《中國哲學家孔子》，該書所塑造的儒家形像是一種與宗教無涉的公民社會理想。[17] 儘管未能成為中國皇帝的告解神父，但是中國耶穌會士自利瑪竇以來，一直活躍於中國宮廷之內。國王數學家與路易十四的告解神父拉雪茲（François de la Chaise, 1624-1709）保持著良好的互動。李明的《中國現勢新志》其中一封信正是向他報告中國的傳教概況。[18]

其實，利瑪竇的傳教軌跡已經清楚展現耶穌會對於政治的認知：他從踏上中國土地之後，便竭盡所能向權力中心的北京邁進，最終進入宮廷。不過，在路易十四涉入遠東事務之前，羅馬教宗和世俗國王之間的抉擇對耶穌會士們似乎尚未成為難題。儘管受葡萄牙保教權的支持，受教宗任命的耶穌會士們，其效忠對象是教宗。不同於前一世紀的耶穌會士前輩，這幾位「國王數學家」從受選派之初就處在羅馬教宗和法國國王之間，具有教會與世俗世界的雙重使臣身份。所前往之地也不再是漢人政權統治下的明朝，「國王數學家」受選派前往的中華帝國正迎來歷史上最強盛的集權王朝之一，也是當時世界另一端的單一統治的清朝。我們從他們的出版品署名方式也可以觀察到「耶穌會士」在教會與國家之間的抉擇：不僅可以看見白晉的和李明的這

[17] 詳見梅謙立，〈萊布尼茨的《中國近事》及其學術思想的價值〉，頁 160-171。

[18] 第十二封信：〈致國王的懺悔神父、尊敬的拉雪茲神父〉（Au R. P. de la Chaize）—傳教士在中國宣講耶穌教義的方式和新基督徒的虔誠。

兩本書其共同點是以康熙大帝的形象成為重要典範，兩書封面所標示之敬獻對象均是法國國王，也是在國王的許可下出版；不是天主，也不是教宗。在這群由太陽王派遣來華的法籍耶穌會士的著作裡，論述核心所推崇的不再是孔子所代表的文人傳統，而是康熙皇帝與帝國權威。

三、康熙的雙重形像：圖像與敘事

白晉在出版《中國皇帝的歷史肖像》的同一年，他也出版了《圖像中國現勢志》（*L'Estat Present de la Chine, en Figures*）一書。這是一本獻給當時年僅 15 歲的路易十四之長孫勃艮地公爵 *Duc de Bourgogne*（1682-1712）及其夫人的書籍。除了書前六頁的致獻公爵文和一篇討論〈中國政府的理念〉（Idée du Gouvernement de la Chine）為文字敘述之外，全數為人物像。[19] 綜觀此書裡的人物像，除了書前一幅公爵畫像之外，總計有 43 幅中國人物，其中第 1-23 幅為男性。第 1-4 為漢族：兩張明朝皇帝和兩張閣老的立像。第 5-23 為滿族人物像：著滿族服飾的男性，從親王以下，不同等級文武官員舉隅、依職級展示。第 24-41 幅為女性（24-32 為滿族，33-41 為漢族）人物像，從皇后以下，不同等級逐次展示。第 42-43 幅為佛道僧侶像，稱之為和尚、道士或偶像崇拜的祭司（Bonze ou Prêtre des Idoles）。圖像展示的方式是同一人物均以素描和彩色兩張圖片對照的方式來呈

[19] 我所使用的版本為法國國家圖書館數位圖館所提供的數位檔。因此上文所述圖像的次序也是以此版本為依據。不過我發現其他圖館所藏版本，圖像的次序與法國國圖的版本不同。德國的威馬古典基金會（The Klassik Stiftung Weimar）官網提供的版本，人物次序變與法國國圖版不同。由於都是 1697 年 Pierre Giffart 所出版，估計其中一版可能因為裝訂問題，後來圖館人員修整該書導致人物次序與原來版本不同，詳見 http://haab-digital.klassik-stiftung.de/viewer/（檢索日期：2017 年 4 月 20 日）觀察兩個版本，法國國圖的版本，皮革封面，裝訂完整。威瑪古典基金會的封面使用紙板，僅有彩色圖像，沒有素描的圖像，人物次序亦混亂，不若法國國家圖書館版符合中國職官等級。因此我選擇法國國家圖書館的版本作為討論依據。未來再詳細比對以探索箇中可能問題。

現。在皇帝的圖像的部分僅有指涉明朝的「中國皇帝」，但是沒有現任滿清皇帝的圖像。

但是我發現在白晉的康熙傳裡給國王陛下的致獻辭裡，以長篇幅文字為路易十四詳細解釋康熙的畫像。內容包含對康熙的身材體格、五官、甚至臉上因為曾經出過天花的疤痕等等外型概況，都在他的描述之列，他強調「每根線條都是嚴格地按照他本人的形像勾勒出來的」。白晉非常強調康熙的「精神之美」遠勝過其「形像之美」，同時對於畫家繪畫能否精準表現康熙的形像表示擔心。[20] 從白晉的文字描述來看，理論上應該有一幅康熙的畫像的存在，且已經獻給了路易十四。目前沒有證據以資說明為什麼不僅沒有附在 1697 年的白晉的《中國皇帝的歷史肖像》，也沒有附在這本同年出版獻給勃艮地公爵夫婦以人物圖像為主的書籍獨立出版的《圖像中國現勢志》。我能夠推想的幾種可能是：康熙像為一幅獨立的畫像面獻路易十四，就像我們能夠看見的各種路易十四個人肖像一樣。而且在〈致公爵〉文末，白晉說明這些圖像是中華帝國裡的官員和人物，他並對這位路易十四的長孫寄予期待，指出為了法國和天主教，當有一天你成為中國的庇護者（*le Protecteur*），可以繼續支持中國傳教的工作。[21] 或者也因為此書的致獻對象畢竟並非現任法國國王，所以白晉並未在此書中置入中國當朝皇帝康熙的圖像。

在《圖像中國現勢志》一書中〈中國政府的理念〉這篇僅有的短文裡，白晉向勃艮地公爵說明介紹中國的文武職官制度之外，[22] 他對中國政府理念的描述內容有兩點值得注意：一是服飾上紋飾的象徵，

[20] 引自楊保筠，〈獻給國王陛下〉，收入〔德〕G.G. 萊布尼茨著，梅謙立、楊保筠等譯，《中國近事——為了照亮我們這個時代的歷史》〔以下：萊布尼茨著，《中國近事——為了照亮我們這個時代的歷史》〕（鄭州：大象出版社，2005 年），頁 053。

[21] 斜體為原文格式，詳見 J. Bouvet, “À Monseigneur le Duc de Bourgogne.”

[22] 詳見中央研究院清代職官資料庫：http://archive.ihp.sinica.edu.tw/officerc/officerkm2?!!FUNC2（檢索日期：2017 年 4 月 20 日）。

尤其是龍紋的意義。他提醒讀者區分龍爪的數量。他解釋，僅有皇帝服飾上的龍紋是五爪，因為那是皇帝的象徵（le Dargon est le Symbole de l'Empereur）。而官員服飾胸前則有四爪或三爪的龍紋。他特別強調，在中華帝國裡，自帝國初創至今，龍始終是帝國圖騰。[23] 這樣的敘述指出這象徵對中國的正面意象，或者為要澄清在中國，這個「龍」與西方的負面形像和意涵有所不同。[24] 第二點是，白晉在文末以柏拉圖的理念和歐洲基督宗教影響下的歐洲政治家來作為總結，他說：

> 總括一句話，如果中國有幸獲得福音的光照啟蒙，我們可以如此企望，如此有智慧的政府將獲得來自基督宗教法則的終極完滿，那可以被視為比柏拉圖的共和國（理想國）更為完美。這政府所有美好的理念，乃我們最有智慧的政治家從未想像得到的。[25]

在白晉的描述裡，只差臨門一腳，中華帝國的政府理念就超越柏拉圖的共和國裡提出的「哲學家」「國王」（Philosopher King）理想，一位熱愛智慧的國王，而且是當時歐洲傳統裡所有政治家所未曾想像得

---

[23] Joachim Bouvet, *L'Estat Present de la Chine, en Figures: Dedié A Monseigneur Le Duc De Bourgogne* (Paris: Pierre Giffart, 1697), p. 2.

[24] 對此有興趣的讀者請參閱李奭學，〈西秦飲渭水，東洛薦河圖——我所知道的「龍」字歐譯始末〉，《漢學研究通訊》26 卷 4 期（2007 年），頁 1-11。林虹秀，〈龍之英譯初探〉（新莊：輔仁大學翻譯研究所碩士論文，2007 年）。

[25] Joachim Bouvet, *L'Estat Present de la Chine, en Figures: Dedié A Monseigneur Le Duc De Bourgogne*（Paris: Pierre Giffart, 1697）, p. 4: "En un mot, si la Chine est assez heureuse pour ester un jour pleinement éclairée des lumieres de l'Evangile, comme nous avons lieu de l'esperer, un si sage Gouvernement recevant sa derniere perfection de la sainteté de la Loi Chrêtienne, pourra ester regardé comme quelque chose de plus parfait que la Republique de Platon, & que toutes ces belles idée de Gouvernement que nos plus sages politiques aient jamais imagines." 底線為筆者所加。柏拉圖對於理想君王的理念是哲學家成為國王，或國王成為哲學家，參見 Plato, *Republic*, Book VI, cf. http://classics.mit.edu/Plato/republic.7.vi.html

到的。這臨門一腳的努力，正是在華耶穌會士們，以及這幾位國王數學家們努力的目標。

李明的《中國現勢新志》（*Nouveaux mémoires sur l'état présent de la Chine,* 1696, 1697, 1698）[26] 一書封面正是青年英明的康熙三十二歲時的畫像。康熙半身像出自李明的《中國現勢新志》的第一卷，封面畫像下方有文字說明「康熙：中國與東韃靼的皇帝，四十一歲，畫像繪於三十二歲」（Cam-Hy Empereur de la Chine et de la Tartarie Orientale, Agé de 41 an et peint a láge [à l'âge] de 32）[27]。除了基本的年紀和在位年限之外，這段對中國皇帝所管轄範圍的描述，區分了「中國」和「東韃靼」（滿族）和「西韃靼」（蒙古族）。白晉的《圖像中國現勢志》所提供的人物像和文字說明，也明確區分漢、滿兩族。李明第二封信〈致德內莫爾公爵夫人〉（À Madame la Duchesse de Nemours）內容主要描述皇帝接見他們幾位國王數學家，以及他們訪問北京城的見聞。他提到他們在晉見康熙皇帝時，行了三跪九叩的大禮。但也是先經過特許，可以雙眼注目皇帝。他描述康熙是中等身材，比一般歐洲人稍胖，但比一般中國人瘦。說康熙器宇非凡，標榜他是「亞洲最強大的君王」（le plus grand Roy de l'Asie）[28]、「宇宙間最強大的君王」（l'un des plus puissants Monarques de l'Univers）。[29] 這封信裡李明花費相當篇幅講述康熙對南懷仁的禮遇，並感念他對中國

[26] 這本書在 1696-1698 年間出了三版，都是由巴黎 Anisson 出版商出版。英譯本於 1697 年，由倫敦 Benj. Tooke and Sam Buckley 出版。德譯本稍晚，於 1700 年在法蘭克福、來比錫、紐倫堡由 Fleischer 出版。

[27] 原書藏於洛桑大學圖書館，2009 年 8 月 11 日 books.google.com 將之數位化後公佈。法國國家數位圖書館則提供了 1697 年的版本。有關李明的《中國現勢新志》的內容，另可詳見潘鳳娟，〈國王數學家的旅遊書寫 —— 法國耶穌會士李明與《中國現勢新志》〉，《故宮文物月刊》，第 343 期（2011 年），頁 58-67。本文不再贅述。

[28] Louis LeComte, *Nouveaux mémoires sur l'état présent de la Chine,*（1696）, vol.1, p. 89.

[29] Louis LeComte, p. 91.〔法〕李明著，郭強、龍雲、李偉譯，《中國近事報導》〔以下：〔法〕李明著，《中國近事報導》〕，頁 052-054。

的熱誠，在其身後給予厚葬、修陵墓等情事，以此顯示康熙皇帝積極接納天主教會。[30]

在第九封信〈致紅衣主教德斯泰大人〉（À Mgr. le Cardinal d'Estrées）論中國政治及政府中，[31] 李明在介紹中華帝國的「政府理念」時，也認為中國所有政治思想裡以單一王權（une monarchie）的建立最為完美。值得注意的是，李明的描述中國彷彿不受自然法約束，單一王權這個制度就像是直接由天主所規範（comme si Dieu lui-même s'en était fait le législateur），自古建立，歷經四千年的淬煉沿用至今，變化不大。這個帝國的皇帝稱為「天子」（le fils du Ciel）和「世界唯一之主」（l'unique maître du mond），「他的命令是神聖的，他的話是神諭發佈處，舉凡從他而來的，都是神聖的」（Ses ordres sont réputés saints, ses paroles tiennent lieu d'oracles ： tout ce qui vient de lui est sacré.）[32] 李明換個角度又說：皇帝雖有至高無上的權力，但必須符合道德規範，合宜適度。有完整的官僚體制，任免、升遷、賞罰、諍諫均有規範。李明介紹了科舉制度、文武職官、民政等各面向的制度。總結說道：「大人，這就是對中國政府一番走馬看花的介紹，我描述的時候不免露出私心艷羨的情緒 ...... 良好政治的可靠性，在中國並不陌生。」[33] 與白晉相似，李明也高度讚揚中華帝國單一王權的政府體制。

不過他們對中國的介紹，也引發一些質疑。例如擔任主編的庫贊（Louis Cousin, 1627-1707）在《學者報》上刊登了文章，提出對國王數學家們所介紹中國的內容有造假的質疑。1697 年李明在此書的再版序言裡，補充了約 7 頁有關南懷仁對康熙皇帝的讚揚文字，反擊了

[30]〔法〕李明著：《中國近事報導》，頁 057-062。

[31] 參見 Louis LeComte, *Nouveaux mémoires sur l'état présent de la Chine,* vol. 2, p. 3. 中譯文請參見〔法〕李明著：《中國近事報導》，頁 217-218。

[32] Louis LeComte, *Nouveaux mémoires sur l'état présent de la Chine,* vol. 2, p. 5-6.

[33] 中譯文引自 [法] 李明著：《中國近事報導》，頁 254。

庫贊。並且以康熙皇帝肯定在這群在華耶穌會士的熱誠為自己辯護，強調自己及其弟兄們在中國的工作，純粹出自無私的熱誠。他說道：

> 因此，南懷仁神父臨終前留下一封呈送給皇帝的信，信中特別寫道：陛下，臣雖死猶幸，因為臣把一生的分分秒秒皆用在為陛下效勞了。但臣僅懇請陛下，在臣死後，記住，臣所作所為之唯一目的，即在東方偉大君王身上獲得世界上最神聖的宗教保護者。[34]

這位南懷仁曾經在國王數學家初到北京時，運用他與康熙的良好關係提供了極大的幫助。對於康熙皇帝與中華帝國政體尚缺臨門一腳即可臻致完美的說法，也在南懷仁介紹康熙學習西學的報告書中，把康熙與耶穌降生時，前來朝拜的東方之王做了類比，他寫道：

> 過去天上明星曾經引導東方三王朝拜上主，如今讓中國皇帝接觸到歐洲的天文學精華，希望對天星（天文）的認識也能成功地引導遠東的人們去朝拜和信仰真正的、天星的主人。[35]

李明在序言中抬出南懷仁為自己在中國所有工作的熱誠辯護，高舉康

[34] 中譯文引自〔法〕李明著：《中國近事報導》，頁 016。原文參見 Louis le Comte, *Nouveaux mémoires sur l'état présent de la Chine*（Paris: Anisson, 1697）, vol.1（此版未標示頁碼）,"avertissement,""Aussi le père Verbiest étant à l'extrémité laissa une écrit pour lui être présenté, dans lequel entre autres choses, il lui disait, Sire je meurs content, puisque j'ai employé presque tous les moments de ma vie au service de votre Majesté. Mais je la prie très humblement de se souvenir après ma mort, qu'en tout ce que j'ai fait, je n'ai eu d'autre vue que de procurer en la personne du plus grand prince de l'Orient, un protecteur à la plus sainte religion de l'univers."

[35] 詳見梅謙立譯：〈有關現在中國皇帝學習歐洲科學的情況〉，見〔德〕G.G. 萊布尼茨著：《中國近事——為了照亮我們這個時代的歷史》，頁 39。

熙對他們無私奉獻的肯定，字裡行間顯見康熙對他而言是如此地偉大受人尊敬，是一位「世界上最神聖的宗教保護者」。國王數學家把「康熙即將接受天主教」這樣的消息，以各種方式，不斷傳開。這一貫的說法以及描述康熙的方式，可以從兩方面理解：一方面證明他們在中國的工作方針正確。一方面也呼籲，正因為尚缺臨門一腳，需要歐洲有識之士以及法國國王更多支持和援助。

四、白晉的康熙敘事

白晉對康熙的敘事，主要在其 1697 年出版的《中國皇帝的歷史肖像》，此書將近 250 頁，除了致獻國王的題辭外，全書以說故事的方式，引證他在中國的見聞、親身經歷佐證他的觀察與評述。綜觀全書，我歸納出白晉的敘事有三個重點：（一）中華帝國的政府體制，（二）康熙與西學，（三）徘徊於康熙大帝與路易十四的權威之間。以下根據白晉的康熙傳，依序解說。

（一）中華帝國的政府體制

白晉在書中介紹康熙的起手勢，很快地將中華帝國在 17 世紀的朝代更迭、滿漢兩族以及繼承前一世代流傳歐洲的中華帝國順治皇帝的形象和耶穌會士基歇爾在《中國圖說》中曾經引介的各種元素，集結在康熙一人。他寫到：

> 今日統治中國以及韃靼絕大地區的皇帝稱之為康熙，意思是太平。他是順治 — 稱之為滿州韃靼王 — 的兒子和繼承人 ......現年 44 歲，即位 36 年。[36]

[36]"L'Empereur, qui regne aujour'huy à la Chine, & dans une grande de la tartarie s'appelle Cang-hi, c'est à dire le Pacifique," cf. Joachim Bouvet, *Portrait Historique de l'Empereur de la Chine*（Paris: E. Michallet, 1697）, p. 10. 這裡有關康熙的年齡與在位紀年，與 1696 年李明的版本不一致。李明的康熙半身像下方文字紀錄是：「現年 41 歲，即位 32 年」，年紀差三歲，即位時間差四年。不知是否與他們撰寫時間以中國紀年

白晉花費篇幅解釋所謂的滿州韃靼人：「滿州國」（la Nation des Mantchéou）又稱之為「東韃靼」（la Tartarie Orientale），在中國東北方的遼東建立。這段文字解釋康熙作為兩族共主：論才能他文武雙全，論品格他威嚴又仁慈，受到周邊藩屬國家所敬重之外，更重要的是他的「治國之術」，包含內政與外交。就這樣將敘事重點，轉向中華帝國的政府體制。白晉具體以鰲拜之例（勿忘這其實類比了紅衣主教馬薩林之於路易），說明他如何從攝政大臣奪回親政之權後，強化皇帝權力。[37] 並透過中俄問題、荷蘭葡萄牙使節團的到訪的例子，說明康熙面對外交問題的懷柔態度，高度禮遇外交使節，以及國王數學家如何在這外交事件上參與中華帝國的政治外交事務。[38] 內政部分則以吳三桂為例，說明他如何具高度智慧的方式，恩威並施、調兵遣將，解決內部滿、漢兩族問題，以及來自蒙古族的突襲。並將鄭成功定位為海賊。[39] 白晉將所有的勝利歸功於中華帝國的單一王權政府體制。在其中康熙可以站在制高點，非常彈性、有效率地，順應局勢所需及時應變，不受法律的束縛。他說：「中國實行的是不折不扣的單一王權體制，所有人都向一人報告（仰賴一人）」（le gouvernement de la Chine est parfaitement Monarchique; tout s'y rapport à un seul.）。[40] 對於中華帝國的最高權威的皇帝，那「一人」這個詞，我發現在英譯本裡對於這一段的描述似乎更為強烈："It is to be observed, that the Constitution of the Chinese Government is <u>absolutely Monarchical</u>, all depending on <u>One single Head.</u>"。[41] 對於法國讀者或英國讀者，至少這

計算有關？或是其中一位對於康熙即位時間與生日所知甚詳，所以精準計算？這部分待考。

[37] Joachim Bouvet, *Portrait Historique de l'Empereur de la Chine*（Paris: E. Michallet, 1697）, pp. 17-19.

[38] Joachim Bouvet, *Portrait Historique de l'Empereur de la Chine,* pp. 34-46.

[39] Joachim Bouvet, pp. 46-62.

[40] Joachim Bouvet, pp. 62.

[41] 參見 Joachim Bouvet, *The History of Cang-Hy, the Present Emperour of China Presented to the Most Christian King* (London: F. Coggan, 1699), pp. 23-24. 底線為筆者所加。

是對該國的單一君王統治的制度，是一種肯定，並且提供了一個來自東方偉大帝國的支持。

白晉又說，儘管中華帝國的富強超越各國，但皇帝卻儉樸度日。[42] 儘管康熙集大權于一身，他卻遵守禮法，賑災、祈雨、守喪，比中國大多數的學者更尊法中國自古流傳下來的宗教（la Religion），向天地之真主（ qu'il offer au vray Seigneur du ciel & de la terre）祈禱。白晉特舉出康熙熟稔儒家經典，學習漢學以求不僅在權力上讓漢人服氣，也求在學問知識上，讓漢族文人心服口服。尤其是在幾朝以來科舉考試的標準，均是以儒家經典為主要考科，以學問上的成就取得官職得制度影響下的由「士」而「仕」的風氣裡，這樣的皇帝方能令人心悅誠服。[43]

（二）康熙對西學的接納

歸功於在宮廷裡服務的耶穌會士、國王數學家們，康熙每一天直接接受西學的培訓。白晉在其康熙傳裡的敘事，有關國王數學家如何為康熙講授西學的部分，佔據將近八十頁，全書約三分之一的篇幅，長篇介紹康熙對於西學的學習和所展現的對西方學術的興趣。尤其是康熙召開一個中西天文學會議和擂臺，讓朝臣公開討論，並讓南懷仁與楊光先當場比試，預測日晷的投影，他也描述北京觀象台的設置。白晉最後提到康熙在宮廷裡設立類似法國科學院的機構，匯聚畫家、製造鐘錶的鐵匠、以及天文儀器的工匠等等，每一天都必須向康熙進

[42] Joachim Bouvet, *Portrait Historique de l'Empereur de la Chine,* p. 78.

[43] Joachim Bouvet, p. 74. 受白晉此行招募吸引前來中國，後來撰寫許多中國經學研究專論的馬若瑟，曾在自序中提到自己來華之前已聽聞康熙皇帝的好學大名。來華之後閱讀了康熙欽定御批的《御選古文淵鑑》一書，更認為康熙之好學比傳聞是有過之而無不及。受到康熙熱愛知識的感召，馬若瑟擬定了《經傳議論》的研究與寫作計畫，原規劃有十二卷，不過現存僅有〈經傳議論自序〉和卷六之春秋論，收藏於法國國家圖書館中文部，編號為 Courant 7164。其中〈春秋論〉安排在第六卷。馬若瑟：《經傳議論》，〈自序〉，頁 4。

呈他們的工作成果。[44]

（三）徘徊於康熙大帝與路易十四的權威之間

作為滿漢兩族的共主，康熙需要學習兩族的語言文字，熟悉兩族文化，尤其是傳統儒家的學問與禮教。白晉對於康熙在道德方面的表現，以中國的倫理綱常，尤其孝道為主要介紹內容。對上表現在他對祖母的孝敬，對下表現在他對皇子的教育。他特別強調，康熙非常關注皇太子是否像他一樣禮遇西方耶穌會士，因為這牽涉到，康熙持續維護的遵守漢族禮法並融會中西學問的努力是否能夠繼續。白晉解讀康熙這種關切，意味著是要將他對天主教的善意，傳給皇太子。尤其提到在 1692 年康熙頒佈容教令的同一年，康熙領皇太子登上南懷仁所設置的觀象台，要求太子多向西方傳教士學習西學這件事。白晉解釋道，皇帝之所以容許傳教，箇中關鍵在於如同利瑪竇的策略所呈現的中西同源的思想：天主教和儒家基本上都體現的自然法則的完美化，尤其是與中國古代與孔夫子的教義（la Dcotrine de Confucius & des anciens Chinois），而非與他們同時代的宋明理學。他認為康熙很早就已經持這樣的看法。[45] 他強調：

> Au reste l'autorité que donne à ce grand Prince la qualité qu'il a de Chef de sa Religion, jointe à la parfait connoissance qu'il en a acquise, par la longue étude qu'il a faite de leurs anciens Livres, doit render son témoignage d'un tres-grand poids en cette matiere.[46]

---

[44] Joachim Bouvet, *Portrait Historique de l'Empereur de la Chine,* pp. 116-200，中譯本參見〔德〕G.G. 萊布尼茨著：《中國近事 —— 為了照亮我們這個時代的歷史》，頁 074-090。康熙與西學的部分，因為相關研究成果很多，白晉的介紹大抵相近，我就不多贅言。

[45] Joachim Bouvet, *Portrait Historique de l'Empereur de la Chine*（Paris: E. Michallet, 1697）, pp.225-232.

[46] Joachim Bouvet, p.232.

> 康熙皇帝以儒教教主的身份所擁有的權威性，加上通過長期研究中國古籍所獲得的對儒教哲理的完美理解，無疑地他對宗教問題的意見具有舉足輕重的重要性。[47]

白晉總結全書，認為康熙離天國已經不遠了。觀諸各種與路易十四的相似性，如果康熙能夠成為天主教徒，那麼跟路易十四就更相似了。援引了荷蘭人的信件，白晉透露康熙在 1692 年頒佈容教令之後中國各地的傳教捷報。為此，白晉更積極向路易請求協助，派遣更多國王數學家到中國，當然這也是康熙派他返回歐洲的重要目的，因為康熙是如此地滿意路易十四所派前的人。他強調，這當中受益最大將是路易本人，因為他的作為與天主旨意相符，天主的中國傳教計畫將在路易的手裡完成。以中華帝國之大，在中國的成功，將使鄰國群起仿效，其成果將勝過其他單一國家的傳教規模。白晉說這是天主為路易保留的榮譽，意思是有機會參與實踐天主的計畫。[48]

白晉在《中國皇帝的歷史肖像》書中致獻給太陽王路易十四的致辭裡，提到康熙皇帝仍然沈淪於異教信仰，儘管他對天主教非常友善與尊敬，擁有眾多君王的美德與過人的智慧。與路易十四再怎麼相似，他仍缺乏對天主的皈依。[49] 白晉不忘提到：「不論我們受到

---

[47] 中譯文引自〔德〕G.G:萊布尼茨著:《中國近事——為了照亮我們這個時代的歷史》，頁 093-094。

[48] Joachim Bouvet, *Portrait Historique de l'Empereur de la Chine* (Paris: E. Michallet, 1697), pp. 242- 260〔德〕G.G. 萊布尼茨著：《中國近事——為了照亮我們這個時代的歷史》，頁 096-100。

[49] 邱凡誠觀察到白晉描述的康熙，從世俗與宗教兩面向進行。「就世俗的部分而言，書中透過大量的情境與事蹟描繪了康熙做為一個皇帝的形象，他不只是國家的捍衛者，也是一個注重感情的念舊領導人，這兩個面向看似矛盾，但是白晉透 過康熙處理政務的實例，將兩者融合在一起。」宗教面向，康熙被形容為「近天主者」，他認為「康熙如同古代中國人一樣，心中相信一位真正的天地至高主宰」，堅信天主教與中國儒家兩者一致。邱凡誠：〈清初耶穌會索隱派的萌芽：白晉與馬若瑟間的傳承與身分問題〉（台北：國立臺灣師範大學國際漢學研究所碩士論文，

中國皇帝的何等寵遇，也絲毫不為之迷惑，而且出于陛下〔筆者按：指路易十四〕的利益完全一致的基督教真正利益，我們理所當然地飽含著對真理與陛下應有的敬意。」[50] 他如此這般地表明對路易十四與天主教信仰的忠誠，字裡行間有著一種急切地撇清受康熙寵遇可能引發的賣主質疑這樣的絃外之音。歸根究底，面對太陽王，檯面上白晉仍是「國王的」數學家。

白晉的書出版後兩年 1699 年在海牙出版的白晉康熙傳：題名為《這位中國皇帝的歷史》（*Histoire de l'empereur de la Chine*），除了書名被改動之外，也附上一張與李明書中所收的康熙類似的半身像。[51] 我們可以觀察到：康熙半身像下方的文字也有更動，不僅敘述文字相對簡化，康熙的年齡也因應書籍出版的時間，從李明書中之 41 歲增長為 44 歲；兩書之出版差距三年，康熙之年紀也修正。不過並未如李明書中所附的康熙半身像註記康熙在位的時間。值得注意的是，白晉的康熙皇帝傳，無論是 1697 年初版、1698 年巴黎版均未附康熙像。這份 1699 年的海牙版，不僅增加一幅出處不明的半身像，而且原本在 1697 年初版書名頁底部的「國王特許」（Avec Privilege du Roy）字樣亦遭到刪除。雖然書名下方的「致獻國王」（Au Roy）字樣和正文前 5 頁國王致獻題辭則被保留。附帶一題，此書的英文版書名頁不僅並未出現「國王特許」，連帶的內文致獻國王的題辭也一概刪除。[52] 藍莉（Isabelle Landry-Deron）在其研究杜赫德（Jean-Baptiste du Halde, 1674-1743）的《中華帝國

2011 年），頁 94-96。

[50] Joachim Bouvet, *Portrait Historique de l'Empereur de la Chine* (Paris: E. Michallet, 1697), p. 9. 中譯文引自楊保筠，〈獻給國王陛下〉，收入〔德〕G.G. 萊布尼茨著，《中國近事——為了照亮我們這個時代的歷史》，頁 052。

[51] 完整書名為 Joachim Bouvet, *Histoire de l'empereur de la Chine: presentée au Roy* (La Haye: M. Uytwerf, 1699). 因顧慮版權問題，本文不附圖像。

[52] 詳見 Joachim Bouvet, *The History of Cang-Hy, the Present Emperour of China Presented to the Most Christian King* (London: F. Coggan, 1699).

志》（*Description géographique, historique, chronologique, politique, et physique de l'empire de la Chine et de la Tartarie chinoise*）的專書裡曾經提到荷蘭海牙的「偷偷摸摸版」。這版本的開數小、品質低，但價格也低的版本，因此反而比巴黎原版流傳更廣。[53] 目前我尚不確定白晉的康熙傳是否也受到荷蘭出版商的青睞，是否為了使書籍廣佈而降低印刷品質，有待進一步深究。倒是無論是 1735 年版或是 1736 年版，杜赫德的書籍裡卻有一幅與李明書中所附相似的康熙半身像。在其中，我們可以看到，十七世紀末對康熙的介紹，在將近四十年之後，仍然持續獲得介紹中國的書籍出版商的青睞。

杜赫德於 1735 年在巴黎出版《中華帝國志》一書時，正值雍正皇帝統治年間。時序在中國禮儀之爭的高峰，耶穌會的中國傳教策略被禁止，在 1742 年教廷正式禁止討論之前。杜赫德在書中稱他為當朝統治者（Maintenant régnant），清朝第三位皇帝雍正（TONG TCHING）。清朝（TSING）被命名為中華帝國之第 22 個朝代（Vingt-deuxième dynastie nommée）。[54] 此書的第一頁，附了一張康熙半身像 不同於歐洲君王的頭像，康熙半身像的周圍盤據了龍的圖像以及各種儀器與旗幟。從這些儀器我們可辨識得出與清朝宮廷裡的耶穌會士的關係：包括南懷仁在欽天監觀相臺上的幾件天文體器、

[53] Isabelle Landry-Deron , *La Preuve par la Chine. La "Description" de J.-B. Du Halde, Jésuite*, Paris,1735 (Paris: Editions de l'Ecole des Hautes Etudes en Sciences, 2002), p. 39. 中譯本請見〔法〕藍莉著，許明龍譯：《請中國作證》（北京：商務印書館，2015 年），頁 29。杜赫德書的巴黎原版資訊如下：Jean-Baptiste du Halde, *Description géographique, historique,chronologique, politique et physique de l'Empire de la Chine et de laTartarie chinoise*（Paris: P.-G. Le Mercier, 1735）. 海牙版出版資訊如下：Jean-Baptiste du Halde, *Description géographique, historique, chronologique, politique, et physique de l'empire de la Chine et de la Tartarie chinoise, enrichie des cartes générales et particulieres de ces pays, de la carte générale et des cartes particulieres du Thibet, & de la Corée; & ornée d'un grand nombre de figures & de vignettes gravées en tailledouce*（La Haye, H. Scheurleer, 1736）.

[54] Jean-Baptiste Du Halde, *Description de l'empire de la Chine,* vol.1（1735）,p. 550.

地圖、軍事用品等。杜赫德書中第一卷上半分省分市介紹中國疆域和城市，同一卷下半則自 262 頁起介紹歷代皇帝。該書第 540-550 頁介紹清朝皇帝康熙。這幅康熙像環行裝飾上的文字：「康熙，中國皇帝。1722 年 12 月 20 日過世。在位 61 年，繪於 32 歲。」（CANG HI. EMP. DE LA CHINE. MORT LE 20 DEC. DE 1722. LA 61 ANNÉE DE SON REG. PEINT À L'AGE 32 ANS.）。不同於白晉和李明筆下的康熙，是一位當朝現任，活生生的康熙，對努力與東方君王建立外交關係的路易十四而言，充滿活力與未來的想像。杜赫德的《中華帝國志》裡的康熙，則更多是緬懷歷史人物，遙想著中國耶穌會在中國的輝煌歷史與黃金時代的遠距觀察和描述。

五、上下脈絡：國王數學家的前行者與後繼者

（一）基歇爾《中國圖說》

除了康熙像，順治皇帝也有圖像。與國王數學家書中所提供的半身像不同，相對早期的歐洲漢學著作中的中國皇帝，很多是全身立像，例如 1667 年基歇爾（Athanasius Kircher, 1602-1680）出版的《中國圖說》（*China Illustrata*, 1667）裡面的清朝皇帝立像。[55] 這幅皇帝立像上方有一文字標示：「漢滿帝國最高元首」（Imperii Sino-Tartarici supremus MONARCHA）。[56] 這幅滿清皇帝立像，一手握長杖象徵帝王權力，一手彎曲或插腰站立，姿態威武。背景的室內配置，包括壁飾、簾幕和黑白相間的格紋地板等，彷彿身在歐洲風格的宮廷。腳邊有一條狗，背後另一空間裡天花板有太陽紋飾，遠方

[55] 圖像請參照 Stanford University 提供 Athanasius Kircher, *China Illustrata*（1667），頁 112。

[56] 目前瑞士洛桑大學、比利時根特大學、西班牙馬德里 Complutense 大學、美國波士頓學院和史丹佛大學均藏有 Athanasius Kircher, China Illustrata 一書正本，並於學術網路提供得數位化版本。參見 http://www.stanford.edu/group/kircher/ 和 http://www.bc.edu/research/chinagateway/bc/(檢索日期：2012 年 8 月 2 日)。

坐著一位君王，前方有臣子貌似席地或坐或跪狀。明顯地，此書中的滿清皇帝像，加入了非常多歐洲人的宮廷想像。[57] 這幅立像也在荷蘭旅行家 Joan Nieuhof （1618-1672）中國行記的英譯本裡被納入，置於英文本書名之前，英文版書名為 *An Embassy from the East-India Company of the United Provinces to the Grand Tartar Cham, Emperor of China* （1669, 1673）[58]，圖中上方文字也譯為英文 “The Supreme MONARCH of CHINA TARTARIAN Empire”。英譯本則有兩種情況：1669 年的英譯本未見大汗坐像，僅有皇帝立像。1673 年之英譯本，同時出現大汗坐像與滿清皇帝立像。英譯本封面說明文字顯示從基歇爾的書中擷取部分資訊： “with an appendix of several remarks taken out of Father ATHANASIUS KIRCHER”「書後附錄部分擷取自基歇爾神甫〔的書〕」[59] 此書原文為荷蘭文，1665 年在阿姆斯特丹出版 [60]。

---

[57] 朱龍興在研究清朝〈職貢圖〉圖裡的西洋人物像時，與一般討論西洋影響的繪畫之重視光影明暗和透視法不同，他注意到從人物的姿態，探詢人物像的母題姿態，發現了荷蘭繪畫風格在這個時期的影響。他特別關注到這時其人物像，包含職貢圖裡的西洋人、康熙時代的外銷瓷器，和郎世寧的香妃像，都出現了所謂的「文藝復興之肘」（The Renaissance Elbow）。一手握長杖，一手彎曲或插腰的站立姿態，是受到荷蘭人物畫的影響。基歇爾的康熙立像即呈現這種風格。朱龍興，〈描繪荷蘭人——從謝遂〈職貢圖〉看荷蘭繪畫在中國的可能影響〉，《故宮文物月刊》336 期（2011 年），頁 100-109。

[58] Johannes Nieuhof, Pieter de Goyer&Jacob de Keizer&John Ogilby（transl.）, *An embassy from the East-India company of the United Provinces, to the Grand Tartar Cham: Emperour of China, delivered by their Excell.cies Peter dDe Goyer, and Jacob De Keyzer at his imperial city of Peking.*（London: Printed by J. Macock for the author 1669）. 立像出現在書後基歇爾附錄，第 402-403 頁之插畫，參見 http://digital.library.wisc.edu/1711.dl/DLDecArts.Nieuhof（access 2012/8/2）1669 年的英譯本，此一附錄內容不同且獨立編頁，而皇帝之立像則被置於封面，此英文本未收坐像。

[59] Johannes Nieuhof, John Ogilby transl., *An Embassy from the East-India Company of the United Provinces to the Grand Tartar Cham, Emperor of China*（London: J. Macock, 1669）. 此書原藏德國巴伐利亞州立圖書館，books.google.com 於 2011 年 7 月 26 日數位化公佈。

[60] *Het gezantschap der Neêrlandtsche Oost-Indische Compagnie, aan den grooten Tar-*

在不同語言版本中，皇帝圖像的選擇有些變化。我發現無論是 1665 年的荷文本、1665 年法文譯本[61] 和 1666 之德譯本、1668 年的拉丁譯本，均並未如同英譯本附加基歇爾文本，也未見皇帝圖像。滿清入關後，順治統治期間為 1644-1661。1667 年基歇爾書中出版時，在位者雖是康熙，不過基歇爾書中的皇帝立像為成年人，而且同書另有一湯若望立像對照，當時康熙當時仍年幼，估計這位皇帝圖像應該是順治。另外需注意，Johannes Nieuhof 訪華期間為 1655-1657 年間，目的在於與順治皇帝確保中荷貿易關係。我估計此書的譯本裡的皇帝圖像與基歇爾書中的圖像，均指順治皇帝。[62]

這幅來自基歇爾書中的滿清順治皇帝的立像在歐洲同時其的出版品中，出現多次。有時候單獨出現書中，有時候則與滿清入關之前的朝代帝王服飾做對照，也因此從服飾的變化察覺到朝代變遷。例如 1683 年在巴黎出版的 Alain Manesson Mallet, *Description de l'univers contenant les differents systeme du monde* 一書，其中第 18-19 幅圖像，分別展示「滿清之前的中國皇帝與皇后」[63]，和「滿清皇帝（入關後）」[64]「滿清之前的中國皇帝與皇后」這幅項的明朝皇

---

tarischen Cham, den tegenwoordigen Keizer van China : waar in de gedenkwaerdighste geschiedenissen, die onder het reizen door de Sineesche landtschappen, Quantung, Ki-angsi, Nanking, Xantung en Peking, en aan het Keizerlijke Hof te Peking, sedert 1655 tot 1657 zijn voorgevallen, op het bondigste verhandelt worden（Amsterdam, 1665）

[61] Jean Nieuhoff: *L'ambassade de la Compagnie orientale des Provinces Unies vers l'em-pereur de la Chine, ou grand cam de Tartarie, faite par les Srs. Pierre de Goyer, & Jacob de Keyser*（Leyde: Pour J. de Meurs 1665）.

[62] Johannes Nieuhof, John Ogilby transl., *An Embassy from the East-India Company of the United Provinces to the Grand Tartar Cham, Emperor of China*（London: J. Macock, 1669）. 其荷文原本於 1665 年，在阿姆斯特丹出版。台大圖書館藏有藏，參見項潔主編：《國立臺灣大學圖書館館藏大鳥文庫目錄》，頁 vii。

[63] 圖像請參照 *Alain Manesson Mallet, Description de l'univers contenant les differents sys-teme du monde*, vol 2（Paris: D. Thierry, 1683）, p. 41.

[64] 圖像請參照 Alain Manesson Mallet, *Description de l'univers contenant les differents systeme du monde*, vol 2, p. 43.

帝與皇后為坐姿，圖像下方無文字說明。而「滿清皇帝（入關後）」為立像，圖像下方有文字 “ROY TARARE DE LA CHINE”（中國的韃靼王）。此圖像與基歇爾書中的順治皇帝的立像頗為類似，不過側身方向改變，而且左手中的（權）杖消失，呈現出手臂伸向側身方向，手掌平開的空手狀態。基本上，這幾本近代歐洲早期初版品中所呈現的清朝皇帝（順治），區分中國（明朝）和韃靼。Mallet 直接在圖像下方的說明文字裡指出，「在韃靼人入侵之前」。[65] 此書文字也說明中華帝國明清之際的變局，以及兩朝皇帝的概略轉變，尤其在服裝上明顯差異。

（二）白晉與李明的讀者：萊布尼茲

萊布尼茲（Gottfried Leibniz, 1646-1716）一生未曾到訪中國，他是間接從耶穌會士的文獻以及透過往來通信來認識中國的。作為白晉等耶穌會士的讀者，萊布尼茲再版《中國近事》時所收錄的康熙傳，似乎是從白晉取得文字敘事，從李明取得圖像。萊布尼茲早在 1689 年於羅馬已經從義大利籍耶穌會士閔明我（Claudio Filippo Grimaldi, 1638-1712）的口中聽聞康熙盛名，對他的智慧、仁慈與對西學的興趣，讚譽有加。[66] 萊布尼茲眼裡的中國與歐洲，如同人的雙眼，相輔相成。[67] 萊布尼茲於 1697 年出版的《中國近事》（*Novissima Sinica*）一書並未收錄康熙傳和康熙像。萊布尼茲這本書所收錄的都是在 1689-1697 這幾年間中國傳教事業最新的業績報告：包括中俄尼布楚條約的簽訂、康熙的容教令、中國現任皇帝對西洋科學的接

---

[65] *Alain Manesson Mallet, Description de l'univers contenant les differents systeme du monde*, vol 2, pp. 40-43.

[66] 梅謙立譯，〈萊布尼茲致讀者〉，收入〔德〕G.G. 萊布尼茨著：《中國近事——為了照亮我們這個時代的歷史》，頁 004。

[67] Feng-Chuan Pan, *The Burgeoning of a Third Option: Re-Reading the Jesuit Mission in China from a Glocal Perspective,* Leuven Chinese Studies 27（Leuven, Belgium: Ferdinand Verbiest Instituut KU Leuven, 2013）, pp. 9-10, 163-195.

納、以及俄羅斯的中國路線。1697 年出版所收的文獻的共同背景正是這位中國皇帝。1699 年萊布尼茲於漢諾威出版再版他的《中國近事》（Novissima Sinica）時收錄了好友修辭學教授卡斯伯 ・ 柯爾貝爾（Caspar Corbër, ?-1700） 所譯白晉的康熙傳的拉丁文譯本，[68] 成為該書的第七份文獻，題名為：「現在統治中國的君王肖像」（Icon Regia Monarchae Sinarvm Nvnc Regnantis）。[69] 拉丁譯本在書名直接使用了這個單一統治（Monarchae）一字。萊布尼茲當時正與回歐洲的白晉通信，康熙傳很快地就被萊布尼茲收入《中國近事》第二版。此外，這個版本也收錄一幅與李明書中這幅康熙半身像相似的圖像。但不知何故，畫像從原本的右側身變成左側身，圖像的畫質也相對較差。胸前的龍紋方向對反，但是邊框上左右兩條龍的面向並未轉變。儘管側身方向不同，從圖像本身，包含服裝和龍紋環形裝飾，以及畫像下方文字可以確認後者應該是根據前者繪製。雖然萊布尼茲與白晉曾經往來通信多次，似乎在《中國近事》一書的圖像，他選擇了李明書中所提供的康熙半身像。[70]

萊布尼茲在《中國近事》一書致讀者文中，用一種反問的語氣

---

[68] 在萊布尼茲「致讀者」提到譯者是他的朋友。李文潮更直接指出，根據 1699 年萊布尼茲寫給 Antonio Magliabechi 的信件，這位朋友是修辭學教授卡斯伯 ・ 柯爾貝爾（Caspar Corbër），詳見 Li Wenchao, “Un commerce de lumière – Leibniz’ Vorstellungen von kulturellem Wissensaustausch,” in Friedrich Beiderbeck, Irene Dingel, Wenchao Li （eds.）, *Umwelt und Weltgestaltung: Leibniz’ politisches Denken in seiner Zeit*（Göttingen, Germany:Vandenhoeck & Ruprecht, 2015）, p. 295，註 10。又見〔德〕G.G. 萊布尼茨著：《中國近事 —— 為了照亮我們這個時代的歷史》，頁 050。

[69] 1697 年初版總計有 175 頁，頁尾有 finis 字樣。1699 年的再版直接在書尾補上全文，頁碼從 1 開始編號。中譯本見楊保筠譯，〈中國現任皇帝傳〉，收入〔德〕G·G·萊布尼茨著：《中國近事 —— 為了照亮我們這個時代的歷史》，頁 050-100。原書名如下：Bouvet, Joachim, Icon Regia Monarchae Sinarum nunc regnantis à R. P. Joach. Bouveto Jesuita Gallo, ex Gallico versa, Gottfried Wilhelm Leibniz, *Novissima Sinica historiam nostri temporis illustratura*（Hannover: Förster, 1699）.

[70] 這兩幅人物圖像右方向對反，這種的情況在十七、十八世紀出版品裡有關中國圖像的展示時常出現。本人目前還不能確定這是什麼原因造成。

強調他對中華帝國和這位皇帝的驚嘆與讚賞：

> 人類最偉大的文明與最高雅的文化今日終於匯集在了我們大陸的兩端，及歐洲和位於地球另一端的——如同『東方歐洲』（Orientalis quaedam Europa）的『親納』（Tschina，他們如此發音）...... 昔日有誰會相信，地球上還有這樣一個民族存在，他比我們這個自以為在各方面都有教養的民族更具有道德的公民生活呢？[71]

萊布尼茲對康熙的描述，更是前所未見，茲引如下：

> 有誰不對這樣一個帝國的君主感到驚訝呢？他的偉大幾乎超越了人的可能，他被人們視為人間的上帝（Deus），人們對他的旨意奉行無違。儘管如此，他卻習慣於如此地培養自身的道德與智慧：位居人極，卻認為在尊紀守法、禮賢下士方面超越過臣民才是自己的本職 ...... 中國的當朝皇帝康熙更是如此 ......[他] 恩准歐洲人合法而公開地傳播基督宗教 ...... 他試圖將歐洲文化與中國文化結合起來 ...... 或許在此之前整個中華帝國還沒有人像他那樣學到西方科學的甜頭，他的知識與遠見便自然而然地遠遠超過其他漢人和韃靼人，如同在

[71] 引自梅謙立、李文潮翻譯，〈萊布尼茨致讀者〉，收入 [德]G.G. 萊布尼茨著，《中國近事——為了照亮我們這個時代的歷史》，頁 001-004。引文中的『親納』（Tschina，他們如此發音），經筆者稍微改動。原中譯者譯為「Tschina（這是「中國」兩字的讀音）」。原文如下："Singularu quodam fatorum consilio factum arbitror, ut maximus generis bumani cultus ornatusq〔ue〕; bodie velut collectus sit in duobus extremis nostril continentis, Europa & Tschina,（sic enim efferunt）qua velut Orientalis quaedam Europa oppositum terrae marginem ornat." 參見 G. W. Leibniz, *Benevolo Lectori, Novissima Sinica*（1699）, p. 2.

埃及的金字塔上添了一個歐洲的尖頂。[72]

這位出身德意志神聖羅馬帝國的新教哲學家，卻與耶穌會士經常往返寫信探詢中華帝國文明的萊布尼茲，提出希望中國派遣「中國傳教士」（missionarios Sinensium）來歐洲講授應用與實踐哲學的知識。他認為如果邀請智者評斷什麼民族的文化最為傑出的話，將是中國而非歐洲將獲得「蘋果」（pomum）。[73] 中華帝國的康熙大帝儼然就成為實踐這套單一統治體制的典範君王。我們是否可以說，國王數學家們成功地將康熙皇帝完美形像推銷給像萊布尼茲這樣的歐洲知識圈裡的思想家？

---

[72] 中譯文字引自〔德〕G.G. 萊布尼茨著，《中國近事——為了照亮我們這個時代的歷史》，這段文字的原文出自 G. W. Leibniz, *Benevolo Lectori, Novissima Sinica* (1699), pp. 4-5：“Quis vero non miretur <u>Monarcham tanti Imperii</u>, qui pene humanum fastigium magnitudine excessit et mortalis quidam Deus habetur, ut ad nutus eius omnia agantur, ita tamen educari solere ad virtutem et sapientiam, ut legum observantia incredibili et sapientum hominum reverentia vincere subditos ipso culmine suo dignum iudicare videatur〔…〕Usque adeo ut, qui nunc regnat Cam-Hi, Princeps pene sine exemplo egregius, utcunque in Europaeos propensus libertatem tamen religionis Christianae lege publica indulgere〔…〕Qua ille in re mihi longius unus quam omnia tribunalia sua prospexisse videtur; tantaeque prudentiae causam hanc esse existimo, quod Sinensibus Europaea coniunxit〔…〕quem fortasse in illo Imperio hactenus habuit nemo, non potuit non supra omnes Sinas et Tartaros rerum cognitione prospectuque extolli, quemadmodum si pyramidi Aegyptiae turris Europaea imponeretur.” 底線為筆者所加。因為拉丁譯本使用了<u>當時爭議的名詞 Deus。</u>

[73] 中譯文字引自梅謙立、李文潮翻譯，〈萊布尼茨致讀者〉，收入〔德〕G.G. 萊布尼茨著：《中國近事——為了照亮我們這個時代的歷史》，頁 006。原文如下：Certe talis nostrarum rerum mihi videtur esse conditio gliscentibus in immensum corruptelis, ut propemodum necessarium videatur missionarios Sinensium ad nos mitti, qui Theologiae naturalis usum praxinque nos doceant, quemadmodum nos illis mittimus, qui Theologiam eos doceant revelatam. Itaque credo, si quis sapiens non formae Dearum, sed excellentiae populorum iudex lectus esset, pomum aureum Sinensibus daturum esse, nisi una maxime sed supra-humana re eos vinceremus, divino scilicet munere Christianae religionis. G. W. Leibniz, Benevolo Lectori, Novissima Sinica（1699）, 第五頁之後的頁碼未標示。

白晉的《康熙傳》以及 1692 年康熙皇帝的容教令，宣告耶穌會在中華帝國全境的傳教工作已經獲得皇帝的肯定，不僅是教會內部的大事，也受到世俗學界的關注。除了萊布尼茲之外，我們也能發現，發行於 1665 年歐洲最早的學術性報刊巴黎《學者報》（Le Journal des Savants）[74] 是一份極具影響力的學術報刊。在中國禮儀之爭最熱的那幾年，這份刊物刊載了多篇相關文章。例如在這份刊物的第 21 期（1698.6.2）評論白晉的康熙傳。簡介康熙基本年紀和統治時間，講到這位中國皇帝 44 歲，在位 36 年。他的行為幾乎是半個基督徒，因此傳教士們希望天賦其傑出的特權，否則他其他一切皇家品格都將毫無真實可言。還提到白晉獻給路易十四的畫像，述說兩人有多麼相似，並讚譽康熙是世上最完美的君王之一，如果他能夠像所有信仰基督教的君王一樣。[75] 同一年的八月號則刊載了評論張誠所著有關康熙皇帝容教令的專書（*Histoire de l'édit de l'empereur de la Chine en faveur de la religion chrétienne,* 1698）。[76] 評論中歷數在 1632 年之後進入中國的方濟會士與道明會士與耶穌會對於中國傳記得不同立場與作風，最後提到張誠批評閔明我用自己想像的事情來指控耶穌會士是非常的嚴重的犯罪行為（très-crimineles）。[77] 這樣一

---

[74] 巴黎學者報（*Le Journal des Savants*）於 1665 年一月五日在 Denis de Sallo（1626-1669）發起下，於巴黎創刊，迄今兩百多年，在 1793-1815 年間停刊（1797 年除外）。1816 年起由法蘭西學會 (Institut de France) 支持發行，1908 年起，這份刊物改由法蘭西文學院（Académie des Inscriptions et Belles-Lettres）支持發行。法國國家圖書館數位圖書館提供了 1665-1946，共計 272 卷的全文掃瞄檔。各階段的主編資料亦請詳見 http://gallica.bnf.fr/ark:/12148/cb343488023/date （檢索日期 2017 年 4 月 20 日）。

[75] *Le Journal des Savants,* 1698（Paris: Jean Cusson, 1698）, pp. 246.

[76] 此書後來在 1700 年收入 *Nouveaux mémoires sur l'état présent de la Chine*, tome troisième. Seconde édition （Paris: Jean Anisson, 1700）, pp. 1-216.

[77] 刊載於《學者報》（*Le Journal des Savants*）第 33 期（1698.8.23），參見 *Le Journal des Savants,* 1698（Paris: Jean Cusson, 1698）, pp. 385-389. 張誠這本書長達三百多頁，萊布尼茲的《中國近事》收錄了蘇霖（Josef Suarez, 1656 － 1763）所傳有關容教令相對簡短的說明文件（*De Libertate Religionem Christianam apud Sinas pro-*

份作為當時學者間知識交流平台的報刊，除前述兩例之外，該報刊仍有為數不少有關中國的文章。從這些無論是書評或是公開的辯論，我們可以觀察到中華帝國的康熙皇帝，對於當時學界已經是一個受到相當關注與推崇的東方帝王。中華帝國的政體也成為討論對象。

六、結語

筆者曾探討十八世紀初期的耶穌會士衛方濟和十八世紀中晚期的耶穌會士馬若瑟與韓國英，對於康熙皇帝以及中國古代經典裡的聖人，最終轉化為對於中華帝國裡這位承受天命、自稱「于一人」的「天子」的索隱詮釋。具體說明這個「一人」：十八世紀末耶穌會被解散之後留在北京最後幾位耶穌會士之一的韓國英（Pierre-Martial Cibot, 1727-1780），在翻譯《孝經 ‧ 卿大夫章》最後所引的詩經文字「詩云：夙夜匪懈，以事一人。」Il est dit dans le Chi-king: Ne vous relâchez ni jour ni nuit dans le service de l'homme unique, [c'est-à-dire, de l'Empereur].[78] 他註解這個「一人」指皇帝。白晉與李明對於康熙的引介，在當時法國皇室和知識界所引起的關注，以及透過這位來自東方非基督教傳統的帝國領袖，將此單一統治理想化的效應，令我聯想到在中國的法國籍耶穌會士裡，對於中國古代經典裡的「聖人」的研究與詮釋，彷彿一種跨時代的回響。

彼得 ‧ 柏克（Peter Burke）在其《製作路易十四》（The

pagandi nunc tan-dem concessa 1692. Relatio composita a R.P. Josepho Suario Lusitano collegii Pekinensis Rectore），基本上描述了耶穌會如何從 1669 年到 1692 年間，受到漢族官員的排擠與迫害，最終在索額圖幫助之下，於 1692 獲得康熙的准許令。蘇霖的文件中譯本，請參見梅謙立翻譯，〈蘇霖神父關於 1693 年容教令的報告〉，收入〔德〕G.G. 萊布尼茨著，〔法〕梅謙立、楊保筠譯：《中國近事 —— 為了照亮我們這個時代的歷史》，頁 001-036。

[78] Pierre-Martial Cibot, *Hiao-King*, ou Livre Canonique sur la *Piété filiale*, in Joseph Marie Amiot et. al., *Mémoires concernant l'histoire, les sciences et les arts des Chinois*, vol. 4（Paris: Nyon l'aîné, 1779）, pp. 33-34. 底線為筆者所加。詳參潘鳳娟：〈孝道、帝國文獻與翻譯：法籍耶穌會士韓國英與《孝經》翻譯〉，頁 82-85。

Fabrication of Louis XIV）一書裡提供另一種面向的路易十四研究進路，從當時的相關的油畫、版畫、雕刻、文學、紀念章、戲劇、芭蕾、歌劇等，重新觀看這些媒體如何透過包裝、宣傳來建構路易十四的公眾形象。目的在於使其在群眾、後代子孫、巴黎與法國各省的貴族與朝臣，甚至是外國宮廷人士面前，呈現出一位完美君王的形像：僅有 160 公分高、禿頭的路易，在假髮、斗蓬、高跟鞋襯托下，手持權力之杖，撐起偉大的路易——太陽王形像。[79] 回到現實，當白晉、李明和萊布尼茲出版有關康熙的專著時，路易十四已經垂垂老矣。彼得 · 柏克描繪他其實已經進入「日落」時期，缺牙、痛風、還治療了瘻管。國勢也開始走下坡。朝廷弊案頻傳，路易的造型師技巧都大不如前。身後留下的，是一個衰敗的法國。[80] 彼得 · 柏克甚至說：「直到生命的末期，路易十四仍在表演」—— 他透過病危圖像向臣民與子孫道別。[81] 十七世紀法國這場「造神運動」就此落幕。[82]

無獨有偶地，學界討論耶穌會對於文人傳統的始祖孔夫子和帝國傳統的重要皇帝康熙，也有從「製作」、「建構」的面向來分析的方法。魯保祿（Paul Rule, 1937-）在 *K'ung-tzu or Confucius?: The Jesuit Interpretation of Confucianism* 一書中，已經提出 "Confucius" 是耶穌會的發明物（Jesuit invention）。[83] 詹啟華（Lionel M. Jensen）的《製

---

[79] 最經典的就屬那一幅 1700 年左右路易十四的肖像。Peter Burke, The Fabrication of Louis XIV（New Haven and. London: Yale University Press, 1992）. 彼得 · 柏克著，許綬南譯：《製作路易十四》〔以下：彼得 · 柏克著，《製作路易十四》〕（臺北：麥田，1997 年），頁 23。

[80] 歷經多次流放、囚禁，對現實嚴重不滿的伏爾泰，著書謳歌路易十四的黃金歲月，嘲諷的是正是路易十四身後所留下的崩潰的法國及其子孫靡爛的宮廷生活、朝廷鬥爭和凋蔽的民生。詳見〔法〕伏爾泰著，吳模信等譯：《路易十四時代》（北京，商務印書館，1997），頁 001-002。不過諷刺的是，伏爾泰對於路易十四當政期間的繁華似乎持比較正面的態度？長遠地看，豈不是路易十四已種下禍根？

[81] 彼得 · 柏克著：《製作路易十四》（臺北：麥田，1997 年），頁 131-151。

[82] 蕭新煌：〈導讀：十七世紀的造神運動〉，彼得 · 柏克著：《製作路易十四》，頁 vii-xi.

[83] Paul Rule, *K'ung-tzu or Confucius? The Jesuit Interpretation of Confucianism*（Sydney,

作中的孔夫子學》（*Manufacturing Confucianism: Chinese Traditions and Universal Civilization,* 1997）一書，更強烈地批判了耶穌會「製作」儒學。[84] 如前文已及，根據筆者近年觀察近代歐洲初版品中所提供的地圖對中國疆域的劃分（Mapping China），呈現出「視中國為世界一隅」的意象，地圖裡的「東方」概念，逐漸聚焦為以中國為中心的區域。近代歐洲有關中國的描述裡有兩個關鍵，一為以孔子為中心的文人與儒學之論述，一為以康熙為中心的帝王和政治之論述。尤其是當時東西方交互輝映的兩位君王：康熙大帝與太陽王路易十四，因其諸多面向的相似性，常成為時人與後世學者的比較對象。隨著「中國禮儀之爭」的發展與演變，中國耶穌會的辯護策略也出現了「帝國轉向」；亦即，他們賴以為辯護的論據逐漸從強化孔子所代表的文人和儒學傳統，轉向以皇帝（尤其是康熙）對中國禮儀的詮釋。[85] 康熙就成為中國政體與社會秩序的執行者與維護者。無論是孔夫子，或是康熙，兩位都是傳承中國上古聖王早已奠立的文人傳統和政府體制。類比耶穌會士視孔子為中國大哲、文人傳統的始祖，耶穌會士對於康熙大帝的形象建構，則視之為中華帝國單一統治體制的典範。耶穌會士分別以孔夫子與康熙兩位做為代表，一體兩面地將中國區分為文人傳統和帝國傳統。1687 年柏應理的《中國哲學家孔子》，和 1697 年白晉的《中國皇帝的歷史肖像》這兩本著作，代表他們對中國雙重傳統的代表性人物的形象建構。《中國哲學家孔子》書中的孔子像，其圖像配置的方式是將孔子置於前方，位於類似歐洲圖書館的空間裡，塑造一種大哲學家（中國文人傳統也就此納入哲學領域），並且被視為中國精神維護與傳承者，地位類比古希臘大哲學家。無論是對「孔子」與「康熙大帝」的描述，

Boston and London: Allen and Unwin, 1986）, p. ix.

[84] 潘鳳娟：〈翻孔子、譯孝道：以早期的《孝經》翻譯為例反思西方漢學的定位〉《編譯論叢》，8 卷 2 期（2015 年），頁 57-88。

[85] 參見潘鳳娟：〈孝道、帝國文獻與翻譯：法籍耶穌會士韓國英與《孝經》翻譯〉，頁 71-99。

可以觀察到這幾件歐洲出版品對偉大人物的形象建構。從圖像空間的配置與規劃[86]，可以看見歐洲宮廷風格的空間配置裡站立一位滿清── 中國皇帝，而康熙的半身像，被典型歐洲人物象的外框環繞。這是否可以是為國王數學家白晉和李明所製作的康熙？白晉與李明名下這兩本書的出版時間大約是歐洲在啟蒙時代初期。我們在同時期的文獻裡可以發現大量與中國有關的出版品，介紹中國文字、風土民情、歷史地理等不同面向的東方，並且這些書籍甚至被翻譯為多種歐洲語言，這某種程度意味著這些出版品在當時流傳甚廣。部分書籍在極短時間內就出現海盜版，流傳得更廣了。

在從圖像和敘事兩方面考察與解析了國王數學家所介紹、推銷的康熙大帝形象之後，筆者想繼續提出的問題是：十七世紀末之後的耶穌會士之高舉康熙作為單一統治王權的典範是否僅是一種策略？或者從耶穌會的內部教條會規而來的一種宗教性認同？如果是前者，自康熙對於中國古經的詮釋被高舉成為辯護中國禮儀的終極武器，這群耶穌會士其實讓自己處在一個尷尬的處境。之所以尷尬，在於從路易十四為涉入遠東事務而展開的與羅馬教宗和葡萄牙王的競爭結果，受派前往中國的國王數學家，卻帶回有關這位無論在能力、智慧、道德各方面都如此卓越，幾乎是超越路易之上的東方對手 ── 中國康熙皇帝的各種訊息。不僅路易本人獲知，也在當時的學者之間廣傳。儘管白晉口口聲聲宣誓效忠法國國王，斬釘截鐵地說雖然康熙並未改信基督宗教，但是對傳教士的友善在他的容教令裡展露無遺。這意味著甚麼？對中華帝國單一統治政權的推崇，所帶來的效應，果真能夠強化羅馬教宗作為天主教會唯一在世界上的天主代表？或是堅固法國國王獨立於教會之外？如果僅是策略，耶穌會所欲達致的目標，似乎與他們實際造成的後果，並不相應。如

[86] 詳見李招瑩，〈異文化與在地化的圖像融合：以法國出版「中國文化歷史及風情叢刊（1776-1791）」的孔子生平圖為例〉，《漢語基督教學術論評》，第 4 期 (2007 年)，頁 109-135。

果是來自他們的宗教性認同，對於會內的長上甚至是對教宗的絕對服從，豈不是除了接受法國國王差遣之外，又再一次搖動教宗之於耶穌會士們的單一統治權？在十七世紀歐洲的世俗王權勢力漸長，與羅馬教廷逐步抗衡的時代，作為單一統治之中華帝國的君王，康熙的智慧明君形象成為耶穌會士的推崇重點，並藉由圖像和文字傳記等出版品在歐洲傳播。這被建構的康熙的形象，直接或間接地對後來歐洲幾位重要思想家如萊布尼茲建構理想君王的形象影響頗深。中國耶穌會士對於康熙皇帝的引介，以及他們在中國禮儀之爭時以康熙作為為其中國傳教策略辯護的最權威引據，似乎最終卻也因為這來自中華帝國的最高權威，威脅了羅馬教廷在歐洲的地位而反遭受更深疑慮而不被天主教內部人士接受？如能進一步探入這些問題，對於我們理解十八世紀以後，歐洲的政教關係變遷，以及十九世紀法國漢學在學院正式被建立的箇中關連，應當會有所啟發。

引用文獻

Bouvet, Joachim, *L'Estat Present de la Chine, en Figures: Dedié A Monseigneur le Duc de Bourgogne*（Paris: Pierre Giffart, 1697）.

______________, *Portrait historique de l'empereur de la Chine*（Paris: E. Michallet, 1697; Paris: Robert & Nicolas Pepie, 1698）.

______________, *The History of Cang-Hy, the Present Emperour of China Presented to the Most Christian King*（London: F. Coggan, 1699）.

______________, *Icon Regia Monarchae Sinarum nunc regnantis* à R. P. Joach. Bouveto Jesuita Gallo, ex Gallico versa, Gottfried Wilhelm Leibniz, *Novissima Sinica historiam nostri temporis illustratura*（Hannover: Förster, 1699）.

Burke, Peter, *The Fabrication of Louis XIV*（New Haven and London: Yale University Press, 1992）.

Davy, Jacques, «La condemnation en Sorbonne des 'Nouveaux memoires sur la Chine de P. Le Comte,» *Recherches de science religieuse,* 37（1950）: 366-397.

Du Halde, Jean-Baptiste, *Description géographique, historique,chronologique, politique et physique de l'empire de la Chine et de la Tartarie chinoise*（Paris: P.-G. Le Mercier, 1735）.

Du Halde, Jean-Baptiste, *Description géographique, historique, chronologique, politique, et physique de l'empire de la Chine et de la Tartarie chinoise, enrichie des cartes générales et particulieres de ces pays, de la carte générale et des cartes particulieres du Thibet, & de la Corée; & ornée d'un grand nombre de figures & de vignettes gravées en tailledouce*（La Haye, H. Scheurleer, 1736）.

Höpfl, Harro, *Jesuit Political Thought: The Society of Jesus and the State, c.1540–1630*（Cambridge: Cambridge University Press, 2004）.

Nieuhof, Ioannes & Georg Horn, *Legatio batavica ad magnum Tartariæ chamum Sungteium, modernum Sinæ imperatorem. Historiarum narratione, quæ legatis in provinciis Quantung, Kiangsi, Nanking, Xantung, Peking, & aula imperatoriâ ab anno 1665 ad annum 1657 obtigerunt, ut & ardua Sinen-*

sium in bello tartarico fortunâ（Amstelodami: Apud Jacobum Meursium 1668）.

Nieuhoff, Jean, *L'ambassade de la Compagnie orientale des Provinces Unies vers l'empereur de la Chine, ou grand cam de Tartarie, faite par les Srs. Pierre de Goyer, & Jacob de Keyser*（Leyde: Pour J. de Meurs 1665）.

Nieuhof, Johannes &Pieter de Goyer&Jacob de Keizer&John Ogilby（transl.）, *An embassy from the East-India company of the United Provinces, to the Grand Tartar Cham*（London: Printed by J. Macock for the author 1669）.

Nieuhoff, John, *An embassy from the East-India Company of the United Provinces, to the Grand Tartar Cham, emperor of China*（London: printed by the author in his house in White-Friers, 1673）.

Kircher, Athanasius, Charles D. Van Tuyl（transl.）, *China Illustrata, with Sacred and Secular Monuments, Various Spectacles of Nature and Art and Other Memorabilia*（Bloomington: Indiana University Research Institute for Inner Asian Studies, 1987）.

Kircher, Athanasius, *China monumentis, quà sacris quà profanis, nec non variis naturae & artis spectaculis, aliarumque rerum memorabilium argumentis illustrate*（Amstelodami: Apud Joannem Janssonium à Waesberge & Elizeum Weyerstraet, 1667）.

________________, F S Dalquié（transl.）, *La Chine d' Athanase Kircher, illustrée de plusieurs monuments tant sacrés que profanes, et de quantité de recherches de la nature et de l'art, avec un dictionnaire chinois et français*（Amsterdam: Jean Jeansson, 1670）.

Landry-Deron, Isabelle, *La preuve par la chine. la description de j.-b. du halde, jesuite, 1735*（Paris: Editions de l'Ecole des Hautes Etudes en Sciences , 2002）.

Le Comte, Louis, *Nouveaux mémoires sur l'état présent de la Chine*（Paris: Jean Anisson, 1696, 1697, 1698）.

Le Gobien, Charles, *Histoire de l'édit de l'empereur de la Chine en faveur de la religion chrétienne*（Paris: Jean Anisson, 1698）.

Lee, Chao Ying, "Integration of Foreign Culture with Local Culture: The Icons of Confucius in Mémoires concer*nant les Chinois*（1776–91）in France," Sino-Christian Studies, no. 4 （2007）, pp. 109–35.

Rule, Paul, *K'ung-tzu or Confucius?: The Jesuit Interpretation of Confucianism*（Sydney, Boston and London: Allen and Unwin, 1986）.

〔法〕伏爾泰著，吳模信等譯：《路易十四時代》，北京：商務印書館，1997 年。

〔法〕李明著，郭強、龍雲、李偉譯：《中國近事報導》，鄭州：大象出版社，2004 年。

〔法〕藍莉（Isabelle Landry-Deron）著，許明龍譯：《請中國作證》，北京：商務印書館，2015 年。

〔德〕G.G. 萊布尼茨，[法] 梅謙立、楊保筠譯：《中國近事 — 為了照亮我們這個時代的歷史》，鄭州：大象出版社，2005 年。

李招瑩：〈異文化與在地化的圖像融合：以法國出版「中國文化歷史及風情叢刊（1776-1791）」的孔子生平圖為例〉，《漢語基督教學術論評》第 4 期，2007 年，頁 109-135。

李奭學：〈西秦飲渭水，東洛薦河圖 — 我所知道的「龍」字歐譯始末〉，《漢學研究通訊》26 卷 4 期，2007 年，頁 1-11。

彼得 • 柏克（Peter Burke）著，許綬南譯：《製作路易十四》，臺北：麥田，1997 年。

林虹秀：〈龍之英譯初探〉，新莊：輔仁大學翻譯研究所碩士論文，2007 年。

邱凡誠：〈清初耶穌會索隱派的萌芽：白晉與馬若瑟間的傳承與身分問題〉，台北：國立臺灣師範大學國際漢學研究所碩士論文，2011 年。

秦曼儀：〈絕對王權下貴族的書寫與出版 — 拉侯什傅科公爵的《道德箴言錄》與巴黎菁英讀者〉《台大歷史學報》第 5 期，2015 年，頁 1-65。

陳秀鳳：〈神聖性王權「世俗化」— 中世紀晚期法學思想與法蘭西王權關係的探討〉《新史學》18 卷 3 期，2007 年，頁 103-138。

潘鳳娟：〈孝道、帝國文獻與翻譯：法籍耶穌會士韓國英與《孝經》翻譯〉，《編譯論叢》5 卷 1 期，2012 年，頁 71-99。

______：〈衛方濟的經典翻譯與中國書寫：文獻介紹〉，《編譯論叢》3 卷 1 期，2010 年，頁 189-212。

______：〈翻孔子、譯孝道：以早期的《孝經》翻譯為例反思西方漢學的定位〉，《編譯論叢》8 卷 2 期，2015 年，頁 57-88。

劉耿：〈從王國到帝國 — 十七世紀傳教士中國國體觀的演變〉，《新史學》

28 卷 1 期，2017 年，頁 57-114。

漢學西傳

以早期來華傳教士之著述《中國圖說》（1667）與《中國哲學家孔子》（1687）為例

黃渼婷 *

〔摘 要〕

漢學在歐洲的發展由何時起始，一般的觀點認為可由十八世紀法國設立了正式漢學教席起算。不過，在近幾年的研究中，逐漸開始重視十三世紀至十八世紀早期來華傳教士將漢學或者關於中國文化相關知識傳遞進歐洲的貢獻，特別是十六世紀到十八世紀早期來華耶穌會傳教士如利瑪竇等人對於中國儒家經典以及中國文化的詮釋與傳遞。傳教士們的相關著述與翻譯作品相當地多，其中最受矚目，也較為早期完成的兩部作品為耶穌會會士基歇爾（Anthanasius Kircher, 1602-1680）所著述的《中國圖說》(1667) 與柏應理（Philippe Couplet, 1623-1693）等人所編撰與翻譯的《中國哲學家孔子》（1687）。前一部書可說是介紹當時中國的百科全書，後一部書則著重在介紹中國的思想文化精神以及宗教信仰，也收錄了《四書》中的《大學》、《論語》以及《中庸》。本論文擬聚焦於探究此二部著作對於中國不同層面的介紹，同時也希望呈現當時傳教士們在特定的傳教視野下將中國思想文化引入西方的方法論。

關鍵詞：傳教士漢學、漢學西傳、中國圖說、中國哲學家孔子

* 輔仁大學天主教學術研究院助理研究員／華裔學志漢學研究中心主任

一、引言

談論漢學西傳，來華傳教士譯介與書寫中國文化、經典功不可沒。早期來華傳教士對於中國文化的詮釋理解，最早可溯及十三世紀天主教方濟會傳教士出使蒙古傳教時期對中國文化與風土民情所作的文字描述。在當時，介紹中國主要以遊記的方式進行。其中義大利方濟會傳教士伯朗嘉賓（Giovanni da Pian del Carpine, 1180-1252）所著之《伯朗嘉賓蒙古行紀》*Historia Mongalorum quos nos Tartaros appellamus* 以及法國方濟會傳教士魯布魯克（Guillaum de Rubruquis，約 1215-1270）書寫的《魯布魯克東行紀》*Itinerarium ad partes orientales*（1253-55），為當時記錄中國最重要的兩部著作。這兩部著述對當時蒙古的風土民情、奇聞軼事、戰事策略以及宗教信仰多所著墨。其中，《伯朗嘉賓蒙古行紀》以不少的篇幅紀錄當時傳教士在宮廷的傳教情況。[1] 檢視二部作品的內容，對於當時蒙古戰事的描述相當的多。按照多數二手文獻的研究，此與當時歐洲急欲窺探蒙古軍情不無關係。[2]

到了十六世紀，傳教士們再度來到中國。此時來到中國的傳教士多為耶穌會傳教士。1542 年傳教士聖方濟．沙勿略（St. Francis of Xavier, 1506-1552）的亞洲之行，開啟了西方傳教士在亞洲的傳教工

---

[1] 伯朗嘉賓奉命於教皇英諾森四世（Innocent IV）的命令，於西元 1245 年出使蒙古，於 1246 年抵達西蒙古拔都幕帳，四個月後抵達哈剌和林，參加了皇帝的登基大典，其後於 1247 年返回法國里昂。魯布魯克為方濟會傳教士，按照其《魯布魯克東行紀》當中紀載，他主要奉命於法蘭西國王路易九世之命，攜帶著使函，出使蒙古。希望能夠見到拔都之子蒙哥汗。相傳蒙哥汗為基督徒，因此魯布魯克攜帶之信件主要為訓誨與友好之詞。參閱耿昇、何高濟譯：《伯朗嘉賓蒙古行紀－魯布魯克東行紀》（北京：中華書局，1985 年），頁 4-5; 180。

[2] 馬可波羅遊記亦屬同時期相當著名的觀察中國遊記類作品，但因其非為傳教士，因此不在本文的討論範圍中。

作。[3] 他首先抵達印度果阿，其後於 1549 年的聖母升天節抵達日本。[4] 他於此二處傳教的成效斐然。1552 年，沙勿略在果阿以及日本傳教成功的鼓勵之下，回到上川島，預備進入中國，不過，卻因為明朝的海禁政策而無法進入中國繼續他的傳教工作，後來病逝於上川島。沙勿略無法進入中國傳教，並未阻礙後來傳教士入華傳教的熱情，反而益加地激勵傳教士持續來華的決心。[5]

西元 1574 年傳教士范禮安（Alexandre Valignani, 1538-1606）接受耶穌會指派進入亞洲，擔任印度至日本傳教區的視察員，西元 1577-78 年留駐澳門。[6] 他觀察了澳門的傳教現況、明朝的海禁政策以及教廷對勸化人歸教的方式，認為勸化中國人皈依天主教的方式應採取適應策略，培育「會讀、會寫、會說中文，並且熟悉中國禮儀以及風俗的神父」。[7] 因此，他派遣羅明堅神父（Michel Ruggieri, 1543-

---

[3] 方濟各 · 沙勿略於 1506 年生於今日西班牙北部納瓦拉（Navarra）沙勿略堡的一個巴斯克望族家庭。身為耶穌會創始人之一，以及將天主教傳播到亞洲的麻六甲與日本的第一人。

[4] 沙勿略 1551 年離開日本，前往中國。這時日本有教友一千。在日本的鹿兒島現今還樹立著沙勿略的紀念碑。

[5] 其後仍有數位耶穌會神父奉命前來中國傳教，例如方濟 · 博日亞神父（Francis Borgia 1510-1572）、方濟·培來思（Francisco Perez Godoy 1540-1570）、黎伯臘（Fr. Riberira）、黎耶臘（Fr. Riera）皆取道澳門，試圖進入中國。不過，其中除了培萊思曾到了廣州之外，其他幾位皆未能完成既有的使命。培萊思神父雖然曾隨著澳門的商團進入廣州，不過他渴望留在廣州的願望，卻遭到中國的拒絕，他於抵達當年（西元 1565 年）即被強制離華。參閱賴詒恩（Thomas F. Ryan, S.J.）著，陶為翼譯：《耶穌會士在中國》（台北：光啟出版社，2007 年），頁 13-14。

[6] 范禮安字立山，他於 1573 年在居里安會長（Mercurian）的主持之下發了永願。隨即在次年三月即受到派遣進入亞洲。參閱周天：《跋涉明清之際耶穌會的在華傳教》（上海：上海書店，2009 年），頁 18。

[7] 關於范禮安神父的適應政策，許多文獻均曾提及。參閱 Henri Bernard, S.J., *Aux Portes de la Chine: les missionaires du seiziécle, 1514-1588 (Hautes-Etudes, Tientsin, 1993)* (Tianjin,1993)，頁 141；利瑪竇著；劉俊余、王玉川譯：《天主教傳入中國史》（台灣：光啟出版社，1986 年），頁 113；張西平：《傳教士漢學研究》（河南：大象出版社，2005 年），頁 4；周天：《跋涉明清之際耶穌會的在華傳教》（上海：

1607）來華進行傳教工作。[8] 羅明堅於西元 1579 年由印度的果阿抵達澳門，成為適應策略之下的先鋒傳教士。他學習中國文字及語言，於西元 1580 年隨著葡萄牙商人進入廣東。他於此行當中十分注意謹守中國的禮儀，並因此獲得了部分中國官員的認同以及特殊的禮遇。[9] 只可惜，他的作法卻引來部分同會兄弟的反對，因為他們看待傳教工作多抱持著應以「歐洲為中心」的概念，認為所有中國教徒應該「西方化」。他們認為傳教士不需要學習中國的語言與文字，並以此為由打壓羅明堅的傳教工作。[10] 范禮安面對如此的情況，無所遲疑，反而更進一步地要求當時的耶穌會總會長阿奎維法（Claudio Aquaviva, 1543-1615）不應干涉他的決定，而要求在澳門的傳教士使自己「中國化」。[11]

羅明堅與巴範濟（Francesco Pasio, 1554-1612）在奉行「適應策略」的理念之下深獲當地總督的青睞，逐漸建立起在肇慶長期居留的可能性。不過，五名方濟會士在廣州遭到扣押的事件，以及西元 1582 年肇慶總督遭到免職的命令阻礙他們繼續居留在中國的願望，他們只得再度退回澳門。幾經波折，羅明堅於西元 1583 年再度被召回肇慶，並由郭應聘總督之處獲得了居留與建造教堂的土地，當時伴

上海書店，2009 年），頁 18；黃一農：《兩頭蛇：明末清初第一代天主教徒》（上海：上海書店，2006 年），頁 13-14。

[8] 沙勿略於日本、果阿以及麻六甲，使得不在少數的人領洗，雖然他後來死於上川島，無法進入中國傳教，不過，因為他的等待與死亡加強了其他傳教士進入中國傳教的決心。關於沙勿略的詳細事蹟請參閱賴詒恩（Thomas F. Ryan, S.J.）著，陶為翼譯：《耶穌會士在中國》，頁 7；另參閱黃一農：《兩頭蛇：明末清初的第一代天主教徒》（上海：上海古籍出版社，2006 年），頁 10-11。

[9] 羅明堅謹守中國禮儀的策略反而使他獲得特殊的待遇。他不需要如同其他人一般，對中國官員行跪拜禮，亦獲得住在進貢使者居住的行館中。最重要的是他被允許在廣東舉行彌撒，廣東的總督以及軍事長官也出席了他的彌撒。參閱喬治 · 鄧恩（George H. Dunne）著；余三樂、石蓉譯：《巨人的一代：利瑪竇和他的同會弟兄們》（台北：光啟文化事業，2008 年），頁 58-59。

[10] 同前註，頁 61。

[11] 同前註，頁 60。

隨著他的傳教士已不再是巴範濟，而是十六世紀最重要的中西文化交談先驅：利瑪竇（Matteo Ricci, 1552-1610）。[12]

二、漢學西傳的鼎盛時期：利瑪竇等傳教士關於中國的著述

利瑪竇承襲了范禮安的適應策略，對傳教的方式作了較大的變革，他於肇慶停留了六年後，感覺到除了傳遞福音之外，更重要的目標應是使天主教在中國紮根。他認為天主教的理想需潛移默化地進入中國思想，並與中國文化思想主流相結合。[13] 他不僅學習中國的語言文字，也藉著他對於科學的知識，例如天文儀器、日晷儀以及鐘錶機械的知識，博取朝廷部分人士對他的信任。雖然他最初以僧侶的樣貌與中國人來往，不過，他很快知道，唯有著儒服，學習儒家的文化思想，方能進入中國社會主流的知識份子群中。

羅明堅與利瑪竇擁有相當高的文化敏感度，他們積極進入當時中國文化思想的主流：「儒學」，將儒家經典翻譯為拉丁文傳入歐洲，也把歐洲的哲學思想、《聖經》、聖人傳記以及天主教教理翻譯為中文，同時以中文書寫耶儒文化比較等相關著作。例如，羅明堅於西元 1582 年翻譯了《三字經》的譯本；回歐洲時將《四書》中的《大學》翻譯為拉丁文。[14] 此外，他亦於 1584 年以漢語完成了《天主聖教實

---

[12] 羅明堅與利瑪竇在肇慶建立了中國的第一座天主教堂。參閱張西平，《傳教士漢學》，頁 6-7。

[13] 參閱喬治 · 鄧恩（George H. Dunne）著；余三樂、石蓉譯：《巨人的一代：利瑪竇和他的同會弟兄們》（台北：光啟文化事業，2008 年），頁 72。

[14] 羅明堅所翻譯的《三字經》後來並未發表。至於他所翻譯的《大學》其後並非由他自己發表，而是由編撰《歷史、科學、救世研討叢書選篇》（*Bibliotheca Selecta qua agitur de Ratione stucliorum in historia, in dischiplinis, in Salute omniun procuranda*）的波塞維諾（Antonio Possevino）所發表。《大學》的拉丁文本目前收藏於羅馬的國家圖書館中。參閱張西平：《傳教士漢學研究》，頁 13。另可參閱 Paul. A. Rule, *Kung-tze or Confucius? The Jesuit Interpretation of Confucianism*（Allen & Unwin Austrandia, Ptdylta, 1986）。此外，關於《大學》拉丁文本多處內文的分析，可參閱張西平：《傳教士漢學研究》，頁 15-20。

錄》，為明代第一部以漢語書寫西方宗教概念的著作。[15] 羅明堅書寫這部書時，嘗試融通中西方的哲學與文化，首先將 Deus 一詞翻譯為「天主」，並且為了讓當時的中國士人理解天主教，而以自然神學的方式論證天主教的教理。他同時接受了當時中國文化的倫常概念，於《天主聖教實錄》的序言中即言明「常謂五常之序，仁義最先；故五倫之內，君親至重」。他期待以此獲得儒學士的信任，之後能有機會對其論述天主教的教規。[16]

利瑪竇承襲了羅明堅的策略，書寫與譯介了大量的著述傳達信仰，比較耶儒文化。他因此入當時知識階層的核心。除了與許多知名的儒學士交好之外，例如王弘誨、陳子貞、馮應京等人為友，亦著述了相當多的作品，例如：《交友論》、《天主實義》、《二十五言》、《畸人十篇》、《幾何原本》、《測量法義》、《同文算指》、《渾蓋通實圖說》、《乾坤體義》、《萬國全圖》等。其中，相當大的部分與當時的文人合作完成。此外，利瑪竇亦以義大利文書寫了《利瑪竇資料彙編》（Fonti Ricciane），其後由金尼閣（Nicolas Trigault, 1577-1628）帶回義大利，編譯為拉丁文文本，將資料名稱改為《天主教傳入中國史》（*Storia dell'introduzione del Cristianesimo in Cina*）。[17] 利

[15] 根據相關研究，《天主聖教實錄》共有四種刻本，內容大同小異，僅在書名、落款方式以及附頁略有不同。根據方豪的研究，目前收錄在《天主文獻東傳續編》的《天主聖教實錄》與前四種刻本不甚相同。參閱方豪：《中國天主教人物傳》，第一冊（香港：香港公教真理學會，1970 年）此外，部分研究者亦認為此書中的概念並非羅明堅所創，他主要是依據了他所讀過的教理講義：*Vera et bravis divinarum rerum expositio* (1579-1581)，並將其翻譯為漢語，請人加以潤飾後成書。此說法參閱張西平：《傳教士漢學》，頁 21；另可參閱裴化行：《天主教十六世紀傳教志》。

[16] 羅明堅此作品譯論述儒家推己及人與基督宗教死後上天堂享永福的概念。參閱羅明堅：《天主聖教實錄》，頁 767。

[17] 這作品又名《利氏資料》。金尼閣的在 1615 年出版的版本增添了不少他自己所加入的注釋，而在 1909 年，耶穌會之歷史學家達基宛林里（Tacchi Venturi）發現了利氏的原文，改書名為《中國論》*Commentari della Cina*，於 1911 年出版。其後，耶穌會士德禮賢（Pasquale D'Elia）於 1942-1949 年間替此書做了詳細的注釋，標出中國的地名與人名，由義大利國立皇家學院以《利氏資料》*Fonti Ricciane* 出版。

瑪竇多數的著述被收錄進中國的重要經典中。例如：李之藻將上述的十部作品收進他的《天學初函》；《四庫全書》也將利瑪竇的七部作品收錄進西學當中。[18] 利瑪竇藉著對漢語的高度掌握以及與儒士的頻繁來往，逐漸清楚地區分了早期儒家經典與新儒學經典中概念的差異，並嘗試在儒家經典中找尋與天主教思想相應的概念。他「採用早期教會的神父們認識希臘思想的觀點來理解孔子的思想。一方面盡力保存孔子思想中所包含的自然真理觀點；二方面增加其缺少的其他科學原理，並以天主教教義當中的自然真理做為補充」。[19]

利瑪竇在了解中國儒家思想的基礎上，運用了不同的素材來對中國人傳遞基督信仰的真理，同時也承擔了把中國文化傳入西方社會的責任。他看重文字的力量，著書吸引當時的文人向基督信仰以及西方科學靠近，另外也使用「記憶法」與圖像傳遞基督宗教的深義，吸引當時的士人向基督信仰靠近。例如，1596 年他向中國人傳授所謂的「記憶宮殿」記憶法，在當時的文人圈引起了相當大的迴響。他於自己家中的接待廳放置了世界地圖與宗教圖像，冀望中國人能夠透過這些圖像了解歐洲，並在心中產生些許對於天主教義的理解。

利瑪竇之後的耶穌會傳教士基本上接承襲了此種策略，他們透過大量的著述、譯作與書信往返傳遞中國文化，並與士人們交好。這些傳教士當時的著述，目前原文典籍多收錄在羅馬耶穌會檔案室、梵諦岡檔案室、上海徐家匯圖書館等地。目前大部分當時傳教士的著述皆

參閱利瑪竇著；羅漁譯：《利瑪竇書信集》（台北：光啟出版社，1986 年），頁 37-38。目前 *Fonti Ricciane* 多被譯為《利瑪竇全集》。

[18] 關於利瑪竇著作被提及或者是收錄至中國經典中的情形，張西平已經做了相當詳細的歸納與敘述，他同時亦羅列出利瑪竇某些尚待尋找的文獻資料。《四庫全書》收錄利瑪竇的七部作品為：《乾坤體義》、《測量法義》、《測量異同》、《勾股義》、《渾蓋通實圖》、《同文算指》以及《幾何原本》。參閱甄克思：《續修四庫全書：子部西學譯著類》（上海：上海古籍，2002 年）。

[19] 喬治 · 鄧恩（George H. Dunne）著；余三樂、石蓉譯：《巨人的一代：利瑪竇和他的同會弟兄們》（台北：光啟文化事業，2008 年），頁 78。

已複刻集結成冊，分別由耶穌會所屬的利氏學社（Ricci Institute）、上海第二外語大學張西平教授所領導的中國海外漢學中心以叢書的方式加以出版。前者所出版的《耶穌會羅馬檔案館明清天主教文獻》（12 冊）、法國國家圖書館明清天主教文獻（26 冊）、《徐家匯藏書樓明清天主教文獻》（34 冊）、；後者所出版的《梵蒂岡圖書館藏明清中西文化交流史文獻叢刊》（44 冊）收錄了超過一百七十部當時的天主教相關文獻。內容涉及神學、文化、科學、植物學、醫學、藝術、哲學等領域。在這些作品當中，較為早期，並且相當重要的兩部作品為：1667 年由基歇爾（Anthanasius Kircher, 1602-1680）所著述的《中國圖說》*China Illustrata*，以及柏 應 理（Philippe Couplet, 1623-1693）1687 年出版的《中國哲學家孔子》*Confucius Sinarum Philosophus*。此二部作品提供了當時歐洲人認識中國文化的重要資訊。

三、《中國圖說》

《中國圖說》*China Illustrata* 原名為《中國的宗教、世俗和各種自然、技術奇觀及其有價值的實物材料彙編》*China Monumentis qua Sacris qua Profanis, Nec non variis Naturae & Artis Spectaculis, Aliarumque rerum memorabilium Argumentis illustrata.*[20]（圖一），此作品由從未到過中國的耶穌會會士基歇爾所著。[21] 此作品之所以聞名，主要在於其內容廣泛地收錄與描述了有關於當時中國以及亞洲其他國家的資訊，其被譽為：一部「有關中國的百科全書」。[22] 它呈現了

[20] 此作品的完整中文書名採用張西平、楊慧玲、孟實謨之譯名。參閱阿斯納修斯·基歇爾著：《中國圖說》（鄭州：大象出版社，2010 年），頁 6。

[21] 基歇爾在 1602 年生於德國，十六歲時加入耶穌會。他與許多遠赴中國的耶穌會船教士關係密切，這些傳教士也提供他第一首關於中國的素材。他的拉丁文著作相當多，約有四十部，著作的內容多元，主要涉及自然科學乃至對東方的研究。同前註，頁 18。

[22] 參閱朱謙之：《中國哲學對歐洲的影響》（福建：人民出版社，1983 年），頁 60。

當時第一批傳教士與旅遊者如何理解中國的風土民情以及文化思想，為第一部在歐洲出版的關於中國的著作，因此在當時的歐洲社會造成了很大的迴響。基歇爾雖不識漢語，卻蒐集並整理傳教士提供給他的不同素材。根據相關研究完成此書。此作品主要素材來源多取自於耶穌會傳教士卜彌格（Micha Boym, 1612-1659）以及白乃心（Johann Grueber, 1623-1680）。卜彌格提供了基歇爾關於大秦景教流行中國碑的文字與譯文，白乃心則提供了他在中國與印度的所見所聞。基歇爾嘗試有系統地整理與彙編關於中國的各種資料，出版此書，向歐洲傳遞各種關於中國的訊息。此作品的拉丁文版於 1667 年問世後，隔年就出版了荷蘭文版本，1670 年則出版了法文版，書中關於中國的內容被其後進廣泛引用參考。[23]

此著作共分為六個部分：「關於大秦景教流行中國碑」、「通往中國的不同旅遊路線」、「西方的偶像崇拜首先傳到了波斯和印度，然後擴展到韃靼、中國與日本」、「關於中國的自然與人文奇觀」、「關於中國的建築和其他機械技藝」、「關於中國的文字」。第一個部分「關於大秦景教流行中國碑」相當受到重視，因為它是第一部把

[23] 參閱頁 7。根據張西平的研究，旅遊者 Johan Nieuhof（1618-1672）在他的作品中，讚揚了基歇爾此作品獲得了廣泛的引用。不過，儘管此位作者關於中國的作品成書時間與基歇爾相當接近，張西平的說法仍有待進一步的考證。Johan Nieuhof 作品的英文名稱為：*An embassy from the East-India Company of the United Provinces, to the Grand Tartar Cham, emperor of China.* 原作名稱為：*Het Gezandtschap der Neêrlandtsche Oost-Indische Compagnie, aan den grooten Tartarischen Cham, den tegenwoordigen Keizer van China: Waarin de gedenkwaerdigste Geschiedenissen, die onder het reizen door de Sineesche landtschappen, Quantung, Kiangsi, Nanking, Xantung en Peking, en aan het Keizerlijke Hof te Peking, sedert den jaren 1655 tot 1657 zijn voorgevallen, op het bondigste verhandelt worden. Beneffens een Naukeurige Beschrijvinge der Sineesche Steden, Dorpen, Regeering, Weetenschappen, Hantwerken, Zeden, Godsdiensten, Gebouwen, Drachten, Schepen, Bergen, Gewassen, Dieren, et cetera en oorlogen tegen de Tartar : verçiert men over de 150 afbeeltsels, na't leven in Sina getekent*。

大秦景教流行中國碑[24]的訊息與內容傳遞至歐洲的作品。此部分還分為六個小部分。第一、第二部分介紹了此碑的歷史以及基歇爾對此碑文的注釋的修正過程、第三部分介紹石碑的三種譯文（以拉丁文標註中文音；逐字解釋碑文中的字與意義；對於中文碑文的翻譯，將其翻譯為歐洲人能夠理解的語法結構）；第四部分介紹石碑頂端的十字架與中國文化的關係、以及十字架帶來的奇聞軼事與奇蹟；第五部份主要解釋碑文中的信條與禮儀，特別是基督信仰中三位一體的概念於此碑文中獲得詳細的解釋；第六部分則呈現碑文中敘利亞文名字的翻譯。針對此碑文中敘利亞文的解釋，不少傳教士做過相關的闡釋，例如傅際汎神父（Francisco Hurtado, 1587-1653）、卜彌格神父、以及杜祿茂神父（Martin Daniel Bartoli, 1572-1609）等。不過，按照基歇爾的說法，他是第一個對此碑文中的敘利亞文做出最正確解釋的人。[25]

第二部分《通往中國不同的旅遊路線》所介紹的並非是一般旅遊的路線，而是傳教士們把基督信仰傳到中國的路線。在此部分的第一部分，基歇爾解釋了「在不同的時間，由於什麼原因，由什麼人，走的是哪個通道，基督信仰才被傳布到東方－印度、韃靼帝國、中國和亞洲等」。他認為亞洲地區在很早之前就已經在基督信仰宗徒若望的統治之下了，他也說明許多耶穌會傳教士認同了如此的觀點。[26]他在此部分也介紹了西藏，為歐洲第一部詳細介紹西藏的作品。此外，他也在此章節中講述宗徒多默與其後繼者在東亞地區宣講福音的事蹟。介紹中特別強調多默宣講福音的地方為印度的大邦。在當時，無數的人因著他的講道成為了基督徒。第三、第四、第五部分講述契丹真正

[24] 此碑在唐朝時期已經製作完成，且於 1625 年在陝西省大都市西安府，由建築工人在建造工程之際挖掘出。此碑共有九個半掌長，五掌寬，塔的正面成尖塔狀，最頂端則為十字架。目前關於大秦景教流行中國碑相關研究相當多，多涉及基督宗教在唐朝時期於中國傳教的情況。

[25] 參閱張西平，張西平、楊慧玲、孟實謨之譯名。參閱基歇爾著；張西平等譯：《中國圖說》（鄭州：大象出版社，2010 年），頁 90。

[26] 同前註，頁 91。

的位置。他說明了中國在當時對契丹而言是最強盛的國家。對此，許多當時的傳教士與馬可波羅皆對此多有著墨，他們對當時中國民生的富饒、科技經濟的發達、曆制與典章制度讚譽有加。文中也介紹了白乃心神父由中國到莫臥兒王國的旅程，途中經過了印度加德滿都、尼泊爾等地，對於當地風土民情的觀察，以及其行經的路線。例如，文中介紹了白乃心神父見到了韃靼卡爾喇嘛的模樣、韃靼女人、著魔男子的模樣等等。這些形象在基歇爾此作品中皆以相當精美的圖像繪製呈現。[27] 另外，他也介紹了法國神父行經的路線經過了烏茲別克。對於馬可波羅遊歷中國所經的路線，基歇爾也在文中鉅細靡遺地加以描述。第七部分主要介紹基督信仰是如何通過這些旅行而獲得傳播。在此部分，基歇爾特別強調，基督信仰很早就進入中國，因此讀者們不應質疑基督信仰與中國長久以來的關係。基歇爾在此基礎上，重新回顧了傳教士們赴中國傳教的路線與歷史。第八部分基歇爾把焦點聚焦在十六世紀傳教士到中國傳教的原由與情況。他認為自從韃靼人被趕出中國以後，基督信仰有段時間消失了。直到耶穌會傳教士沙勿略來到亞洲，基督信仰與中國的關係又再度被聯繫了起來。在此部分，基歇爾介紹了利瑪竇傳教事蹟，介紹了南明寧聖慈肅皇太后列納虔誠信教，鼓勵皇太后（瑪利亞）、中宮皇后（亞納），以及皇太子（當定）領洗的故事，並且在本書中收錄了慈肅皇太后致信予教皇、耶穌會總會長，期盼教皇幫助南明的信函。[28] 第九部分介紹中國的曆法，以及當時熊三拔（Sabatino de Ursis, 1575-1620）、龐迪我（Didace de Pantoja,1571-1618）湯若望（Johann Adam Schall von Bell, 1591-1666）等傳教士對於中國曆法以及科學的貢獻，在此部分也附上了許多傳教士所繪製與中國風土民情相關的精緻繪畫。最後一部分介紹耶

[27] 基歇爾在此作品中強調，白乃心神父旅程路線上的所見所聞，相當獨特，其他選擇海陸的傳教士們則無法見到這些特殊的風土民情。

[28] 參閱張西平，張西平、楊慧玲、孟賓謨之譯名。參閱阿斯納修斯 · 基歇爾著《中國圖說》，頁 195。

穌會神父使中國人改教的方式。此部分羅列了相當多耶穌傳教士著述的書目，以及傳教士們如何透過這些著述與知識分子交好，進而吸引他們皈依基督信仰。基歐爾首先說明了當時中國社會萬般皆下品，唯有讀書高的情況，其後介紹了利瑪竇、卜彌格以及高一志（Alfonso Vagnoni, 1566-1640）等人相關於基督信仰的著作，並讚譽這些傳教士們的貢獻。

此作品的第三部分「西方的偶像崇拜：首先傳到波斯和印度，然後拓展到韃靼、中國與日本」。在文章的開始，基歐爾感嘆太陽底下沒有新鮮事，人們傾向邪教的態度亙古不變，時常發生。[29] 第一部分講述中國的偶像崇拜，基歐爾簡略地介紹了儒、釋、道三家。基本上他面對儒家的態度與利瑪竇等傳教士相近。認為儒家不崇拜偶像，其遵奉孔子為聖人。另一部分的中國人相當於埃及人的哲學家，被稱作「釋迦（Siequa）或者阿彌陀（Omyto）；日本人稱為 Xaca 和 Amidabu」[30] 這一派由印度傳到中國，他們相信世界的多樣性與靈魂的轉生。按照衛匡國神父在其著作《中國地圖》*Novus Atlas Sinensis* 的說法，這一教派被稱為邪教。[31] 第三個教派道教，相信煉金術，長生不老。基歐爾認同此教派的創始人老子為哲學家，也在此部分講述了老子於母胎中歷經了八十年才降生，但由他之後所產生的教派相信魔鬼，使用佛咒，亦是邪教。[32]（圖二）第二部份則分析中國人、日本人與韃靼人偶像崇拜的相同之處。基歐爾認為其相同之處在於這些偶像崇拜不相信善行以及惡行對未來的影響，而著重享樂主義。此信仰從中國傳到了日本成為了神道教（Xenxus），人們崇拜阿彌陀佛，

29 同前註，頁 246-247。

30 同前註，頁 249。

31 同前註，頁 250。

32 同前註，頁 251。關於儒釋道三教派的闡釋，柏應理在《中國哲學家孔子》中也做了介紹，不過，他把大部分的篇幅放在儒家，對於儒道家／道教以及佛教著墨較少，批評卻相當大。其他的傳教士如衛匡國、金尼閣、錢德明也都對此三教派做過解說。

稱它為 Amida。日本的武士以及藩主都屬於此教派。基歇爾也在此部份介紹了中國的菩薩，認為菩薩坐在蓮花當中，並講述她返回天上的故事。第三部分，基歇爾比較了印度與中國的偶像崇拜。不過他描述的幾乎都是印度的偶像崇拜，他認為埃及人、波斯人與希臘人的信仰方式皆在印度留下了痕跡。他們崇敬太陽神、火神，許多節日皆與波斯相近。第四、第五、第六部份則主要介紹婆羅門的習俗，以及埃及人的信仰如何通過婆羅門教徒傳到波斯、印度、中國、日本等國。

第四部份「關於中國的自然與人文的奇觀」以及第五部分「關於中國的建築和其他機械技藝」著重在介紹中國的地理環境、珍禽異獸、植物以及建築的特色，以及傳教士們在這部份的貢獻。例如傳教士卜彌格繪製了相當多中國的植物、衛匡國在《中國地圖》中所收錄的動物圖等等。（圖三、四）第六部份「關於中國的文字」除了介紹中國文字的特性之外，也比較了中國象形文字與埃及文字的異同。總而言之，從整部書的內容來看，基歇爾特別期待突顯的部份主要還是基督宗教如何傳教中國、傳教士在華傳教的事蹟，以及基督信仰中所謂的「邪教異端」的發展背景與所造成的影響。儘管基歇爾在此作品中相當清楚地表達了基督信仰與中國由來已久的關係，同時也對所謂的其他信仰提出了似乎具有歷史根據的批評，此作品蒐羅了如此多面向相關於當時中國的介紹，的確令當時的歐洲讀者廣泛地了解中國社會的種種面貌以及傳教士的事功。

四、《中國哲學家孔子》

與《中國圖說》有所區別，《中國哲學家孔子》不著重在介紹中國的風土民情與歷史，而主要介紹中國的宗教思想與儒家經典。此部由柏應理、殷鐸澤（Prospero Introcetta, 1625-1696）、魯日滿（François de Rougemont, 1624-1676），以及恩理格（Christian Wolfgang Herdtrich, 1625-1684）以拉丁文所翻譯以及彙編的作品歷經了漫長的時間，于 1687 年付梓並進獻予法王路易十四（1638-1715）。

藉此希望能引起法王與傳教事務相關決策者的重視[33]，同時也把當時中國儒家文化的高度文明介紹給歐洲。[34] 關於此書已有不少的研究著述。如孟德羅（D.E. Mungello）曾論述此書的最後一章〈中華帝國史〉*Tabula Chronologica Monarchiae Sinicae*。他認為此部份於此書中相當具有重要性，應獲得重視。[35] 另一篇文章〈十七世紀耶穌會傳教士對《四書》的翻譯計畫〉"Seventeenth-Century Jesuit Translation Project of the Confucian Four Books" 中特別側重對此書中對於《大學》翻譯譯文的探討。另一位學者 Claudia von Collani 于其論文〈柏應理于《中國哲學家》對中國人的傳教態度〉"Philippe Couplet's missionary attitude towards the Chinese in *Confucius Sinarum Philosophus*" 中介紹了此書的簡史，並特別評析了柏應理在前言（*Proëmialis Declaratio*）第二部份描繪在中國傳教相關的敘述。[36] 另一位學者 Werner Lühmann's 在其著作《中國哲學家孔子－中國經典最早的拉丁文翻譯》*Konfuzius in Eutin – Confucius Sinarum Philosophus - Die früheste lateinische Übersetzung chinesischer Klassiker* 介紹了此書的內容以及重要篇章，如孔子生平之介紹，耶穌會傳教工作地圖等。此外，亦有一些關於此書的中文相關論文，其多數以史觀的角度來介紹此書。[37] 上述提及之研究

[33] 柏應理的《中國哲學家孔子》主要針對的讀者為對指派傳教士至中國具有決策權的法王與教廷相關人士。參閱 Theirry Meynard, *Confucius Sinarum Philosophus*（1687）.（Rome: Institutum Historicum Societatis Iesu, 2011）P.17-18.

[34] 參閱 D.E. Mungello, *Curious Land: Jesuit Accommodation and the Origins of Sinology*.

[35] 根據孟德羅的觀點，〈中華帝國史〉共有一百二十六頁（含附錄）。其重要性不亞於此部書對於孔子與《四書》的介紹。參閱 D.E. Mungello, " A Study of the Prefaces to Philippe Couplet's *Tabula Chronologica Monarchiae Sinicae*, in *Philippe Couplet, S.J. (1623-1693). The Man who brought China to Europe*, Roman Malek SVD (ed.), Monumenta Serica Monograph Series XXII.（Sankt Augustin: Steyler Verlag, 1990）p. 183ff.

[36] Collani 認為柏應理高度認同利瑪竇對中國文化採用適應策略，藉以獲得士人的信任之舉。參閱 Claudia von Collani,"Philippe Couplet's Missionary Attitude towards the Chinese in *Confucius Sinarum Philosophus*", ibid, p.38ff.

[37] 提及此書的中文論述不少，例如 Li, Xinde's（李新德）"The Gospel in Asia: Chinese Buddhist Classics Translated by Protestant Missionaries in Late Qing Dynasty"; 潘鳳娟：

論文多論述柏應理彙編此書之成就；他如何透過此作品成功地將儒家文化傳入歐洲；他的同儕如何譯介《四書》中的三部，以及論述這些拉丁文譯文是否正確地傳遞了原文的思想。研究此作品的文獻幾乎全數將重心置放於當時的耶穌會士如何理解與接受儒家思想以及傳遞儒家文化。

先前提及的利瑪竇與羅明堅對於中國文化的理解與貢獻，到了柏應理編撰《中國哲學家孔子》一書時，有了相當大的整合。因為，當時中國的宗教觀以及儒家經典《四書》的內容透過此作品，流傳至西方。[38]

(一)《中國哲學家孔子》的內容架構

《中國哲學家孔子》一書主要以西方基督宗教教義為基礎，翻譯、理解並論述儒家思想與孔子論說的博大精深。[39] 內容共分兩大部份，十一個章節，篇幅共計八百多頁。第一部分名稱為《中國哲學家孔子》主要收錄柏應理致法王路易十四之信函（Epistola）、中國傳教區省份地圖、前言（Proemialis Declaratio）[40]、陰陽卦像圖（Duo Rerum Principia）易經六十四卦圖（Tabula Sexaginta quatuor Figurarum）、孔子生平介紹（Confucii vita）、《大學》（Ta hio-Liber Primus: Scientiae Sinicae）、《中庸》（Liber Secundus: Chum yum）、《論

〈從「西學」到「漢學」：中國耶穌會與歐洲漢學〉，《漢學研究通訊》27 卷 2 期（2008 年 5 月）；張西平：《傳教士漢學研究》等。

[38] 一般研究認為，中西交流最頻繁的兩個時期為明末清初天主教傳教士來華，以及清朝新教徒來華之際。在這兩個時期，中國經典大量地被譯介至歐洲。

[39] 本論文所參照的拉丁文原文本為 1687 年出版，目前珍藏於西班牙馬德里 Complutense 大學，於 2009 年 3 月 6 日數位化。另外，德國巴伐利亞州立圖書館亦珍藏有同年版本，已於 2010 年 11 月 3 日數位化；根特大學的同年版本則已於 2008 年 2 月 9 日數位化。

[40] 此書前言的部份包含了相當豐富的內容。其中亦包含了柏氏對中國儒、釋、道、新儒家的理解；他對老子的看法；他對中國自然宗教的看法等。篇幅大概將近一百五十頁。

語》（Liber Tertius: *Lun Yu* Versio Litteralis una cum explanatione）之拉丁文翻譯，；第二個部分則為中國歷史（*Tabulae Chronologicae*）的介紹。

第一部書的前六頁收錄了柏應理致法國國王路易十四（Ludwig XIV）的信函，以及一張柏應理所繪製的中國地圖。（圖五）此地圖包含了中國的十五個省份，於其上並標誌了一百五十五個已有耶穌會建立了教堂或者是傳教據點的城市。[41] 其後則為長達 106 頁的前言（Proëmialis Declaratio）。於此前言中，柏應理以一段相當長的標題說明此作品的內容：「此作品的成書來源與目的，以及對中國人的信仰、思想方式以及他們宣稱取決於自然的哲學所做的評論」。[42] 其後，第一部份的前六個章節介紹了《易經》的內容。基本上，當時的耶穌會傳教士認為《易經》是朱熹等新儒家的精神基礎，其不具備神觀。因此，傳教士們對於新儒家無神的基本態度十分反感。柏應理仍羅列了六十四卦象圖（Tabula sexaginta quatour Figurarum）（圖六）以及陰陽卦像圖（Duo rerum principia）。這兩幅圖於後來引發了傳教士白晉對《易經》的興趣，並且影響了德國哲學家萊布尼次（Gottfried Wilhelm Leibniz）以二進制的概念解釋《易經》中的卦象的圖表。[43] 於卦象圖之後，為殷鐸澤傳教士所書寫的孔子生平事蹟，附上孔子身處圖書館的畫像。（圖七）此畫像除了描繪孔子著述的豐富之外，並將儒家重要的經典書寫於圖畫中的書櫃上。[44] 書櫃的左右兩邊放進了

---

[41] 這些城市柏應理以交叉圖案標示。

[42] 此段文字的拉丁原文為“Operis origo et scopus nec-non Sinensium librorum, interpretum, sectarum, et philosophiae, quam naturalem vocant, Proëmialis Declaratio” 參閱 Werner Lühmann, “Konfuzius in Eutin - Confucius Sinarum Philosophus- Die früheste lateinische Übersetzung chinesicher Klassiker”, Eutiner Bibliothekshefte, 74s. (Eutin Landesbibliothek, 2003)

[43] 萊布尼次嘗試將二進制的數學概念衍伸為某種「宇宙語言」，並希望以此解釋八卦的卦象，說服當時的中國人相信基督宗教的概念早已存在中國的文化中。參閱盧怡君：〈創世之道：《易經》索隱思想與萊布尼茨的普遍文字研究〉，頁 524。

[44] 根據國外漢學家的說法，孔子的這張畫像，臉孔並不神似中國人。此外，服裝也並

《四書》與《五經》的名稱。右邊羅列的書籍為《禮記》、《易經》、《尚書》、《詩經》、《孟子》；左邊的書籍則為《書經》、《春秋》、《大學》、《中庸》、《論語》。

(二)《中國哲學家孔子》對《四書》之譯介

關於《四書》的譯介的最早版本，有著不同認定標準。例如王輝、葉拉美於其論文〈馬禮遜與馬士曼的《大學》譯本〉中，說明最早被譯介的儒家經典版本為殷鐸澤（Prosper Introcetta）於 1662 年所編輯刻印的《中國的智慧》（*Sapientia Sinica*）一書，此書後來收進郭納爵（Ináchio da Costa）所翻譯的《大學》中。[45] 李新德提出儒家經典《四書》最早的版本為天主教傳教士利瑪竇的譯本。[46] 潘鳳娟則認為《四書》的譯介最早應為耶穌會傳教士柏應理於 1687 年所彙編的《中國哲學家孔子》（*Confucius Sinarum Philosophus*），其後衛方濟（François Noël, 1651-1729）的《中國六經》（Sinensis imperii libri classici sex）則收錄了《四書》的拉丁文譯本，還另外加上《孝經》與《小學》，統稱《六經》。[47]。

柏應理的版本結集了郭納爵的《大學》譯文；其他會士所翻譯的《中庸》與《論語》，內容堪稱是衛方濟彙編《六經》之前最為完整的《四書》譯本。雖然《四書》當中的《孟子》因為在當時被柏應理認為是只是充滿巧辯，而不似孔子之言展現了「無瑕的生活、節制、堅忍、正義的美德」[48] 的特質，因而未獲得收錄，不過，《四書》中

非是當時會令西方傳教士感到不悅的肉慾哲學家與宗教大師的樣式。參閱 Werner Lühmann, 30-31。

[45] 參閱王輝、葉拉美：〈馬禮遜與馬士曼的《大學》譯本〉，頁 413。

[46] 此說法參閱李新德：〈「亞洲的福音書」—晚清新教傳教士漢語佛教經典英譯研究〉，《漢學研究通訊》26 卷 1 期（台北：國家圖書館，2007 年 2 月），頁 13。

[47] 參閱潘鳳娟：〈從「西學」到「漢學」：中國耶穌會與歐洲漢學〉，頁 23。

[48] 柏應理認為孟子雖然也堪稱是儒家代表人物，不過其思想與內容多為雄辯危險之說。參閱 Philipp Couplet, *Confucius Sinarum Philosophus* (Parisiis, 1687) p.xxi.。此書為馬德里國家圖書館珍藏副本。柏應理對於孟子的評論原文為：Author illius *Mem-*

的三部《大學》（圖八）、《中庸》、《論語》仍舊在有限的條件之下，透過柏應理等人的翻譯與彙編展開了西傳的旅程。[49] 於《中國聖人孔子》中，柏應理嘗試連結基督信仰與中國的關係，進一步論述當時中國的宗教。他認為，在西方以保祿時期為起始的宇宙歷史包含了三個不同的部份：自然律（Lex naturalis）、梅瑟法律（Lex Mosaica）以及基督律（Lex Evangelica/Lex Christiana/Lex divina）。[50] 他認為中國人之所以沒能領受基督宗教的信仰，是因為他們處於自然宗教的時期。[51] 儒家思想具備了自然世界與人類理性的真理，僅缺乏了基督啟示的真理。[52] 因此，傳教士的任務即是在中國的典籍當中尋得相關古老宗教與真理的內容，並藉此引導中國人走向基督宗教。[53] 柏應理給予中國未有基督信仰一種可能的歸因說明，並以此種方式歸納出傳教士於傳教事務中可依循的方向。他認為佛教可說是未受教育者所擁有

çu, seu Mencius jam saepius à nobis memoratus: de naturâ, ritibus, moribus, officiis disputat; nullusque priscorum propuis ad nostram philosophandi rationem accessit: acutus est, multoque copiosior quam Confucius: Et verò vicit hunc ipse procul dubio facundia, at non item vitae innocentiâ, modestiâ, severitate ac probitate.

[49] 柏應理所編輯的《四書》譯本幫助了幫助當時的西方人透過閱讀中國經典，理解中國的文化以及宗教觀。此書的內容也影響了後來的傳教士白晉以及哲學家萊布尼次對中國的《易經》產生興趣。柏應理的書籍對歐洲思想產生影響的說法可參閱王輝、葉拉美，〈馬禮遜與馬士曼的《大學》譯本〉，頁 413；此外，孟德羅（D.E. Mungello）也在其書中對此多所提及。參閱 D.E. Mungello, Curious Land: *Jesuit Accommodation and the Origins of Sinology*。另外，《孟子》未能被收錄於《中國哲學家孔子》中，而於 24 年後 (1711) 才由傳教士衛方濟（François Noel, 1651-1729）完成譯介的工作。根據研究者對於傳教士為何不譯《孟子》一書，多認為耶穌會士認為孟子提出性善論，違反了基督宗教原罪的概念，此外孟子提出「不孝有三，無後為大」也不符合基督宗教的教義。參閱潘鳳娟：〈從「西學」到「漢學」：中國耶穌會與漢學〉。

[50] 柏應理基本上將基督律與神律（Lex divini）混用，並未區分出此二者的差異。

[51] 這樣的態度為十六、十七世紀傳教士看待中國宗教觀的普遍看法。

[52] 參閱 D.E. Mungello, *Curious Land: Jesuit Accommodation and the Origins of Sinology*（University of Hawaii Press,1988.）pp.117

[53] 參閱 Collani 48。原文出處 Couplet, LXV, LXVIII。

的宗教（Couplet, LX）；道教則是另一種看重命運的宗教（Sectarii Lao kiun）。（Couplet XCIV）雖然道教的歷史比儒教來的更久遠，不過卻流於一種由信徒所建構出來的儀式，充滿了「迷信，以及教授長生不老技巧的宗教」。（Couplet LX）對於儒家派別，柏應理也做了概念性的區分。他認為由孔子所建構的儒家理念有其崇高的價值，不過，所謂宋代的新儒家（Neo-Confucianists/Novatores/Neoterici）可說是儒家既有傳統的破壞者。[54]

柏應理延伸了利瑪竇對於儒、釋、道的見解，並加上了他對於新儒家的看法，彙編了《中國哲學家孔子》。他在此書中以基督宗教的角度來彙編並檢視《四書》的譯文，並提出他對於四書篇章的看法以及詮釋。

五、結語

關於早期來華傳教士在中國透過何種方式傳遞基督信仰，已有不少文獻進行探究。檢視二作品《中國圖說》與《中國哲學家孔子》，可看出其安排內容所著重的重點。前部作品著重於全面地介紹中國以及其鄰國相關的風土民情、宗教信仰、地理環境、自然生態，以及傳教士對於當時中國各個層面的描繪。就風土民情、宗教信仰以及地理環境的介紹來看，基歇爾相當讚許中國以及其鄰國在這些方面的富饒以及文化的豐富性。不過，在關於介紹信仰的部份，可看出基歇爾以及他提到的其他傳教士帶著較為負面的角度看待中國等地區的信仰生活與風俗。根據多數研究顯示，此書最受重視的部分仍是關於大秦景教流行中國碑以及基歇爾對於西藏的介紹。不過，基歇爾對於傳教士在華的活動路線，他們於旅程中的所見所聞，以及對於其他宗教信仰的介紹其實也相當重要，因若沒有這些介紹，東方的信仰無法初步地

[54] 柏應理以現代解釋派（Neoteriici Interpretes）的名稱來稱呼新儒家。他認為宋朝以降的儒家思想早已融合了道教以及佛教的思想。因此與孔子一派的儒家應有所區隔。參閱 Couplet LV。此外亦可參閱孟德羅，頁 138。

為歐洲人所認識。儘管這些認識在許多中國人看來多為誤解，但傳教士們看似誤解的詮釋亦是開啟對話交流以及深入了解的一種可能性。出版於二十年後的《中國哲學家孔子》脫離了以梗概傳遞中國文化的方式，不再以類似百科全書類的著作來介紹中國，而深入地嘗試了解、分析以及詳實地譯介中國的哲學思想文化與儒家經典。因此，這部書蒐集了《大學》、《中庸》以及《論語》的譯文並加上傳教士的注釋，相當具有中西融合的特色，也因此對漢學西傳的相關研究來說，具有相當重要的意義。

從這兩部作品可看出其介紹與理解中國文化的承接性。其由探究中國全面的風土民情到深入地詮釋與理解儒家經典。傳教士以漸進式的方式將中國文化介紹至西方。因為要令西方世界了解中國文化，唯有深入地進入譯介思想層面方能達成。研究早期來華傳教士的著作須注意各作品間的關聯性與承接性。每一部作品的出版皆為後來的作品累積了對當時中國各層面的認識。這兩部作品在早期來華傳教士浩瀚的著作當中，可說是奠定傳教士理解中國的基礎著作。其他傳教士由此二作品衍伸出來的討論與靈感，把漢學西傳的生命延續下來，進入了十九世紀「專業漢學」的階段。當然十九世紀以後，西方對於中國文化與經典的理解不僅倚靠傳教士，同時也透過漢學家的闡釋。西方對於中國長達數百年的認識，若沒有這早期來華傳教士們的墾殖，不會有今日的成就。本論文試圖通過探究此二部相當具有代表性的作品，呈現十七世紀漢學西傳的重要過程，並突顯其對後來漢學繼續發展的重要性。關於此二部作品仍有相當多內容可供研究，作品中的每一個部分都可作為細部探究當時中西交流史的重要素材。諸此種種議題仍可留待日後繼續爬梳。

附圖

ATHANASII KIRCHERI
E Soc. Jesu
CHINA
MONUMENTIS,
QUA
Sacris quà Profanis,
Nec non variis
NATURÆ & ARTIS
SPECTACULIS,
Aliarumque rerum memorabilium
Argumentis
ILLUSTRATA,
AUSPICIIS
LEOPOLDI PRIMI,
ROMAN. IMPER. SEMPER AUGUSTI,
Munificentissimi Mecaenatis.
IHS
AMSTELODAMI,
Apud Jacobum à Meurs,
Anno M.DC.LXVII.

1.《中國圖說》封面（1667）（圖片來源：羅馬耶穌會檔案室）

2. 日本的神像《中國圖說》（1667）（圖片來源：羅馬耶穌會檔案室）

3. 此書收錄《中國地圖》中的動物圖（資料來源：《中國圖說》）

4. 綠毛龜（資料來源：《中國圖說》）

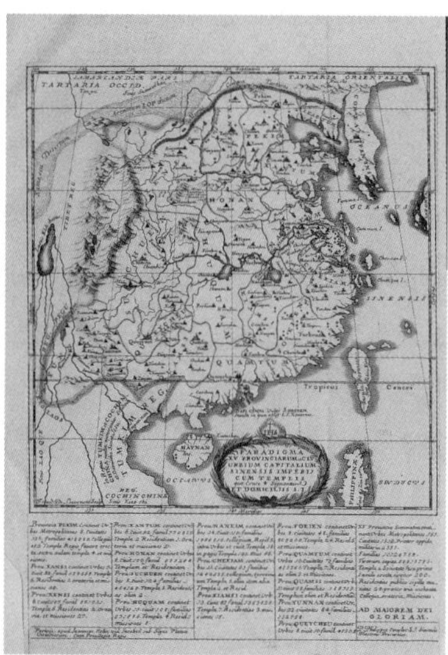

5. 中國地圖取自《中國哲學家孔子》

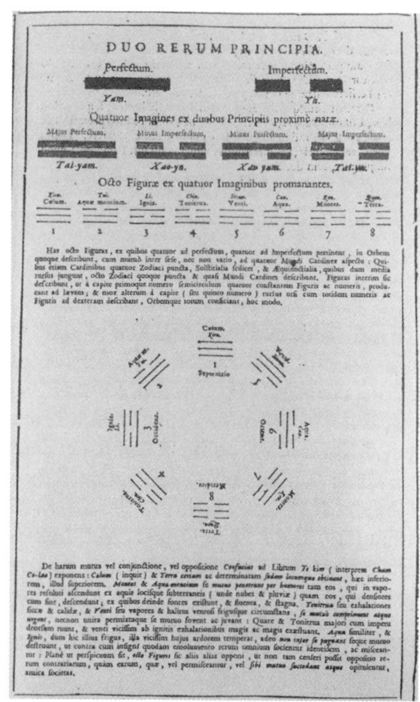

DUO RERUM PRINCIPIA.

Perfectum. Imperfectum.

Yam. *Yn.*

Quatuor Imagines ex duobus Principiis proximè natæ.

Majus Perfectum. Minus Imperfectum. Minus Perfectum. Majus Imperfectum.

Tai-yam. *Xao-yn.* *Xao yam.* *Tai-yn.*

Octo Figuræ ex quatuor Imaginibus promanantes.

Kien. Cœlum.	*Tui.* Aquæ montium.	*Li.* Ignis.	*Chin.* Tonitrus.	*Siven.* Venti.	*Can.* Aquæ.	*Ken.* Montes.	*Quen.* Terra.
1	2	3	4	5	6	7	8

Has octo Figuras, ex quibus quatuor ad perfectum, quatuor ad Imperfectum pertinent, in Orbem quoque describunt, cum mutuò inter sese, nec non vario, ad quatuor Mundi Cardines aspectu: Quibus etiam Cardinibus quatuor Zodiaci puncta, Solstitialia scilicet, & Æquinoctialia, quibus dum media rursus jungunt, octo Zodiaci quoque puncta & quasi Mundi Cardines describunt. Figuras interim sic describunt, ut à capite primoque numero semicirculum quatuor constantem Figuris ac numeris, producant ad lævam; & mox alterum à capite (seu quinto numero) rursus orsi cum totidem numeris ac Figuris ad dexteram describant, Orbemque totum conficiant, hoc modo.

De harum mutua vel conjunctione, vel oppositione *Confucius* ad Librum *Ye kim* (interprete *Cham Co-lao*) exponens: *Cœlum* (inquit) & *Terra certam* ac determinatam *sedem locumque obtinent*, hæc inferiorem, illud superiorem. *Montes & Aquæ montium se mutuo penetrant per humores* tam eos, qui in vapores resoluti ascendunt ex aquis locisque subterraneis (unde nubes & pluviæ) quam eos, qui densiores cum sint, descendunt; ex quibus deinde fontes existunt, & flumina, & stagna. *Tonitrua* seu exhalationes siccæ & calidæ, & *Venti* seu vapores & halitus ventosi frigusque circumstans, *se mutuò comprimunt atque urgent*, necnon unita permixtaque se mutuo fovent ac juvant: Quare & Tonitrua majori cum impetu deorsum ruunt, & venti vicissim ab ignitis exhalationibus magis ac magis exæstuant. *Aqua* similiter, & *Ignis*, dum hic illius frigus, illa vicissim hujus ardorem temperat, adeo *non inter se pugnant* seque mutuo destruunt, ut contra cum insigni quodam emolumento rerum omnium socientur identidem, ac misceantur: Planè ut perspicuum sit, *octo Figuras* sic aliis alias opponi, ut non tam censeri possit oppositio rerum contrariarum, quàm earum, quæ, vel permisceantur, vel *sibi mutuo succedant atque* opitulentur, amica societas.

6. 卦象圖與其解釋

7.《中國哲學家孔子》中的孔子像

1. MAGNUM adeóque virorum Principum,[2] ſciendi [3] inſtitutum [4] conſiſtit in [5] expoliendo, ſeu excolendo [6] rationalem [7] naturam à cœlo inditam; ut ſcilicet hæc, ceu limpidiſſimum ſpeculum, abſterſis pravorum appetituum maculis, ad priſtinam claritatem ſuam redire poſſit. [8] Conſiſtit deinde in [9] renovando ſeu reparando [10] populum, ſuo ipſius ſcilicet exemplo & adhortatione. [11] Conſiſtit demùm in [12] ſiſtendo firmiter, ſeu perſeverando [13] in ſummo [14] bono: per quod hîc Interpretes intelligi volunt ſummam actionum omnium cum rectâ ratione conformitatem. Atque hæc tria ſunt, ad quæ reliqua hujus libri reducuntur.

8.《中國哲學家孔子》中《大學》首句譯文

引用文獻

王輝、葉拉美：〈馬禮遜與馬士曼的《大學》譯本〉，《中國文化學報》No. 49，香港：中文大學出版社，2009 年，頁 413-428。

方豪：《中國天主教人物傳》，第一冊。香港：香港公教真理學會，1970 年。

朱謙之：《中國哲學對歐洲的影響》，福建：人民出版社，1983 年。

利瑪竇著；羅漁譯：《利瑪竇書信集》，台北：光啟出版社，1986 年。

利瑪竇著；劉俊余、王玉川譯：《天主教傳入中國史》，台灣：光啟出版社，1986 年。

周天：《跋涉明清之際耶穌會的在華傳教》，上海：上海書店，2009。

耿昇、何高濟譯：《伯朗嘉賓蒙古行紀－魯布魯克東行紀》，北京：中華書局，1985 年。

李新德：〈「亞洲的福音書」—晚清新教傳教士漢語佛教經典英譯研究〉，《漢學研究通訊》26 卷 1 期，台北：國家圖書館，2007 年 2 月，頁 13-22。

陶為翼譯：《耶穌會士在中國》，台北：光啟出版社，2007 年。

張西平：《傳教士漢學研究》，河南：大象出版社，2005 年。

基歇爾著，張西平編譯：《中國圖說》，鄭州：大象出版社，2010 年。

黃一農：《兩頭蛇：明末清初第一代天主教徒》，上海：上海書店，2006 年。

甄克思：《續修四庫全書：子部西學譯著類》，上海：上海古籍，2002 年。

喬治 • 鄧恩（George H. Dunne）著；余三樂、石蓉譯：《巨人的一代：利瑪竇和他的同會弟兄們》，台北：光啟文化事業，2008 年。

裴化行：《天主教十六世紀傳教志》，北京：商務印書館，1986 年。

潘鳳娟：〈從「西學」到「漢學」：中國耶穌會與歐洲漢學〉《漢學研究通訊》27 卷 2 期，台北：國家圖書館，2008 年 5 月，頁 14-26。

羅明堅：《天主聖教實錄》，（出版地／出版者不詳），1640。

賴詒恩著，陶為翼譯：《耶穌會士在中國》，台北：光啟出版社，2007 年。

盧怡君：〈創世之道：《易經》索隱思想與萊布尼茨的普遍文字研究〉，《清華學報》，新 47 卷第 3 期，新竹：清華大學，2017 年 9 月，頁 509-545。

Bernard, Henri. *S.J. Aux Portes de la Chine: les missionaires du seiziécle, 1514-1588. Tientsin: Hautes-Etudes, 1993*

Couplet, Philipp. *Confucius Sinarum Philosophus*. Paris, --, 1687.

Meynard, Theirry. *Confucius Sinarum Philosophus* （1687）Rome: Institutum Historicum Societatis Iesu, 2011.

Mungello, D.E.,*Curious Land: Jesuit Accommodation and the Origins of Sinology* Hawaii: University of Hawaii Press,1988.

Malek, Roman SVD (ed.). *The Man who brought China to Europe*. Monumenta Serica Monograph Series XXII. Sankt Augustin: Steyler Verlag, 1990

Rule, Paul A. *Kung-tze or Confucius? The Jesuit Interpretation of Confucianism.* Ptdylta: Allen & Unwin, 1986.

從經院評論到《靈言蠡勺》：序言及靈魂定義*

吳建林**

〔摘要〕

晚明耶穌會士畢方濟《靈言蠡勺》主要譯自或依據德古瓦之《柯因布拉耶穌會學院對亞里士多德《論靈魂》三卷之評論》。此柯因布拉評論為經院評論之作，並使用西方中世紀文本評論傳統某些常見之序言標題。本文即循「序言」與「靈魂定義」兩軸，展示此柯因布拉評論如何於其序言內，將亞里士多德所論靈魂知識之功用，化為神學「認己」論述，並說明其對亞里士多德《論靈魂》所提出之某些靈魂問題與評論。《靈言蠡勺》則翻譯此柯因布拉序言，從而建構其「認己」翻譯藍圖，並以之為指引，將此等靈魂問題化為靈魂定義。《靈言蠡勺》之定義闡述，亦反映亞里士多德與經院哲學之知識探究方法。本文最後並以亞里士多德「四因說」為例，說明《靈言蠡勺》與此柯因布拉評論、亞里士多德、奧斯定、阿奎納間之文本關係。

關鍵詞：耶穌會士、《靈言蠡勺》、經院評論、序言、翻譯

---

* 本文為作者於國立臺灣師範大學東亞學系任博士後研究人員之研究成果，此職乃受國科會「博士後研究」計畫補助（計畫編號：MOST 106-2811-H-003-005），特此致謝。

** 國立臺灣師範大學翻譯研究所博士

一、前言

《靈言蠡勺》（1624）乃由晚明耶穌會士畢方濟（Francesco Sambiasi, 1582-1649）口授，徐光啟（1562-1633）筆錄。對於此作，近來已有迪瑟（Isabelle Duceux）與梅謙立（Thierry Meynard）二人論述其所據來源與所涉靈魂相關概念。迪瑟考證出《靈言蠡勺》有亞里士多德（Aristotle, 384-322 B.C.）、阿奎納（Thomas Aquinas, 1225-1274）、奧斯定（Augustine of Hippo, 354-430）等等諸多來源出處，梅謙立則確認惠澤霖（Hubert Verhaeren）所言，此著主要譯自德古瓦（Manuel de Góis, 1547-1597）《柯因布拉耶穌會學院對亞里士多德《論靈魂》三卷之評論》（*Commentarii Collegii Conimbricensis Societatis Jesu, in tres libros De anima, Aristotelis Stagiritae*），並考證出其部分內容與翻譯，亦出自《柯因布拉耶穌會學院對亞里士多德人稱《自然短篇》諸卷之評論》（*Commentarii Collegii Conimbricensis Societatis Jesu in libros Aristotelis, qui Parva naturalia appellantur*），其中譯則受利瑪竇（Matteo Ricci, 1552-1610）《天主實義》影響（例如下文所言「四所以然」之譯詞與解釋）。[1]

---

[1] 本文所採《靈言蠡勺》版本，見：〔明〕畢方濟口授，徐光啟筆錄：《靈言蠡勺》，收入李之藻編：《天學初函》，第 2 冊（臺北：臺灣學生書局，1965 年），頁 1127-1268。《柯因布拉耶穌會學院對亞里士多德《論靈魂》三卷之評論》版本，見 *Commentarii Collegii Conimbricensis Societatis Iesu, in tres libros De anima Aristotelis Stagiritae*（Coloniae: sumptibus Haeredum Lazari Zetzneri, 1617）, https://archive.org/details/commentariicolle00col（accessed October 14, 2016）. 惠澤霖、迪瑟、梅謙立有關《靈言蠡勺》之來源考查，見 Hubert Verhaeren, "Aristote en Chine," *Le Bulletin Catholique de Pékin* 264（Août 1935）: 419-422; *Isabelle Duceux, La introducción del aristotelismo en China a través del De anima: Siglos XVI-XVII*（México, D.F.: El Colegio de México, Centro de Estudios de Asia y África, 2009）, pp. 377-656; Thierry Meynard, "The First Treatise on the Soul in China and its Sources: An Examination of the Spanish Edition of the *Lingyan lishao* by Duceux," *Revista Filosófica de Coimbra* 24.47（março 2015）: 203-242, https://www.uc.pt/fluc/dfci/public_/publicacoes/textos_vol24_n47/the_first_treatise（accessed October 23, 2016）. 本文採《柯因布拉《論靈魂》

前述柯因布拉對《論靈魂》（*De anima; On the Soul*）與《自然諸短篇》（*Parva naturalia; The Short Physical Treatises*）之評論（commentaries），乃葡萄牙柯因布拉大學耶穌會學院 16-17 世紀之交（1592-1606）所出版八部亞里士多德著作之評論本其中兩部。此八部柯因布拉評論本，對 17 世紀影響甚鉅，不但用於各耶穌會學院，亦對歐洲、南北美洲、非洲、印度及遠東產生廣泛的影響，[2] 並經晚明

評論》一六一七年科隆版，乃因惠澤霖與裴化行（Henri Bernard）均認為《靈言蠡勺》係依據此版。見 Verhaeren, "Aristote en Chine," p. 420n1; Henri Bernard, "Les adaptations chinoises d'ouvrages européens: Bibliographie chronologique depuis la venue des Portugais à Canton jusqu'à la Mission Française de Pékin, 1514-1688," *Monumenta Serica* 10 （1945）: 337n136. 此版本亦見於惠澤霖所編《北堂書目》，見 Hubert Verhaeren, *Catalogue de la bibliothèque du Pe-t'ang* （Pékin: imprimerie des Lazaristes, 1949）, p. 395n1360（2863）. 梅謙立則採一五九八年柯因布拉版，見 Meynard, "The First Treatise," p. 205n3. 迪瑟考查《靈言蠡勺》來源時，並未參照《柯因布拉《論靈魂》評論》，見 Meynard, p.203 腳註。一六一七年科隆版與一五九八年柯因布拉版最主要差別，在於前者附亞里士多德《論靈魂》希臘原文與拉丁譯文對照，後者則僅有拉丁譯文。

2 此處有關柯因布拉評論本之簡介，可參梅謙立：〈晚明中西倫理學的相遇——從《尼各馬可倫理學》到高一志的《脩身西學》〉，《中國文哲研究集刊》第 39 期（2011 年 9 月），頁 104-105；John P. Doyle, "Introduction," in his trans, *The Conimbricenses: Some Questions on Signs*（Milwaukee, WI: Marquette University Press, 2001）, pp. 15-29; John P. Doyle, "Collegium Conimbricense," in vol. 2 of *Routledge Encyclopedia of Philosophy*, ed. Edward Craig （London: Routledge, 1998）, pp. 406-408. 柯因布拉評論較完整之介紹，可參 Cristiano Casalini, *Aristotle in Coimbra: The Cursus Conimbricensis and the Education at the College of Arts*, trans. Luana Salvarani（London: Routledge, 2017）, pp. 1-4, 56-89. 此八部柯因布拉評論本按出版次序，分別為（以方括號所示版本，為筆者校對拉丁書名所用版本；無方括號者，即表使用同一版本校對）：（1）《柯因布拉耶穌會學院對亞里士多德《物理學》八卷之評論》（*Commentarii Collegii Conimbricensis Societatis Jesu, in octo libros Physicorum Aristotelis Stagiritae*, Coimbra, 1592）；（2）《柯因布拉耶穌會學院對亞里士多德《論天》四卷之評論》（*Commentarii Collegii Conimbricensis Societatis Jesu, in quatuor libros de Coelo Aristotelis Stagiritae*, Coimbra, 1592 [Lyon, 1594]）；（3）《柯因布拉耶穌會學院對亞里士多德《論天象》諸卷之評論》（*Commentarii Collegii Conimbricensis Societatis Jesu,in libros Meteororum Aristotelis Stagiritae*, Coimbra, 1592

耶穌會士譯介入華。[3]《柯因布拉耶穌會學院對亞里士多德《論靈魂》

[Lyon, 1593]）；（4）《柯因布拉耶穌會學院對亞里士多德人稱《自然諸短篇》諸卷之評論》（*Commentarii Collegii Conimbricensis Societatis Jesu in libros Aristotelis, qui Parva naturalia appellantur*, Coimbra, 1592 [Lisbon, 1593]）；（5）《對亞里士多德《尼各馬可倫理學》之諸多柯因布拉課程辯論問題，其內含倫理學某些特別支部》（*In libros Ethicorum Aristotelis ad Nicomachum, aliquot Conimbricensis cursus disputationes, in quibus praecipua quaedam Ethicae disciplinae capita continentur*, Lisbon, 1593 [Lyon, 1593]）；（6）《柯因布拉耶穌會學院對亞里士多德《論生滅》二卷之評論》（*Commentarii Collegii Conimbricensis Societatis Jesu, in duos libros De generatione et corruptione, Aristotelis Stagiritae*, Coimbra, 1597）；（7）《柯因布拉耶穌會學院對亞里士多德《論靈魂》三卷之評論》（*Commentarii Collegii Conimbricensis Societatis Jesu, in tres libros De anima, Aristotelis Stagiritae*, Coimbra, 1598）；（8）《柯因布拉耶穌會學院對亞里士多德全部邏輯學之評論》（*Commentarii Collegii Conimbricensis, e Societatis Jesu, in universam dialecticam Aristotelis Stagiritae*, Coimbra, 1606 [Cologne, 1607]）。此處資料出自 Charles H. Lohr, "Renaissance Latin Aristotle Commentaries: Authors C," *Renaissance Quarterly* 28.4 （Winter 1975）: 717-719. 其出版順序見 Casalini, Aristotle in Coimbra, pp. 74-75。另可參 Doyle, T*he Conimbricenses*, p. 16。

[3] 按惠澤霖、伊麗（Elisabetta Corsi）和梅謙立之考察，此等譯著共有九部：（1）畢方濟、徐光啟《靈言蠡勺》（1624），對應《論靈魂》（*De anima*）、《自然諸短篇》（*Parva naturalia*）；（2）傅汎際（Francisco Furtado, 1589-1653）、李之藻（1571-1630）《寰有詮》（1628），對應《論天》（*De caelo*）；（3）畢方濟《睡畫二答》（1629），對應《自然諸短篇》；（4）高一志（Alfonso Vagnone, c. 1566-1640）《空際格致》（c. 1633），對應《論生滅》（*De generatione et corruptione*）、《論天》、《論天象》（*De meteorologica*）；（5）傅汎際、李之藻《名理探》（1636），對應《波菲利引論》（*Isagoge Porphyrii*）、《範疇篇》（*Categoriae*）；（6）高一志《修身西學》（1636），對應《尼各馬可倫理學》（*Ethica Nicomachea*）；（7）高一志《斐錄答彙》（1636），對應《論問題》（*Problemata*）；（8）高一志《寰宇始末》（1637），對應《論天》；（9）艾儒略（Giulio Aleni, 1582-1649）《性學觕述》（約 1624 年完成，1640 年出版），對應《論靈魂》、《自然諸短篇》。此處九部譯著資料乃出自 Thierry Meynard, "Aristotelian Works in Seventeenth-century China,"*Monumenta Serica* 65.1 （Jun. 2017）: 61-85, DOI: 10.1080/02549948.2017.1309107（accessed July 9, 2017）. 惠澤霖之文，見 Verhaeren, "Aristote en Chine," pp. 417-429. 伊麗之文，見 Elisabetta Corsi, "From the *Aristoteles Latinus* to the *Aristoteles Sinicus*: Fragments of an Unfinished Project," in *Light a Candle: Encounters and Friendship with China. Festschrift in Honour of Angelo*

三卷之評論》（以下簡稱《柯因布拉評論》，英語簡稱 Coimbra）為經院哲學評論文本，乃源自西方中世紀至文藝復興時期對亞里士多德著作之評論傳統。文藝復興時期對亞里士多德著作之評論，其特色乃結合人文主義（Humanism）、經院哲學（Scholasticism）、阿拉伯思想、柏拉圖主義（Platonism）、新柏拉圖主義（Neo-Platonism）、斯多葛學派（Stoicism）、伊比鳩魯學派（Epicureanism）及其他遠古哲學等等各家學說意見。[4] 此種兼納各家之特色，亦見於耶穌會士對亞里士多德著作之評論，例如德古瓦、托雷多（Francisco de Toledo, 1532-1596）、魯比歐（Antonio Rubio, 1548-1615）及蘇亞雷（Francisco Suárez, 1548-1617）等四名耶穌會神哲學家對《論靈魂》之評論，其中所呈示（但未必贊同）之諸多意見，除亞里士多德與阿奎納外，另包括希臘語評論家、阿拉伯思想家、視角學派（perspectivist）、人文主義者、以及眾多古今拉丁語評論家。[5]

耶穌會士對《論靈魂》之評論，乃博採眾說。《靈言蠡勺》見

S. Lazzarotto P.I.M.E., ed. Roman Malek and Gianni Criveller （Sankt Augustin: Institut Monumenta Serica, 2010）, pp. 115-130.

[4] 參 Charles B. Schmitt, *Aristotle and the Renaissance* （Cambridge, MA: Published for Oberlin College by Harvard University Press, 1983）, pp. 10-33.

[5] 希臘語評論者，如：德米斯提烏（Themistius, 317-c. 390）、辛普利修斯（Simplicius, c. 490-c. 560）、泰奧弗拉斯托斯（Theophrastus, c. 371-c. 287 B.C.）、艾芙洛狄西亞的亞歷山大（Alexander of Aphrodisias, fl. 200）；阿拉伯思想家，如：阿維森納（Avicenna, 980-1037）、亞威洛哀（Averroes, 1126-1198）、阿凡帕斯（Avampace, d. 1138）、法拉比（Al-Farabi, c. 872-c. 950）；視角學派，如：維泰洛（Erazmus Ciołek Witelo, c. 1230-c. 1280）、培根（Roger Bacon, c. 1219-c. 1292）；人文主義者，如：費奇諾（Marsilio Ficino, 1433-1499）、皮科（Giovanni Pico della Mirandola, 1463-1494）；拉丁語評論者，如：司各脫（Duns Scotus, c. 1266-1308）、奧坎的威廉（William of Ockham, c. 1287-1347）、威尼斯的保祿（Paul of Venice, 1369-1429）、香潭的若望（John of Jandun, c. 1285-1323）、尼福（Agostino Nifo, c. 1473-c. 1538）、卡耶坦（Thomas Cajetan, 1469-1534）、科隆納（Egidio Colonna, or Aegidio Romano, 1243-1316）。見 Alison Simmons, "Jesuit Aristotelian Education: The *De anima* Commentaries," in *The Jesuits: Cultures, Sciences, and the Arts,* 1540-1773, ed. John W. O'Malley, et al.（Toronto: University of Toronto Press, 1999）, pp. 523, 525.

有眾多出處，亦係因其承襲此種兼納各家之評論傳統。《靈言蠡勺》雖有眾多來源，但大多未注明出處。[6] 其明確提及之姓名，僅有六人，就次數而言，以「亞吾斯丁」（奧斯定）居首，「亞利斯多（督）」（亞里士多德）次之，「多瑪斯」（阿奎納）、「白（伯）爾納」（Bernard of Clairvaux, 1090-1153）並列第三。[7] 亞里士多德、奧斯定、阿奎納為在華耶穌會士經常引用之權威人物，[8] 此乃因此三人在耶穌會教育中至為重要。例如《耶穌會會憲》即規定耶穌會學校：

> 1. …在神學，應研習《舊約》與《新約》，以及聖多瑪斯之經院教義；在所謂實證神學，應選擇顯然較適合我們目的之作者。
>
> ………………………
>
> 3. 在邏輯學、自然哲學、倫理哲學與形上學，應承認亞里士多德之學說…[9]

---

[6] 例如〈靈言蠡勺・引〉所言「亞尼瑪為世時與永時兩時間之地平」，《柯因布拉《論靈魂》評論》之序言明確指出其乃出自三威赫墨斯（Hermes Trismegistus），〈靈言蠡勺・引〉則僅以「古昔典籍」籠統稱之。見〈靈言蠡勺・引〉，頁 1129；Coimbra, "Prooemivm in tres libros Aristotelis *De anima*," p. 2C。《柯因布拉《論靈魂》評論》頁碼後之大寫拉丁字母，表段落編號，下同。梅謙立亦論及此引文與出處，見 Meynard, "The First Treatise," p. 207n11.

[7]「亞吾斯丁」八次，見頁 1130、1141、1144、1157、1190、1208、1214、1219；「亞利斯多（督）」四次，頁 1128、1161、1175、1208；「多瑪斯」兩次，頁 1192、1196；「白（伯）爾納」兩次，頁 1133 [1149]、1215（前二處為同一出處，故以一次計）。其他列名者有：補大爾（Plutarch, c. 46-120），頁 1164、1165（僅為示例）；撒羅満（Solomon, fl. c. 970-931 B.C.），頁 1232 [1233]。

[8] Willard J. Peterson, "Western Natural Philosophy Published in Late Ming China," *Proceedings of the American Philosophical Society* 117.4（Aug. 1973）: 313; Duceux, *La introducción del aristotelismo en China*, p. 36.

[9] 此處所引《耶穌會會憲》之例，來自 Elisabetta Corsi, "From the *Aristoteles Latinus* to the *Aristoteles Sinicus*," p. 118. 此處引文之拉丁文為：

1. …in Theologia legetur vetus et novum Testamentum, et doctrina Scholastica Divi Thomae; et in ea, quam Positivam vocant, eligentur ii authores, qui ad scopum nos-

奧斯定之名雖未明見於此，但耶穌會會祖依納爵（Ignatius Loyola, 1491-1556）於其《神操》（*Spiritual Exercises*, 1548）內，乃將其稱為「實證聖師」，[10] 因此亦屬《耶穌會會憲》此處所論範圍。有鑑於此三人之重要性，《靈言蠡勺》以其為權威論述來源，自不足為奇。但一般而言，在此三人中，來華耶穌會士最常引用者，為亞里士多德，而《靈言蠡勺》反以奧斯定居首。或許此乃因西方自晚古時期起，對亞里士多德著作之評論與解釋，大多乃基於新柏拉圖主義世界觀（奧斯定即為新柏拉圖主義者），例如阿奎納形上學（metaphysics）雖受亞里士多德影響，但其思想核心較屬柏拉圖思想，其「分參」（participation）及「理型論」（Theory of Forms or Ideas）之概念，即出自柏拉圖。[11] 另一方面，依納爵亦明言奧斯定等實證聖師，「最能動人心弦，使人在一切事上愛慕、事奉天主」，而阿奎納等經院（士林）學者，其「特長是將那些為得救所不可少的事，予以界定…士林學者生在近世，不但能利用聖經及實證教父們的著作，還能求助於大公會議、法典，以及慈母教會的各種法令，何況他

---

trum magis convenire videbuntur.

……………………

3. In Logica, et Philosophia Naturali, et Morali, et Metaphysica doctrinam Aristotelis profiteri oportebit…

See *Constitvtiones Societatis Iesv*, anno 1558, reprinted from the original ed., with an appendix containing a translation, and several important documents（Romae: in Aedibvs Societatis Iesv, 1558; Rpt. London: J. G. and F. Rivington, 1838）, IV. xiv, pp. 56-57, https://archive.org/details/constitutioness00unkngoog（accessed July 19, 2017）. 此處中文乃筆者自譯，並參考以下英譯："Appendix" to the *Constitvtiones Societatis Iesv*, anno 1558, pp. 44-45; *The Constitutions of the Society of Jesus and their Complementary Norms: A Complete English Translation of the Official Latin Texts*（Saint Louis: The Institute of Jesuit Sources, 1996）, pp. 182-183.

[10] 依納爵（Ignatius Loyola）著，侯景文譯：《神操》通俗譯本（臺北：光啟文化，2003 年），頁 363。

[11] Schmitt, *Aristotle and the Renaissance,* pp. 92-93.

們本人又有天主的光照和啟迪」。[12]按《耶穌會會憲》與《神操》所論，或可謂亞里士多德乃代表《靈言蠡勺》之哲學面向，阿奎納為經院神學面向，奧斯定則為屬靈面向。《靈言蠡勺》明言奧斯定之次數，遠多於另外兩人，亦可謂《靈言蠡勺》甚重「靈魂論」之屬靈面向。

耶穌會士對亞里士多德之評論，見有諸多特點，例如其評論時，不局限於亞里士多德文本所論，但仍以亞里士多德哲學之基本原理為立論基礎。[13]《柯因布拉評論》為亞里士多德《論靈魂》之評論，《靈言蠡勺》則為《柯因布拉評論》之翻譯。前述耶穌會士評論特點，即藉由翻譯（translation）之知識轉移（*translatio*），而呈現於《靈言蠡勺》。本文即以亞里士多德、奧斯定、阿奎納三人為主軸，考察《靈言蠡勺》如何融會亞里士多德之知識探究方法，阿奎納與柯因布拉之評論方式，以及奧斯定之屬靈探求。為免所論內容過於繁多，本文考察範圍，僅限於《靈言蠡勺》之序言（prologue）與靈魂定義。此不但是因為「序言」在西方評論傳統佔有重要地位，但梅謙立討論《靈言蠡勺》時，僅論究其序言乃譯自《柯因布拉評論》序言，未特別說明「序言」所表彰之評論傳統。另一方面，《靈言蠡勺》之序言與靈魂定義方式，已充分展現本文所關注之知識探究、評論方式與屬靈探求此三面向。[14]

---

[12] 依納爵：《神操》，頁 363。

[13] Simmons, "Jesuit Aristotelian Education," p. 532.

[14] 本文結合「評論」來論述「翻譯」，靈感係來自麗塔・考普蘭（Rita Copeland）。考普蘭論述古羅馬演辯修辭術（*ars rhetorica*）與語文術（*ars grammatica*）乃採兩種不同翻譯模式：語文術所採翻譯，乃透過闡述（*enarratio*），藉以接近、理解作者（*accessus ad auctorem*），演辯修辭術之翻譯，則是學習修辭五綱（five cannons of rhetoric）中之「發明」（*inventio*）、「布局」（*dispositio*）、「措辭」（*elocutio*），且不提倡如實複述，而強調改寫，試圖於相同思想、主題，與原作競爭。因此，修辭式翻譯特點在於「發明」（找尋來源文本適合己用之論據或題旨），語文式翻譯則在「解釋」（*interpretatio*）。此二翻譯模式在發展過程中交互影響，因此所謂「解釋」式翻譯——例如古羅馬與中世紀之文本翻譯與評論——亦借用修辭發明之法。本篤會修士雷米結烏斯（Remigius of Auxerre, c. 841-908）評論卡培拉（Martianus

二、序言與經院評論

西方中世紀學校所開設之古代權威作者（*auctor*）[15]課程，有一基本教學特色：文本評論，亦即藉由注解（gloss）與闡述（exposition），闡釋文本意義。教師開始評論某一著作前，會先以導言開場，使學生熟悉背景知識。其講課內容，或由學生上課筆記，或由教師自行整理，如嗣後出版，即成為該著作之評論本，其開場導言則成為評論本之序言。評論本序言內含多種標題，其標題模式大抵發源於晚古時期，自十二世紀起逐漸固定成型，並廣泛流行於中世紀。十二世紀所用評論本序言，有A型、B型、C型三種基本模式，其中A型與B型序言乃源自古典演辯修辭術（*ars rhetorica*），C型序言則基於包伊夏（Boethius, c. 480-525）對新柏拉圖主義者波菲利（Porphyry of Tyre, c. 234-c. 305）《引論》（*Isagoge*）[16]以及對亞里士多德《範疇篇》（*Categories*）、《解釋篇》（*On Interpretation*）之評論，原本僅用於哲學文本，後來亦為神學家所採。[17]由於C型序

Capella, fl. 5th cent.）《愛文與墨丘利之婚》（*De nuptiis Philologiae et Mercurii*）時，採用何人（*quis*）、何事（*quid*）、為何（*cur*）、如何（*quomodo*）、何處（*ubi*）、何時（*quando*）、從何（*unde*）等「七情境」（*septem circumstantiae*）分析模式，即源於演辯修辭術話題發明（*topical invention*）原則。此種情境分析模式，即為西方評論傳統「序言」之功能。見 Rita Copeland, *Rhetoric, Hermeneutics, and Translation in the Middle Ages: Academic Traditions and Vernacular Texts*（Cambridge: Cambridge University Press, 1991）, pp. 9-126. 有關西方評論傳統與序言之關係，見下文所述。

[15] 拉丁語 *auctor* 不但指「作者」（author），亦表示權威（*auctoritas;* authority）。

[16] 波菲利《引論》乃介紹亞里士多德之哲學，尤以其《範疇篇》為主。

[17] A型序言由「人」（*persona*）、「地點」（*locus*）、「時間」（*tempus*）等三種標題所組成，源自西方古典演辯修辭術之「七情境」，亦即「時間」（*tempus*）、「地點」（*locus*）、「人」（*persona*）、「事物」（*res*）、「原因」（*causa*）、「方式」（*qualitas, modus*）、「方法」（*facultas, materia*）。B型序言則源自西方古代對維吉爾（Virgil, 70-19 B.C.）詩歌之評論導言，最完整之形式見於塞爾維烏斯（Maurus Servius Honoratus, fl. 4th cent.）所用如下標題：「生平」（*vita*）、「作品名」（*titulus operis*）、「詩歌屬性」（*qualitas carminis*）、「作者意圖」（*scribentis*

言運用最廣，不但成為中世紀《聖經》評論本序言之標準型式，[18] 且如下文所示，其某些標題亦見用於阿奎納及《柯因布拉評論》，故簡介如下。

C 型序言最常使用之標題，有：「書名」（*titulus* [*inscriptio, nomen*] *libri*）、「作者名」（*nomen auctoris*）、「作者意圖」（*intentio auctoris, intentio scribentis, finis*；或稱「作者目的」）、「書之材料」（*materia libri*）、「論述模式」（*modus agendi, modus scribendi, modus tractandi*）、「書之次序」（*ordo libri*）、「功用」（*utilitas*）、「哲學分支歸屬」（*cui parti philosophiae supponitur*）。所謂「書名」，主要說明作者或寫作地點、文類等，有時亦討論書名之詞源（etymology）。「作者名」通常討論作者真偽問題，有時亦簡介作者生平（*vita auctoris*）。「作者意圖」則指作者著述所欲達到之教導、啟迪意圖。中世紀天主教解釋世俗作者撰寫意圖，常藉由託喻手法（allegorize），使其內容不悖於基督真理。但對《聖經》則無須特別討論各書作者意圖，因為一般相信其作者乃受聖神（Holy Spirit）指引。「書之材料」，即指此書主旨、題材。「論述模式」，則說明書中所用教示方法，例如文體，修辭特質等。「書之次序」，乃討論作者對材料之布署、安排。此項討論，有時歸在「論述模式」之下，有時則另立標題，獨立闡述。「書之次序」亦可包括章節數。將著作劃分為不同部分或章節，有助讀者查找內容與記憶。「功用」說明著

---

intentio）、「書卷數量」（*numerus librorum*）、「書卷次序」（*ordo librorum*）、「解釋」（*explanatio*）。除 A 型、B 型、C 型三種序言外，另有一種較罕見之 D 型序言，並常與 C 型序言結合使用。此處所論內容，參 R. W. Hunt, "The Introduction to the 'Artes' in the Twelfth Century," in T*he History of Grammar in the Middle Ages: Collected papers,* ed. G. L. Bursill-Hall（Amsterdam: John Benjamins, 1980）, pp. 117-118, 125-144; A. J. Minnis, *Medieval Theory of Authorship: Scholastic Literary Attitudes in the Later Middle Ages,* 2nd ed.（Aldershot: Wildwood House, 1988）, pp. 1-28. 另可參 Copeland, *Rhetoric, Hermeneutics, and Translation in the Middle Ages,* pp. 63-86.

[18] Minnis, *Medieval Theory of Authorship,* pp. 40-72.

作最終效益，例如為何於宗教課程加入某書。《聖經》功用，自不待言，但權威性較不顯著之著作，則須加以說明。「哲學分支歸屬」則指著作所屬知識學門。就其最廣義而言，所謂哲學（*philosophia*），乃包括人類一切知識與探究，因此可包括「人類事物」與「神聖事物」之知識、確定或不確定之知識、理論或實踐之知識等。自評論者將某書歸為何種哲學分支，亦可看出其對該著作「權威」之價值判斷。[19]

除前述序言外，西方自十三世紀起，亦開始流行另一種序言模式，閔尼斯（A. J. Minnis）稱之為「亞里士多德式序言」（"Aristotelian Prologue"）。此種序言乃以亞里士多德「四因說」（four causes），分析作者與文本意義產生模式。亞里士多德所謂「四因」，乃指天地萬物運行變化之原因，不外乎四種：「動力因」（*causa efficiens*）、「質料因」（*causa materialis*）、「形式因」（*causa formalis*）、「目的因」（*causa finalis*）。以木船為例，其質料因為「木」，形式因為「船之原型」，動力因為「船匠」，目的因則是「為了航行」。[20] 其中「質料因」與「形式因」相對，「動力因」則與「目的因」相對。於亞里士多德式序言中，所謂「動力因」，乃對應 C 型序言之「作者名」，亦即指作者，並可討論作者真偽、《聖經》之人類作者、神聖作者等議題。「質料因」對應「書之材料」，乃說明著作之「基質」（*substratum*），亦即作者援用之文學材料。「形式因」即指著作對其材料施加之樣式。其中亦有「雙重形式因」（*duplex forma*）之說：

---

[19] Ibid., pp. 15-28.

[20] 亞里士多德四因說，可參其《後分析篇》、《物理學》、《論靈魂》及《形上學》。見 Aristotle, *Posterior Analytics,* trans. Hugh Tredennick, II.xi, 94a20-95a9, in Aristotle, *Posterior Analytics, Topica,* Loeb Classical Library（London: William Heinemann, 1960）; *The Physics,* trans. Philip H. Wicksteed and Francis M. Cornford, 2 vols., Loeb Classical Library（London: William Heinemann, 1929, 1934）, v. 1, II.iii, 194b16-195b30; *De anima,* trans. R. D. Hicks（Cambridge: Cambridge University Press, 1907）, II.iv, 415b8-28, https://archive.org/details/aristotledeanima005947mbp（accessed July 12, 2017）; *The Metaphysics,* trans. Hugh Tredennick, 2 vols., Loeb Classical Library（London: William Heinemann, 1933, 1935）, v. 1, V.ii, 1013a24-1014a25.

「論述形式」（*forma tractandi*）討論作者論述或操作模式（*modus agendi, modus procedendi*），「論文形式」（*forma tractatus*）則討論著作內容之組織、安排。「目的因」探討作者藉由著作欲達之終極目的（*finis*）。對於世俗作者之評論，可強調其哲學或倫理意涵，如為《聖經》，則指著作指引讀者救贖之效。於神學脈絡下，所謂「作者」，可分為人類作者與神聖作者等「雙重動力因」（*duplex causa efficiens*）。就《聖經》而言，其人類作者之撰述，乃受聖父、聖神之推動與指引；[21] 就世俗或異教作者而言，此雙重動力說則為將其收編至天主教話語脈絡之有效模式。亞里士多德四因說見於其《物理學》（*Physics*）、《形上學》（*Metaphysics*）等著作。自西方大學於十三世紀初將此二著作列入課程後，亞里士多德式序言即開始流行，例如巴黎大學（University of Paris）文學院教師即經常使用此種序言，神學家亦將之用於《聖經》等宗教文本之評論。直至文藝復興時期，亞里士多德式序言與 C 型序言仍繼續用於作者之研究。[22]

阿奎納有些評論本，除在序言內採用 C 型序言部分標題外，其序言及本文所採論述模式，亦反映亞里士多德知識分類及知識探究方法。例如其《若望福音評論》（*Commentaria in Evangelium S. Ioannis*, or *In Evangelium B. Ioannis expositio*, 1269-1272）之〈序言〉（“Prologus S. Thomae”），即說明〈若望福音〉之「材料」（*materia*）、「次序」（*ordo*）、「目的」（*finis*）與「作者」（*auctor*）。按阿奎納

[21]「雙重動力因」之說，主要受額我略一世（St. Gregory the Great, c. 540- 604）《約伯傳評論》（*Commentary on Job*）之影響。額我略於此著中論述《聖經・約伯傳》之作者，謂「實無必要詢問其為何人所寫 —— 因為依據信仰，此著作者，相信即為聖神」（“Sed quis haec scripserit, valde supervacue quaeritur, cum tamen auctor libri Spiritus sanctus fideliter credatur”），〈約伯傳〉之人類作者，則為聖神之「蘆葦筆」（*calamus*）。見 Minnis, pp. 36-38. 額我略之論，見 St. Gregory the Great, *Moralium libri, sive Expositio in Librum B. Job*, “Praefatio,” I.2, in vol. 1 of *Opera omnia*, ed. J.-P. Migne, *Patrologiae latinae* 75（Parisiis: apud Garnier fratres et J.-P. Migne, 1902）, https://archive.org/details/patrologiaecurs02saingoog（accessed April 14, 2017）.

[22] Minnis, pp. 28-29, 75-84.　另可參 Hunt, pp. 139-141.

所述，此福音書之「材料」，即若望（John the Apostle, c. 6-100）於書中教示之「成全」（“perfecta”）、「圓滿」（“ampla”）與「崇高」（“alta”）三種默觀（*contemplatio*）方式。此三種默觀方式，分別對應若望默觀耶穌之三種方式，亦分屬「倫理知識」（“scientia moralis”）、「物理知識」（“scientia naturalis,”*scientia physica*）、《形上學》（“Metaphysica”）等三門知識。[23] 此種知識劃分，除呼應其於《神學大全》（*Summa theologica*, 1265-1274）及《論靈魂評論》（*Sentencia libri De anima*, 1268）所言哲學可分為「理論」（“speculativa”）與「實踐」（“practica”）兩端，而神學包含此二者外，[24] 最終亦指向亞里士多德《形上學》、《尼各馬可倫

[23] 阿奎納謂默觀之成全，見於倫理知識，亦即關乎人生終向或最終目的（“de ultimo fine”）；默觀之圓滿，見於物理知識，亦即思量萬事皆發自天主（“res a Deo procedentes”）；在諸多物理知識中，默觀之高點，見於形上學。此三知識，〈若望福音〉盡含之，故最為滿全（“perfectissimum”）。見 Thomas Aquinas, “Prologus S. Thomae” to his *In Evangelium B. Ioannis expositio*, in his *Commentaria in Evangelia S. Matthaei, & S. Ioannis,* in vol. 3 of *Divi Thomae Aquinatis doctoris angelici ordinis praedicatorum Opera,* editio altera veneta ad plurima exempla comparata, & emendata, accedunt Vita, seu Elogium ejus a Iacobo Echardo diligentissime concinnatum, & Bernardi Mariae de Rubeis in singula Opera admonitiones praeviae （Venetiis: cudebat Ioseph Bettinelli, 1745）, p. 391, https://books.google.com.tw/books?id=qrbg58u9MbEC （accessed February 7, 2018）. 本文引述阿奎納《若望福音評論》之中文，乃筆者自譯，並參考以下英譯：Thomas Aquinas, *Commentary on the Gospel of St. John,* trans. James A. Weisheipl and Fabian R. Larcher （Albany, NY: Magi Books, Inc., [1998]）, http://dhspriory.org/thomas/SSJohn.htm （accessed February 7, 2018）.

[24] 「理論」知識即阿奎納所言物理學、形上學，「實踐」知識即其所言倫理學。見 Thomas Aquinas, *Summa theologica,* Ia, q. 1, a. 4-5, in vol. 1 of S. Thomae Aquinatis *Summa theologica* diligenter emendata Nicolai, Sylvii, Billuart, et C. J. Drioux, 12th ed. （Parisiis: apud Bloud et Barral, 1880）, https://archive.org/details/summatheologica01thomuoft（accessed April 12, 2017）; *Sentencia libri De anima,* I.1, 402a1, 56-62, in vol. 45.1 of Sancti Thomae de Aquino *Opera omnia* iussu Leonis XIII P. M. edita（Roma: commissio Leonina, 1984）, http://gallica.bnf.fr/ark:/12148/bpt6k94964（accessed October 29, 2016）.

理學》（*Nicomachean Ethics*）所言「理論」（θεωρητική [*theōrētikē*]; speculative）、「實踐」（πρακτική [*praktikē*]; practical）與「製作」（ποιητική [*poiētikē*]; productive）等三種知識。[25]

阿奎納除將亞里士多德知識劃分運用於神學外，亦將其知識探究方式施於《聖經》解釋。例如阿奎納闡述「在起初已有聖言」（若 1: 1），[26] 將其劃分為「言」（「聖言」）、「在起初」、「已有」三部分，各析其義。阿奎納對於「言」之解釋，乃依據亞里士多德《解釋篇》所言「聲音為靈魂情感之符號」（"ea quae sunt in voce, sunt signa earum quae sunt in anima passionum"）。此外，阿奎納亦將「智性」（*intellectus*）劃分為三：智性潛能本身（"ipsa potentia intellectus"）、被理解事物之形象（"species rei intellectae"；亦即被理解事物之形式）、以及智性之行動（"se habens ad ipsum intellectum"；亦即「理解」此一行為），但此三項均非外言聲音（"verbo exteriori voce"）之所指——例如「石」此名並不指稱智性之本質——而是「內言」（"verbum interius"）之所指，亦即理解者於理解時所形成之物或形象（"quod intelligens intelligendo format"）。智性依其兩種運作模式，形成兩物：一，根據其「對不可分割事物之理解」（"indivisibilium intelligentia"）模式，形成「定義」（"definitionem"）；二、根據其「組合、劃分」（"componit, & dividit"）模式，形成表述（"enuntiationem"）或類似之物。藉由智性之運作所形成並表述者，無論是定義或表述，才是外言聲音之所指。因此，阿奎納引亞里士多德之言，謂某一詞所指之「理念」（"ratio"），即為此詞之「定義」。

---

[25] 亞里士多德所言「理論」知識，乃包括物理學、數學、神學（形上學）；「製作」知識如造船、造弓等知識，「實踐」知識則如倫理學、謀術、演辯修辭術等。見 Aristotle, *Metaphysics,* XI.vii, 1064a10-1064b14; *The Nicomachean Ethics,* trans. H. Rackham, Loeb Classical Library（Cambridge, MA: Harvard University Press, 1956）, I.i-ii, 1094a1-1094b12.

[26] 本文採思高本《聖經》。見思高聖經學會譯釋：《聖經》袖珍本（臺北：思高聖經學會出版社，2006 年）。

此外，靈魂內所形成者，為「內言」。智性之理解，並非藉由內言，而是發生於內言之中， 此乃因智性於內言中觀看被理解事物之本性。[27]

阿奎納此處對「言」（*verbum*）之分解，亦見於其《神學大全》〈我們智性理解方式是否為組合與劃分〉（"Utrum intellectus noster intelligat componendo et dividendo"）一條。此條「反之」意見，即援引亞里士多德所言「聲音」（"voces"）為「智性之構象」（"conceptiones intellectus"），且聲音有組合與劃分兩種運作模式（因此形成贊成或反對兩種意見），因此，智性之運作方式為組合與劃分。阿奎納之「答曰」意見，則說明人類智性之理解運作，乃藉由組合與劃分。智力自潛能至實行（"de potentia in actum"）之過程，乃先產生事物肖象（"similitudinem"），藉以掌握事物本性（"quidditatem ipsius rei"）等基本要素，繼而理解事物「存在」之屬性、依賴性（或作「偶性」）及各種附屬關係（"proprietates et accidentia, et habitudines circumstantes rei essentiam"）。因此，理解必然藉由組合與劃分，來比較不同事物，並由一組合、劃分階段，進展至另一組合、劃分階段，此即為「計思」（"ratiocinari"）過程。[28]

阿奎納於前述〈若望福音〉之評論，以及《神學大全》之闡述，其所用語彙與方法，乃基於亞里士多德。其中對於「聲音」、「組合」、「劃分」、「形象」、「定義」、「不可分割」、「表述」等概念，可見於《解釋篇》與《後分析篇》（*Posterior Analytics*）；「本性」、「依賴性」及附屬關係，可見於《範疇篇》等與「實體」（οὐσία [*ousia*]; substance；亦可作「自立體」）、「關係」（πρός τι [*pros ti*]; relation）、「品質」（ποιότης [*poiotēs*]; quality）有關之論述；智性之組合與劃分、不可分割等概念，則可見於《論靈魂》，其中智力自潛能至實行之說，更涉及《論靈魂》之「靈魂」定義：身體為物

---

[27] *In Evangelium B. Ioannis expositio,* pp. 395-396.

[28] *Summa theologica,* Ia, q. 85, a. 5.

質，僅具生命潛能，靈魂則為身體之形式與實行。[29] 亞里士多德之知識探究方法，乃以《範疇篇》、《解釋篇》、《前分析篇》（*Prior Analytics*）、《後分析篇》、《論題篇》（*Topica*）、《辨謬篇》（*On Sophistical Refutations*）等六部《工具論》（*Organon*）為基本工具，再延伸至《物理學》、《形上學》等知識學門，而在亞里士多德知識分類上，《論靈魂》乃屬自然哲學（物理學）範疇。[30] 因此，自前所論，即可看出阿奎納對《聖經》與神學之闡述，乃建構於亞里士多德之知識基礎與探究方法。

阿奎納探究「言」，乃自「人言」論起，並按智性之性質（*natura intellectualis*），將「言」劃分為「人言」（*verbum humanum*）、「天使言」（*verbum angelicum*）與「聖言」（*verbum divinum*），此亦反映亞里士多德知識探究之基本方法。例如亞里士多德《論題篇》即謂知識探究之開展，首在自可得材料中選擇話題——一如演辯修辭家於演說時，以及醫生於治病時，斷不會使用全部可得之說服或治病方法，而是就特定場合或某一疾病，擇其適用者。亞里士多德謂知識探究之第一步驟，即在判斷「知識探究」本身之構成部分：論述始於命題（“ἐκ τῶν προτάσεων” [*ek tōn protaseōn*]; from propositions）；推論（“συλλογισμοί” [*syllogismoi*]; [syllogistic] reasonings；或作三段式推論）所論者，則為問題（“προβλήματα” [*problēmata*]; problems）。亞里士多德繼而論述「定義」（ὅρος [*horos*]; definition；或稱「界定」）、「屬性」（“ἴδιον” [*idion*]; property）、「屬類」（“γένος” [*genos*]; genus）、「依賴性」（“συμβεβηκὸς”[*symbebēkos*]; accident）等議題。亞里士多德甚重「定義」，並認為有關「定義」之論證，大多關乎相

[29] Aristotle, *The Categories,* trans. Harold P. Cook, i-viii, 1a1-11a39, and On *Interpretation,* trans. Harold P. Cook, i, iv-vi, 16a1-19, 16b26-17a37, both in Aristotle, *The Categories, On Interpretation, Prior Analytics,* Loeb Classical Library（London: William Heinemann, 1962）; *Posterior Analytics,* I.ii, 72a11-25; *De anima,* II.i, 412a1-22; III.vi.1-7, 430a26-430b31.

[30] 亞里士多德謂《論靈魂》屬自然哲學之論，見 *De anima,* I.i, 403a27-28.

同、差異之議題。其論述時，亦經常析分一詞諸多意義，例如「相同」可區分三義：一物而多名、多物而同種（例如一人與他人；均為「人」）、多物而同屬（例如一人、一馬；均為「動物」）。[31] 因此，阿奎納自「言」之存在，論至其屬性、意義劃分等，乃屬亞里士多德之知識探究進程。[32]

此外、阿奎納闡釋「言」，除引亞里士多德所言，亦引其他教父聖師之言。例如，阿奎納引亞里士多德所言一名所指「理念」為其「定義」，而於靈魂中所表述或形成者，則稱「內言」。智性之理解，發生於內言，且智性於內言中觀看被理解事物之本性。「言始終為被理解事物之理念與肖象」（"verbum semper est ratio, & similitudo rei intellectae"），理解者與被理解事物如為相同，其「言」即為智性本身之理念與肖象；如不相同，其「言」即非為理解者之理念與肖象，而為被理解事物之理念與肖象。因此，人們對「石」之理念，僅為「石」之肖象，但當智性理解自己時，其「言」即為自己之理念與肖象。阿奎納繼而引述奧斯定之言：心智理解自身時（而非理解他物時），即於靈魂內見有三位一體肖象（*similitudo Trinitatis*）。[33] 阿奎納此處引用奧斯定之言，乃出於其《論三位一體》（*On the Trinity*）所論「三位一體」與「心言」之關聯：心智理解自身時，即於靈魂內見有某種「三位一體」。奧斯定所言「三位一體」，乃指心靈（"mens"）與其自愛（"amor ejus"）與自知（"notitia ejus"）。心靈於此三者中知己愛己時，即成為三位一體：此三者個別存在於個體，又共同存在於整體，或者個別存在於其中兩者，或者兩者存在於個體，但無論如何，卻不彼此交揉相混（如同聖父、聖子、聖神）。阿奎納所用「內言」一語，亦見於奧斯定此著同卷：通過身體感官吸納實質物

---

31 Aristotle, *Topica,* trans. E. S. Forster, I.iii-viii, 101b5-103b19.

32 此種重視定義之知識探究方法，亦反映於《靈言蠡勺》，如其所言：「凡論物理，先考名實，如物有同名異實者，舉其名，先定其物之實，然後可得而論也。」見頁 1155。

33 *In Evangelium B. Ioannis expositio,* p. 396.

體之形象（“phantasias rerum corporalium per corporis sensum haustas”; “imaginarias”），將之融入記憶；即使未曾見過之事物，亦得於記憶所編造之形象（“ficto phantasmate”）中，思考未曾見過之事物。對於此等形象，我們以正當方式予以贊成或反對時，即可確信我們內心所為贊成或反對之判斷（“judicium”），並非憑借內心，而是依循居於心靈之上永恆不變之法則。[34] 此種形象，即為阿奎納所稱「內言」。因此，阿奎納闡述「言」，以亞里士多德所言「理念」為始，再轉至奧斯定所言「內言」。亞里士多德與奧斯定之言，乃有機融合於阿奎納所言。

阿奎納引述亞里士多德之言，有時直稱其名，有時則隱之。奧斯定《論三位一體》一書，則直接使亞里士多德隱姓埋名。例如奧斯定謂：我們藉由心靈視覺，在暫時事物從而受造之永恆真理中，觀看我們據以存在之形式（“formam”），我們亦據此形式，在真實正確理智中，實行諸般心理及有形之事；我們亦以同樣方式，觀看從而孕生之事物真知（“veracem notitiam”），如同內心之言，於言說時，自內而生，生出之後，即不退離。人與人說話時，運用聲音或肢體符碼，表達心言，並藉由某種可感念想，於聽者心中產生類似存在之心言。[35] 奧斯定於本段及前段內容所用語彙，除見有柏拉圖之影響外，大抵亦源自亞里士多德。[36] 其中對於「言」與聲音、符碼之關係，可見於《解釋篇》，對於「身體感官」、「形象」、「判斷」之討論，則可見於《論靈魂》有關理解（“νοεῖν” [*noein*]; thinking）、判別

---

[34] St. Augustine, *De trinitate,* IX, in vol. 8 of *Opera omnia,* ed. J.-P. Migne, *Patrologiae* [*latinae*] 42（[Parisiis:] apud J.-P. Migne, 1845）, https://archive.org/details/sanctiaureliiau03augugoog（accessed April 14, 2017）.

[35] *De trinitate,* IX.vii.12.

[36] 奧斯定雖為新柏拉圖主義者，但亦受亞里士多德影響。例如其於《論三位一體》論述聖父、聖子、聖神三位之「關係」，即源自亞里士多德《範疇篇》所論。《論三位一體》受亞里士多德影響之論，見 Paul Thom, *The Logic of the Trinity: Augustine to Ockham*（New York: Fordham University Press, 2012）, pp. 19-41.

（“κρίνειν” [*krinein*]; judging）、感知（“αἰσθάνεσθαι” [*aisthanesthai*]; perceiving）之討論：理解並非感知，且理解部分屬於形象（“φαντασία” [*phantasia*]; imagination），部分屬於判斷（“ὑπόληψις” [*hypolēpsis*]; judgment, conception）。[37]

因此，奧斯定《論三位一體》此處所言，以及阿奎納前述內容，均採用亞里士多德之哲學語彙，並契合其知識探究方法。與阿奎納略有不同者，乃阿奎納經常明引亞里士多德來評論〈若望福音〉（但有時引用時亦未明示出自亞里士多德），而奧斯定則是暗引（未說明出處）亞里士多德來闡述己見，但雖曰闡述己見，其實亦在闡發「天主形象」、「三位一體」，並不時引用《聖經》之言。無論明引或暗引亞里士多德，其實皆如阿奎納所言：各門哲學，乃神學婢僕（“ancillae”）。就某意義而言，神學乃依靠哲學，但並非基於本身需要，而是藉以使其教導更加顯明。神學之原理，並非出自哲學，而是直接出自天主啟示。神學借助哲學，並非本身有所缺陷或不足，而是因為人類智性之缺陷（“defectum intellectus”），亦即人類較易透過自然理智之知識（哲學知識），而推知超越理智之內容（神學教導）。[38]

阿奎納明引亞里士多德與奧斯定，奧斯定則暗引亞里士多德，此種明引與暗引，引用再引用之方式，亦見於《靈言蠡勺》。至於《靈言蠡勺》所引、所譯之內容，究竟是「引用者」、「譯者」之意見？抑或「被引用者」、「被翻譯者」，甚或「被被引用者」、「被被翻譯者」之意見？或許就神學論述而言，「引用」乃靈魂運作後形成之「內言」，並依神聖法則而為評判（引用即表對所引內容之贊同或反對）。就此意義而言，引用並非引自他人之言，而是引自內言。翻譯亦非翻譯他人之言，而是翻譯內言。或者，更如奧斯定所言：如讀者於其著作內發現真理，此真理並非奧斯定所有，而是來自天主。[39] 如

[37] *De anima,* III.iii, 427a17-19, 427b26-29.

[38] *Summa theologica,* Ia, q. 1, a. 5.

[39]「如於其（我的著述）中瞭解某一真理，此真理非因存在其中而為我有，惟願藉由

然，則無論引用者或被引用者之言，無論譯者或被譯者之言，最終仍以「聖言」（《聖經》）與信仰為最終闡釋與翻譯動力。

三、《柯因布拉評論》序言及靈魂定義

如前所述，某一著作之評論本，常以序言為其評論對象之導論。《柯因布拉評論》亦採用序言，作為亞里士多德《論靈魂》之前導。《柯因布拉評論》序言標題為〈亞里士多德《論靈魂》三卷之序言〉（"Prooemivm in tres libros Aristotelis *De anima*"；下稱〈柯因布拉序言〉，拉丁語簡稱 "Prooemivm"），副標題則為「論此書各卷之功用、次序、材料、劃分」（"De vtilitate, ordine, materia subiecta, & partitione horum librorum"）。自其副標題所用「功用」、「次序」、「材料」等標題，即可看出 C 型序言之影響。〈柯因布拉序言〉說明亞里士多德《論靈魂》之功用，在於有益於「一切真理之認識」（"ad omnem veritatis cognitionem vtilis"）。此書之次序（學門歸屬），則「因其包含各種自然原理之統合闡釋」（"quia vniuersam Naturalium principiorum explicationem continent"），故屬生理學／物理學（*Physiologia*）。該書之主旨與材料，則在尋求「魂」（而非「有魂之體」）之定義（"in hoc vero opere non corporis animati, sed animae definitionem quaesiuit"）。有關此書之內容劃分，則亞里士多德於第一卷論述靈魂之存在本質（"de essentia animae"），並反駁先哲舊說；第二卷前二章論述已見，該卷其餘部分則處理魂之共同潛能（"de potentijs aimae in commune"）、生養靈魂之司職（"de facultatibus ad

理解與愛，使其成為你我所有。」（"Si quid in eis [omnibus litteris meis] veri comprehenderis, existendo non est meum, at intelligendo et amando et tuum sit et meum."）*De trinitate,* III.Pro.2. 此處中文乃筆者自譯，並參考以下英譯：St. Augustine, *On the Trinity,* trans. Arthur West Haddan, in vol. 3 of *Nicene and Post-Nicene Fathers,* First Series, ed. Philip Schaff（Buffalo, NY: Christian Literature Publishing Co., 1887）, revised and ed. for New Advent by Kevin Knight, http://www.newadvent.org/fathers/1301.htm（accessed February 7, 2018）.

animam vegetatricem"）、外在感覺（"de sensibus externis"）；第三卷前三章論述內在感覺（"de [sensibus] internis"）；第四章至第九章則論述智性（"de intellectu"）；其後至卷末，則論述運動及某些情感（"de motu & quibusdam affectionibus, quae animantibus in vniuersum competunt"）。[40]

尤須注意者，《柯因布拉評論》之經院哲學評論特色，自其〈柯因布拉序言〉即得見端倪。例如該序言謂當時對亞里士多德《論靈魂》一書存在二種不同見解。第一種見解認為此書在論述「有魂之體」，該序言並羅列此見解所持三項論據（*1. Argum., 2. Argum., 3. Argum.*）。該序言則持第二種見解，亦即此書旨在尋求「靈魂」定義，並提出三項理由（*1. Ratio, 2. Ratio, 3, Ratio*），並對第一種意見提出回應（"Respondetur argumentis primae sententiae"），並一一反駁（*Ad 1. arg., Ad 2. arg., Ad 3. arg.*）。[41] 此種論述模式，即見於阿奎納《神學大全》。

《柯因布拉評論》對《論靈魂》之評論，可分為「解釋」（*explanatio*）與「問題」（*quaestio*）兩部分，此乃反映西方對亞里士多德著作之「字義評論」（literal commentary）與「問題評論」（question commentary）兩種模式。[42] 其於「解釋」部分，乃將《論

---

[40] Coimbra, "Prooemivm," pp. 1A, 3F, 5C, 6E.

[41] Ibid., pp. 4E-6C. 此處拉丁文皆為頁邊旁標。

[42] 西方對亞里士多德著作之評論模式主要有三種，且均見於阿奎納之哲學著作。此三模式及其見於阿奎納著作之例，分別為：一，獨立論文形式，例如《論性理》（*De principiis naturae*）；二，「字義評論」，包括文段劃分（*divisio textus*）與逐段釋義（paraphrase）；一般稱阿奎納之評論，乃就此而言，前文所言阿奎納《論靈魂評論》即屬此類；三，「問題評論」，最終集結成「辯論問題集」（disputed questions），例如《論靈魂問題》（*Quaestiones de anima*）。見 Robert Pasnau, "The Latin Aristotle," in *The Oxford Handbook of Aristotle,* ed. Christopher Shields（Oxford: Oxford University Press, 2012）, p. 668. 阿奎納對亞里士多德之評論方式，較屬字義評論，但問題評論為十四、十五世紀之主流形式。柯因布拉耶穌會士對亞里士多德著作之評論，更偏好採用釋義加問題之形式。見 F. Edward Cranz, "The Publish-

靈魂》劃分為不同文段（*Text. 1, Text. 2, Text. 3*, etc.），並將各文段再劃分為小段，再分別解釋各小段之義。大抵而言，《柯因布拉評論》對《論靈魂》之解釋，乃反映亞里士多德所論知識基礎與原理。例如亞里士多德在《論靈魂》第二卷第一章定義「靈魂」前，先定義何謂「實體」：

> 在所有存在物中，有一類我們稱為『實體』，其中包括：一、物質，其本身非為特定『某物』；二、形式，或者說外形，某物之所以稱為『此物』，乃據此而言；三、由此二項所構成或組成之整體。物質為潛能，形式則為實行，或者說完成。[43]

《柯因布拉評論》解釋此段意義時，即援引亞里士多德《後分析篇》第二卷第十四章所述，說明欲尋求某物之定義，最宜將其劃分成不同

---

ing History of the Aristotle Commentaries of Thomas Aquinas," *Traditio* 34（1978）: 157-158, 179-180. 柯因布拉採釋義加問題之評論形式，亦可參 Schmitt, *Aristotle and the Renaissance,* pp. 41-43. 道爾亦將中世紀與柯因布拉對亞里士多德之評論方式歸為三種：「文本摘要或釋義」（"summaries or 'paraphrases' of the text"）、「評論闡述」（*expositiones per modum commenti*）、「問題闡述」（*expositiones per modum quaestionis*）。柯因布拉主要使用第三種評論模式，但亦兼採前二種。見 Doyle, *The Conimbricenses,* p. 16. 就《柯因布拉評論》而言，本文認為以「字義評論」與「問題評論」兩種模式稱之，較為明瞭易懂。

[43] "Dicimus itaque genus vnum quoddam eorum, quae sunt ipsam substantiam esse. Atque huius aliud ut materiam, quod quidem per se non est hoc aliquid, aliud formam & speciem, qua quidem iam hoc aliquid dicitur, & tertium id quod ex istis constat, atque componitur. Est autem materia quidem potentia, forma vero actus, atque perfectio." Coimbra, II.i, t. 2, p. 50. 亞里士多德此處所言「實體」，其義有三：一、物質（材料），二、形式，三、此二者之組合。亞里士多德定義「靈魂」時，謂身體為物質，係具有生命潛能之自然體；靈魂則為實體，亦即身體之形式。亞里士多德以蠟及其上所印之圖樣為例，身體如蠟（物質），靈魂如圖樣（形式），一如蠟與圖樣乃為一體，靈魂與身體亦然。見 Aristotle, *De anima,* II.i, 412a1-412b9. 亞里士多德此處所論，對應 Coimbra, II.i, t. 1-7, pp. 49-54. 其中小寫 "t." 表文段編號，下同。

部分，並秉持亞里士多德之「劃分」精神，分別細究「存在」（*ens*, being；或作「存有」）與「實體」之不同組成：其於「存在之劃分」項下（"Diuisio entis"），說明亞里士多德於本段隱而未明言者，乃其於《形上學》第五卷第七章所述不同範疇之「存在」；而於「實體之劃分」（"Diuisio substantiae"）項下，則說明實體可劃分為物質、形式及兩者之組合，如亞里士多德《形上學》第七卷第三章、第十章、第十三章及他處所論。[44]

《柯因布拉評論》除解釋外，亦針對《論靈魂》之內容，提出「問題」，並將「問題」細分為條目。但與阿奎納《神學大全》一條目即處理一命題之方式有所不同，《柯因布拉評論》每一問題僅處理一命題。例如其第二卷第一章問題一為「亞里士多德是否正確定義靈魂」（"Recte ne Aristoteles animam definierit; an non"），其第一條「逍遙學派靈魂定義之闡述」（"Enodatvr Peripatetica animae definitio"），乃就亞里士多德「靈魂是潛在生命有機體之原始、自立實行」（"Anima est actus primus substantialis, corporis organici potentia vitam habentis"）此定義闡述各家意見；第二條「對以上定義之反對論點」（"Argvmenta contra superiorem definitionem"），則說明其他與此定義相反之意見。其餘第三條「靈魂非為氣質」（"Qvod anima non sit temperamentum"）、第四條「靈魂為實體」（"Qvod anima sit substantia"）、第五條「靈魂非為物質，亦非身體」（"Qvod anima neqve materia, neqve corpvs sit"）、第六條「智性靈魂為精神實體；但非神聖心智之一部」（"Qvod anima intellectiva sit spiritalis substantia: non tamen particula diuinae mentis"）、第七條「第二條各論點之破解」（"Dilvvntur argvmenta secundi articuli"），其所論內容則如各自標題所示。[45]

---

[44] Coimbra, II.i, t. 2a, pp. 49-52. 其中 "t. 2a" 表「文段 2，解釋 a」，以下類推。

[45] Ibid., II.i, q. 1, a. 1-7, pp. 57A-71C.《柯因布拉評論》所引亞里士多德「靈魂」定義，在 p. 57B。

《柯因布拉評論》於「解釋」及「問題」部分，除引用亞里士多德其他著作外，亦援引歷來評論者對《論靈魂》所論內容及其他「靈魂」相關概念之見解（也論及、並反駁錯誤之說），並以《聖經》為最終權威。例如其於第二卷第一章問題三「智性靈魂是否為天主所造」（“Vtrvm animae intellectiuae a Deo creentur, an non”）第一條「對我們靈魂起源之不同學說」（“Diversa dogmata de nostrorum animorum origine”），提到兩種錯誤之見：一為靈魂乃由精液傳播（“ex semine propagari”），二為「靈魂非來自天主，而是來自智性」（“non tamen a Deo, sed ab intelligentiis”），於第二條「此命題應理解之事」（“Qvid in re proposita sentiendum sit” ）則提出三項聲明（*assertio*）：一、「理性靈魂絕非藉由精液之力傳播」（“Animae rationales neutiquam vi seminis propagantur”）；二、「理性靈魂係透過創造而存在，但非由天使，而係由至善至大之天主」（“Animae rationales accipiunt esse per creationem, non ab Angelis, sed a Deo Opt. Max.”）；三、「理性靈魂由天主所造，但非造於身體之前，而是於身體之內個別創造與挹注」（“Animae rationales non fuerunt ante corpora a Deo creatae; sed in ipsis corporibus singulatim creantur, & infunduntur”）。[46]

《柯因布拉評論》對第二項聲明所持論據有二：一、靈魂為天主所造，二、靈魂非為天使所造。關於第一點，乃依阿奎納《駁異大全》（*Summa contra gentiles*）第二卷第八十七章論點：「一切實體之存在，不外乎三種方式：自行產生、依賴而生、創造而生。理性靈魂非由物質與形式所組成，故非自行產生。靈魂為身體形式，發源於身體之產生，來自精液之力；但此方式並不可能，故人類靈魂非依賴而生。因此，只剩一種可能：靈魂乃藉由創造，獲其存在。」[47] 至於靈魂非為

[46] Ibid., II.i, q. 3, a. 1, pp. 80F-81A; a. 2, pp. 82A, 82F, 83F.

[47] “Omnis substantia, quae producitur, aut generatur per se, aut per accidens, aut creatur: sed animae rationales non generantur per se, cum non constent ex materia & forma: neq. per accidens quia cum sint formae corporum orirentur per eorum generationem ex virtute seminali, quod improbatum est: superest ergo vt per creationem esse accipiant.” Ibid.,

天使所造，《柯因布拉評論》則引奧斯定等諸家學說。其中奧斯定之意見，乃包含其於《論三位一體》第三卷第八章所言「靈魂是吹入身體之氣息」。[48]《柯因布拉評論》此處所引阿奎納之意見，即隱含亞里士多德之概念與分析方式（「實體」、「依賴」、「物質」、「形式」等），所引奧斯定之意見，亦隱含亞里士多德《論靈魂》之觀點（身體、靈魂之組合），而其最終仍在闡述〈創世紀〉所言「上主天主用地上的灰土形成了人，在他鼻孔內吹了一口生氣，人就成了一個有靈的生物。」（創 2:7）前文亞里士多德、奧斯定有機融合於阿奎納，此處則此三人有機融合於《柯因布拉評論》，且藉由「言」之嫁接——或者說「組合」——此四者分別並共同參與聖言與神學。

《柯因布拉評論》此種自亞里士多德，至奧斯定與阿奎納，及至《聖經》之引用、評論次序，亦見於其對「靈魂」定義之探究。亞里士多德對「靈魂」之定義，為「靈魂是潛具生命自然體之原始實行與成就。」[49] 亞里士多德之所以言「自然體」，乃因其定義之靈魂，非僅為人類靈魂，而係包括植物、動物、人類等一切生物之靈魂，因此，《論靈魂》於此定義之後，即以植物各部分官能為例。亞里士多德定義一切生物之靈魂，而非個別靈魂種類（例如人類靈魂），其原因即如阿奎納於《論靈魂評論》所言：

II.i, q. 3, a. 2, p. 83B.

48 Ibid., II.i, q. 3, a. 2, p. 83C. 奧斯定此言前後文為：「誠然，人身之內，有肉體與形式外觀之組成，肢體之排序與分別，以及健康之調節。靈魂是吹入身體之氣息，主宰身體，並屬理性，因此，靈魂雖然可變，卻能分參那不變之智慧，因而其分參乃內在於自同者 ... 此處所言自同者，即指那至高不變之善，亦即天主，以及其智慧與意旨。」（“Est certe in corpore humano quaedam moles carnis, et formae species, et ordo distinctioque membrorum, et temperatio valetudinis: hoc corpus inspirata anima regit, eademque rationalis; et ideo quamvis mutabilis, tamen quae possit illius incommutabilis sapientiae particeps esse, ut sit participatio ejus in idipsum … Idipsum quippe hoc loco illud summum et incommutabile bonum intelligitur, quod Deus est, atque sapientia voluntasque ipsius.”）見 *De trinitate,* III.ii.8.

49 “[A]nima primus est actus perfectioque corporis naturalis potentia vitam habentis.” Coimbra, II.i, t. 6, pp. 51-52.

> 如大哲於《論動物》（*De animalibus*）〔第一章〕所言，於探究任何屬類之事物，首先必須個別考量該屬類之整體共性，其後方為該屬類特定成分之特有殊性。此為亞里士多德於第一哲學所用方法，他於《形上學》伊始，即探究『存在』之所以為『存在』之共同屬性，其後才繼續探究個別之『存在』。採用此種方式，即可避免必需經常重複。[50]

至於靈魂（包括植物靈魂、動物靈魂、人類靈魂）之定義，阿奎納亦評論道：

> （亞里士多德）說明「靈魂為何」時，即論述共同屬性，而說明其任一部分或潛能時，則論述靈魂之特殊屬性。如亞里士多德於《物理學》伊始所示，此法為正確教示次序，亦即自最共同者開始，進展到較不共同者。[51]

因此，亞里士多德《論靈魂》之論述次序——借用〈柯因布拉序言〉對此書之內容劃分——為先總論靈魂本質，再細部處理靈魂共同潛

---

[50]"Sicut Philosophus docet in XI [sic] De animalibus, in quolibet genere rerum necesse est prius considerare communia, [et seorsum] et postea propria unicuique illius generis（quem quidem modum Aristoteles seruat in philosophia prima: in Metaphisica enim primo tractat et considerat communia entis in quantum ens, postea uero considerat propria unicuique enti）, cuius ratio est, quia nisi hoc fieret, idem diceretur frequenter." Aquinas, *Sentencia libri De anima,* I.i, 402a1, 1-10. 此處中文乃筆者自譯，並參考以下英譯：Thomas Aquinas, *Commentary on Aristotle's De anima,* trans. Kenelm Foster and Sylvester Humphries（New Haven: Yale University Press, 1951）, http://dhspriory.org/thomas/DeAnima.htm（accessed February 7, 2018）.

[51]"[C]um enim ostenditur quid est anima, traditur id quod est commune, cum autem determinatur de unaquaque partium aut potenciarum ipsius, traditur id quod est speciale circa animam; hic est autem ordo doctrine, ut a communibus ad minus communia procedatur, sicut ostendit Philosophus in principio Phisicorum." Ibid., II.i, 412a3, 22-29.

能、生養靈魂之司職、外在感覺、內在感覺、智性、運動及情感。

此外，〈柯因布拉序言〉亦係基於亞里士多德《論靈魂》第一卷第一章所述知識探究方法，而《論靈魂》之內容安排，更展現亞里士多德自總論至分論之知識探究程序。如亞里士多德所言：任何知識均應確定探究方法，亦即演示（*demonstratio*）、劃分（*divisio*）或其他已知方法。其第一步即劃分靈魂屬類，亦即論究靈魂屬於實體、品質、數量或其他範疇，繼而論述靈魂屬於潛能或實行，並考量是否靈魂有不同種類（動物、人、天神等），是否應先討論靈魂之構成部分或其職能，以及靈魂情感是屬於身體與靈魂之複合產物，或是其中是否有僅屬靈魂者。[52] 此種知識探究次序，即反映於《論靈魂》之內容次序。

《柯因布拉評論》亦深知《論靈魂》第二卷第一章之「靈魂」定義，非僅限於人類靈魂，因此，於其「解釋」部分，亦謂：

> 最低等之植物靈魂，或者說生養靈魂，尚且賦有器官之能，更為高貴之感覺靈魂與智性靈魂，更是如此。[53]

並於該章「解釋」其他部分，分別探討「存在」、「實體」、「物質」、「形式」、「初級實行」（*actus primus*）、「次級實行」（*actus secundus*）、「自立生命」（*vita substantialis*）、「依賴生命」（*vita accidentaria*）、「純粹潛能」（*pura potentia*）、「自立形式」（*forma substantialis*）、「人為形式」（*forma artificiosa*）等概念。此等概念，乃關乎《論靈魂》所述一切生物靈魂之共性。

但《柯因布拉評論》於該章「問題」部分，其第二卷第一章問題一雖在論究「亞里士多德是否正確定義靈魂」，其第一條至第五條分

---

[52] Aristotle, *De anima,* I.i, 402a23-403a24; Coimbra, I.i, t. 6-14, pp. 15-20.

[53] "[S]i enim plantalis, seu vegetatrix anima, quae in infimo gradu consistit, subiectum habet organis instructum, vtique anima sentiens & intelligens, quae nobilioris notae sunt, id obtinebunt." Coimbra, II.i, t. 6g, pp. 53-54.

別討論「逍遙學派靈魂定義之闡述」、「對以上定義之反對論點」、「靈魂非為氣質」、「靈魂為實體」、「靈魂非為物質，亦非身體」，表面似在討論亞里士多德之「靈魂」定義，其實已改向神學論述。因此，此五條乃論究「人類靈魂」，而非「生物靈魂」，而第六條「智性靈魂為精神實體；但非神聖心智之一部」，其所言「精神」（*spiritalis*；或作「屬靈」），更將亞里士多德之「靈魂」（*anima*；生物靈魂），轉為神學之「靈魂」（*anima*；人類靈魂），其論證除引諸多教父聖師之言為見證外，更引用《聖經》「上主天主…人就成了一個有靈的生物」，「父啊！我把我的靈魂交托在你手中」（路 23: 46），以及「聖神親自和我們的心神一同作證」（羅 8: 16）。而其問題三「智性靈魂是否為天主所造」雖援引諸多教父，但最終依據亦為〈創世紀〉。

《柯因布拉評論》之「解釋」部分，乃偏向亞里士多德文本之闡述（雖已有神學色彩），而其「問題」部分，則轉向純粹神學靈魂概念之探究。拉丁語 *quaero* 有覓尋、探究、詢問等義，其名詞 *quaestio* 即表探尋或問題。《柯因布拉評論》對「靈魂」定義之「問題」提出，即表徵其對神學「靈魂」意義之屬靈探尋。《靈言蠡勺》亦秉此屬靈探尋精神，改寫《柯因布拉評論》。

四、《靈言蠡勺》序言及靈魂定義

惠澤霖與梅謙立二人曾言《靈言蠡勺》之序言（〈靈言蠡勺·引〉），乃譯自〈柯因布拉序言〉第一段，[54] 其言洵然，但更為要者，〈靈言蠡勺·引〉不僅翻譯後者之「內容」與「材料」，更翻譯其「精神」與「形式」。以下二例為兩序言對應之處。茲以此二例，說明亞里士多德《論靈魂》導言，經〈柯因布拉序言〉之重導，而成為奧斯定式屬靈探究精神，〈靈言蠡勺·引〉則將此精神化為其翻譯之導言。

兩序言對應之處，第一例為〈靈言蠡勺·引〉以下開篇之語：

[54] Verhaeren, "Aristote en Chine," p. 420; Meynard, "The First Treatise," pp. 204, 206-208.

> 亞尼瑪譯言靈魂，亦言靈性之學，於費祿蘇非亞譯言格物窮理之學中，為最益，為最尊。古有大學，牓其堂曰『認己』。謂認己者，是世人百千萬種學問根宗，人人所當先務也。其所稱認己，何也？先識己亞尼瑪之尊，亞尼瑪之性也。[55]

乃翻譯〈柯因布拉序言〉開場所言：

> 靈魂之知識，由於其演示方法之確定，所論事端之尊貴，故於所有哲學中出類拔萃，並有益於生活之善立與節制，與一切真理之認識。此處所言，自亞里士多德隨後教示之內容，即甚顯著，尤其所言功益部分，能從而更具說服力，更得以明示；誠如安菲克堤翁聯盟於德爾菲神廟入口處所題著名箴言之規勸（無論其作者為奇隆、費莫奴、泰勒斯或他人）：竭力認識自己。但除非審視自己靈魂之本性與尊貴，無人可認識自己。[56]

---

[55]〈靈言蠡勺．引〉，頁 1127。

[56] "Qvantvm scientia de anima, ob certitudinem demonstrandi, & rerum, in quibus versatur, nobilitatem, inter alias Philosophiae partes emineat: quam sit tum ad vitam probe instituendam, & moderandam; tum ad omnem veritatis cognitionem vtilis; ex iis, quae Aristoteles mox docebit, conspicuum fiet. Sed idem, praesertim quod ad vtilitatem spectat, suaderi amplius, illustrarique ex eo potest, quia vt celebris illa siue Chilonis, siue Phemonoae, aut Thaletis, vel quicunque eius auctor fuerit, sententia foribus templi Delphici ab Amphictyonibus inscripta commonebat, maxime eniti quisque debet, vt se ipsum norit: nossse autem se nemo potest nisi animi sui naturam, & dignitatem perspectam habeat." Coimbra, "Prooemivm," p. 1A-B. 此出處見於 Meynard, p206n6.〈論靈魂序言〉此處所提安菲克堤翁聯盟（Amphictyony），為古希臘於城邦興起前所形成之聯盟制度，由某一宗教中心鄰近邦國所組成，目的在保護該宗教中心。「認己」箴言相傳乃由安菲克堤翁聯盟所題。此箴言作者不詳，希臘七賢其中兩位：奇隆（Chilon of Sparta, fl. 6th cent. B.C.）與泰勒斯（Thales of Miletus, c. 624-c. 546 B.C.），以及希臘神話中之女詩人暨德爾菲神廟女祭司費莫奴（Phemonoe），皆為傳聞中之作者。見 Eliza Gregory Wilkins, "'Know Thyself' in Greek and Latin Literature,"（Ph. D. diss., The University of Chicago Libraries, 1917）, pp. 5-6, https://archive.org/details/

第二例則為〈靈言蠡勺・引〉所言：

> 故亞吾斯丁曰：費祿蘇非亞，總歸兩大端，其一論亞尼瑪，其一論陡斯。〔論〕亞尼瑪者，令人認己，論陡斯者，令人認其源。論亞尼瑪者，使人可受福，論陡斯者，使人享福。[57]

乃對應〈柯因布拉序言〉：

> 如聖師奧斯定於《論秩序》第二卷第八章所斷言：哲學之問題探究主要有二，其一有關靈魂，另一有關天主。前者令我們認識自己，後者令我們認識自己本源；前者對我們較為甜美，後者較為寶貴；前者令我們配得幸福生活，後者令我們幸福。[58]

如前所述，〈柯因布拉序言〉副標題為「論此書各卷之功用、次序、材料、劃分」。〈靈言蠡勺・引〉翻譯其首段內容，即〈柯因布拉序言〉對《論靈魂》此書功用之評論。而其評論，乃基於《論靈魂》第一段導言：

> 我們雖然覺得一切知識均為良善尊貴，但我們認為其中有一種知識，或者因其較為確定，或者因其探究對象較為卓然可敬，故而比其他知識更是如此；誠然，基於上述原因之一，我們認為將靈魂知識置於首要之位，亦無不妥。此外，認識自己靈魂，

knowthyselfingre00wilkrich（accessed September 16, 2017）.

57〈靈言蠡勺・引〉，頁 1130。

58 "…id quod D. Augustinus 2. de ordine, cap. 8 asserit; nimirum duas esse praecipuas in Philosophia quaestiones; vnam de anima, alteram de Deo. Primam efficere, ut nos ipsos nouerimus; alteram, vt originem nostram; illam nobis dulciorem, hanc chariorem esse: illam nos dignos beata vita; hanc beatos reddere." Coimbra, "Prooemivm," pp. 2D-3A. 此出處見於 Meynard, p. 208n13.

> 似能大為促進一切真理，尤其是自己本性之知識，畢竟靈魂可謂生物性命之原理。下文首先考量並瞭解靈魂之本性與實體，再則其發生之屬性，其中有些屬靈魂特有之情感，有些則因靈魂存在其內而附屬於生物。[59]

《論靈魂》此段導言，乃亞里士多德自述靈魂知識之功用。〈柯因布拉序言〉除提示其內容外（「自亞里士多德隨後教示之內容」），亦將之化為評論本導言（「靈魂之知識…出類拔萃」），更以德爾菲阿波羅神廟（Temple of Apollo at Delphi）「認己」（*"γνῶθι σ[ε]αυτόν"* [*gnōthi s*[*e*]*auton*]; "know thyself"）箴言為其注解。

此「認己」箴言在古希臘羅馬及天主教教父文獻中，有諸多不同解釋，例如「知己限度」，「知己能力限制」，「知己地位」，「知己智慧有涯」，「知己過錯」，「知己凡人，終歸一死」，「知己靈魂」等等。[60] 此箴言亦見於亞里士多德《演辯修辭術》（*Rhetoric*），按其於此書內之用法，乃「知己能力限制」之謂。[61]〈柯因布拉序言〉雖將此箴言接於亞里士多德論靈魂功用之後，但並非旨在闡述「知己能

[59] "Cvm omnem scientiam rem esse bonam arbitremur, ac honorabilem, et aliam alia magis ex eo talem esse putemus, quia vel exactior est, vel rerum est earum, quae magis praestabiles, magisque sunt admirabiles; scientiam animae nimirum ob haec vtraque non iniuria ponendam in primis esse censemus. Videtur autem et ad veritatem omnem, ipsius animae cognitio vehementer conferre, et maxime ad ipsius naturae scientiam: est enim anima quasi principium animalium. Contemlari autem et cognoscere naturam eius, et substantiam quaerimus; deinde ea, quae circa ipsam accidunt, quorum quaedam affectus ipsius esse proprij, quaedam animalibus etiam per ipsam inesse competereque videntur." 此處採用《柯因布拉評論》拉丁文，見 Coimbra, I.i, t. 1-3, pp. 13-14. 亦可參 Aristotle, *De anima,* I.i., 402a1-9. 亞里士多德《論靈魂》此引文，亦見於 Duceux, *La introducción del aristotelismo en China,* p. 381n3.

[60] Wilkins, " 'Know Thyself' in Greek and Latin Literature," pp. 12-77.

[61] Wilkins, pp. 24-25. 亦可參 Aristotle, *The "Art" of Rhetoric,* trans. John Henry Freese, Loeb Classical Library（Cambridge, MA: Harvard University Press, 1994）, II.xxi, 1395a.

力限制」，而是依照西塞羅（Cicero, 106-43 B.C.）《圖斯庫盧姆辯論》（*Tusculan Disputations*, c. 45 B.C.）第一卷、新柏拉圖主義者普羅提諾（Plotinus, c. 204-270）《六部九章集》（*Six Enneads*, c. 270）第四部第三卷第一章、以及柏拉圖《阿爾西比亞德斯上篇》（*Alcibiades I*）等著作之見，說明所謂「認己」，乃指「認識靈魂本性」（"animi naturam cognosceremus"）。[62] 其中柏拉圖於《阿爾西比亞德斯上篇》內，除稱「認己」乃「認識靈魂」外，更謂靈魂內知識與思想之部分，乃「相似於神」（"Τῷ θεῷ ...ἔοικεν"["*Tō theō ...eoiken*"]），且凡觀看靈魂此部分，並認識一切神聖者，最能認識自己。[63]《論靈魂》導言與〈柯因布拉序言〉均旨在探究靈魂本性，但前者著眼於靈魂為「生物性命之原理」，後者則依照柏拉圖之說，強調靈魂「相似於神」：「職是，如其他人所言，（靈魂為）宇宙之總約，此乃因其中間之性分別代表兩端：在上者之形象，以及在下者之範式。」[64]〈靈言蠡勺·引〉亦翻譯此段內容，但將「在上者」區分為「天主」與「天神」：「亞尼瑪為宇宙之約謂上則為天主之肖象，天神之相似，下則為萬物之所向。」[65] 正因靈魂為天主之形像（如奧斯定《論三位一體》所述），人方可藉由認識自己靈魂，進而認識天主。此二端，亦為奧斯定所強調之「哲學」唯二問題。因此，〈靈言蠡勺·引〉接收〈柯因布拉序言〉之評論，其所謂靈魂功用，已自亞里士多德《論靈魂》導言所論，轉為新柏拉圖主義。

---

[62] "Quin vero, vt M. Tullius lib. 1. Tuscul. quaest. et Plotinus lib. 3. Enneadis 4 cap. 1. post Platonem in Alcibiade 1 censuerunt, non aliud Delphica illa inscriptio hortabatur, quam vt animi naturam cognosceremus." Coimbra, "Prooemivm," p. 1B-C.

[63] Plato, *Alcibiades I,* 133C, in Plato, *Charmides, Alcibiades I and II, Hipparchus, The Lovers, Theages, Minos, Epinomis,*trans. W. R. M. Lamb, Loeb Classical Library（London: William Heinemann）, 1964, https://archive.org/details/charmidesalcibia00platuoft（accessed September 14, 2017）.

[64] "...vti alii dixere, totius mundi summa: siquidem natura media extremas repraesentat, superiorem vt imago, inferiorem vt exemplar." Coimbra, "Prooemivm," p. 2C.

[65]〈靈言蠡勺·引〉，頁 1130。

《靈言蠡勺》之翻譯宗旨，即在靈魂與天主兩端。〈柯因布拉序言〉嗣後對《論靈魂》學門次序與內容材料所為評論，因非關其翻譯宏旨，故略而不譯；對於〈柯因布拉序言〉所論《論靈魂》各卷內容，則將之改為自己之翻譯規劃：「一論亞尼瑪之體，二論亞尼瑪之能，三論亞尼瑪之尊，四論亞尼瑪所向美好之情。總歸於令人認己而認陡斯，以享其福焉。」[66] 其勾勒之靈魂知識探究藍圖，前二部分屬《靈言蠡勺》上卷內容，後二部分則為下卷，而其總結之「總歸於令人認己而認陡斯」，已屬奧斯定式屬靈探究精神。

《靈言蠡勺》開始定義「靈魂」前，亦循亞里士多德《論靈魂》之例，先以兩段導言論述靈魂知識之功用與探究方法，為其後續內容立下神學闡述之基調。其第一段導言，乃緊扣其〈靈言蠡勺·引〉（以及〈柯因布拉序言〉）之「認己」主題，進而揭示靈魂知識之妙處，在於得藉以見到天主形象：

> 惜哉，吾世人迷於肉身，忘想亞尼瑪之至妙也。聖白爾納曰：有多多人，能知多多事，而不知自己，覓多多物，而獨忘自己，求美好於外物，而未嘗旋想自心之內，有美好在也。人人自心之內，有至美好之形象至美好者，天主也。何獨人可謂之天主像，他物則否乎？物無靈，不能識天主。人之亞尼瑪能識之，能向之，能望之，能愛之，能得之，能享之，故曰有至美好之像，何必外求物乎？[67]

第二段導言內容，則反映阿奎納《神學大全》及依納爵《神操》所言神學闡述原則：

> 欲盡通亞尼瑪之妙，非二事不可：一者依天主經典所說，二者

---

[66] 同前註，頁 1130-1131。

[67]《靈言蠡勺》，頁 1133-1134。

> 依我信德之光也信德者，信天主之德。今依聖經，依信德，略言之。[68]

有別於〈柯因布拉序言〉謂亞里士多德《論靈魂》一書之功用，乃在有益於「一切真理之認識」，《靈言蠡勺》則稱「靈魂論」之功用，在於認識靈魂內之天主形象，藉以歸向天主。「聖經」與「信德」兩項闡述原則，則點明其「靈魂論」之次序，乃屬信仰與啟示神學範疇。

《靈言蠡勺》揭示其神學翻譯、闡述原則之後，即開始定義「靈魂」（「亞尼瑪」）：

> 亞尼瑪是自立之體，是本自在者，是神之類，是不能死，是由天主造成，是從無物而有，是成於賦我之所，賦我之時，是為我體模，是終賴額辣濟亞譯言聖寵，賴人之善行，可享真福。[69]

如前所述，《柯因布拉評論》對亞里士多德《論靈魂》之解釋方式，乃將其細分為不同文段與小段，再分予解釋，並於解釋時，加入各家之說。《靈言蠡勺》亦採此法，將前述「靈魂」定義區分為不同文段與小段，再分別解釋。例如其以「何謂『自立之體』」、「何謂『本自在者』」、「前謂『神之類』」等套式，分項解釋「自立之體」、「本自在」、「神之類」等文段，並於解釋中以小字插入更多注解與闡述。其後更以「從此可推」、「又從此推」等經院哲學套式（*praeterea*；「此外」），衍申其他論述。[70]

《柯因布拉評論》乃師出經院哲學評論傳統與亞里士多德知識探究方法。《靈言蠡勺》翻譯《柯因布拉評論》，但非翻譯其所有內容材料，而是翻譯其內含之亞里士多德式經院哲學評論精神。例如《靈

---

[68] 同前註，頁 1134。

[69] 同前註。梅謙立將此段視為《靈言蠡勺》討論「靈魂」之特徵。見 Meynard, "The First Treatise," pp. 209-213.

[70] 例如：「從此可推，他言人之亞尼瑪，可分散於諸有生者，非也」。同前註，頁 1134-1150。「此外」（*praeterea*）為阿奎納於《神學大全》常用之套語。

言蠡勺》「總稱」(即前文所稱「屬類」)、「自立之體」(「實體」)、「依賴」之說,[71] 即見於亞里士多德《範疇篇》、《後分析篇》等著。甚至其闡釋「何謂『本自在者』」,以小字闡釋「本自在與自立之體異義。如人是自立之體,馬亦是自立之體。但馬之體模,因馬而在,無馬,則無馬之體模,不得言本自在。人之亞尼瑪,人在亦在,人不在亦在,故言本自在者」,[72] 其以「人」、「馬」為例,無論是否出自《柯因布拉評論》,最終亦可追溯至《範疇篇》、《後分析篇》等相關著作,[73] 而其所言「本自在與自立之體異義」,亦係亞里士多德、經院哲學甚重定義與意義劃分之故。

自前文所示《柯因布拉評論》之「問題」部分,即可看出《靈言蠡勺》之「靈魂」定義,並非出自《論靈魂》,而是譯自《柯因布拉評論》之「問題」與「條目」。[74] 例如《靈言蠡勺》「亞尼瑪是自立之體」、「是本自在」、「是神之類」、「是由天主造成」等語,即分別出自《柯因布拉評論》第二卷第一章問題一第四條「靈魂為實體」及第六條「智性靈魂為精神自立體」,問題二「靈魂是否自存」(“Sit ne anima qvidpiam subsistens, an non”),以及問題三「智性靈魂是否為天主所造」。[75]《柯因布拉評論》對亞里士多德「靈魂」定義之提問,將其導向神學論述,《靈言蠡勺》乃翻譯《柯因布拉評論》「問題」與「條目」之部分標題,其「靈魂」定義已屬神學,自是不同於《論靈魂》及《柯因布拉評論》「解釋」部分之定義(「靈魂是潛具生命自然體之原始實行與成就」)。雖然如此,亦不可謂《靈言蠡勺》悖

[71] 同前註,頁 1135。

[72] 同前註,頁 1136。

[73] 亞里士多德以「人」(ἄνθρωπος [*anthrōpos*])、「馬」(ἵππος [*hippos*])為例,探討「實體」(「自立之體」)、「屬類」(「總稱」)、「種類」(「專稱」)等概念,見 *Categories,* v, 2a13; *Posterior Analytics*, II.xiv, 98a9.

[74] 參梅謙立所考《靈言蠡勺》與《柯因布拉評論》之對照。Meynard, “The First Treatise,”pp. 209-213.

[75] Coimbra, II.i, q. 1-6, pp. 57a-106b.

離亞里士多德之「定義」精神，其原因如下。

第一、無論《柯因布拉評論》或前引阿奎納與靈魂有關之論述，均圍繞在「實體」（「自立」）、「依賴」、「潛能」、「實行」等與亞里士多德知識（包括靈魂知識）探究方法密切相關之語彙；《靈言蠡勺》「自立之體」、「本自在」等詞，及其後附之闡釋，亦同。

第二，亞里士多德將《論靈魂》歸為物理學或自然哲學。《柯因布拉評論》表面將其歸為物理學，實則將之納入神學（但神學亦包括或涉及物理學）。《靈言蠡勺》則直接以神學方式定義靈魂。誠如亞里士多德所言，定義內容，會因學門而異，例如物理學者對「靈魂情感」之定義，會與辯證者不同。[76] 因此，《靈言蠡勺》自神學出發，其定義自是與亞里士多德自然哲學式定義不同。

第三，《靈言蠡勺》與《論靈魂》對靈魂之定義不同，乃就內容（材料）而言，其方式（形式）則無二致。神學之闡述與評論，乃至神學翻譯之原理，無論是《靈言蠡勺》所言「依天主經典所說」與「依我信德之光」，或者阿奎納《神學大全》所言「神光」、「神啟之光」、「神學之光」（“divino lumine,” “lumine divinae revelationis,” “lumine divinae scientiae” ），[77] 其實即如亞里士多德《後分析篇》所言：一切透過論理而為之教導與學習，以及一切邏輯論辯，無論藉由三段式推論法（“συλλογισμῶν” [*syllogismsōn*]; syllogistic）或歸納法（“ἐπαγωγῆς” [*epagōgēs*]; inductive），皆源自先前已知之知識或事實。此外，必要之先前知識有二：有時需假定事實，有時則需理解所言之義，有時此二者同屬必要。[78] 就經院哲學靈魂論而言，既然其屬神學，但又統攝亞里士多德物理學、形上學等知識，所謂「先前知識」，乃指物理學或神學（形上學）所成立或接受之知識或原理，亦可指靈魂存在之事實。「事實」無法演示，例如我們──或者至少就亞里士多

[76] *De anima,* I.i, 403a29-30; Coimbra, I.i, t. 16, pp. 21-22.

[77] *Summa theologica,* Ia, q. 1, a. 1, 2, 4, 5.

[78] *Posterior Analytics,* I.i, 71a1-13.

德與經院哲學而言 —— 只能知道靈魂存在之事實，無法予以演示。能演示者，乃其「定義」。亞里士多德之「靈魂」定義，即可以三段式推論法演示：

A: 生命之初始原理，即為身體之形式；

B: 靈魂為生命之初始原理；

C: 因此，靈魂為身體之形式。

其中 A 為靈魂論基本前提或先前知識，就靈魂論而言，無容置疑；如要質疑，僅能在更高學門（例如物理學、形上學）提出。B、C 均可為「靈魂」定義，而 B 說明其原因，C 則演示其結論。[79]

《靈言蠡勺》「靈魂」定義之某些成分，亦可以此法演示。例如在其定義中，靈魂「是由天主造成」，而其解釋「何謂由天主造成」時，言「天主造成萬物，造成人類，造成天神，造成天地，可見不可見一切諸物，皆非他所造成，何獨亞尼瑪由他造成，不由天主乎？」[80]此解釋即可以三段式推論法演示：

A: 天主造成萬物；

B: 亞尼瑪為萬物之一；

C: 因此，天主造成亞尼瑪。

其中 A 為《靈言蠡勺》靈魂論之基本前提或先前知識，如要質疑，僅能在更高之神學與信仰上提出。但《靈言蠡勺》已於導言說明「依聖經」、「依信德」之闡述原則，因此，「天主造成萬物」，乃無庸

[79] 此例見於 Ivo Thomas, "Introduction," in *Aristotle's De anima in the Version of William of Moerbeke and The Commentary of St. Thomas Aquinas,* trans. Kenelm Foster and Silvester Humphries（New Haven: Yale University Press, 1965）, p. 31. 有關亞里士多德定義方法與阿奎納相關討論，見其 pp. 24-31. 亞里士多德有關三段式推論法與定義之論，見 *Posterior Analytics*, II.x, 93b29-94a19.

[80]《靈言蠡勺》，頁 1138。

置疑，不容爭辯。C 則演示此前提之結論。此種以三段式推論法結論為定義之方式，《柯因布拉評論》亦於他處論及。[81]

《靈言蠡勺》所為定義，除採用三段式推論法之「結論」外，亦援引《柯因布拉評論》之「結論」。例如《柯因布拉評論》就問題一「亞里士多德是否正確定義靈魂」，提出五項結論（*conclusio*）：結論一，「在哲學上有一不可容忍之錯誤，即靈魂為氣質」（“Error est etiam in Philosophia intolerabilis, animam esse temperamentum”）；結論二，「靈魂非屬依賴，而為實體」（“Anima non est accidens, sed substantia”）；結論三，「靈魂非為物質，亦非身體」（“Anima neque materia est, neque corpus”）；結論四，「智性靈魂為精神之物，或者說精神實體」（“Anima intellectiua est spiritus, siue substantia spiritalis”）；結論五，「智性靈魂非為神聖心智之一部」（“Anima intellectiua non est particula diuinae mentis” ）。[82] 此五項結論即構成問題一第三、四、五、六條之標題，而其論據之證明或演示，則見於各條內容。因此，《靈言蠡勺》表面上僅翻譯《柯因布拉評論》問題一之標題，實則翻譯其演示後之結論。

第四，如前所述，亞里士多德謂物理學者與辯證者，會基於不同原因或目的，而以不同方式定義「靈魂情感」，例如辯證者之定義，會依照「形式」（「發怒為以痛苦報復痛苦之嗜欲」），物理學者定義時，則會依「物質條件」（「心臟周圍血液或熱質之沸騰」），或者兼採「物質之形式」及原因或目的（例如結合前兩項「怒」之定義）。[83] 亞里士多德此處所論，乃反映其所言：任何事物知識之掌握，在於瞭解其原因與原理，亦即質料、形式、動力、目的等四因。

此外，亞里士多德將實體分為三種：一、可感（“αἰσθητή”

---

[81] Coimbra, II.ii, t. 12b, pp. 125-126.

[82] Ibid., II.i, q. 1, a. 3-6, pp. 62C, 63B, 65B, 66A, 68D.

[83] *De anima,* I.i, 403a25-403b19; *Physics,* II.ii, 194a13-194b15; Coimbra, I.1, t. 15-18, pp. 19-24, esp t. 15q, pp. 23-24.

[*aisthētē*]; sensible）而永恆（"ἀΐδιος" [*aidios*]; eternal）之物（如天體）；二、可感、可朽（"φθαρτή" [*phthartē*]; perishable）之物（如植物、動物）；三、不動者（"ἀκίνητος" [*akinētos*]; immutable, immovable）；前二者屬物理學範疇，第三者屬形上學領域。[84] 物理學探究之實體，其運動、靜止原理皆在實體本身之內，因此，非屬實踐或製造知識，而屬理論知識。[85] 但物理學探究對象，為受動物，且其論述之實體，大多限於與物質不可分離者（物理學論究靈魂，乃因靈魂不可獨立於身體）。形上學則探討可分離且不動之物，在亞里士多德分類中，亦包括「神學」（"θεολογική" [*theologikē*]; theology）。因此，理論知識優於其他知識，而形上學（神學）則優於其他理論知識。[86] 亞里士多德所言「神」（於天主教，則為「天主」）是一切運動之「初動者」，本身不動。[87] 但至少就《論靈魂》第二卷第四章而言，亞里士多德僅論述靈魂為身體之動力因、目的因、形式因（身體當然即為質料因），[88] 並未將「神」列入考慮。

《柯因布拉評論》解釋《論靈魂》此段內容，亦闡述「靈魂為形式、目的、動力因」（"Anima formalis finalis & efficiens causa est"），[89] 而於該卷第二章及第一卷第一章「解釋」部分，亦曾論及四因，[90] 但均未明言天主，僅闡述靈魂為身體之原因或原理（此為亞里士多德靈魂定義）。而於第二卷第一章「問題」部分，則直接提出「智性靈魂是否為天主所造」此一問題。由此可看出「動力因」在《柯因布拉評論》之內，乃自「靈魂是身體之動因力」，過渡至「天主是

[84] *Metaphysics,* VI.i, 1026a16-17; XII.i, 1069a30-1069b2.

[85] 就製造知識而言，受造物（例如「弓」）之動靜原因，在於造者（「弓匠」），就實踐知識而言，受動物（例如「行為」）之動靜原因，在於行者（「行為者」），兩者之動力因均源自於外，而非內在於事物。

[86] Ibid., VI.i, 1025b1-1026a32.

[87] Ibid., XII.viii, 1073a24-34.

[88] *De anima*, II.iv, 415b8-28; Coimbra, II.iv, t. 36-37, pp.159-162.

[89] Coimbra, II.iv, t. 36e, pp. 159-160.

[90] Ibid., I.i, t. 15p-q, pp. 21-24; II.ii, t. 12b, pp. 125-126.

靈魂之動力因」。

有別於《柯因布拉評論》從自然哲學到神學之過渡，《靈言蠡勺》則直接於靈魂定義中論述四因：其中動力因為「是由天主造成」；質料因與形式因為「是為我體模」；目的因則為「是終賴額辣濟亞譯言聖寵，賴人之善行，可享真福」。《靈言蠡勺》亦於定義解釋部分，明確論述四因說：其於「何謂為我體模」項下，以小字闡釋「凡物有四所以然：曰『作』，曰『模』，曰『質』，曰『為』」。[91]《靈言蠡勺》此處提及四因，旨在說明身體為質料，靈魂為形式。而於「何謂終賴額辣濟亞，賴人之善行，可享真福」，則闡釋「是言亞尼瑪之『為』者也」，並以小字說明「『為』者，四所以然之一。如造矩為作方，造規為作圓也」。[92]亞里士多德論述四因說時，其次序為「質料」、「形式」（或者「形式」、「質料」）、「動力」、「目的」，而非如《靈言蠡勺》將「作」（「動力」）列為四因之首。[93]《靈言蠡勺》將「作」置於首位，想必是因其以四因說闡釋天主造化之功，以天主為宇內諸物（包括「靈魂」）之神聖作者。因此，雖然《靈言蠡勺》以四因說闡述靈魂定義，但僅自其安排次序，即可見亞里士多德知識論之神學轉向。

五、結語

本文自西方評論傳統「序言」說起，並舉例說明其特定標題見用於阿奎納及《柯因布拉評論》，《靈言蠡勺》則藉由翻譯〈柯因布拉序言〉首段，設定其翻譯藍圖，並以之為指引，透過注解及闡述，重

91 《靈言蠡勺》，頁 1140。

92 同前註，頁 1140-1141。

93 利瑪竇《天主實義》亦提及四因說。《靈言蠡勺》無論是用語、次序（「所以然」；「作」、「模」、「質」、「為」），甚至解釋，都出自《天主實義》。例如《天主實義》解釋「模」，謂「模者，狀其物，置之於本倫，別之於他類也」，《靈言蠡勺》則作「模者，模狀之。如是者，為是物，置之於本倫，別之於他類也。」見利瑪竇：《天主實義》，收入李之藻編：《天學初函》，第 1 冊（臺北：臺灣學生書局，1965 年），頁 390；《靈言蠡勺》，頁 1140。

述《柯因布拉評論》對亞里士多德《論靈魂》提出之靈魂「問題」，將之化為靈魂定義。《靈言蠡勺》之定義闡述，亦係基於亞里士多德與經院哲學之知識探究方法，以及文本注解及闡述之評論模式。本文最後以亞里士多德四因說為例，說明《靈言蠡勺》於靈魂定義中，將亞里士多德「靈魂是身體之動因力」，化為「天主是靈魂之動力因」。

亞里士多德四因說不僅可用以解釋天地萬物之原因，前述「亞里士多德式序言」亦將之用於文本評論之導言。《靈言蠡勺》之翻譯模式，亦可依此而論。其翻譯文本，有雙重動力因，分別表彰二類作者：一為《柯因布拉評論》及亞里士多德、奧斯定、阿奎納等人，屬人類作者（但人類作者亦可能受天主光照與啟迪）；二為天主、聖神等神聖作者。其翻譯之目的因，在「使人可受福」，最終則「使人享福」。其質料因，為人類作者諸多評論內容。就屬人、屬肉之物質性而言，此等內容為潛具屬靈生命之體，亦為神學翻譯得以成就之原始材料。形式因則為其翻譯樣式，可分成「論述形式」（*forma tractandi*）與「論文形式」（*forma tractatus*）兩種，前者反映亞里士多德與經院哲學之嚴密論述方式（例如文段、意義、概念之不斷劃分），後者則反映其神學翻譯之內容安排，亦即自「論亞尼瑪之體」至「論亞尼瑪所向美好之情」，自「認己」至「認天主」之靈魂知識探究次序。

如前所述，《靈言蠡勺》第一段導言引伯爾納所說「有多多人，能知多多事，而不知自己，覓多多物，而獨忘自己，求美好於外物，而未嘗旋想自心之內，有美好在也。人人自心之內，有至美好之形象…何必外求物乎？」伯爾納此言，應係出自《論省察》（*De consideratione*）。此書乃伯爾納勸勉教宗恩仁三世（Eugenius III, c. 1080-1153）勿覓求於外，而要認識自己（“A te tua consideratio inchoet;” “haec tui consideratio”），並以「得救」為「認己」之最終目的。伯爾納提出認己之法有三，即識己為「何物」（亦即「人」）、「何人」（亦即「教宗」）、「如何」（亦即「仁慈、和善」），其中所稱「何物」，即指人之本性——或者說定義——為「理性、會死之動物」（“animal rationale, mortale”），為天主自灰土所造，並賦與生氣。[94] 但伯爾納並未言「人人自心之內，有至美好之形象」。如對照《靈言蠡勺》對「何謂終賴額辣濟亞，賴人之善行，可享真福」一項之闡釋：「亞吾斯丁曰：天主造成人之亞尼瑪，為通達至美好，通而愛之，愛而得之，得而享之。曰額辣濟亞者，以明天上真福，非人之志力…與天主公祐，所能得之…必有額辣濟亞之特祐，然後能為義者…為天主所愛，而當受真福也」，[95] 則至美好之語，應係出自奧斯定。奧斯定即有天主為至美好，靈魂為天主形象，人靠天主祐助（非靠己力）方能至善等論述。[96]《靈言蠡勺》將奧斯定嫁接至伯爾納，乃因二者均論及「認己」，而此話題業已揭示於〈柯因布拉序言〉與〈靈言蠡勺・引〉。

《靈言蠡勺》開篇即言「認己」，乃因〈柯因布拉序言〉之提示。前文已載〈靈言蠡勺・引〉（以及〈柯因布拉序言〉）引用奧斯定《論

[94] St. Bernard, *De consideratione libri quinque, ad Eugenium Tertium,* II.iii.6; iv.7; ix.18, in *S. Bernardi operum duos priores tomos complectens,* ed. J.-P. Migne, *Patrologiae latinae* 182 （Parisiis: apud Garnier fratres et J.-P. Migne, 1879）, https://archive.org/details/patrologiaecurs62unkngoog （accessed April 14, 2017）. 英譯版可參 St. Bernard, *On Consideration,* trans. George Lewis （Oxford: at the Clarendon Press, 1908）, https://archive.org/details/bernarddeclirvau00bernuoft （accessed April 14, 2017）. 此出處見於 Duceux, p. 391n7.

[95]《靈言蠡勺》，頁 1141-1142。

[96] 奧斯定論天主為至美好（“summum bonum” or “bonum et pulchrum”），並為諸美好（“bona et purchra”）之源，見 St. Augustine, *De libero arbitrio,* II.xiii.36; *Soliloquiorum libri duo,* I.i.2-3; in vol. 1 of *Opera omnia,* ed. J.-P. Migne, *Patrologiae latinae* 32（Parisiis: apud Garnier fratres et J.-P. Migne, 1877）, https://archive.org/details/patrologiaecurs02migngoog （accessed April 14, 2017）; *De civitate Dei contra paganos libri viginti duo,* XIX.iv.3, in vol. 7 of *Opera omnia,* ed. J.-P. Migne, *Patrologiae latinae* 41（Parisiis: apud J.-P. Migne, 1845）, https://archive.org/details/patrologiaecurs02migngoog（accessed April 14, 2017）. 人要達到至善目標（靈魂克勝身體），非己力所能，端賴天主祐助，見 *De civitate,* XIX.iv.3. 靈魂為天主三位一體之形象：見 *De trinitate,* VII.vi.12; XIII-XV.

秩序》所言「論靈魂」、「論天主」兩端。奧斯定是書於此引文後，續以：

> 前者適於學習者，後者適於博學者。此為智慧之研習次序，藉此，我們得以瞭解事物秩序，亦即辨別兩種世界與全世界之父；而後者，我們靈魂除了知道自己不知道外，一無所知。[97]

天主逾靈魂所知，但靈魂可自可感知者（天地萬物，包括靈魂），推知其不可感知之原因（天主）。因此，《靈言蠡勺》所勾勒之翻譯次序，即為智慧之研習次序，亦即瞭解事物之秩序，亦即天主、靈魂（人）、肉體（禽獸）之秩序。[98] 正因如此，《靈言蠡勺》方於其「靈魂」定義加入天主，此乃因其不僅在定義靈魂，更在定義人類靈魂與天主之關係，以及人類理性靈魂與動物靈魂、植物靈魂之別。[99] 而此等關係，即「言」於天主創世秩序。就此而論，《靈言蠡勺》所謂「靈魂」，已自亞里士多德靈魂與身體之「關係」範疇，轉向神學「關係」範疇，[100]已自亞里士多德式「生命」之原因，轉向神學「永生」之原因，

---

[97] "...prima est illa discentibus, ista jam doctis. Hic est ordo studiorum sapientiae, per quem fit quisque idoneus ad intelligendum ordinem rerum, id est, ad dignoscendos duos mundos, et ipsum parentem universitatis; cujus nulla scientia est in anima, nisi scire quomodo eum nesciat." St. Augustine, *De ordine libri duo,* II.xvii [xviii].47, in vol. 1 of *Opera omnia, Patrologiae latinae* 32. 另，奧斯定亦言其只「渴望知道天主與靈魂」（"Deum et animam scire cupio."）。*Soliloquiorum,* I.ii.7. 此二出處見於 Meynard, p. 208n12-13.

[98] 如奧斯定所言：「人自身之內即成為正當之自然秩序，亦即靈魂臣伏於天主，肉體臣伏於靈魂，藉以成為天主、靈魂、肉體之秩序。」（"...fit in ipso homine quidam justus ordo naturae, ut anima subdatur Deo et animae caro, ac per hoc Deo et anima et caro."）*De civitate,* XIX.4.3.

[99] 即《靈言蠡勺》所稱「靈魂」、「覺魂」、「生魂」。見頁 1136-1137。

[100] 例如《靈言蠡勺》以小字闡釋「當無子時，不可謂父，有子而之稱同時具有。」其言雖在說明天主創造肉身，同時賦畀靈魂，兩者並無時間先後之別，但此例業已見於奧斯定《論三位一體》有關聖父、聖子關係之論：「僅管聖父、聖子有不

已自亞里士多德式「自立體」（就其「生命」乃屬自存，不依賴他物而言），轉向神學「依賴體」（就其「永生」終賴天主恩寵而言）。

後記

兩位匿名審查委員提供諸多寶貴意見，指出本論文思考不周之處，亦在此銘謝。兩位委員均指出，本文並未處理《靈言蠡勺》特定詞彙的漢語脈絡，或者《靈言蠡勺》如何藉由翻譯選擇與重整，達到其文化適應之翻譯目的。本文撰寫動機，乃因我發現明清來華耶穌會士之翻譯行為，亦受西方經院哲學評論傳統之影響。因此，撰寫時，較著重於西方脈絡，且僅限於此一較小之微觀格局，而未交待漢語語境及重新脈絡化議題，此為本文構思時之缺失。後因個人因素，已逾交稿期限，致無時間一一針對兩位委員審查意見，補充相關論述，謹此向審查委員致歉。

同存在，但並非不同實體，此乃因其不同存在，並非就實體而言，而是就關係而言；其關係非屬可變，故非為依賴。」（“Quamobrem quamvis diversum sit Patrem esse et Filium esse, non est tamen diversa substantia: quia hoc non secundum substantiam dicuntur, sed secundum relativum; quod tamen relativum non est accidens, quia non est mutabile.”）《靈言蠡勺》，頁 1138-1139；*De trinitate,* V.v.6.

引用文獻

〔明〕利瑪竇（Matteo Ricci）：《天主實義》，收入李之藻編：《天學初函》第 1 冊，臺北：臺灣學生書局，1965 年。

依納爵（Ignatius Loyola）著，侯景文譯：《神操》通俗譯本，臺北：光啟文化，2003 年。

思高聖經學會譯釋：《聖經》袖珍本，臺北：思高聖經學會出版社，2006 年。

梅謙立（Thierry Meynard）：〈晚明中西倫理學的相遇 ── 從《尼各馬可倫理學》到高一志的《脩身西學》〉，《中國文哲研究集刊》第 39 期，2011 年 9 月，頁 103-145。

〔明〕畢方濟（Francesco Sambiasi）口授，徐光啟筆錄：《靈言蠡勺》，收入李之藻編：《天學初函》第 2 冊，臺北：臺灣學生書局，1965 年。

Aquinas, Thomas. *Commentary on Aristotle's De anima.* Trans. Kenelm Foster and Sylvester Humphries. New Haven: Yale University Press, 1951. http://dhspriory.org/thomas/DeAnima.htm（accessed February 7, 2018）

_______. *Commentary on the Gospel of St. John.* Trans. James A. Weisheipl and Fabian R. Larcher. Albany, NY: Magi Books, Inc., [1998]. http://dhspriory.org/thomas/SSJohn.htm（accessed February 7, 2018）

_______. *In Evangelium B. Ioannis expositio.* In *Commentaria in Evangelia S. Matthaei, & S. Ioannis.* In *Divi Thomae Aquinatis doctoris angelici ordinis praedicatorum Opera.* Editio altera veneta ad plurima exempla comparata, & emendata, accedunt Vita, seu Elogium ejus a Iacobo Echardo diligentissime concinnatum, & Bernardi Mariae de Rubeis in singula Opera admonitiones praeviae. Vol. 3. Venetiis: cudebat Ioseph Bettinelli, 1745. https://books.google.com.tw/books?id=qrbg58u9MbEC（accessed February 7, 2018）

_______. *Sentencia libri De anima.* In *Opera omnia* iussu Leonis XIII P. M. edita. Vol. 45.1. Roma: commissio Leonina, 1984. http://gallica.bnf.fr/ark:/12148/bpt6k94964（accessed October 29, 2016）

_______. *Summa theologica.* Diligenter emendata Nicolai, Sylvii, Billuart, et C. J. Drioux. 12th ed. 8 vols. Parisiis: apud Bloud et Barral, 1880. https://archive.org/details/summatheologica01thomuoft（accessed April 12, 2017）.

Aristotle. *The "Art" of Rhetoric.* Trans. John Henry Freese. Loeb Classical Library. Cambridge, MA: Harvard University Press, 1994.

_______. *De anima.* Trans. R. D. Hicks. Cambridge: Cambridge University Press, 1907. https://archive.org/details/aristotledeanima005947mbp（accessed July 12, 2017）

_______. *The Categories.* Trans. Harold P. Cook. In *The Categories*, *On Interpretation*, *Prior Analytics.* Loeb Classical Library. London: William Heinemann, 1962.

_______. *The Metaphysics.* Trans. Hugh Tredennick. 2 vols. Loeb Classical Library. London: William Heinemann, 1933, 1935.

_______. *The Nicomachean Ethics.* Trans. H. Rackham. Loeb Classical Library. Cambridge, MA: Harvard University Press, 1956.

_______. *On Interpretation.* Trans. Harold P. Cook. In *The Categories, On Interpretation, Prior Analytics.* Loeb Classical Library. London: William Heinemann, 1962.

_______. *The Physics.* Trans. Philip H. Wicksteed and Francis M. Cornford. 2 vols. Loeb Classical Library. London: William Heinemann, 1929, 1934.

_______. *Posterior Analytics.* Trans. Hugh Tredennick. In *Posterior Analytics, Topica.* Loeb Classical Library. London: William Heinemann, 1960.

_______. *Topica.* Trans. E. S. Forster. In *Posterior Analytics, Topica.* Loeb Classical Library. London: William Heinemann, 1960.

Augustine, St. *De civitate Dei contra paganos libri viginti duo*. In J.-P. Migne, ed., *Opera omnia.* Vol. 7. *Patrologiae latinae* 41. Parisiis: apud J.-P. Migne, 1845. https://archive.org/details/sanctiaureliiau04augugoog（accessed April 14, 2017）

_______. *De libero arbitrio*. In J.-P. Migne, ed., *Opera omnia*. Vol. 1. *Patrologiae latinae* 32. Parisiis: apud Garnier fratres et J.-P. Migne, 1877. https://archive.org/details/patrologiaecurs02migngoog（accessed April 14, 2017）

_______. *De ordine libri duo.* In J.-P. Migne, ed., *Opera omnia*. Vol. 1. *Patrologiae latinae* 32. Parisiis: apud Garnier fratres et J.-P. Migne, 1877. https://archive.org/details/patrologiaecurs02migngoog（accessed April 14, 2017）

_______. *De trinitate libri XV.* In J.-P. Migne, ed., *Opera omnia*. Vol. 8. *Patrologiae* [*latinae*] 42. [Parisiis:] apud J.-P. Migne, 1845. https://archive.org/details/

sanctiaureliiau03augugoog（accessed April 14, 2017）

_______. *On the Trinity.* Trans. Arthur West Haddan. In Philip Schaff, ed., *Nicene and Post-Nicene Fathers*. First Series. Vol. 3. Buffalo, NY: Christian Literature Publishing Co., 1887. Revised and edited for New Advent by Kevin Knight. http://www.newadvent.org/fathers/1301.htm（accessed February 7, 2018）.

_______. *Soliloquiorum libri duo.* In J.-P. Migne, ed., *Opera omnia.* Vol. 1. *Patrologiae latinae* 32. Parisiis: apud Garnier fratres et J.-P. Migne, 1877. https://archive.org/details/patrologiaecurs02migngoog（accessed April 14, 2017）

Bernard, Henri. "Les adaptations chinoises d'ouvrages européens: Bibliographie chronologique depuis la venue des Portugais à Canton jusqu'à la Mission Française de Pékin, 1514-1688." *Monumenta Serica* 10 （1945）: 309-388.

Bernard, St. *De consideratione libri quinque, ad Eugenium Tertium.* In J.-P. Migne, ed., *S. Bernardi operum duos priores tomos complectens. Patrologiae latinae* 182. Parisiis: apud Garnier fratres et J.-P. Migne, 1879. https://archive.org/details/patrologiaecurs62unkngoog（accessed April 14, 2017）

_______. *On Consideration*. Trans. George Lewis. Oxford: at the Clarendon Press, 1908. https://archive.org/details/bernarddeclirvau00bernuoft（accessed April 14, 2017）

Casalini, *Cristiano. Aristotle in Coimbra: The Cursus Conimbricensis and the Education at the College of Arts.* Trans. Luana Salvarani. London: Routledge, 2017.

Commentarii Collegii Conimbricensis Societatis Iesu, in tres libros De anima Aristotelis Stagiritae. Coloniae: sumptibus Haeredum Lazari Zetzneri, 1617. https://archive.org/details/commentariicolle00col（accessed October 14, 2016）

Constitutions of the Society of Jesus and their Complementary Norms: A Complete English Translation of the Official Latin Texts. Saint Louis: The Institute of Jesuit Sources, 1996.

Constitvtiones Societatis Iesv, anno 1558, reprinted from the original ed., with an appendix containing a translation, and several important documents. Romae: in Aedibvs Societatis Iesv, 1558. Rpt. London: J. G. and F. Rivington, 1838.

https://archive.org/details/constitutioness00unkngoog（accessed July 19, 2017）

Copeland, Rita. *Rhetoric, Hermeneutics, and Translation in the Middle Ages: Academic Traditions and Vernacular Texts.* Cambridge: Cambridge University Press, 1991.

Corsi, Elisabetta. "From the *Aristoteles Latinus* to the *Aristoteles Sinicus*: Fragments of an Unfinished Project." In Roman Malek and Gianni Criveller, eds. *Light a Candle: Encounters and Friendship with China. Festschrift in Honour of Angelo S. Lazzarotto P.I.M.E.* Sankt Augustin: Institut Monumenta Serica, 2010, pp. 115-130.

Cranz, F. Edward. "The Publishing History of the Aristotle Commentaries of Thomas Aquinas." *Traditio* 34 （1978）: 157-192.

Doyle, John P. "Collegium Conimbricense." In Edward Craig, ed., *Routledge Encyclopedia of Philosophy.* Vol. 2. London: Routledge, 1998, pp. 406-408.

_______, trans. *The Conimbricenses: Some Questions on Signs.* Milwaukee, WI: Marquette University Press, 2001.

Duceux, Isabelle. *La introducción del aristotelismo en China a través del De anima: Siglos XVI-XVII.* México, D.F.: El Colegio de México, Centro de Estudios de Asia y África, 2009.

Gregory the Great, St. *Moralium libri, sive Expositio in Librum B. Job.* In J.-P. Migne*, ed., Opera omnia.* Vol. 1. *Patrologiae latinae* 75. Parisiis: apud Garnier fratres et J.-P. Migne, 1902. https://archive.org/details/patrologiaecurs02saingoog.（accessed April 14, 2017）Hunt, R. W. "The Introduction to the 'Artes' in the Twelfth Century." In G. L. Bursill-Hall, ed., *The History of Grammar in the Middle Ages: Collected papers.* Amsterdam: John Benjamins, 1980.

Lohr, Charles H. "Renaissance Latin Aristotle Commentaries: Authors C." *Renaissance Quarterly* 28.4 （Winter 1975）: 689-741.

Meynard, Thierry. "Aristotelian Works in Seventeenth-century China." *Monum enta Serica* 65.1 （Jun. 2017）: 61-85. DOI:10.1080/02549948.2017.1309107.（accessed July 9, 2017）

_______. "The First Treatise on the Soul in China and its Sources: An Examination of the Spanish Edition of the *Lingyan lishao* by Duceux." *Revista*

Filosófica de Coimbra 24.47 （março 2015）: 203-242. https://www.uc.pt/fluc/dfci/public_/publicacoes/textos_vol24_n47/the_first_treatise （accessed October 23, 2016）

Minnis, A. J. *Medieval Theory of Authorship: Scholastic Literary Attitudes in the Later Middle Ages.* 2nd ed. Aldershot: Wildwood House, 1988.

Pasnau, Robert. "The Latin Aristotle." In Christopher Shields, ed., *The Oxford Handbook of Aristotle.* Oxford: Oxford University Press, 2012.

Peterson, Willard J. "Western Natural Philosophy Published in Late Ming China." *Proceedings of the American Philosophical Society* 117.4 （Aug. 1973）: 295-322.

Plato. *Alcibiades I.* In *Charmides, Alcibiades I and II, Hipparchus, The Lovers, Theages, Minos, Epinomis.* Trans. W. R. M. Lamb. Loeb Classical Library. London: William Heinemann, 1964. https://archive.org/details/charmidesalcibia00platuoft.（accessed September 14, 2017）

Schmitt, Charles B. *Aristotle and the Renaissance.* Cambridge, MA: Published for Oberlin College by Harvard University Press, 1983.

Simmons, Alison. "Jesuit Aristotelian Education: The *De anima* Commentaries." In John W. O'Malley, et al. ed., *The Jesuits: Cultures, Sciences, and the Arts, 1540-1773.* Toronto: University of Toronto Press, 1999, pp. 522-537.

Thom, Paul. *The Logic of the Trinity: Augustine to Ockham.* New York: Fordham University Press, 2012.

Thomas, Ivo. "Introduction." In *Aristotle's De anima in the Version of William of Moerbeke and The Commentary of St. Thomas Aquinas.* Trans. Kenelm Foster and Silvester Humphries. New Haven: Yale University Press, 1965.

Verhaeren, Hubert. "Aristote en Chine." *Le Bulletin Catholique de Pékin* 264 （Août 1935）: 417-429.

_______. *Catalogue de la bibliothèque du Pe-t'ang.* Pékin: imprimerie des Lazaristes, 1949.

Wilkins, Eliza Gregory. " 'Know Thyself' in Greek and Latin Literature." Ph.D. diss., The University of Chicago Libraries, 1917. https://archive.org/details/knowthyselfingre00wilkrich.（accessed September 16, 2017）

深淵與深淵響應：歐洲漢學藏書管窺

楊雅惠 *

〔摘要〕

本文就本校「歐洲漢學圖書計畫」漢學書籍之採購典藏，畧作概要介紹；一方面細數家珍，一方面期由藏書管窺歐洲漢學在歷時性與共時性之大要。首先考察歐洲漢學的起源，即傳教士漢學。基督宗教傳教士，跨出西方文化本位，或對中國天人之際的反思，或對經典傳統的認同，或就歷史敘述的考察，或於靈魂性理的會通；更有語言符號的互譯、藝術表象的置換……等等，諸般知識體系的探索與追問，遂展開了歐洲漢學的新章。其次觀察漢學在歐洲各國的發展；如德國、荷蘭、法國、英國、義大利、西班牙，固是歐洲漢學大宗。但奧地利、捷克、瑞典與其他小國等，對中國歷史、文學、哲學、藝術，或以研究詮釋，或以譯作改寫，也都成績斐然，展現小國具體而微的學術能量。第三，描繪中國典籍在歐洲的各種語文譯本，如聞中國經典之在異地的多語交響；第四，點出歐人如何聚焦福爾摩沙，以及身處台灣的我們如何觀照歐洲漢學。最後，期由此間得出「歐洲漢學」對當今世界的啟示。

關鍵詞：歐洲漢學、傳教士漢學、專業漢學時期、經典翻譯、跨文化

* 國立中山大學中國文學系教授

你的瀑布發聲，深淵就與深淵響應；你的波浪洪濤漫過我身。

Deep is sounding to deep at the noise of your waterfalls; all your waves have gone rolling over me.

《詩篇》第 42 篇

一．　緒言：

（一）歐洲漢學之重要性

歐洲漢學在當今學術中的重要性，可以追溯自歐洲大航海時代、中國明清時期以來，傳教士的西學東介、漢學西傳，開啟了東西之間跨文化對話的新境。此後，無論西方或東方，在他異文化的衝擊之下，生活世界急遽蛻變，終而促成了多元文化流轉不息的現代性全球化。因此，「歐洲漢學」在當今全球化學術語境中，正表徵了東西文化視域交映的跨文化學術新向。

漢學，是由英文的「Sinology」翻譯而來，「Sino-」表示「中國的、中國人的、漢語的」，來自拉丁「Sinae」，亦即今日英文「China」，其詞源來自「秦朝」(221-206B.C.)。「-logy」」，希臘語表示「研究、探索、學說」。漢學乃指外國人對中國的語言、文藝、哲學、宗教、史地、文化、乃至醫學、天文學、自然科學等各方面研究所得的學問。

歐洲漢學即歐人的漢學研究。其發展可分為三個階段：1.「遊記時期」，主要是一些關於中國的見聞記略，如馬可波羅（Marco Polo）遊記。2.「傳教士漢學時期」，自利瑪竇（Matteo Ricci, 1552-1610）以降，傳教士一面將西學譯介，一面將漢學西傳，此期漢學重在對中國文化的深度瞭解與基督宗教信仰的融合會通。3.「專業漢學時期」，則是漢學在歐洲各國學府奠基，並成為獨立的學術而發展；自 1814 年法國法蘭西學院正式任命雷慕沙（Jean-Pierre Abel-Rémusat, 1788-1832）為漢學教授」，至今已有 200 年歷史。

學術歷史如此悠久，學術資源必然豐富。可惜之前，海峽兩岸在中國文化本位意識形態之下，對於西人的漢學研究素來並不重視。而今在全球化語境中，中國對外開啟經貿交流，又值中國熱的世界潮流下，「西方漢學」乃成了中國與歐美國家交流的文化遺產。台灣方面，國家圖書館之漢學研究中心，雖早已經營甚久，但在國內中文學門，「歐洲漢學」仍屬冷門，國內學者致力於此者寥若晨星。而今人文學科在跨文化的世界潮流中，「跨文化」與「文化間際」思潮既起，「歐洲漢學」正符合此一潮流之精神。因而科技部推動此一專門學術資源之購藏，特別顯其重要性且具有時代性之意義。

（二）歐洲漢學圖書計畫執行經過

在科技部補助人文及社會科學研究圖書計畫之下，本校 2014 年榮獲「歐洲漢學」圖書計畫補助。計畫執行期間，努力充實國內相關書籍之典藏，共蒐藏歐洲 16 個國家、多種語文、數千冊漢學書籍。採集書籍之原則仍力求呈現歐洲漢學的完整性 —— 在歷時性上，期能完整呈現歐洲各國漢學研究歷史；在共時性上，盼能具備多元學科領域主題面向。因此購藏的書籍古今具備，年代最早的有 17 世紀的古老珍本，18-19 世紀的善本古籍也略有，但也有最新出版的圖書。足以見歐洲漢學在東／西文化交流上的精彩篇章。

本計畫全力充實國內相關書籍之典藏，補齊研究領域所匱乏的資源；並盡力搜購稀有珍本，累積罕見資料的學術資本。因此本計畫採集書籍之特色如下：

1. 在歷時性上，期能完整呈現各國漢學研究歷史。
2. 在共時性上，本計畫盼能具備多元學科領域主題面向。所收藏之漢學書籍主題涵括：漢學基本要籍、宗教、哲學、歷史、地理、天文、語言、文學、藝術、自然及其他，由此可見歐洲漢學之學術體系。
3. 在文本類型上，本計畫更求圖書典籍形式之重層豐富。所收藏之書，類型上有語言工具、原典譯注、史料檔案、研究詮釋、創作改寫。依書本數量分則有單冊、套書、叢書等等。

而今計畫所達成的圖書典藏之指標如下：

1. 就語言方面而言，歐洲漢學之各種語言圖書之購藏堪稱完備。雖然英國漢學與法國漢學方面，因前幾年科技部圖書計畫之推動，臺大、清大、師大等機構的圖書館已有英國法國漢學圖書典藏。在科技部規定計畫採購的圖書國內複本率必在 30% 之下，本計畫乃避開英法漢學之重複部份書籍，但原則上仍力求呈現歐洲漢學的完整性。是以本計畫以德、荷語系為起點（德國與奧地利是德文、荷蘭文、捷克文），以英法語系為輔，進而蒐求義大利文、西班牙文、葡萄牙文、瑞典文等，部份原始版本為法文、拉丁文者，亦力求具備。並多方旁搜，輔以英文、中文、日文譯本及相關研究論著。

2. 依作者國別分，目前計畫所採購者已涵蓋：德國、荷蘭、奧地利、捷克、義大利、西班牙、葡萄牙、瑞典、芬蘭、比利時、瑞士、斯洛維尼亞、英國、法國、挪威、丹麥等十六國漢學家。大約當今可購得的歐陸漢學書籍已籠括於內。

本計畫自榮獲科技部補助以來，至今歷時三年。計畫全程總共購入 3088 種圖書，計畫執行可謂困難重重、苦辛倍嘗。然而若計畫完成能為國內之海外漢學之研究資源多所貢獻，並使圖書發揮最大效益，且得推廣相關學科服務活動，促進國內相關學術領域之發展與研究，則一切辛苦皆已值得。

本文擬推介這些藏書。以下依內容特色上的四大子題分別概覽：（1）歐洲漢學的起源：傳教士漢學。（2）歐洲各國漢學的發展。（3）中國經典的歐洲各種語言譯本。（4）歐人聚焦福爾摩沙。期能藉由所藏圖書文獻以管窺歐洲漢學。

二· 歐洲漢學的起源：傳教士漢學

「遊記時期」的歐洲漢學，所見尚屬零星。因此真正歐洲漢學起源，當自傳教士漢學始。16 世紀初，明朝猶閉關自守，葡萄牙天主教耶穌會傳教士聖方濟各・沙勿略 (Francis Xavier, 1506-1552) 叩關未成，繼而義大利耶穌會傳教士范禮安 (Alessandro Valignano/Alexander

Valignani, 1539-1606) [1]、羅明堅 (Michele Ruggieri, 1543-1607)、利瑪竇 [2] 等，鍥而不捨，終於敲開中國大門。他們學習漢語，研究文獻，漢學著作中展現了東西接觸的完整世界觀，

此後由明至清，許多基督宗教傳教士，自歐洲不遠千里相繼而來；他們跨出西方文化本位，或對中國天人之際的反思，或對經典傳統的認同，或就歷史敘述的考察，或於靈魂性理的會通；更有語言符號的互譯、藝術表象的置換 ...... 等等，諸般知識體系的探索與追問，遂展開了歐洲漢學的新章。誠如利瑪竇所言：「中國不只是一王國，其實就是一個世界。」此間，固然有許多東／西文化差異的誤讀，但也有許多人文精神普世同一的共鳴。若由跨文化的視角來重新省視，這些誤讀或共鳴，實有許多文化間距的有趣課題。

明清耶穌會士之漢學，首就基督信仰與中國的世界觀展開對話，因而學術之初衷首在天人之際的再思。如 1584 年（明神宗萬曆 12 年）11 月 29 日（義）羅明堅（Michele Ruggieri）[3] 在中國學者之助下將天主教教理譯成《天主聖教實錄》出版。1603 年（萬曆 31 年）利瑪竇據以增刪刊行《天主實義》。而湯若望 (Johann Adam Schall von

---

[1] 范禮安 (Alessandro Valignano /Alexander Valignani，1539-1606)，義大利人，是繼沙勿略之後，對天主教在中國傳播有重要影響的人物。他要求傳教士們學習中國語言，採用中國風俗，並將歐洲印刷術首次傳入中國。本文雖無漢學相關著作，但對羅明堅與利瑪竇頗有影響。關於傳教士生平多參考「華典 —— 華人基督教史人物辭典」網站 http://bdcconline.net/zh-hant/（2016.11），下同，不另作註。

[2] 利瑪竇（Matteo Ricci，1552-1610）在中西文化交流中，貢獻卓越。著有《利瑪竇中國札記》、《西字奇蹟》（*Wonder of Western Writin*）、《畸人十篇》/《天主實義》、《坤輿萬國全圖》(1584、1602)、《西國記法》（1595）、《交友論》、《辯學遺牘》、《二十五言》、《西琴八曲》、《齋旨》、《乾坤體義》。翻譯：《幾何原本》、《同文算指》譯自《實用算術概論》（*Epitome arithmeticae practicae*，1583 年）、《十誡》、《主禱文》、《聖母讚歌》、《教理問答書》。由他人筆錄：《測量法義》、《圜容較義》、《渾蓋通憲圖說》。

[3] 義大利首位漢學家為羅明堅（Michele Ruggieri, 1543-1607），首將《大學》翻譯成拉丁文，另有《傳教士葡漢辭典》、《天主聖教實錄》(1630)、《中國地圖集》(手稿)等著作。

Bell , 1592-1666)[4]、南懷仁（Ferdinand Verbiest, 1623-1688）[5] 企圖以西方天文曆算數學等自然科學與古老中國的天道對話，實為中西文化交鋒時最精粹的天人之際思辯。1676 年，利類思（Lodovico Buglio/ Luigi Buglio，1606-1682）[6] 把托馬斯‧阿奎那（Thomas Aquinas, 1225-1274）的 *Summa Theologica*（《神學大全》）翻譯成中文，名為《超性學要》，亦是漢語文化與基督信仰之間的一大淬煉。凡此皆再思天人之際的主題之作。

其次則是對中國經典傳統的體察與認識之主題著作。羅明堅《天主聖教實錄》、利瑪竇《天主實義》等著作，多已對四書五經典籍頗多留意。至 1662 年（康熙 1 年）殷鐸澤（Prospero Intorcetta）[7] 、郭

[4] 湯若望 (Johann Adam Schall von Bell, 1592 ~ 1666），湯若望在華期間，關于宗教方面的著述，包括由他撰寫，經他譯編，或經他參與校訂過的，總括起來有七、八種之多，包括《進呈書像》、《主教緣起》、《主制群徵》、《真福訓詮》、《崇一堂日記隨筆》、《哀矜行詮》、《靈魂道體說》以及《聖母堂記》。其中，《主制群徵》與《主教緣起》二書為其力著。湯若望科學著述遠比他關於宗教方面的著作多，故若望談道之名，反為其曆學天文所掩。但明末清初的中國，朝廷極度自閉守舊，民間則愚昧迷信。傳教士自上而下科學傳教無疑是撬開中國人心頑石的有效利器。

[5] 南懷仁（Ferdinand Verbiest，1623-1688），字敦伯，又字勛卿，比利時人。主要將西學（天文曆法、鑄炮等）介紹到中國。著有《曆法不得已辨》（1669）、《妄推吉凶之辨》、《妄占辨》、《妄擇辨》。宗教著作：《教要序論》（1670）、《善惡報略論》（1670）。其科學著作有：《御覽西方要紀》（1669）、《測驗紀略》（1669）、《歐洲天文學》（*Astronomia Europea*，拉丁文著作）（1687）。

[6] 利類思（Lodovico Buglio/ Luigi Buglio，1606-1682），字再可，義大利人。1640 年，利類思成為進入四川的第一位耶穌會傳教士。1642 年，利類思與另一葡萄牙耶穌會士安文思（Gabriel de Magalhães）同工，共同建立當地第一個天主教堂。利類思是康熙年間在華耶穌會裡公認漢語水平造詣最高者。一生共寫作並翻譯了 80 餘冊的作品，涉及神學、生物學、天文學、數學等領域。其中有兩部首次將西方生物學引進中國的著作，即《獅子說》和《進呈鷹論》。但仍多翻譯並撰寫宗教著作。。

[7] 殷鐸澤（Prospero Intorcetta, 1626-1696），居建昌時由郭納爵（Costa, Inácio da, 1603-1666）指導，1662 年兩人合作之《四書》出版，郭納爵題為《中國的智慧》（*The meaning of Chinese wisdom*），乃首部歐語四書。1667 年出版《中國的政治道德知識》（*Sinarum scientia politico-moralis*）。

納爵（Inácio da Costa）[8] 合譯之《四書》出版，題為《中國的智慧》（*The meaning of Chinese wisdom*），乃首部歐語四書。又如白晉（Joachim Bouvet, 1656 ~ 1730 ）[9] 等五位傳教士為法王所派抵達中國，白晉素對易經頗有研究，也因易經之理觸發德國哲學家萊布尼茲（Leibniz）。

歐人對於中國歷史地理，素來充滿獵異好奇之興趣。傳教士漢學時期，正值中國明清鼎革之際，歷史變動劇烈，是以此時漢學中對於中國歷史敘事考察之作更多，如：1586 年（明神宗萬曆 14 年）門多薩（Juan González de Mendoza, 1545-1618 或 1540-1617）《中華大帝國史》（*History of the Most Remarkable Things, Rites and Customs of the Great Kingdom of China*），是當時關於中國的百科全書，對歷史產生了重要影響。1636 年（高宗乾隆元年）傳教士謝務祿（Alvarus de Semedo，曾德昭）[10] 返歐，完成了《大中國志》。1654 年（清順

---

[8] 郭納爵（Inácio da Costa/ Ignacio da Costa，1603 (1599)-1666），字德旗，葡萄牙人，與殷鐸澤合譯大學、中庸 / 清康熙元年 (西元 1662 年)，耶穌會士殷鐸澤和郭納爵合作，將《大學》譯成拉丁文，將書名意譯為《中國之智慧》*The meaning of Chinese wisdom* as explained by Fr. Ignacio da Costa, Portuguese, of the Society of Jesus, and made public by Fr. Prospero Intorcetta, Sicilian, of the same society，在建昌刊印；殷鐸澤還翻譯了《中庸》，取名《中國政治論理學》，分別於西元 1667 年和西元 1669 年在廣州及印度臥亞刊印；最早刊印的《論語》拉丁文譯本，亦出自殷、郭二人之手。

[9] 白晉 (Jin Bai , Joachim Bouvet, 1656 ~ 1730) 清朝康熙年間耶穌會法國傳教士、漢學家。1687 年來華，從事宣教與科學文化事業歷 43 載，擔任康熙皇帝的侍講，參與繪製了中國首張地圖《皇輿全覽圖》；將中國多部經典翻譯成拉丁文，介紹到歐洲，為近代中西文化交流作出了卓越貢獻。在《易經》西傳史上，白晉的作用尤為重要，為「索隱學派」（Solitude school）的開創人物，認為《易經》及中國古史以「先知預言」的方式表達了基督教教義。白晉曾與德國數學家、哲學家萊布尼茨，談及《易經》，認為萊氏二進制的原理，就是中國古代數的科學之原理，萊布尼茨的發明與白晉的相關思想得以公之於世，引起歐洲科學家廣泛關注。

[10] 謝務祿（Alvaro Semedo(Alvarez Semedo，1585-1658)，又名曾德昭，字繼元，葡萄牙人。明萬曆四十一年（1613 年）到達中國南京，四十四年（1616 年）經歷南京教案，後改名曾德昭潛回中國繼續傳教，1636 年離開中國。著有《大中國志》（*Imperio de la China i cultura evangelica en el, por los Religios de la Compañia de*

治 11 年）衛匡國（Martino Martini，1614-1661））[11]《韃靼戰紀》著成。而地理空間方面，羅明堅首有地圖手稿。1602 年（明神宗萬曆 30 年）李之藻協助利瑪竇刊印《坤輿萬國全圖》，乃首度將中國地理納入全球版圖，引起中國人極大震驚。隨後 1655 年衛匡國繪製《新中國地圖誌》（*Novus Atlas Sinensis*）。柏應理（Philippe Couplet, 1623-1693）於《中國賢哲孔子》一書中亦有中國地圖，此皆是歐人所繪中國地圖。

傳教士更本其基督信仰聖靈論，對於中國靈魂性理的生命學問努力會通。此一課題之代表作則如：1588 年（明神宗萬曆 16 年）高母羨（Juan Cobo）在菲律賓譯范立本編於 1393 年之《明心寶鑒》，乃首部將漢文經典譯成西語之作。1595 年（明神宗萬曆 23 年）利瑪竇棄僧服改儒服，歐人首部中文著作《交友論》問世。高一志[12]、艾儒略 (Giulio Aleni, 1582 ~ 1649)[13] 眾多傳教士關於靈魂性理的會通之作

Jesus），(英文版 *The History of That Great and Renowned Monarchy of China, London: Lohn Crook, 1655*），介紹了大明王朝治下中國的繁華。

[11] 衛匡國（Martino Martini，1614-1661）有 *Brevis Relatio de Numero et Qualitate Christianorum apud Sinas*《中國新地圖志》（1654）、《中國上古歷史》（1658）、*De Bello Tartarico Historia* (1654)《韃靼戰紀》、《中國耶穌會教士紀略》、*Grammatica Linguae Sinensis*《漢語語法》、《逑友篇》。

[12] 高一志（Alfonso Vagnone(Vagnoni I)，1566/1568-1640），後改名王豐肅，義大利人。1605 年來華；1616 年「南京教案」時被驅逐出境，後於 1624 年底返回中國，至山西傳教；1640 年 4 月卒於山西絳州。被稱為「中國山西開教之宗徒」。著有《教要解略 (聖教解略)》、《聖母行實》(卷一、卷二)、《聖母行實》(卷三)、《天主聖教聖人行實》、《四末論》、《終末之記甚利於精修》、《則聖十篇》、《十慰》、《勵學古言》、《西學修身 (修身西學)》、《西學治平》、《西學齊家》、《童幼教育》、《寰宇始末》、《斐錄匯答》、《譬學》(上)、《譬學》(下)、《神鬼正紀》、《空際格致》、《達道紀言》、《推驗正道論》。

[13] 艾儒略 (Rulue Ai , Giulio Aleni, 1582 ~ 1649) 著作豐碩，在華共出版了 22 種著作，範圍涉及天文曆法、地理、數學、神學、哲學、醫學等諸多方面。其主要著作有《萬國全圖》、《職方外紀》、《西學凡》、《西方答問》、《幾何要法》、《三山論學紀》、《滌罪正規》、《悔罪要旨》、《耶穌聖體禱文》、《萬物真原》、《彌撒祭義》、《出像經解》、《天主降生言行紀略》、《天主降生引義》、《聖夢歌》、

更夥，如艾儒略的《性學觕述》，高一志的《西學修身》、《西學治平》、《西學齊家》、《童幼教育》等等。而艾儒略《聖夢歌》、高一志《譬學警語》尤為進於文學之作。中國義理中的心性之學乃由傳教士擴而充之，具有跨文化的知識色彩。

至於語言符號的互譯，相關著作如：羅明堅在學習中文之際，所編《葡漢辭典》手稿，馬若瑟（Joseph Henri Marie de Prémare, 1666–1736）有《漢語劄記》。1626 年（明熹宗天啓 6 年）金尼閣（Nicolas Trigault）[14] 在杭州出版《西儒耳目資》三卷，王徵與鄧玉函合為其作序。此書說明中西文字的相互溝通，對中國音韻學的研究和中國文字拼音化都有貢獻。1623 年（明熹宗天啓 3 年）中國西安掘出《大秦景教流行中國碑》，1648 年（清順治 5 年）卜彌格（Michał Boym, 1612-1659）[15] 在西安見大秦景教碑。複製碑文，並譯成拉丁文，對歐洲了解基督教在中國傳播以及中西文化交流之作用頗大。

中西藝術表象的互相置換方面的主題焦點，當屬郎世寧與馬國賢兩位藝術家。1711 年（清康熙 50 年）馬國賢（Matteo Ripa，1682-

---

《四字經》和《聖體要理》等。這些著述不僅使他成為天主教在華傳播與發展的重要人物，也使他成為西學東漸中的重要橋梁，故享有「西來孔子」之美譽。

[14] 金尼閣 (Nige Jin , Nicolas Trigault , 1577-1628) 金尼閣 1615 年出版的《基督教遠征中國史》，1626 年在杭州出版的《西儒耳目資》三卷，王徵與鄧玉函合作為其作序。此為其唯一中文著作，說明中西文字的相互溝通，對中國音韻學的研究和中國文字拼音化都有一定貢獻。《五經》拉丁文譯著，歐洲人由此著作中瞭解了中國和中國聖人孔子。《況義》一卷（即《伊索寓言》）、《推歷年瞻禮法》一卷、《宗教禱文》和《中國歷史編年》四大冊等著作。

[15] 卜彌格（Michał Boym），波蘭漢學家，中醫西傳的拓荒者。1648 年，卜彌格在西安見到著名的大秦景教碑。複製碑文，還將其譯成拉丁文，對歐洲了解基督教在中國的傳播以及中西文化交流，起重要的作用。卜彌格是中國動植物學、醫藥學、地圖學等領域的專家。著有《中國地圖冊》、《中國植物志》（ *Flora Sinensis (Chinese Flora)*）、《中國地圖冊》、《中國醫藥概說》（*Specimen medicinae Sinicae (Chinese medicinal plants)*）、《中國診脈秘法》（*Clavis medica ad Chinarum doctrinam de pulsibus (Key to the Medical Doctrine of the Chinese on the Pulse)*。

1745）[16]於1711-1723年間任康熙朝宮廷畫師。1715年（清康熙54年）郎士寧(Giuseppe Castiglione,1688-1766)[17]自義大利來北京，供養內廷。兩位大師融貫中西的藝術創作及其引生的相關歐洲漢學課題，至今仍然方興未艾。

傳教士將漢學傳回歐洲，對歐洲人文產生巨大的影響；1681年比利時教士柏應理（Philippe Couplet）[18]偕南京人沈福宗[19]，由澳門啟

[16] 馬國賢（Matteo Ripa，1682-1745）義大利人，著有：《清廷十三年：馬國賢在華回憶錄》。另有 *Imperial Production of Illustrated Poetry on the Summer Mountain Retreat*（御製避暑山莊詩圖）。

[17] 郎世寧 (Giuseppe Catiglione, 1688 ~ 1766)1715 年，郎世寧先到澳門學習中文，而後以畫家的身份召進宮中。郎世寧的「光線陰陽濃淡暗射之法」與以黑白水墨丹青為主的中國畫法，顯然大相逕庭。郎世寧不斷嘗試使用中國畫工具，並結合中國書法技藝，採用西洋寫實手法，進而逐漸形成了其中西合璧精細逼真的獨特風格。雍正年間實行禁教時，傳教士都遭驅逐，郎世寧仍得雍正皇帝賞識。雍正皇帝對畫師技法未多干涉，聞名遐邇的《百駿圖》才保留了明顯的西洋風格。1747 年（乾隆十二年），郎世寧被任命為圓明園西洋樓的首席設計師。他採用了 16 至 17 世紀義大利文藝復興後期的建築風格 —— 巴洛克式 (Baroc Style)，表現出激情、勻稱、高度和諧與富麗堂皇而扣人心弦。作為波佐的學生，郎世寧定意要將西洋的透視法介紹到中國來。這不僅表現在自己畫作中，還表現在他與中國學者年希堯合作編譯波佐書籍的中文著作 ——《視學》一書。書中介紹有關透視學的知識，具有理論系統性，且融合了中國人自己的理解和創造。畫作有《八駿圖》、《聚瑞圖》、《嵩獻英芝圖》、《百駿圖》、《乾隆大閱圖》、《弘曆及后妃像》、《平定西域戰圖》、《十犬圖》、《蘋野秋鳴》、《秋林群鹿》。

[18] 柏應理（Philippe Couplet、Philip Couplet、Philippus Couplet，1623-1693），比利時人，主要貢獻為將中國經典思想譯介到西方。中文著作有：《天主聖教百問答》、《四末真論》、《永年占禮單》宗教萬年曆、《聖教鐸音》對教義的解釋、《聖波爾日亞行實》波爾日亞的生平、《周歲老人行略》（抄本未刊，一年之中每天介紹一位聖人的事蹟）、《聖若瑟禱文》祈禱文、《徐光啟行略》（1678 年　抄本未刊　徐光啟傳）。拉丁文著作有：*Catalogue Patrum Societatis Jesu*(《聖教信證》)、*Tabula Chrbnologica TVIonarochia Sinica 2952B.C—1683A.D.*(《中華帝國年表》)、*Confucius Sinarum Philosophus* (《中國賢哲孔子》)、*Historia nobilis femina Candida Hiu* (《許太夫人傳略》)。

[19] 沈福宗（Michael Alphonsius Shen Fu-Tsung，或 Michel Sin、Michel Chin-fo-tsoung、Shen Fo-tsung，1657-1692），生於南京，是早期到達歐洲的中國人之一。1681 年，

程返回歐洲。此舉是早期中國人到達歐洲的重要指標，引起歐人對漢學研究之興趣。1687 年柏應理在巴黎以拉丁文出版了《中國賢哲孔子》（*Confucius Sinarum Philosophus*）一書，中文標題為《西文四書直解》[20]。是十七世紀歐洲介紹孔子及其著述最完備之書。此書是幾名歐洲耶穌會士（殷鐸澤、郭納爵、魯日滿和恩理格）多年工作結晶。

1698-1701 年間白晉與萊布尼茲（Gottfried Wilhelm Leibniz）數次通信討論易經與中國文化，引起萊布尼茲對漢學的興趣。1703 年萊布尼茲將論文《關於二進制算術的說明並附其應用以及據此解釋古代中國伏羲圖的探討》提交給法國皇家科學院，引起了歐洲科學家的廣泛關注。其書簡俱收匯於《耶穌會士中國書信集（1689-1714）》（*Der Briefwechsel mit den Jesuiten in China (1689-1714)*）[21]。

比利時耶穌會士衛方濟（François Noël, 1651-1729）[22] 於 1711 年在布拉格出版的《中國六大經典》(或《中華帝國六經》)（*Sinensis Imperii Libri Classici Sex*），將《大學》、《中庸》、《論語》、《孟子》、《孝經》、《三字經》譯為拉丁文。為首部《四書》西文全譯本。其又以拉丁文著《中國哲學》（*Philosophia Sinica*）。

沈福宗隨比利時教士柏應理（Philippe Couplet）由澳門啟程前往歐洲，一路遊歷了荷蘭、義大利、法國、英國和葡萄牙等國。一行分別與羅馬教皇和法、英兩國國王會見，並結識當地社會名流。沈福宗隨身攜有中國儒家經典和諸子書籍四十多部，因此把中國語言文字、儒家道德哲學和波動說等文化傳到歐洲，有助於西方學家從事漢學研究。

[20] 此間實缺《孟子》。

[21] Gottfried Wilhelm Leibniz , *Der Briefwechsel mit den Jesuiten in China (1689-1714)* , Hamburg : Meiner, 2006.

[22] 衛方濟（François Noël /Francois Noel，1651-1729），比利時人，清初耶穌會士，首部《四書》西文全譯本即是比利時耶穌會士衛方濟於 1711 年在布拉格出版的《中國六大經典》(或《中華帝國六經》)（*Sinensis Imperii Libri Classici Sex*），即將《大學》（*Adultorum Schola*）、《中庸》（*Immutabile Medium*）、《論語》（*Liber Sententiarum*）、《孟子》（*Mencius*）、《孝經》（*Filialis Observatia*）、《小學》（*Parvulorum Schola*）譯為拉丁文。又以拉丁文著《中國哲學》（*Philosophia Sinica*）。因兩書對中國哲學的讚美異常，曾一度被羅馬教皇禁止發行。

這些漢學西傳的重要史實，既引發啟蒙思想家對東方的異托邦想像，隨後也激生風起雲湧的歐洲近代歷史變局。如萊布尼茲所說：「這是個天定獨特的計畫，今天人類的文明與改良必須集中在我們這塊大陸的兩端 —— 歐洲和中國。中國是東方的明珠，就如同我們歐洲是另一端的明珠一般。」[23]

傳教士漢學的漢文原典，今可見諸於幾套叢書[24]，檢索甚為方便。至於西文著作，由於年代久遠，則多為罕見珍本或複刻本。我們訪求心切，得來頗費工夫。最引以為傲的是購得若干稀有珍本，略舉一二，簡介如下：

1.

Martino Martini, *De Bello Tartarico Historia*（《韃靼戰紀》, 1655）

衛匡國（Martino Martini, 1614-1661），義大利人，字濟泰，所取漢語名字具有「匡扶明室，以濟康泰」的含義。為明末清初來華的耶穌會士、十七世紀歐洲漢學的先驅、歷史學家及地理學家。其入華時正值明清鼎革之際，身遭戰亂，1651 年從福建啟航返歐途中，以拉丁文撰寫 De Bello Tartarico Historia (1654)《韃靼戰紀》。兩年後抵達歐陸，在安特衛普和阿姆斯特丹時，曾安排書稿付印出版。1654 年首次用拉丁文出版於安特衛普（Antwerpen，原隸屬於荷蘭，今屬比利時）。同年又於阿姆斯特丹出版拉丁文第二版，該版 1655 年和 1661 年再次印行。

拉丁文第一版和第二版的內容稍有不同。據荷蘭漢學家戴聞達（Duyvendak, 1894-1979）在 1936 年〈荷蘭早期的中國研究〉[25] 中考

---

[23] 語出萊布尼茲《中國近事》（*Novissima Sinica*）序，中文翻譯見沈清松：《從利瑪竇到海德格》（台北：商務印書館，2014 年），頁 131。

[24] 鐘鳴旦／杜鼎克／蒙曦編 *Chinese Christian Texts from the National Library of France* 法國國家圖書館明清天主教文獻 (26 vols)，台北：利氏學社，2009。鐘鳴旦／杜鼎克／蒙曦編 *Chinese Christian Texts from the Roman Archives of the Society of Jesus* (12 vols.) 耶穌會羅馬檔案館明清天主教文獻，台北：利氏學社，2002。

[25] J. J. L. Duyvendak : Early Chinese Studies in Holland（《荷蘭早期的漢學研究》），

證：衛匡國在拉丁文第二版增補了一段遭遇清兵的自述。其緣由是衛匡國返歐到達荷蘭阿姆斯特丹不久，見荷蘭東方語言學家高利烏斯（Jacobus Golius, 1596-1667），兩人相談甚歡，衛匡國講述了在浙江遭遇清軍、門楣貼七漢字嚇退清兵的故事（原七漢字意為：「太西天學修士寓」），高利烏斯建議他將之寫入《韃靼戰紀》, 當時第一版已來不及補入，因而這段自述僅見於拉丁文第二版及以後諸版。此書問世後，頗受到歐洲各國重視 , 產生了巨大的影響。不久，即有多種文字版本同時面世，成為當時歐洲的暢銷書，有拉丁文本、德文本、義大利文本、法文本、英文本等多種文字版本，其版本之多在 17 世紀的歐洲極為罕見。今已有中譯本[26]。

本館所藏即為 1655 年阿姆斯特丹出版，拉丁文第二版。左扉頁貼有 “Scheepvaart Museum” 的登錄標籤，原本宜是荷蘭海事博物館的館藏。此書乃今國立中山大學圖書館最老的古籍珍本。（圖 1）

2.

Johann Adam Schall von Bell, *Geschichte der chinesischen Mission unter der Leitung des Pater Johann Adam Schall, Priester aus der Gesellschaft Jesu,* Wien :Mechitaristen-Congregations-Buchhandlung, 1834

Johann Adam Schall von Bell（1592 -1666）漢名湯若望，字道未，神聖羅馬帝國科隆（今屬德國科隆）人，天主教耶穌會傳教士，明神宗時來華傳教 47 年，任職中國晚明及清初朝廷，一生未再回歐洲家鄉。明清之際，湯若望是唯一與兩朝皇帝深入接觸的傳教士，在明清之變中有極重要的地位，牽引了中國歷史進程。1665 年，湯若望用拉丁文出版了《湯若望時耶穌會的中國傳教史》，記述了當時耶穌會在中國的發展，以及他所經歷的明清之變和明末清初的宮廷情況。此

T'oung Pao Second Series, Vol. 32, Livr. 5 (1936), pp. 293-344.

[26] 收錄於〔西政牙〕帕萊福（Palafox y Mendoza, Juan de）等著、何高濟、吳翊楣譯：《韃靼征服中國史・韃靼中國史・韃靼戰紀》, 北京：中華書局，2008。

書敘述止於 1661 年順治帝駕崩，實為 17 世紀一部由歐人視角敘述中國明清之際的史書。

書中材料有些是湯若望從當時社會採集而來，反映當時社會輿論狀況；另有些是其親身經歷的史實，或可與中國史料相印證，補漢文正史之闕如。如敘述崇禎皇帝末日，宮中上下皆隱瞞李自成圍城之消息，直至崇禎帝為干戈聲所驚醒，最終乃由湯若望轉告災難已至！在一切絕望中，湯若望勸慰崇禎帝，並決心持續防禦工事以保衛皇宮。書中湯若望對崇禎皇帝之殉國、山海關之戰，以及明亡原因的思考，在晚明史研究上皆極具價值。

本館所藏係由曼塞克（Mannsegg）自拉丁文[27]翻譯的德譯本，1834 年出版於維也納（封面標為 1824/ 扉頁標為 1834）。（圖 2）

3.

Athanasius Kircher, *La Chine Illustrée,* Traduit du latin par François-Savinien Dalquié, À Amsterdam, chez Jean Jansson à Waesberge, 1670. (Genève-Paris, 1980)（《中國圖說》，1670, 1980 **年由日內瓦 - 巴黎重印）**

基歇爾（Athanasius Kircher，1602 － 1680）神聖羅馬帝國蓋瑞（今屬德國）人，是歐洲十七世紀著名的學者、耶穌會士。其拉丁文著作 40 多部；興趣廣泛，知識廣博，享有「最後一個文藝復興人物」之稱譽。基歇爾為來華耶穌會士衛匡國數學老師，與許多到東方傳教的傳教士都有著密切關係，如白乃心（Johann Grueber，1623 － 1680）來中國以前，曾和基歇爾商定，將隨時將東方旅途的情況報告。衛匡國、卜彌格因「禮儀之爭」返回歐洲時都曾與他見面，提供許多有關中國和亞洲的第一手的材料。

[27] 拉丁文版：*Historica narratio de initio et progressu missionis societatis Jesu apud Chinenses ac praesertim in regia Pequinensi ex literis RP Joannis Adami Schall, ex eadem societate, Supremi ac regii mathematum tribunalis ibidem praesidis.* Collecta Viennae Austriae anno 1665, typis Matthaei Cosmerovii, SCM aulae typographi.

基歇爾掌握傳教士第一手材料的基礎上，憑其淵博知識和豐富想像，著作《中國圖說》。此書共分 6 個部分。[28] 拉丁文版《中國圖說》1667 年在阿姆斯特丹出版（中文全名為《中國宗教、世俗和各種自然、技術奇觀及其有價值的實物材料彙編》，簡稱《中國圖說》，即 *China Illustrata*）。出版後在歐洲產生了廣泛的影響，第二年就出荷蘭文版，1670 年出版了法文版。內容被廣泛採用，為當時的歐洲學者所看重（如萊布尼茨常置案頭，對其東方觀產生影響），又因書中插圖美，為一般讀者所喜愛。在該書出版後的二百多年內，西方人對中國及其鄰國的認識上，此書可能是獨一無二的最重要的著作。

本館所藏為原 1670 年法文版、1980 年由日內瓦 - 巴黎重印出版的 600 冊限量版。書中扉頁有手寫限量冊數第 60 之證明。

另外，傳教士漢學由於年代較早，漢學家之著作恐難全備，但是後繼學者對之所作的研究或生平考述足供參考。如 Paula Findlen 所著 *Athanasius Kircher: The Last Man Who Knew Everything* [29] 是對基歇爾之研究，再如 Jerome Heyndrickx 的 *Philippe Couplet, S.J. (1623–1693):The Man Who Brought China to Europe*[30] 則是研究柏應理（Philippe Couplet）之書……，而 Marcia Reed and Paola Dematte 的 *China on Paper: European and Chinese Works from the Late Sixteenth to Early*

[28] 六部分為：（1）介紹在西安出土的大秦景教碑，共有 6 章。（2）介紹的是傳教士在中國各地的旅行，共 10 章，從馬可•波羅到白乃心、吳爾鐸的西藏之行，將中國、中亞、南亞的許多風俗人情、宗教信仰作了詳細介紹。（3）介紹了中國及亞洲各地的宗教信仰，共 7 章，在這裡他向歐洲的讀者介紹了中國的儒、釋、道三種教派。（4）介紹傳教士們在中國各地所見到的各種人文與自然的奇異的事物，共有 11 章。（5）向人們展示中國的廟宇、橋樑、城牆等建築物，只有 1 章。（6）介紹中國的文字，共 5 章，基歇爾首次向西方人展示了中國文字的各種類型。

[29] Paula Findlen: *Athanasius Kircher: The Last Man Who Knew Everything*, New York : Routledge , 2004.29Jerome Heyndrickx, *Philippe Couplet, S.J. (1623-1693) : the man who brought China to Europe*, Nettetal : Steyler-Verlag, 1990.

Nineteenth Century[31] 則對十六世紀末至十九世紀初漢學的中西文本做歷史性介紹。這些雖非漢學家著作原典，但亦為傳教士漢學的重要參考資料，可作為歐洲漢學溯源之荃筏。

歐洲漢學之起源，乃由基督宗教與中國文化之匯通而生成。雖然時空場域因素或不免起於西方帝國主義之擴張，然學術初衷則仍多為世界觀信仰與人文精神之溝通，也以此奠下歐洲漢學的學術本質。以下將繼續觀察漢學在歐洲的發展。

三· 遙想東方：漢學在歐洲各國的發展

關於歐美漢學宏觀的總體大勢，黃俊傑認為：今日回顧歐美學術界漢學研究的發展歷程，似乎可以二十世紀作為觀察的分水嶺。二十世紀以前歐洲社會及知識份子對中國以及中國人的瞭解，基本上是透過傳教士的報導。十六世紀及十七世紀的耶穌會士筆下的中國，是一個強大理性文明、政治制度完善之國，但也有迷信、縱慾、科學落後等現象。十六世紀後半葉爆發傳教士內部的禮儀之爭，使中西之間的文化交流受到阻礙。但也引發歐洲人想瞭解中國的強烈動機，尤其是中國的語言文字及古代歷史，當然這與當時想建立世界語與世界一源論的基督教立場有關。同時，也由於禮儀之爭，引起歐洲人對中國人到底是無神論者或是自然神論者的辯論。[32]

在十八世紀中期以前，歐洲人心目中的中國形象，是一理性而幸福的國度。大哲伏爾泰（François-Marie Arouet, 1694-1778 年）對中華文化頗為心儀。在十八世紀歐洲藝術中，「中國風」的庭園、裝飾、器具、建築也成為歐洲人欣賞模仿對象。但是十八世紀中葉以後，

[31]Marcia Reed and Paola Dematte, *China on Paper: European and Chinese Works from the Late Sixteenth to Early Nineteenth Century*, Oxford University Press; 1 edition (October 15, 2007).

[32] 黃俊傑〈歐美漢學研究的發展：「歐洲漢學史國際研討會 」會前的省思〉，《漢學研究通訊》11 卷 2 期 1992.06 頁 96-97。又參考黃俊傑、古偉瀛〈西方漢學研究的發展〉，《史學評論》，第 12 期，1981 年 9 月，頁 1-9。

中國的優美形象逐漸破滅，亞當·斯密（Adam Smith）及馬爾薩斯（Thomas Robert Malthus）都把中國看做是靜止黑暗的國家。十九世紀初期黑格爾（Georg Wilhelm Friedrich Hegel）將十八世紀末對中國觀感集大成，他細讀耶穌會士及商人、新教教士兩方面截然不同的報導，在其世界歷史的大體系中，中國仍落後在「自由之體現」的起步階段。[33]

十九世紀開始，中國與歐洲接觸頻繁，耶穌會士重新來華，繼續提供第一手資料供歐洲人研究中國，新教教士也進入內地傳教，許多人並從事寫作。字典的編纂、中國經典的翻譯·文學作品的介紹都在這個時期開始進行。在歐洲的學術機構也開始設立漢學講座，專業漢學家開始出現。至二十世紀乃有比較嚴謹的漢學著作。[34]

因此考察歐洲專業漢學時期，其始乃首先設立相關學府。其濫觴或可溯源自 1732 年義大利拿波里中國學院（Collegio dei Cinesi），在馬國賢神父（Matteo Ripa, 1682-1746）推動下成立，可謂歐洲漢學研究史上的先驅。[35]1814 年法國法蘭西學院 (Collège de France) 正式任命雷慕沙 (Jean-Pierre Abel-Rémusat, 1788-1832) 為「漢、韃靼、滿語言文學教授」，則為歐洲專業漢學之始。1832 年儒蓮（Stanislas Aignan Julien，1797-1873）出任法蘭西學院教授。19 世紀上半葉起，漢學研究在法國開始蓬勃發展，巴黎被譽為「西方漢學之都」。[36]

---

[33] 黃俊傑〈歐美漢學研究的發展：「歐洲漢學史國際研討會 」會前的省思〉。

[34] 黃俊傑〈歐美漢學研究的發展：「歐洲漢學史國際研討會 」會前的省思〉。

[35] 中國學院（Collegio dei Cinesi）是歐洲漢學研究歷史上的先驅，對中國語言與文化而言，都是一個重要指標，也是現在拿波里東方大學的前身。中國學院在馬國賢神父（Matteo Ripa, 1682-1746）的推動下，1732 年 4 月 7 日於拿波里正式核准成立，定名為基督聖家會學院（Collegio della Congregazione della Sacra Famiglia di Ges Cristo），以培育年輕的寄宿生為目的。其前身為馬國賢神父 1715 年 6 月於中國成立的神學院，旨在依據羅馬正統培育中國傳教士，後於 1724 年 11 月遷到拿波里。參圖莉安（Antonella Tulli ）〈義大利漢學研究的現況 —— 從歷史觀點〉，BIBLID 0253-2875(2006)25：3 pp.15-26。

[36] 法國漢學史可詳參許光華：《法國漢學史》，學苑出版社，2009。

英國倫敦東方研究院也於 1825 年開始教授中文；1855 年荷蘭萊頓大學設立漢學講座，迄今仍是世界漢學重鎮。德國則 1816 年波恩大學 (Universität Bonn) 首先設立漢學系。1887 年 Friedrich-Wilhelms-Universität（今洪堡大學 Humboldt-Universität）也設東方語言研究院。各學報期刊也開始展現研究成果，如法國出版《亞洲學報》（*Journal Asiatique*），荷蘭萊頓大學出版的《通報》(*T'oung Pao*)，百年來一直是很有份量的漢學研究期刊，是歐洲漢學史歷史最悠久之漢學期刊。今偶有流於市面之古本，類此價值頗高的過期期刊，足以見證歐洲漢學歷史，實亦可作為珍貴史料採購。

此後漢學家在各國輩出。如德國、荷蘭、法國、英國、義大利、西班牙，固是歐洲漢學大宗。但奧地利、捷克、瑞典與其他小國等，對中國歷史、文學、哲學、藝術，或以研究詮釋，或以譯作改寫，也都成績斐然，展現小國具體而微的學術能量。以下就各國漢學分別介紹：

德國自傳教士時期湯若望以降，漢學研究一直勢如長虹。德國向來以嚴謹的民族特性聞名，漢學研究也呈現極為嚴謹的學風。葛祿博（Wilhelm Grube, 1855-1908）[37]的《中國文學史》（*Geschichte Der Chinesischen Litteratur*）、夏德（Friedrich Hirth, 1845-1927）[38]的《中國上古史》（*The Ancient History of China*）、馬克斯・韋伯（Max Weber, 1864-1920）的《儒教與道教》（*The Religion of China: Confucianism and Taoism (translation - 1951)*）、福蘭閣（Otto

[37] 葛祿博（Wilhelm Grube, 1855-1908），研究領域為中國文化與文學，著有《女真語言文字考》（1896）、《北京民俗》（1901）、*Geschichte Der Chinesischen Litteratur*（《中國文學史》1902）、《中國的宗教和祭儀》（1910）、*Die religion der alten Chinesen*（《中國古代宗教》1911）等。

[38] 夏德（希爾特）(Friedrich Hirth, 1845-1927)，研究領域為中國歷史、地理、藝術史，著有 *Syllabary of Chinese sounds* (1907)、*The Ancient History of China* (1908)、*Native sources for the history of Chinese pictorial art* (1917)

Franke, 1863-1946）[39]的《中國通史》（*Geschichte Des Chinesischen Reiches*）、佛爾克（Alfred Forke, 1867-1944）[40]《中國哲學史》（*Geschichte Der Chinesischen Philosophie*）、衛禮賢（Richard Wilhelm, 1873-1930）[41]德譯先秦諸子典籍、傅吾康（Wolfgang Franke, 1912-2007）[42]對近代史的研究；傅海波（Herbert Franke, 1914-2011）[43]對歷史與文化研究，凡此皆漢學的經典著作，早已名列歐洲漢學的系譜。而其哲學家輩出，也讓漢學與德國哲學產生交流互融。

---

[39] 福蘭閣（Otto Franke）研究領域為中國歷史，著有 *Geschichte Des Chinesischen Reiches* (5 Volumes)（《中國通史》五卷 1930-1952）、《關於中國文化與歷史講演和論文集》（1935）。

[40] 佛爾克（Alfred Forke，1867-1944）第一位翻譯王充著作者，著有：中國人的世界概念：天文學、宇宙論及自然哲學的思辨、*Geschichte der alten chinesischen Philosophie*（中國古代哲學史）、*Geschichte der mittelalterlichen chinesischen Philosophie*（中國中古哲學史）、*Geschichte der neueren chinesischen Philosophie*（中國近代哲學史）。

[41] 衛禮賢（Richard Wilhelm, 1873-1930）翻譯中國古典經籍；研究中國傳統文化、德譯先秦諸子典籍。著有：*Tao Te King*、《中國——國家與自然景觀》（1911）、《中國文化史》（1928）、《中國哲學》（1929）、*Lectures on the I Ching: Constancy and Change*（《易經講稿：持恆與應變》）等。

[42] 傅吾康（Wolfgang Franke, 1912-）研究領域為明清史；中國近代史；近代東南亞華人碑刻史籍。著有：《康有為和他的學派的變法維新運動》、《中國的文化革命：五四運動》、《中國與西方》、《中國科舉制度革廢考》、《百年中國革命 1851 年至 1949 年》。

43 傅海波（Herbert Franke, 1914-）研究領域為：中國古代史（宋元史、蒙古史）兼及中國文學史、文化史和邊疆民族史。著有：《德國大學中的漢學》1968、《中華帝國》(*Das chinesischen Kaiserreich*)，《元代思想》(*Yüan Thought*)，1981、《劍橋中國史》第六卷遼夏金元卷、*Beiträge zur Kulturgeschichte Chinas unter der Mongolenherrschaft: Das Shan-kü sinhua des Yang Yü*（《蒙古統治時期中國文化史研究：楊瑀 1285-1361，《山居新話》》）、*Geld und Wirtschaft in China unter der Mongolen-Herrschaft*（〈蒙古統治時期中國貨幣和經濟：元代經濟史研究〉）*Orientalistik. I. Teil. Sinologie*（《東方學：漢學》）*Das chinesische Kaiserreich*（《中華帝國》）。合著：*Studien und Texte zur Kriegsgeschichte der südlichen Sungzeit*（《南宋戰爭史的研究與文獻》）*The golden casket: Chinese novellas of two millennia*（《金匱：兩千年來的中國小說》）。

如萊布尼茲、馬克斯．韋伯也都令漢學滲入哲學領域中。

荷蘭漢學[44]研究起源甚早，可溯源至荷蘭商人到遠東經商後所寫的東遊記。例如：1595 年出版林斯侯頓 (Jan Huyghen van Linschoten)「葡人東遊見聞錄 (*Reys-gheschrift vande navigatien der Portugaloysers in Orienten (Travel Accounts of Portuguese Navigation in the Orient)*) 中，對中國的見解。十七世紀，由於中荷貿易繁榮，有關早期航海的敘述以及遠東遊記等著作相繼出版，再加上荷屬東印度公司對中國深感興趣，因此增加了荷蘭人研究漢學的興趣。[45]荷蘭與東亞及台灣的關係源遠流長，荷蘭東印度公司檔案有關台灣的檔案史料甚夥。

因此荷蘭漢學重要典籍，自赫爾聶斯（Justus Heurnius, 1587-1653）任東印度公司巴達維雅傳教士始，著作《荷漢詞典及漢拉基督教詞匯要覽》，甘治士（George Candidius, 1597-1647）任駐臺傳教士，著有《福爾摩沙島紀略》[46]；尼烏霍夫．約翰（Johan Nieuhof, 1618-1672）旅行中國的經驗成為當時西方的中國專家，以至於近代薛力赫（Gustaaf Schlegel, 1840-1903）[47]博古通今、高延（Jan Jakob Maria Groot, 1854-1921）[48]深究宗教史學，戴聞達（Duyvendak, 1894-

---

[44] 荷蘭漢學參見熊文華《荷蘭漢學史》（北京：學苑出版社，2012）。

[45] 見吳榮子〈漢學研究在荷蘭〉，《漢學研究通訊》，9 卷 4 期，1990.12，頁 255-260。

[46] *A short account of the island of Formosa in the Indies, situate near the coast of China : and of the manners, customs, and religions of its inhabitants*, London, 1732.

[47] 薛力赫（Gustaaf Schlegel, 1840-1903）著有：*Thian ti hwui. The Hung-league, or Heaven-earth-league, a secret society with the Chinese in China and India*（《天地會：中國人和東印度華人的祕密結社》）、*Uranographie chinoise*（《星辰考原：中國天文志》）法文、*Problèmes géographiques. Les peuples étrangers chez les historiens Chinois*（《中國史乘中未詳諸國考證》）法文、*Nederlandsch-Chineesch woordenboek*（《荷華文語類參》）、*La loi du parallélisme en style chinois, démontrée par la préface du Si-yü ki*（《中國文體：排比與對偶規律》）法文。

[48] 高延（Jan Jakob Maria Groot, 1854-1921）荷蘭漢學家和宗教史學家，著有：*Jaarlijksche feesten en gebruiken van de Emoy-Chineezen*（《廈門歲時習俗》）、*The religious system of China*（《中國宗教制度考》）、*The religion of the Chinese*（〈中

1979）[49] 對歷史文化之研究，高羅佩（Robbert Hans van Gulik, 1910-1982）[50] 對文藝之品鑑、仿《狄公案》小說創作，許理和（Erik Zürcher, 1928-2008）[51] 對宗教哲學之獨見，伊維德（Wilt Lukas Idema,

---

國人的宗教〉）、*Religion in China : Universism : a key to the study of Taoism and Confucianism*（《中國的宗教：大同一體——道教和如家學說研究秘訣》）。

[49] 戴聞達（Duyvendak, 1894-1979）研究古代哲學、古典文學、中西關係史等。著有：*Chinese in the Dutch East Indies. Peking*（《荷屬東印度群島上的華人》）、*China tegen de westerkim.*（《西方視野中的中國》）、*Wegen en Gestalten der Chineesche Geschiedenis*（《中國歷史路線和人物》）、*Early Chinese Studies in Holland*（《荷蘭早期的漢學研究》）、*The last Dutch embassy to the Chinese court (1794-1795)*（《最後的 荷蘭遣華使團》）、*Vroeg-chineesche schilderkunst en geschiedschrijving*（《早期中國繪畫和歷史》）、*Chineesche denkers*（《中國思想家》）、*De philosophie van Woe wei*（《無為的哲學》）、*China's discovery of Africa.*（《中國人之發現非洲》）、*Holland's contribution to Chinese studies.*（《荷蘭對漢學研究的貢獻》）、《商君書》。

[50] 高羅佩（Robbert Hans van Gulik, 1910-1982）著有：*Mi Fu on Ink-Stones*（《米芾《硯史》考》）、*The Lore of the Chinese Lute*（《琴道》）、*Chinese Pictorial Art as viewed by the Connoisseur*（《中國繪畫鑑賞》）、*The Chinese Gold Murders*（《黃金案》）。

[51] 許理和（Erik Zürcher）著有：*The Buddhist conquest of China*（《佛教征服中國》）、*Geschiedenis-overzicht van China*（《中國歷史概述》）、*On Jesuit studies of the 17th and 18th centuries*（《17-18 世紀耶穌會士的研究》）、*Recent studies on Chinese painting*（《中國畫研究近況》）、*Buddhist influence on early Taoism*（《佛教影響早期道教》）、*Eschatology and messianism in early Chinese Buddhism*（《中國早期佛教的末世論和彌賽亞觀》）、*The Lord of Heaven and the demons : strange stories from a late Ming christian manuscript*（《上帝與魔鬼：晚明基督徒手稿中的怪誕傳奇》）、*Han buddhism and the Western region*（《漢代佛教與西域》）、*The Jesuit mission in Fujian in late Ming times*（《耶穌會士在晚明福建》）、*Bibliography of the Jesuit Mission in China*（《中國耶穌會士文獻目錄》）、*Time and space in Chinese culture*（《中國文化的時與空》）、*The humanities in the nineties : a view from the Netherlands*（《九十年代的人文學科：荷蘭觀點》）、*China und der Westen: Dialog der Missverständnisse*（《中國與西方：誤解對話》）、*Bouddhisme, Christianisme et société chinoise*（《佛教、基督教與中國社會》）、*Confucianism for development*（《儒家學說的發展》）。

1944-）[52] 對文學之沉潛，包樂史（Leonard Blussé, 1946-）[53] 對東亞海洋文化史之探討，都成為荷蘭漢學領先各國之耀眼優勢。

荷蘭的漢學研究歷史長，視野開闊，成果卓著，與俄、法、英、德、意、瑞典等歐洲漢學大國比較起來獨具特色。在方向定位、機構建設、人員培訓、方法現代化和成果應用等方面都令同行矚目。[54] 如在萊頓，漢學研究已經有相當長的歷史，早在十九世紀中就有中文的教學，1875 年萊頓大學 (Universiteit Leiden) 設立第一個漢學教授席位，1930 年成立漢學研究院，此後，長期以來會聚著來自各界的學術精英，既承擔著中國語言和文化之教學任務，又與該校的其他人文學科聯合研究漢學的工作。另外尚有其他機構或組織 [55]，也都牽動歐洲漢學的發展。

葡萄牙、西班牙早期傳教士漢學時期，漢學研究曾經到達高峰。

---

[52] 伊維德（Wilt Lukas Idema）著有：*Dutch sinology past, present and future*（《荷蘭漢學的過去現在未來》）, *Storytelling and the short story in China*（《講故事和短篇小說在中國、*Chu Yu-tun as a theorist of drama*（《戲劇理論家朱有燉》）、*Chinese vernacular fiction : the formative period*（《形成時期的中國白話小說》）、*Poet versus minister and monk : Su-shi on stage in the period 1250-1450.*、*Trauma and transcendence in early Qing literature.*（《清初文學中的創傷與超越》）、*Spiegel van de klassieke Chinese poëzie : van het Boek der Oden tot de Qing-dynastie.*（《詩經到清代：古典中國詩歌之鏡》）、*Transparante tranen : klassieke Chinese gedichten.*（《透明的淚：中國古典詩歌》）、*De Oriënt : exotisme in Oost en West.*（《東方：東西方的異國情調》）、*Chinese letterkunde : een inleiding*（《中國文學導論》）、*Oosterse literatuur : een inleiding tot De Oosterse bibliotheek.*（《東方文學：東方圖書館簡介》）。

[53] 包樂史（Leonard Blussé）著有：*Visible Cities: Canton, Nagasaki and Batavia and the Coming of the Americans.* (2008), *Bitter bonds : a colonial divorce drama of the seventeenth century*、*Shifting communities and identity formation in early modern Asia*、*The Formosan encounter : notes on Formosa's aboriginal society.*

[54] 熊文華《荷蘭漢學史》（北京：學苑出版社，2012），頁 2。

[55] 如歐洲漢學協會（European Association of China Studies）、歐洲亞洲研究聯盟（European Alliance for Asian Studies）、歐中學術網絡（Eu-China Academic Netwok）。

如謝務祿、郭納爵等皆葡萄牙人。西班牙漢學可溯自方濟・沙勿略（François Xavier, 1506-1552）與中國的淵源，惜其未得進入中國而於上川島病逝。西班牙傳教士漢學一方面為傳教士儲備知識，一方面作為國王政治決策參考。尤其因西班牙國力強盛時，在美洲、歐洲和菲律賓都有領地，也擬將中國納入版圖，漢學曾經緣此興盛。但 18 世紀，國勢開始走下坡，其國遂放棄在東方的發展計畫；因此中國對西班牙而言，已失去了政治上的重要性。直至 20 世紀漢學才又有所發展。[56]

義大利漢學曾在早期傳教士漢學時期成就非凡，大半耶穌會士多出於意大利，如范禮安、羅明堅、利瑪竇、衛匡國、艾儒略、高一志等。但 18 世紀後進展不多。可能是義大利 1870 年才完成統一，因此對遠東的興趣很晚才有。直至 20 世紀德禮賢（Pasquale M. D'Elia, 1890-1963）[57]、白佐良（Giuliano Bertuccioli，1923-2001）[58] 等漢學家才又見發展。[59]

捷克 1945 年布拉格查理士大學成立東亞語言與歷史講座。1952 年布拉格大學普實克（Jaroslav Průšek, 1906-1980）教授被聘為捷克科學院東方研究所所長，對捷克漢學研究影響甚大。普實克對現代中國文學之特色與發展深具創見，後又由其學生加以發展，以至 1970 年代，西方學者將這種現代中國文學的研究，視為漢學研究中特有的「捷克學派」。可惜，布拉格之春思想解放運動失敗後，1971 年普實克教授被迫解聘，其學生流亡海外，在國外繼續捷克學派的傳統。

---

[56] 雷孟篤（José Ramón Álvarez）〈西班牙漢學研究的現況〉（The State of the Field of Chinese Studies in Spain）。BIBLID 0253-2875(2007)26：1，pp.36-47。

[57] 德禮賢（Pasquale M. D'Elia，1890-1963），義大利人。主要是整理及註釋利瑪竇的西文著作與書信《中國天主教傳教史》，後有《利瑪竇全集》（*Fonti Ricciane*）。

[58] 白佐良（Giuliano Bertuccioli，1923-2001）義大利人，研究領域為：道教研究、傳教士研究、中義文化交流。著有 *La Storia della Letteratura Cinese*（《中國文學史》1959）；翻譯衛匡國的《中國文法》成意大利語。

[59] 圖莉安（Antonella Tulli）〈義大利漢學研究的現況 —— 從歷史觀點〉，BIBLID 0253-2875(2006)25：3 pp.15-26。

1989 年共產政權瓦解後，思想型態及政治上的阻礙消失，漢學也才得以再寫下新頁。[60]

奧地利漢學界似較沉寂，這或許與德語區在納粹時期諸多漢學家被迫流亡有關。然而（英）傅熊（Bernhard Führer）*Vergessen und Verloren*（2001）[61] 一書仍然從世界各地流亡的奧裔漢學家，編織出一大本的奧地利漢學家譜系。如：恩理格（Christian Herdtrich）等。比利時在國家建立時，即有荷蘭語區和法語區的邊界；漢學研究的狀況，也與雙語情況有關。其漢學的最大特色即天主教對教育影響極大。[62] 其餘國家如：瑞士[63]、斯洛維尼亞[64]、斯洛伐克、波蘭[65]、匈牙利雖起步較晚，都已有一些成績。

北歐國家在中國沿海地區未有殖民地，因此，早期到達中國者，傳教士之外，即為科學家、旅行家兼探險家。有的隨瑞典東印度公司（1731 年成立）的船到中國；其中植物學家卡爾．林奈（Carlvon Linnaeus, 1707-1778）門生也曾隨船來中國，如：Carl Gustaf Ekeberg

[60] 羅然撰、崔燕慧譯：〈捷克漢學研究現況—兼述蒙古、西藏研究〉，《漢學研究通訊》19 卷 3 期，2000.08 頁 392-397。

[61] Bernhard Führer : *Vergessen und verloren: Die Geschichte der österreichischen Chinastudien* (Edition Cathay) (German Edition).

[62] Ann Heylen（賀安娟）〈比利時漢學研究的現況—從歷史觀點〉（Sinological Studies in Belgium: A Historical Overview），BIBLID 0253-2875(2008)27：4 pp.33-40。

[63] 瑞士現代漢學傢如漢斯．昆 / 孔漢思（Hans Küng，1928-），瑞士人，天主教神父、神學家、倫理學家、漢學家和作家。著有 *Christianity and Chinese religions, 1989*。

[64] Jana Rošker（羅亞娜）著、廖箴（Liau Jane）譯〈歐洲漢學的新枝—斯洛維尼亞的漢學研究〉（A New Branch of European Sinology: Chinese Studies in Slovenia），BIBLID 0253-2875(2009)28 : 1 pp.33-37。羅亞娜（Jana S. Rošker，1960-），斯洛維尼亞人，亞非研究系的系主任（1999-2003 年）及創辦人之一。目前為漢學系主任，並且擔任 *Asian and African Studies*（《亞非研究》）期刊的主編。曾數年時間在中國大陸（北京大學、南開大學）以及臺灣（漢學研究中心、新竹師範大學）從事研究教學工作。

[65] 波蘭早期漢學家如卜彌格，參見註釋 15。

等，後曾發表中國科學考察報告及中國見聞系列。[66]瑞典漢學[67]影響最大者為高本漢（Klas Bernhard Johannes Karlgren，1889-1978）[68]，其研究領域為：漢語音韻學、方言學、詞典學、文獻學、考古學，著有《中國音韻學研究》（*Études sur la phonologie chinoise*）等。馬悅然（Göran Malmqvist，1924-）[69]學術涉獵中國語言學與文學眾多領域，譯有：《詩經》、《春秋繁露》、《西遊記》（*Färden till västern*）、《水滸傳》（*Berättelser från träskmarkerna*）、《辛棄疾詞》，亦翻譯現代文學如：魯迅、老舍、高行健、沈從文《邊城》以及北島詩歌和李銳小說。羅

---

[66] 李明（Li Ming）〈從古典到現代——北歐漢學研究的轉向與拓展〉（From Classical to Modern: Changing Directions and Developments in Northern European Sinology），BIBLID 0253-2875(2012) 31 : 2 pp.21-26。

[67] 參張靜河《瑞典漢學史》，合肥：安徽文藝出版社，，1995。又參羅多弼撰，李筱眉譯〈翻開瑞典的漢學研究史〉，《漢學研究通訊》15 卷 2 期 (總 58)，頁 113-120，1996.05。

[68] 高本漢（Klas Bernhard Johannes Karlgren，1889-1978），瑞典人，研究領域為：漢語音韻學、方言學、詞典學、文獻學、考古學。著有《中國音韻學研究》（*Études sur la phonologie chinoise*）（原著是法文，趙元任、羅常培、李方桂合譯成中文）、*Ordet och Pennan i Mittens Rike, 1918, adapted as Sound and symbol in Chinese*（1923、2007）、*Analytic Dictionary of Chinese and Sino-Japanese*（1923）。另有多篇論文刊於遠東古物博物館學報（*The Bulletin of the Museum of Far Eastern Antiquities*）。

[69] 馬悅然（Göran Malmqvist，1924-），瑞典人。馬悅然在中國學研究領域的成就是多方面的，從古漢語語法和音韻分析到四川方言調查，從中國古典小說的翻譯到當代朦朧詩的譯介，其學術研究涉獵了中國語言學與中國文學的眾多領域。著有：*Det förtätade ögonblicket: T'ang-lyrik* (1965)、*Problems and methods in Chinese linguistics* (1964)、*Han phonology and textual criticism* (1963)、*Gunnar Martins samling av kinesisk och japansk litteratur* (1947)、*111 nykinesiska satsmönster* (1973)、*Nykinesisk grammatik* (1973)、*Kinesiska är inte svårt* (1974)、*Nykinesisk fonetik* (1974)、*Nykinesiska satsmönster* (1981)、*Vägar till Kina: Göran Malmqvist 60 år* (1984)、*Henry Olsson: Inträdestal i Svenska akademien* (1985)、*Bernhard Karlgren: Ett forskarporträtt* (1995)、*Nio röster från Taiwan: Modern kinesisk poesi* (1999)、*Haiku för ros och oros skull* (2002)、*Strövtåg i svunna tider* (2005)、*Guldfisken som älskar att sjunga Mozart* (2013)。

多弼（Torbjörn Lodén，1947-）[70] 側重研究現代文學史、古代哲學思想和歷史文化。其餘如挪威[71]、芬蘭[72]、丹麥[73] 等國的漢學研究，雖寥若晨星，但也都各有所見，彌足珍貴。

歐洲各國漢學經典著作數量頗多，在此只能聊舉一二珍本書籍，以見蒐訪之不易：

1.

Wilhelm Schott, *Entwurf einer beschreibung der chinesischen litteratur*（中國文學介紹初稿）,Berlin : F. Dummler, 1854.

Wilhelm Schott（1807-1889），德國東方學家和漢學家，曾在柏林大學（柏林洪堡大學前身）學習東亞語言，1833 年開始教授中國語言與哲學，1838 年獲得美因茨大學副教授職位。主要著作為 1826 年

---

[70] 羅多弼（Torbjörn Lodén，1947-），瑞典人，側重研究中國現代文學史、中國古代哲學思想和中國歷史文化。在此基礎上，他又專攻朱熹和戴震哲學。著有 *Debatten om proletär litteratur i Kina 1928-1929*（1980）、合著 *China's Development and Global Role*（2006）、*Rediscovering Confucianism - a major philosophy of life in East Asia*（2006）、*Kinas vägval - från himmelskt imperium till global stormakt*（2012）。

[71] 張台萍〈挪威的漢學研究〉（Sinology in Norway），《漢學研究通訊》16 卷 2 期 (總 62)，頁 147-151，1997.05。

[72] 芬蘭漢學家如：Israel Reinius（1727-1797），芬蘭牧師、歷史學家。1747 年為海軍學校學生隨瑞典東印度公司，乘船到達中國。著有《中國見聞錄》，1749。卡爾．古斯塔夫．埃米爾．曼納海姆（Carl Emil Mannerheim/ Mannerheim Carl-Gustav/ Carl Gustaf Emil Mannerheim，1857 (1867)-1951），著有 *Across Asia from West to East, 1939-40*。又如：Kalle Korhonen（1885-1963）將《大學》譯為芬蘭文。Juho Toivo Koskikallio（1889-1967），譯《道德經》、《論語》、《孟子》、《詩經》（手稿）。Pertti Nieminen（1929-2015）譯唐宋詩。聶培德（Pertti Nikkilä/ Pertti Sulevi Nikkila）有意將路德在德國的地位與孔子在中國教育中的地位相比。

[73] 丹麥漢學家如：庫爾特．伍爾夫（Kurt Wulff，1881-1938），丹麥人，丹麥第一位漢學家，譯《聊齋誌異》、《老子》為丹麥文。又如：易家樂（Søren Egerod/ Søren Christian Egerod，1923-1995），丹麥人，丹麥比較語言學家、東亞語言系教授，高本漢的學生。於 1960 年創立哥本哈根東亞研究院。其博論 The Lungtu dialect : a descriptive and historical study of a south Chinese idiom, 1956。另《泰雅語詞典》初版於 1980 年，在曼谷；另和馬悅然 (Göran Malmqvist) 有合著。

出版的 *Werke der tschinesischen Weisen Kung-Fu-Dsü und seiner Schüler*（《中國的智者孔夫子及其弟子們的著作》，1826）一書，共兩卷。卷一為《論語》（Erster Theil Lün-Yü）。乃首位將《論語》從漢語直接翻譯成德語的人。而其 *Entwurf einer beschreibung der chinesischen litteratur* 一書雖為綱要性介紹，卻也是德國的「中國文學史」之濫觴，在歐洲漢學的發展史上具有無比重要性。本藏書有幸購得此 1854 年 Berlin : F. Dummler 出版的珍本，意義非凡。

2.

Grube, Wilhelm, *Geschichte der chinesischen litteratur*（中國文學史）, Leipzig : C.F. Amelang, 1902.

葛祿博（Wilhelm Gmbe，1855--1908 年），德國早期著名漢學家。生於俄國聖彼德堡，是 Gabelentz 在萊比錫的高足，在完成哲學和語言學的學業之後，以對中國哲學經典的翻譯取得博士學位和教授資格。1883 年葛祿博出任柏林民俗博物館東亞部主任。自 1885 年任柏林大學教授並主持《東亞語言》講座，在講授漢語、滿語和蒙古語之外，還開設了民俗學和民間宗教的課程。1892 年他應聘為漢學教授，講授漢語和滿語課程。其著述甚豐，主要貢獻在研究中國文化與文學方面。《中國文學史》初版於 1902 年，後又再版，是德國第一部由專家撰寫的中國文學史著作。前此雖有 Wilhelm Schott 的 *Entwurf einer Beschreibung der Chinesischen Literatur*，但其只是綱要而已。此部《中國文學史》則是德國第一部全面論述中國古代文學史的巨著。該書論述範圍，由先秦至唐詩以及後世的戲曲小說。全書共分十章：導言；孔子和古典文學；孔子前的文學巨著；老子和道家；屈原和楚辭；漢代文學；漢唐之間的文學；唐代文學；宋代文學；宋元戲劇和明清小說。該書引用了中國文學的大量譯文，如《孟子》，《李太白全集》，《西廂記》等等。材料非常豐富，使讀者對中國文學的發展和內容有一全面透徹的認識。此書對中文原著研究及其深入，關於中國人文精神創造的描述，貢獻頗大。

3.

Duyvendak, *China's Discovery of Africa*, London: Arthur Probsthain, 1949.

戴聞達（Duyvendak, 1894-1979），荷蘭人。1912 年來華，任駐華使館通譯。1918 年回國，任萊登大學中文教授，也曾與法國漢學家伯希和（Paul Pelliot, 1878-1945）合編歐洲漢學歷史最悠久的期刊《通報》。

《中國對非洲的發現》一書是其在 1947 年 1 月 22-23 日在倫敦大學所做的學術報告。雖然篇幅不長，但以生動語言記述中國自古以來與非洲的友誼來往，尤其是鄭和下西洋的七次航行，對研究中非關係頗有參考價值。如其考證：據《漢書》記載，西漢平帝元始二年（公元 2 年），王莽輔政，曾有「黃支國」進獻犀牛。戴聞達在書中說：西方學者斷言，此「黃支國」即今之東非國家衣索比亞（Ethiopia）。而《漢書》中此則記載，是目前正史可考中國與非洲交往的最早記錄。本館所藏為 London : Arthur Probsthain, 1949 年版。封面圖畫設計，極其生動有趣。（圖 3）

由以上可知，漢學在歐洲各國，各循其歷史文化背景發展。而在現代之後，歐洲漢學更進一步與其當代哲學、現象學、精神分析、語言學、文學、藝術等學科相摩相蕩之下，乃時而展現了「他山之石，可以攻玉」的新姿。

四· 中國經典多語交響

文化之傳播、交流與匯通，語文翻譯為首要任務；而中國典籍在歐洲的各種語文譯本，使漢文經典透過各種語言來發聲，令人如聞經典在異地的多語交響。因此我們由購藏書籍中，可以窺得中國經典在歐洲的翻譯盛況。

西方漢學家學習中文，首從語言之翻譯入手，如羅明堅有自編葡漢辭典手稿。仔細溯源，西班牙馬丁 · 德 · 拉達（Martin de Rada,

1533—1578）堪稱是西方的首位漢語學家，著有西方首部關於中國語言的著作——《中國語言的藝術和詞匯》（*Art and Vocabulary of the Chinese Language*），遺憾此書並未傳世。

至於漢學家如能將中國經典譯成歐洲各國語言，則對漢語已然嫻熟。沿波討源，高母羨（Fr. Juan Cobo, 1546-1592）[74]譯（明）范立本《明心寶鑑》為西班牙文，乃首部中文西譯之作。而後在幾位傳教士相繼努力下，對儒家經典的翻譯，如：殷鐸澤、郭納爵的「四書」翻譯，至《中國賢哲孔子》（*Confucius Sinarum Philosophus*）一書 1687 年由柏應理匯集諸家心血出版；索隱派耶穌會士的翻譯與詮釋別樹一格，極力融合基督信仰與中國文化。中國經典之西傳終於促成了歐洲的啟蒙運動。而十九世紀新教傳教士之儒家經典翻譯，早期有馬士曼（Joshua Marshman, 1768–1837）英譯《論語》、馬禮遜（Robert Morrison, 1782-1834）英譯《三字經》、《大學》、高大衛（David Collie）英譯「四書」、麥都思（Walter Henry Medhurst，1796-1857）英譯《尚書》；最可貴的是蘇格蘭理雅各 (James Legge, 1815-1897)，在王韜的合作下譯畢四書五經，成為英文經典的不朽之作。其餘如蘇慧廉（William Edward Soothill，1861-1935）對《論語》、衛禮賢（Richard Wilhelm，1873-1930）對《易經》《論語》等經典的翻譯，在歐洲各語言間也頗為暢行。由所蒐集之藏書看來，原典譯注流傳最顯者為德國衛禮賢；其研究中國傳統文化，德譯先秦諸子典籍，且更為歐洲各國廣譯，影響甚遠。其他經典如《道德經》、《莊子》，文學方面如《唐詩》、《宋詞》，小說如《金瓶梅》、《儒林外史》等的翻譯與詮釋，所在多見，實難備舉。前揭瑞典馬悅然即功在文學經典方面的翻譯，這些都讓我們看到中國經典在歐洲的多語交響。

經書、子書與文學經典之外，文字學及出土文獻，也見歐人翻

[74] 高母羨（Juan Cobo，1546—1592）是首位把中文文本翻譯成西方語言的人，1588 年翻譯了范立本編於 1393 年的《明心寶鑒》。他也是首位把漢字「拉丁字母化」或「羅馬字母化」的人，依據的是在馬尼拉的華人所說的閩語。

譯。如德國何四維（Anthony Francois Paulus Hulsewé）1910-1993 譯註秦漢法典殘簡 *Remnants of Ch'in law*、*Remnants of Han law*、*Texts in tombs*（《秦律殘簡》、《漢律殘簡》）*The Shuo-wen dictionary as a source gor ancient Chinese law*（《說文解字：研究中國古代法典的工具書》）、*Chin and Han Law*（《秦漢法典》）等。

另外，有一現象特別值得一書，歐洲方面有些漢學家是通過改寫創作來研究漢學。如：荷蘭高羅佩喜好文藝，仿狄公案小說創作有 *The Chinese Gold Murders*（《黃金案》）、*The Chinese Bell Murders*、*The Chinese Lake Murders*、*The Chinese Nail Murders* 等；捷克尤利烏斯・澤耶爾（Julius Zeyer，1841-1901）以創作小說、戲劇、史詩聞名，其以《漢宮秋》的題材創作，頗能見其對漢學的接受程度，由於其作品深受捷克人喜愛，許多人亦藉由其創作中了解中國文化。另位捷克作家博胡米爾・馬瑟修斯（Bohumil Mathesius，1888-1952）從事詩歌文學創作，其 *Černá věž a zelený džbán (parafráze čínské poezie, 1925)*（《黑塔和綠罐：意譯中國詩歌》）、*Zpěvy staré Číny (parafráze čínské poezie, 1939)*（《中國古典詩：意譯中國詩歌》）、*Nové zpěvy staré Číny (parafráze čínské poezie, 1940)*（《中國古典詩新編：意譯中國詩歌》）、*Lyrické intermezzo (1940)*（《抒情小曲》）、*Verše psané na vodu (1943, společně s V. Hilskou, parafráze japonských básní tanka)*（《寫在水上的詩：意譯日本短歌》）、*Třetí zpěvy staré Číny (parafráze čínské poezie, 1948)*（《中國古典詩三編：意譯中國詩歌》）、*Zpěvy Dálného východu (parafráze čínské a japonské poezie z pozůstalosti, 1958)*（《遠東的詩歌：意譯中國和日本的詩歌遺產》）皆為意譯或改寫東方詩歌之作，可謂別具一格的漢學著作。

藏書中關於中國經典的翻譯，數量頗多，僅列舉一二已見一斑：

1.

Gustaaf Schlegel 荷譯 *Hoa tsien ki*（*花箋記*）: *OF GESCHIEDENIS VAN HET GEBLOEMDEBRIEFPAPIER*, 1865.

譯者：薛力赫（1840-1903），荷蘭漢學家，著作甚豐。譯有：*Hoa tsien ki*（花箋記・荷蘭語版）、《今古奇觀》法語版、《賣油郎獨占花魁》*Le Vendeur d'huile qui seul possède la reine de beauté.* Leiden: Brill. (1877)。《花箋記》是明清時期嶺南優秀的叙事韻文創作，也是現今所知最古老的長篇木魚書。長久以來，在珠江三角洲傳唱不絕，甚至國外也有盛名。據鄭振鐸 1927 年避難巴黎時，所撰〈巴黎國家圖書館中之中國小說與戲曲〉[75] 一文中，所收錄圖書有《花箋記》，可見此作品早已流傳至歐洲，且為歐洲圖書館收藏。《花箋記》於 1824 年由英國人 Peter Perring Thoms 翻譯成英文，1827 年 2 月 23 日，德國詩人歌德在日記中寫下了閱讀英譯本《花箋記》的感想。1836 年由德國人 Heinrich Kurz 譯成德文，後來有法文、俄文、荷蘭文等國譯文。[76] 本館收藏之荷蘭文翻譯 *Hoa tsien ki*（*花箋記*）：*OF GESCHIEDENIS VAN HET GEBLOEMDEBRIEFPAPIER* 版本為 Batavia : Lange & Co., 1865 年版。花色布面封面，十分典雅，乃 19 世紀裝幀精美的古籍珍本，十分可貴。（圖 4）

2.

Maria Korff; Richard Wilhelm, *Der Bambus wiegt sich im Winde. Lyrik Chinesischer Dichter*. Zürich, Stuttgart: Aldus Manutius Verlag, 1961.

本書於 1961 年，在蘇黎世（Zürich）斯圖加特（Stuttgart）的 Aldus Manutius Verlag 出版社限量精印 800 冊出版。內容為中國抒情詩之德文譯本，由瑪麗亞・科爾夫（Maria Korff）將中國詩人作品翻

[75] 發表在 1927 年《小說月報》十一號。文中說：「此書為粵曲之一種・蓋即彈詞體之作品而雜以廣東方言者。......《花箋記》之文字，在粵曲中可算是很好的，間亦有很輕妙、很人情之描寫。書中主人翁為梁亦滄及楊淑姬。二人之戀愛的始終，頗脫出一般言情小說之窠臼。」收於《鄭振鐸文集》，第 5 卷，花山文藝出版社 1998 年 11 月出版。

[76] 參見余蕙靜：〈論《靜淨齋第八才子花箋記》：對鄭振鐸看法的再商榷〉，《臺北市立師範學院學報・人文藝術類社會科學類科學教育類》，35:2，2004.09，頁 91-111。

譯成德文，瑞士女畫家李愛維（Li Ai Vee）[77] 加以逸筆水墨畫。翻閱時，詩中有畫，畫中有詩，互相輝映，令人賞心悅目。書套外盒的圖樣，模擬竹簡編織；裡面的書，則有著花紋典雅的硬皮書衣、蝴蝶裝幀的對稱冊頁，更覺清幽雅緻。允為歐洲漢學書籍中將中國詩畫融合為一之典範。（圖 5）

經典為文化的花朵，翻譯更為文化花朵異域移植提供深根栽種之良方；其後必能藉由花朵在結出果實、播散種子，讓文化在異域土壤中永續培育、繁衍不息。從購藏書籍經典翻譯之猗歟盛哉，已可窺知，漢學由東方抵達西方，早已突破水土不服的困境，而有其令人驚異的遠遊景觀。

五· 歐人聚焦福爾摩沙

歐洲漢學起源時期，與臺灣密切相關的國家是荷蘭、西班牙、葡萄牙；至十九世紀，更有蘇格蘭傳教士與英美人士相偕前來，都留下了許多可貴的西文文獻。

16 世紀《耶穌會士書簡集》裡記載 1582 年漂流滯台的船難事件，其中有原住民身影。十七世紀荷蘭牧師甘治士（George Candidius，1597-1647）《福爾摩沙島紀略》，以及林斯豪頓（Jan Huygen van Linschoten）《東印度水路誌》、史曼卡爾登（Schmalkalden）《東西印度驚奇旅行記》中，可見臺灣美麗的風土與人情；《荷使第二及三次出訪中國記》裡見到明鄭海軍與清軍。台灣失陷的記載，此事震驚歐洲是透過《荷蘭信使》、《歐洲每日大事記》、《被遺誤的福爾摩沙》等書報傳遞訊息。這都讓我們看到了漢語文獻所不見的福爾摩沙。[78]

---

[77] 李愛維（Li Ai Vee），華、德裔混血兒。生於 1932 年，上海小港李家留德化學博士李祖熏之次女。初隨陸抑非習畫，後受教於林風眠。1958 年離滬至瑞士定居，在國外又問藝於張大千。李愛維先後於歐洲、遠東及美國多地舉辦數十次展覽，包括 1967 年於倫敦皇家美術院、1965 年於巴黎國際女性沙龍展及 1984 年於日內瓦植物博物館。其作品為巴黎塞魯希爾美術館永久典藏。

[78] 參鄭維中《製作福爾摩沙：追尋西洋古書中的台灣身影》，台北：如果出版社，

因而本計畫亦盡力採購的歐洲各國與臺灣和東亞的重要史料檔案。如 Jacob Anne Grothe: *Archief Voor De Geschiedenis Der Oude Hollandsche Zending: Formosa, 1628-1661* (1887) (Dutch Edition)（舊荷蘭海外宣教檔案），或日文譯本的村上直次郎《バタヴィア城日誌》，皆與臺灣關係甚為重要的荷蘭史料檔案與譯注。19 世紀時，由於中國禁教，西班牙道明會傳教士仍可繼續研究中國境內各地方言的作品，尤其是福建話；乃因為道明會在臺灣有許多的傳教士，Miguel Calderón（1808-1883）、Cristóbal Plá（1832-1895）、Juan Colom（1869-1934）、Domingo Palau（1871-1933） 以 及 Santiago García（1865-1934）都編過一些中國方言辭典。[79] 十九世紀後半起蘇格蘭與加拿大傳教士在《台灣教會公報》與《使信月刊》（The Messenger）中更留下大量的台灣書寫史料，這些書籍都值得我們深入去搜羅與考掘。以下略舉一部經典，以概其餘：

1.

Jose Maria Alvarez, *Formosa Geográfica e Históricamente Considerada*（《福爾摩沙詳盡的地理與歷史》）, Barcelona : L. Gili, 1930

本書是西班牙道明會神父白若瑟（José María Álvarez, 1871- ？）於 1930 年於西班牙巴塞隆那（Barcelona）出版之書，為西班牙語系世界第一本以台灣為研究主題的專書。白神父在 1895 年抵臺傳教，1897 至 1899 年間在彰化羅厝負責傳教業務，博學的白若瑟神父在兩巨冊著作中，一方面對台灣歷史（自洪荒時期到日治時期）進行研究論述，另一方面對台灣的地理（風土民情與動植物）也做了詳盡的考察，其對台灣學用力之深之廣，少有人及。

本書封面取自書中原住民部落弓箭手的生動照片。（圖 6）書中更有 160 餘張精彩的照片及地圖等珍貴史料。今學者李毓中、吳孟

2006。

[79] 雷孟篤（José Ramón Álvarez）〈西班牙漢學研究的現況〉（The State of the Field of Chinese Studies in Spain）。BIBLID 0253-2875(2007)26：1，pp.36-47。

真取其早期歷史之部份章節中譯，編著成《西班牙人在臺灣 (1626-1642)》一書，由國史館台灣文獻館 2006/12/01 出版。而全書中譯，已由黃建龍等譯註《福爾摩沙詳盡的地理與歷史》，國立台灣歷史博物館出版，2017。

因台灣的特殊地位，對歐洲漢學的延續、保存，實有中國方面所不能涵蓋者，或可別稱之為「台灣學」，或逕以擴大範疇為「東亞學」，以別於當今以中國為中心的「中國學」。因而當我們考察「歐人如何聚焦福爾摩沙」時，相對地，「台灣如何觀照歐洲漢學」，更是我們當今責無旁貸的回應使命。

六·　結語：歐洲漢學的啟示

就像「利瑪竇初易儒服」成了一跨文化指標，歐洲漢學也象徵了西方人換上漢儒身分之後的跨文化探索之旅。明清時期的傳教士，跨出西方文化本位，開始對中國「天人之際」的宇宙觀、世界觀深深地省思，對漢文經典與其文化傳統作理性的思辨或情感的認同，就歷史的敘述演繹作求真的考證，對地理的描繪作科學性的觀測，對於生命的靈魂與性理作根源性的會通；在語言符號的互譯上認真求知，在藝術上表象與象徵的差異間尋求融合 ...... 等等。這些跨文化的先驅，承襲歐洲文藝復興以來的人文精神與學術熱忱，將漢文化做諸般知識體系的探索與追問，遂展開了歐洲漢學的新章。

因此綜觀西方漢學古今大勢，其由歐洲起源，在基督信仰與中國文化的交相淬鍊之下，本極富深厚的人文精神；其後展開的歐洲各國漢學發展，也都在此人文理想中孕育衍生。然時至二十世紀，漢學延伸至美洲，以政治、經濟、法律、社會科學為導向的「中國學」乃逐漸取代以人文精神為主的「漢學」。近來因中國在國際間的政治態勢，中國學更傾向政經層面的現實考量，歐洲漢學源頭的人文理想乃逐漸淡薄。值此漢學變化之際，在台灣又如何盱衡這學風，對歐洲漢學的回應採取正確的態度？

首先，內在價值理想上，台灣自有勝於中國而得與歐洲漢學相侔之人文價值理想。二十世紀後半葉之後，台灣國家圖書館漢學研究中心對海外／歐洲漢學的推動工作，早已行之有年；而民主社會的政治體制自然更符合於歐洲漢學特有的人文價值理想 —— 這是當今中國的意識形態所不能達到，而台灣研究漢學者所不容妄自菲薄的。其次，外在場域脈絡上，台灣自有勝於中國而得與歐洲漢學直接接軌的場域與脈絡。若溯及歐洲漢學起源之大航海時代（十六、七世紀），台灣在歷史地理上的地位，常與中國處於若即若離之間，又居於東亞之要衝，在歐洲人眼中，台灣自有可與世界直接對話的脈絡與動能；因此歐洲知識體系含括漢學的「東方學」中，台灣始終是重要的篇章。根據以上兩點，我們可以說：台灣對歐洲漢學的延續、保存，進而對「漢學／東方學」議題之形塑、範疇之劃分，實都有中國方面所不能涵蓋者。因之我們或可別稱之為「台灣視域之漢學」，以別於當今以中國為中心的「中國學」。

考察歐洲漢學之後，所得的啟示如此豐富。我們應當體認：漢學實為人類文化之普世性遺產，非專屬於今日之中國；尤其當今文化之全球性流動，已如波浪洪濤漫過我身，因而所謂漢學，日、韓、歐、美俱得而治之。台灣之於漢學，亦宜溯其本源，取其精華，取法歐洲漢學人文精神的初衷，如此庶可媲美歐洲漢學所煥發的精彩輝光。而人類普世性的人文精神，乃足以在跨文化的間距之間，一如《舊約・詩篇》第 42 篇所說，在深淵與深淵之間，如響斯應，交感共鳴……。

傳教士漢學年表

西元	帝王紀年	基督宗教記事
1552	明世宗嘉靖 31 年	8 月間，方濟・沙勿略（San Francisco Javier，1506-1552）乘聖十字架號船抵達廣東海外上川島，12 月 3 日清晨逝世於該島。同年 10 月 6 日，利瑪竇在意大利出生。
1565	44	耶穌會抵達澳門 .。
1579	神宗萬曆 7	7 月駐澳門耶穌會遠東觀察員范禮安 (Alessandro Valignano1539 -1606) 召來第一位傳教士意大利耶穌會士羅明堅（Michele Ruggieri，1543-1607）來華。
1582	10	8 月 7 日，利瑪竇到澳門 12.27 羅明堅被允許在廣東肇慶定居並傳教，次年利瑪竇也抵達肇慶。
1584	12	利瑪竇將天主經，聖母經，信經和天主十誡譯成中文；製作中國第一幅世界地圖〈坤輿萬國全圖〉。 11 月 29 日，羅明堅在中國學者之助下將天主教教理（Catechism）翻譯成中文《天主聖教實錄》出版。
1586	14	胡安・岡薩雷斯・德・門多薩（Juan González de Mendoza，1545-1618 或 1540-1617）著作《中華大帝國史》（*History of the Most Remarkable Things, Rites and Customs of the Great Kingdom of China*），是當時關於中國的百科全書，對歷史產生了重要影響。
1588	16	高母羨（Juan Cobo，1546—1592）譯范立本編於 1393 年之《明心寶鑒》，首將中文經典譯成西語。
1595	23	4 月利瑪竇從韶州啟程，5 月到達南京，但不能久留，棄僧服改儒服。11-12 月間首部中文著作《交友論》問世。
1601	29	利瑪竇再次進京覲見明神宗，終獲在京永駐許可。
1602	30	荷蘭東印度公司成立。 李之藻協助利瑪竇刊印《坤輿萬國全圖》。
1603	31	利瑪竇刊行《天主實義》。
1605	33	耶穌會傳教士鄂本篤（Bento de Góis, 1562-1607），從印度出發，經古絲綢之路，經過四年長途跋涉，於 1605 年抵達中國肅州，因勞累死。日記被利瑪竇整理發表，證實馬可波羅描述的契丹就是中國。

1606	34	義大利人高一志（Alfonso Vagnone, 1566/1568-1640），來華。後改名王豐肅。
1609	37	傳教士金尼閣 (Nige Jin , Nicolas Trigault, 1577 -1628) 到達中國（一說 1610 年）。
1613	41	艾儒略 (Rulue Ai , GiulioAleni, 1582 ~ 1649) 到北京傳教。 傳教士謝務祿（曾德昭）Alvarus de Semedo 到達中國南京。
1616	44	南京教案。
1618	46	艾儒略於杭州傳教，楊廷筠、李之藻在其影響下受洗。
1622	熹宗天啟 2 年	耶穌會德國籍教士湯若望 (Johann Adam Schall von Bell, 1592-1666) 進入中國內地傳教。
1623	3	中國西安掘出《大秦景教流行中國碑》（*Let us praise the Lord that the [Christian] faith has been popular in China.*）
1624	4	葉向高邀艾儒略入閩開教。
1626	6	金尼閣在杭州出版《西儒耳目資》三卷，王徵與鄧玉函合為其作序。此書說明中西文字的相互溝通，對中國音韻學的研究和中國文字拼音化都有貢獻。
1627	7	台灣史上的第一個傳教士荷蘭籍的 Georgius Candidius 抵達台灣進行傳教工作。教導平埔族書寫文字，著有《福爾摩沙島略記》（*Discourse ende cort verhael van't eylant Formosa*）。
1630	熹宗崇禎 3 年	湯若望二至北京，奉召任職曆局，協助徐光啟編修《崇禎曆書》。
1636	高宗乾隆元年	傳教士謝務祿（Alvarus de Semedo，曾德昭）返歐，完成了《大中國志》。
1637	2	耶穌會義大利教士利類思（LodovicoBuglio, 1606-1682）來華抵達北京。 福建教案發生。
1643	8	耶穌會義大利籍教士衛匡國（Martino Martin, 1614-1661）來華。
1645	清順治 2 年	波蘭耶穌會傳教士卜彌格（Michel Boym，1612—1659 ）來華。

1648	5	卜彌格在西安見大秦景教碑。複製碑文，並譯成拉丁文，對歐洲了解基督教在中國傳播以及中西文化交流之作用頗大。 普魯士籍荷蘭官兵史曼卡爾登（Schmalkalden, Caspa）任荷蘭西印度公司、荷蘭聯合東印度公司、熱蘭遮城地理測量師 Plockhoy 最佳助手。1642-1652 年《東西印度驚奇旅行記》手稿完成。
1654	11	衛匡國（Martino Martini，1614-1661））《韃靼戰紀》著成。
1655	12	衛匡國繪製《新中國地圖誌》（*Novus Atlas Sinensis*），1655 年。
1656	13	卜彌格在維也納出版首部關於中國本土亞熱帶植物的西方書籍。
1659	16	耶穌會比利時傳教士柏應理（Philippe Couplet, 1623-1693）、南懷仁（Ferdinand Verbiest, 1623-1688）隨衛匡國同船來華傳教
1662	康熙 1 年	殷鐸澤（Prospero Intorcetta, 1626-1696），居建昌時由郭納爵（Costa, Inácio da, 1603-1666）指導，兩人合作之《四書》出版，郭納爵題為《中國的智慧》（*The meaning of Chinese wisdom*），乃首部歐語四書。
1666	5	徽州府新安衛官生楊光先上書《辟繆論》，誣告德國傳教士欽天監監正湯若望的《時憲曆》十謬。把湯若望、南懷仁、利類思，安文思等人收押獄中，並株連在華傳教士多人，史稱「曆獄」。湯若望去世
1678	17	謝務祿（Alvaro Semedo, 1585-1658），又名曾德昭著《大中國志》（*Imperio de la China i cultura evangelica en el, por los Religios de la Compañia de Jesus*），介紹了大明王朝治下中國的繁華。
1681	20	沈福宗，南京人。隨比利時教士柏應理（Philippe Couplet）由澳門啟程前往歐洲，是早期到達歐洲的中國人；中國文化西傳，引起歐人對漢學研究之興趣。
1687	26	1687 年柏應理在巴黎以拉丁文出版了《中國賢哲孔子》（*Confucius Sinarum Philosophus*）一書，中文標題為《西文四書直解》。是十七世紀歐洲介紹孔子及其著述最完備之書。此書是幾名歐洲耶穌會士（殷鐸澤、郭納爵、魯日滿和恩理格）多年工作結晶。 白晉 (Joachim Bouvet, 1656 ~ 1730) 等五位傳教士為法王所派抵達中國

1703	42	1698-1701 年間白晉與萊布尼茨通信討論。1703 年萊布尼茨將論文《關於二進制算術的說明並附其應用以及據此解釋古代中國伏羲圖的探討》提交給法國皇家科學院，引起了歐洲科學家的廣泛關注。
1711	50	馬國賢（MatteoRipa，1682-1745）1711-1723 康熙朝宮廷畫師。比利時耶穌會士衛方濟（François Noël, 1651-1729）於 1711 年在布拉格出版的《中國六大經典》(或《中華帝國六經》)（*Sinensis Imperii Libri Classici Sex*），將《大學》、《中庸》、《論語》、《孟子》、《孝經》、《三字經》譯為拉丁文。為首部《四書》西文全譯本。又以拉丁文著《中國哲學》（*Philosophia Sinica*）。
1715	54	郎士寧 (Giuseppe Catiglione,1688-1766) 自義大利來北京，供養內廷
1721	60	康熙禁止西洋人於華傳教
1724	雍正 02	雍正帝禁止傳教士到北京以外地區活動

附圖

32 De Bello Tartarico
maximè formidarent, ignotum
illis armorum genus ſtratage-
mate eluſerunt. Militibus enim
anteſignanis cratium aſſerem
pro ſcuto dedit Rex Tartarus,
quo tecti ac conſtipati equites,
ligneum parietem conficie-
bant; hos ſequebantur qui ſca-
las ad mœnia ſcandenda porta-
bant; ultimum agmen fortiſſi-
mi occupabant equites. Ita ex
quatuor partibus Urbem ag-
greſſus eſt: primas ſclopetario-
rum pilas aſſerum muro exce-
pit; tunc velociſſime undique
ſcalæ applicatæ ſunt, mœnia ſu-
perata, ac demum Urbs occu-
pata. Ea autem fuit Tartaro-
rum velocitas (qua inſignes
ſunt, cuique præcipuas roboris
partes tribuunt) ut Sinis ſpatiū
non dederint ad denuo one-
randa ſclopeta. Nec parum Si-
nis obfuit ſclopetariæ artis im-
peritia; unde repentino malo
attoniti, qua data porta fuge-
runt.

1. Martino Martini, *De Bello Tartarico Historia*, Amstelodami: Apud Iohannem Ianssonium Juniorem, 1655）

1. Johann Adam Schall von Bell, *Geschichte der chinesischen Mission unter der Leitung des Pater Johann Adam Schall, Priester aus der Gesellschaft Jesu*, Wien :Mechitaristen-Congregations-Buchhandlung, 1834）

3. Duyvendak, *China's Discovery of Africa*, London: Arthur Probsthain, 1949.

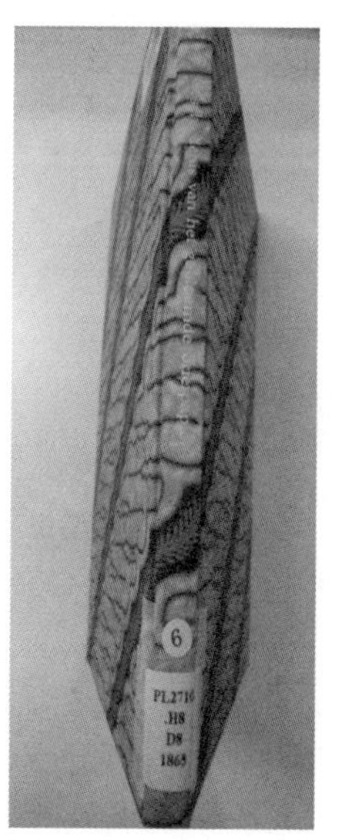

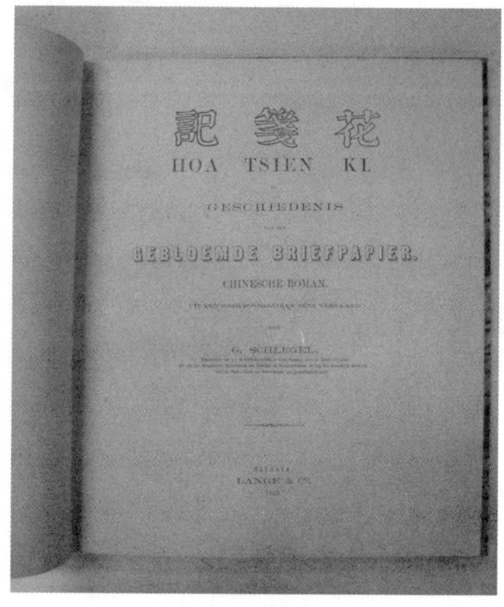

4. Gustaaf Schlegel, *Hoa tsien ki*（花箋記）*: OF GESCHIEDENIS VAN HET GEBLOEMDEBRIEFPAPIER*, Batavia : Lange & Co., 1865.

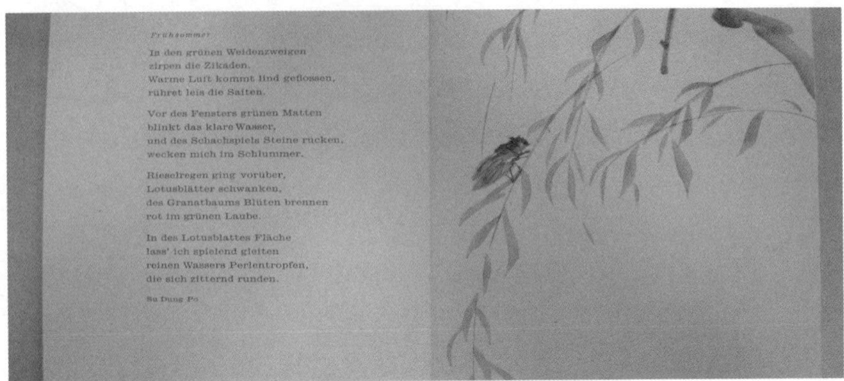

Frühsommer

In den grünen Weidenzweigen
zirpen die Zikaden.
Warme Luft kommt lind geflossen,
rühret leis die Saiten.

Vor des Fensters grünen Matten
blinkt das klare Wasser,
und des Schachspiels Steine rucken,
wecken mich im Schlummer.

Rieselregen ging vorüber,
Lotusblätter schwanken,
des Granatbaums Blüten brennen
rot im grünen Laube.

In des Lotusblattes Fläche
lass' ich spielend gleiten
reinen Wassers Perlentropfen,
die sich zitternd runden.

Su Dung Po

5. Maria Korff; Richard Wilhelm, *Der Bambus wiegt sich im Winde. Lyrik Chinesischer Dichter.* Zürich, Stuttgart: Aldus Manutius Verlag, 1961.

6. Jose Maria Alvarez, *Formosa Geográfica e Históricamente*

引用文獻

古籍：

鐘鳴旦／杜鼎克／蒙曦編《法國國家圖書館明清天主教文獻》(*Chinese Christian Texts from the National Library of France*, 26 vols) ，台北：利氏學社，2009。

_____《耶穌會羅馬檔案館明清天主教文獻》(*Chinese Christian Texts from the Roman Archives of the Society of Jesus*, 12 vols.)，台北：利氏學社，2002。

中文：

沈清松：《從利瑪竇到海德格》，台北：商務印書館，2014 年。

李明（Li Ming）：〈從古典到現代 ── 北歐漢學研究的轉向與拓展〉（From Classical to Modern: Changing Directions and Developments in Northern European Sinology），BIBLID 0253-2875(2012) 31 : 2 pp.21-26。

吳榮子：〈漢學研究在荷蘭〉，《漢學研究通訊》，9 卷 4 期，1990.12，頁 255-260。

余蕙靜：〈論《靜淨齋第八才子花箋記》：對鄭振鐸看法的再商榷〉，《臺北市立師範學院學報・人文藝術類社會科學類科學教育類》，35:2，2004.09，頁 91-111。

〔西政牙〕帕萊福（Palafox y Mendoza, Juan de）等著、何高濟、吳翊楣譯:《韃靼征服中國史・韃靼中國史・韃靼戰紀》, 北京：中華書局，2008。

〔德〕馬漢茂（Helmut Martin）等主編、李雪濤等譯：《德國漢學：歷史、發展、人物與視角（*Chinawissenschaften-Deutschsprachige Entwicklungen; Geschichte, Personen, Perspektiven*）》，開封 : 大象出版社，2005。

張台萍：〈挪威的漢學研究〉（Sinology in Norway），《漢學研究通訊》16 卷 2 期 (總 62)，頁 147-151，1997.05。

許光華：《法國漢學史》，學苑出版社，2009。

張西平：(傳教士漢學研究》（開封 : 大象出版社，2005），頁 3。

張靜河：《瑞典漢學史》，合肥 : 安徽文藝出版社 ,，1995。

黃俊傑：〈歐美漢學研究的發展：「歐洲漢學史國際研討會 」會前的省思〉，《漢學研究通訊》11 卷 2 期 1992.06 頁 96-97。

黃俊傑、古偉瀛：〈西方漢學研究的發展〉，《史學評論》，第 12 期，1981 年 9 月，頁 1-9。
〔比〕賀安娟（Ann Heylen）：〈比利時漢學研究的現況－從歷史觀點〉（Sinological Studies in Belgium: A Historical Overview），BIBLID 0253-2875(2008)27：4　pp.33-40。
〔奧〕傅熊著、王艷、（德）儒丹墨譯：《忘與亡：奧地利漢學史》，華東師範大學出版社，2011。／ *Bernhard Fuhrer : Vergessen und verloren: Die Geschichte der osterreichischen Chinastudien* (Edition Cathay) (German Edition).
〔西〕雷孟篤（José Ramón Álvarez）：〈西班牙漢學研究的現況〉（The State of the Field of Chinese Studies in Spain）。BIBLID 0253-2875(2007)26：1，pp.36-47。
〔義〕圖莉安（Antonella Tulli ）：〈義大利漢學研究的現況 —— 從歷史觀點〉，BIBLID 0253-2875(2006)25：3 pp.15-26。
熊文華：《荷蘭漢學史》（北京：學苑出版社，2012），頁 2。
〔捷〕羅然撰、崔燕慧譯：〈捷克漢學研究現況－兼述蒙古、西藏研究〉，《漢學研究通訊》19 卷 3 期，2000.08 頁 392-397。
鄭振鐸：〈巴黎國家圖書館之中國小說與戲曲〉，1927，《小說月報》十一號。收於《鄭振鐸文集》，第 5 卷，花山文藝出版社 1998 年 11 月出版。
鄭維中：《製作福爾摩沙：追尋西洋古書中的台灣身影》，台北：如果出版社，2006。
〔瑞典〕羅多弼撰，李筱眉譯〈翻開瑞典的漢學研究史〉，《漢學研究通訊》15 卷 2 期 (總 58)，頁 113-120，1996.05。
〔Slovenia〕羅亞娜（Jana Rošker）著、廖箴（Liau Jane）譯：〈歐洲漢學的新枝－斯洛維尼亞的漢學研究〉（A New Branch of European Sinology: Chinese Studies in Slovenia），BIBLID 0253-2875(2009)28 : 1 pp.33-37。
〔Slovakia〕Marián Gálik：《捷克和斯洛伐克漢學研究》，學苑出版社，2009。

外文：

Athanasius Kircher. *La Chine Illustrée*, Traduit du latin par François-Savinien Dalquié, À Amsterdam, chez Jean Jansson à Waesberge, 1670. (Genève-Paris,

1980)

Duyvendak. *China's Discovery of Africa*, London: Arthur Probsthain, 1949.

Grube, Wilhelm. *Geschichte der chinesischen litteratur*, Leipzig : C.F. Amelang, 1902.

Gottfried Wilhelm Leibniz. *Der Briefwechsel mit den Jesuiten in China (1689-1714)* , Hamburg : Meiner, 2006.

Gustaaf Schlegel. *Hoa tsien ki*（花箋記）: *OF GESCHIEDENIS VAN HET GEBLOEMDEBRIEFPAPIER*, Batavia : Lange & Co., 1865.

Jerome Heyndrickx. *Philippe Couplet, S.J. (1623-1693): the man who brought China to Europe*, Nettetal : Steyler-Verlag, 1990.

J. J. L. Duyvendak. "Early Chinese Studies in Holland," *T'oung Pao*, Second Series, Vol. 32, Livr. 5 (1936), pp. 293-344.

Johann Adam Schall von Bell. *Geschichte der chinesischen Mission unter der Leitung des Pater Johann Adam Schall, Priester aus der Gesellschaft Jesu*, Wien :Mechitaristen-Congregations-Buchhandlung, 1834）

Jose Maria Alvarez. *Formosa Geográfica e Históricamente Considerada*, Barcelona : L. Gili, 1930.

Marcia Reed and Paola Dematte. *China on Paper: European and Chinese Works from the Late Sixteenth to Early Nineteenth Century*, Oxford University Press; 1 edition (October 15, 2007).

Martino Martini. *De Bello Tartarico Historia*, Amstelodami: Apud Iohannem Ianssonium Juniorem, 1655）（Netherlands Amsterdam）

Maria Korff; Richard Wilhelm. *Der Bambus wiegt sich im Winde. Lyrik Chinesischer Dichter*. Zürich, Stuttgart: Aldus Manutius Verlag, 1961.

Paula Findlen. *Athanasius Kircher: The Last Man Who Knew Everything*, New York : Routledge , 2004.

Wilhelm Schott. *Entwurf einer beschreibung der chinesischen litteratur*, Berlin : F. Dummler, 1854.

對「抒情傳統」的反思及文學身體觀的建立

——一種現象學的觀察

莊川輝 *

〔摘 要〕

陳世驤、高友工所建立的「抒情傳統」影響深遠，近來學者或從文化思想層面補充抒情傳統的內涵，或對之反思批判。本文的目的在於引入從海德格到梅洛龐蒂的現象學視野，將抒情傳統分為兩個層次論述。論文進行的脈絡將從海德格的「現身情態」切入，在《存有與時間》中，海德格認為此在必須經由情緒來鋪陳出一個世界。因此，「抒情」之「情」並非限於主體的內部情感。在海德格的現身情態之後，繼以梅洛龐蒂的身體性來展開。抒情的過程牽涉到人與世界打交道的方式。在說話之際，在書寫之際，身體的運作本身與語言文字本身就蘊含著情緒。因此，「情」不僅存於語言所指的內容中而已。而「抒」情之「抒」，則是語言與身體的運作問題。透過海德格與梅洛龐蒂給予我們「情境、身體、語言」的視野。期能釐清「情」與「抒」。將「抒情」透過「所抒之情」和「如何抒情」兩個層面來補充「抒情傳統」的理論基礎。

關鍵詞：抒情傳統、抒情、身體觀、現象學

* 中山大學中國文學研究所博士生

前言

自陳世驤〈中國的抒情傳統〉一文以來，學界興起了一股論述「抒情傳統」的風潮。大抵而言，不論是陳世驤提出「抒情傳統」以對照西方文化以史詩、戲劇為文學源頭的「敘事傳統」，或是高友工的「美感經驗」論，都試圖擴充及發展這個抒情傳統的論述。而近來學界也開始懷疑這「抒情傳統」的說法是否能夠成立，大抵批評的面向有三種：（1）抒情傳統作為一種覆蓋性的大論述，將忽略掉不同文學體類的特性。（2）西方抒情詩的模型無法相應中國文學的感物模式（3）抒情傳統所預設的「抒情主體」是康德（Immanuel Kant, 1724-1804）以來的哲學視野，無法有效說明中國文學中的人與自然的關係。

學術的觀念固然受限於其時代背景，而身處於當代的我們，隨著現象學的發展，對於抒情傳統也有不同的反省。特別是在所謂的「主體」（人）與「客體」（自然）的活動關係中，「抒情傳統」的理論預設了一個二元對立的模式，其過程是主體受到外在事物的影響而產生了心理活動，再由內而外地表現出其內在情感，最後將情感寄託在語言之中。因此，抒情傳統的操作模式總是割裂了人與世界、主體與客體、情感與意義等等，雖然論者不斷陳述其中的交互作用，但是其超驗主體的預設總是使得許多問題無法釐清。本文的目的，是藉由現象學中的身體觀，試圖反思批判抒情傳統的某些盲點，進而補充或是擴大其論述的可能。

一、抒情傳統的醞釀

抒情傳統固然有其價值所在，就時代背景而言，「而『中國的抒情傳統』這樣的論題，相當程度上以現代學術格式企圖重新命名那被五四啟蒙光照遮蔽的古典榮光」[1]。從五四的白話文運動與啟蒙的精神以來，在面對西學的思潮時，進入到「現代」的視野下，對比於西

[1] 黃錦樹：〈抒情傳統與現代性：傳統之發明，或創造性的轉化〉，《中外文學》第34卷第2期（2005年7月），頁167。

方的文學傳統，「於是『中國』的『文學傳統』就在『西方文學傳統』的映照下得到體認，或者說得以『建構』」[2] 在西方「文學」的「三分文體」的觀念下，學界的共識即是中國缺少史詩與戲劇，而擅長抒情詩。[3] 王國維、朱光潛及中國當時的文人，將西方的史詩與戲劇視為「敘事」傳統，來凸顯出中國的「抒情」傳統。

然而，「抒情」這個詞雖是中國固有，但其涵義卻是外來的，「中國傳統的文體論述中並不曾有過等同於”lyric”的『抒情詩』或『抒情體』的詞彙。換句話說，五四以還的文學論述，是在西方現代文學觀念流轉過程中進行。」[4] 問題就在於，啟蒙主義之後的浪漫主義所稱的「lyric」是指一種文體（genre），而不是一種價值或是風格。甚至「抒情」二字在中國傳統中的用法，「其要義都限定在人文活動中情感流注的範圍之內」[5]。當然對於「情」的討論自古有之，而「情」作為藝術的本質或是人世間的價值的論述也屢見於中國傳統文論。然在啟蒙與理性的思潮下，浪漫主義所標誌的「抒情」與「內省」似乎可與中國古典傳統產生對話。再加上朱光潛以心理學的角度來理解情感與理智的關係。[6] 我們可以說自五四以來，「抒情傳統」的論述已經處於醞釀之中，「抒情」作為中國文學的特色，似乎能與世界產生對話，如王德威所言：

> 我們即可知晚清、五四語境下的「抒情」含義遠過於此。「抒情」不僅標示著一種文類風格而已，更指向一組政教論述、知識方法，感官符號、生存情境的編碼方式，因此對西方啟蒙、

[2] 陳國球：〈「抒情」的傳統——一個文學觀念的流轉〉，《淡江中文學報》第 25 期（2011 年 12 月），頁 174。

[3] 同前註，頁 175-183。

[4] 同前註，頁 178。

[5] 同前註，頁 188。

[6] 朱光潛：《詩論》，《朱光潛全集 5》（北京：中華書局，2012 年），頁 84-86。

> 浪漫主義以降的情感論述可以提供極大的對話餘地。[7]

從民國初年至陳世驤之間，學界的共識即是：一、從中國文學的兩大源頭《詩經》和《楚辭》來看，對比於神話、戲劇和史詩，中國文學的確著重在抒情詩的發展上。二、與十九世紀的浪漫主義互相呼應，新文學應該要繼承這種抒情詩的精神。

而陳世驤的「抒情傳統」，之所以在高友工之後又掀起一股中文系研究的熱潮，在時代背景上，與當時台灣政府所推行的「中華文化復興運動」有密切的關係[8]。在學術上，則是受到西方主體哲學以及新批評的影響而來，以及學界對於「現代化」的焦慮，從五四以來的「古典／現代」的斷裂。[9] 讓陳世驤與高友工等試圖透過對中國古典文學的重新詮釋建立一種中國文學的現代論述。當然陳世驤的說法不算一種嚴謹的學術研究，至多是一種主張而已，其所謂抒情傳統的定義，也只是在於「以字的音樂性做組織和內心自白做意旨」這兩大要素上，就將中國文學的道統歸於詩經與楚辭。[10] 故真正嚴謹而有系統地論述，恐怕要等到高友工才得以完成。[11] 因此，如果我們試圖反省

---

[7] 王德威：〈「有情」的歷史〉，《現代抒情傳統四論》（臺北：國立台灣大學出版中心，2011 年），頁 5。

[8] 李鳳亮：「無論是台灣學術界對中國古典文學、美學、藝術加以系統整體和評析的風潮，還是政府意識型態大力推進的所謂『中華文化復興運動』，顯然都為『宏大敘事』的登場營造了適宜得接受心理和成長空間」。氏著：《中國古典文論現代觀照的海外視野》（臺北：秀威資訊，2016 年），頁 154。

[9] 黃錦樹：〈抒情傳統與現代性：傳統之發明，或創造性的轉化〉，頁 168。

[10] 陳世驤：《陳世驤文存》（瀋陽：遼寧教育出版社，1998 年），頁 2。

[11] 李鳳亮：「正是高友工「抒情美學」的問世為「中國抒情傳統」研究打下堅實的理論根基」（頁 123），又說：「相較於陳世驤自文學客體——文類——解釋抒情詩的策略，高友工則開創了從主體立場——「美感經驗」——解釋「抒情」活動的美學路徑」（頁 125）。見《中國古典文論現代觀照的海外視野》。又見顏崑陽：「我們可以說，中國文學『抒情傳統』論述譜系的建構，陳世驤開啟之，高友工完成之；其後之紹述者，大體在此一規模下，進行局部的拓展、修改、精化與運用。」氏著：《反思批判與轉向——中國古典文學研究之路》（台北：允晨文化出版社，

「抒情傳統」所隱含的問題，首先面對的理論就是高友工的論述。

二、抒情傳統的理論化過程

高友工採取了結構分析與現象描述的進路，來細密分析文學的「美感經驗」的結構與過程，對比於當時流行台灣的「新批評」學派，高友工更重視主體介入的美感經驗。[12] 高友工從「感性的」、「結構的」、「境界的」三個層次來討論經驗的價值，[13] 他認為外在世界的多樣性，在感性經驗中形成內容，而此內容又通過主體的內在統一來整合後，可以形成一種意義，這種意義蘊含了、濃縮了經驗，在內省中通過對這個經驗的整體把握了意義與內心的統一，這個統一體即是一種境界（inspace）。[14] 因此，「抒情美典是以自我現時的經驗為創作品的本體或內容。因此它的目的是保存此一經驗。而保存的方法是『內化』（internalization）與『象意』（symbolization）」[15]。內化是指在內在心境中將外在的景物刺激統合為一個心境，這個心境在被內化的同時被固定成觀念；象意則是將心理活動以符號形式表達出來，進而保存那個所內化的心境。

而經驗一詞，在高友工的脈絡下，指的是一種內在的主體對於經驗的反思：

> 經驗並不是我們過去或現在的感受，而一個很重要的條件是對這種感受的一種反省。忘卻了的回憶即使保存在下意識的層次也不是經驗。只有事後有意無意重新湧現，這些回憶才成為經驗。

2016 年），頁 123。

[12] 柯慶明：〈中國美典與文學研究論集．導言〉，收入於高友工著：《中國美典與文學研究論集》（臺北：臺大出版中心，2004 年），前言頁 1-13。

[13] 高友工：〈中國文化史中的抒情傳統〉，《中國美典與文學研究論集》，頁 111。

[14] 同前註，頁 114。

[15] 同前註，頁 107。

> 一切經驗即使為時空所限仍然可以是內容繁雜、形式紛亂的。所以它的統一性是靠它的材料的內在的同一性來體現的。[16]

重點不在於對於經驗本身的描述，而在於將經驗轉化為一種內在的思想與觀念。經驗是「自我」與「客體」的對立，或是「現時的自我」與「過去的經驗材料」的對立的雙層結構，以知性來統整經驗的豐富性的同時，世界的多樣性為了服從知性的秩序而成為表象，經驗材料的內在的同一性就是知性的秩序。因此，存在著世界的表象、經驗的表象，不存在著世界與經驗：「因此不論是把『美感經驗』視為『過程』或者視為『境域』，外界現象始終是一個外在的因素，或是一個起點，或是一個界限；只有在『內化』之後，才能作為經驗的內容。」[17]美感、感性經驗中的對象被切分在主體之外。當然客觀對象可以被收攝進「心境」中：「『物境』必然包括、影響『心境』，這是自『外』推『內』；『心境』也自然吸收、反映『物境』，這是以『內』括『外』。」[18]世界的現象與價值都存在於「心境」之中。這種將客觀現象與自我價值融為一體的模式，將人與世界的交往活動都統攝在主體的內在經驗的層次。因此，美感經驗雖然以感性為開始，但是最後都會變成一種由反省而來的經驗之知，感性材料必須轉化知性材料，經驗的具體性與多樣性因此變成人內心的心理活動：「因之『現象』經過分析就成了『資料、知識』。『經驗』的對立是它所必有的內在過程。講『經驗』即是一個過程，也就是一個人的心理活動。」[19]

高友工所說的「內化」的保存手法，在於以主體的思想將經驗的豐富性裁切，服從人類知性的範疇與標準。於是有一個超驗主體，能

[16] 高友工：〈中國文化史中的抒情傳統〉，頁 113。

[17] 高友工：〈文學研究的美學問題（上）：美感經驗的定義與結構〉，《中國美典與文學研究論集》，頁 35。

[18] 高友工：〈文學研究的美學問題（下）：經驗材料的意義與解釋〉，《中國美典與文學研究論集》，頁 87。

[19] 高友工：〈文學研究的美學問題（上）：美感經驗的定義與結構〉，頁 27

夠脫離在世存在而進行純粹的反思，使得外在世界轉變成純粹意識的內容。那麼，同樣道理，在外化的作用上，語言作爲一種媒介的符號，它的功能在於能夠將主體內在的「意」「思」表現出來，「『意授於思，言授於意』，實際上也可視為『意』的三個階段。同一個『意』用『思』則加重其活動、變化、感應、轉位的種種可能，用『言』則加重其必須藉語言為媒介以外現。」[20] 語言是表達的工具，表達了主體對於經驗的反思而產生的意義：

> 因為語言的類屬已經暗含了一個抽象化的過程，它所代表的不再是個人的「感象」，而是知性的「概念」。因為以特有公訂的符號來代表無限私有的感象，（除了在指稱情況下）是實際上不可能的。因此這個「抽象、代表」過程也是一個簡化過程、知性過程。把現象簡化為可運用，控制的「概念」，而以可以記憶的「符號」來代表這些「概念」。[21]

語言是知性的產物，也只有知性可以透過語言來把握概念，這個概念將情感與感知對象轉化成「觀賞反省」的對象。[22] 在創作層面，抒情藝術家為了表達他的內心心理狀態，必須通過符號的組織來呈現他的經驗所保存的內容。[23] 語言要不就是作為意義的外衣，要不就是作為指稱世界的符號。語言的功能在於使讀者理解到這種意義，至於經驗本身的模糊與多樣性，則被解消在作者的思想、情感或投射的想像世界之中。[24] 因此語言若能夠表達情感，抒發情感，也只是因為「藝術

---

[20] 高友工：〈中國文化史中的抒情傳統〉，頁 133。

[21] 高友工：〈文學研究的美學問題（下）：經驗材料的意義與解釋〉，頁 56。

[22] 高友工：〈文學研究的理論基礎：試論「知」與「言」〉，《中國美典與文學研究論集》，頁 11。

[23] 高友工：〈中國抒情美學〉，《中國抒情傳統的再發現》（臺北：國立臺灣大學出版中心，2009 年），頁 596。

[24] 顏崑陽：「文學的本質是由一元性的因為——「個人情感」所構成，而排除其他彼

家則專注於將語言形式特質構造為一個將人類情感作為其深層結構的象徵形式體系。由此，文學語言遂變得與人類情感或人類體驗無法分割了。」[25] 情感是一種象徵形式，使語言符合這種形式便是抒情的作用。情感與語言的本質相關性就是形式，形式作為人與世界統合的關鍵。現象經由形式內化成經驗，經驗又經由形式將情感表達在語言中。

三、主體哲學與結構主義的問題

蕭馳將抒情傳統定義為：「承陳（世驤）、高（友工）的學術思路而來、自中國思想文化的大歷史脈絡，或比較文化的背景去對以抒情詩為主體的中國文學藝術傳統（而非侷限於某篇作品）進行的具理論意義的探討。」[26] 作為一種「知識型態」，抒情傳統的出發點，如同陳世驤與高友工，在思想上，都預設了西方的二分的宇宙觀：「西方的傳統，由於一直是受到希臘哲學與基督教思想的左右，其宇宙觀一直是二元兩分的。本體與現象、理型與世界、天堂與塵寰、理性與感覺，界線分明。」[27] 在中國傳統面對到西方文化的衝擊時，這樣的論述最容易帶出中國學術的特質，即是：「中國文化思想的一元性與價值內在於生命人性本身的特色。」[28] 而在文學傳統上，將西方文學的起源從史詩與希臘羅馬神話故事，定調為敘事傳統與悲劇精神。甚

此交涉、衍變的因素；因此所謂文學的「藝術性」，只有一種：純粹美感經驗。」見氏著：〈《文心雕龍》作為一種「知識型」對當代之文學研究所開啟知識本質論及方法論的意義〉，《反思批判與轉向：中國古典文學研究之路》，頁 62。

[25] 高友工：〈中國抒情美學〉，《中國抒情傳統的再發現》，頁 611。

[26] 蕭馳：〈中國抒情傳統的再發現・導言〉，《中國抒情傳統的再發現》，頁 6。

[27] 張淑香：《抒情傳統的省思與探索》（臺北：大安出版社，1992 年），頁 43。或如呂正惠：「至於西方人思想裡，以『物』為本體的看法，在以『心』為本體的中國人看來，固然不可思議；即使強調心的理性作用，也不能令人首肯。」見呂正惠：〈中國文學形式與抒情傳統——從比較的觀點看中國文學〉，收入於柯慶明、蕭馳主編：《中國抒情傳統的再發現》，頁 502。

[28] 張淑香：《抒情傳統的省思與探索》，頁 56。

至認為浪漫主義時期的「抒情詩」，都不如中國詩的「抒情性」，「比起來，中國詩非常具有一致性——基本上，那一致性是『抒情的』。……如果說，西洋詩『知性』的成分相當多，那麼幾乎可以說，中國詩完全是『感性』的了。」[29] 不難看出，無論是在思想或文學上，對西方的想像都是一種背景，試圖在這背景上凸顯出中國文化的特色。任何不屬於二分法的西方哲學都被忽略，任何西方的文學與詩歌都屬於敘述與說理性的。而中國文學的多樣性也被忽略，中國的詩歌與文學最後都可以歸結到「抒情性」的。[30]

我們不難看出這種結構主義的影響所造成的問題。高友工將事情分成兩類，抒情／敘事、內／外、感性／知性，「然後毫無論證地不斷強調抒情之優勢」[31]。或如顏崑陽總結高友工的問題，提出：

> 基本上，高友工的思維框架，依循的就是他那個時代已經規格化的模式——結構主義的思維，差不多都將一切事物「靜態化」，針對形構進行二元切分而對立的抽象思考，於是心——物、主——客、情——事（景）、群體——個人等，都一刀兩斷；完全不從事物的實存情境，在時間歷程的動態性辯證關係

[29] 呂正惠：〈中國文學形式與抒情傳統——從比較的觀點看中國文學〉，《中國抒情傳統的再發現》，頁 491。

[30] 龔鵬程：「可是陳（世驤）先生一筆抹煞，只以抒情去概括漢賦，且把散文也拉進這個『傳統』中，說是抒情文或抒情文體。用他的說法，我不知要如何去解釋文學史中那些祝、盟、頌、贊、誄、碑、書、冊、詔、令、史傳、論說、章表、記誌、奏啟。」氏著：〈不存在的傳統：論陳世驤的抒情傳統〉，《政大中文學報》第 10 期（2008 年 12 月），頁 42。顏崑陽：「文學的本質既是唯一而普遍，並且固定不變，則動態地發生在不同歷史時期之不同的文學本質觀，或不同文類即『用』以顯『體』的『差異性』特質與『相對性』審美基準，乃被排除在認知範圍外。章、表、詔、策等，皆不能進入中國文學歷史。」顏崑陽：〈《文心雕龍》作為一種「知識型」對當代之文學研究所開啟知識本質論及方法論的意義〉，《反思批判與轉向：中國古典文學研究之路》，頁 62。

[31] 龔鵬程：〈成體系的戲論：論高友工的抒情傳統〉，《清華中文學報》第 3 期（2009 年 12 月），頁 180。

中，去具體解悟諸多元素的交互作用與整體統合。[32]

說是結構主義也不全然是正確的，結構主義主要是將對象或是知識內容給形式化、結構化。認為人類的文化形式有其對立及統一的結構。確實這種二分的思維在高友工的論述中屢見不鮮，但其理論的根源或在於康德式的主體預設。[33] 或在於心理學的刺激反應理論。在這些預設中，外在世界或他人與自我是對立的兩端，身體與心靈，情感與意義，甚至語言及意指，都是由此預設而造成的斷裂。關鍵在於，「經驗」作為高友工的主要論述，他將經驗視為一種「內在的心理活動所剩餘的意義」，而非一種「在世存有」（être au monde）的展開。因此，存在也僅只是一種內省的經驗，而非存在者在世界之內所敞開的狀態。

在「抒情傳統」中，「經驗」只是刺激到反應的因果關係發生在個人的內心活動。由此而來的問題是，文學中的物象的描寫，只是情感的隱喻或象徵的符碼。[34] 於是「抒情傳統」的「情」只存在於所

---

[32] 顏崑陽：《反思批判與轉向——中國古典文學研究之路》，頁 168-169。

[33] 黃錦樹：「抒情傳統論的建構者，預設的主體雖然一開始有康德的色彩，但很快的轉而參照德國浪漫派以來審美現代性的主體概念來重構它，也就是從康德轉向席勒。如果是這樣，就可以解釋現代抒情傳統的主體的延續性，從這裡我們可能也可以看出，原因之一正在於，既有的（對古典時代）的抒情主體的建構（自陳世驤以來）和近代以來抒情傳統的「發明」是同步的、同構的——它的參照系是現代的，它的樣態也是現代的——雖然也考慮了中國自身的思想背景（不論是天人感應論、聖道、玄智），但那感性主體畢竟是首要的，它即是抒情本體的體現也是它的代理人。」氏著：〈面具的奧秘：現代抒情散文的主體問題〉，《中山人文學報》第 38 期（2015 年 1 月），頁 39。又王德威亦言：「高的觀察始自傳統理論和文本的鑽研，卻能將其嫁接到現代西方文論自新康德主義以降、以迄結構主義語言學的脈絡中。他因此將抒情問題拉高到知識論的高度，從『觀念、結構、功用』三個層次探討中國美典如何在『創造的想像在內在觀照中體現』」。氏著：王德威：〈「有情」的歷史〉，《現代抒情傳統四論》，頁 10。

[34] 顏崑陽：「『抒情言志』之作，乃是以人的內在感情意志為對象，由內而外地發抒來。即使有『物象』之書寫，其本身也非實在之對象，而僅是語言形式層次做為

說的內容之中：「『感物吟志』的說法，充分說明了一個把現實世界的經驗（感物）直接過渡為文學的表現（吟志）的過程。」[35] 我與物如何在一個脈絡中產生「感」的可能被忽略，「感」的問題只能發生在主體的心底活動。但是，情只是一種心理活動嗎？依此脈絡來理解「物色之動，心亦搖焉」[36]、「情以物興」及「物以情覩」（《文心雕龍・詮賦》）時。從主體哲學出發，我面對外在事物，在心中產生感情。所以感情只存在於主體這一端，必有賴於我將感情寄託在對象上，對象因為作為我的感情的符碼，因此是具有我的感情的對象：「『情』是抽象的，『物』是具體的，所謂『情物交感』，也就是寓情於物，是情的一種具體化。」[37] 於是世界變成是我的感情的心境的具體化呈現，甚至是：「詩人以創造性的意象來使他特殊的感情世界本質化、本體化，這不是『境界』是什麼？『境界』一詞所以那麼容易為中國文接受，因為他一方面含有『情』的成分，一方面又把『情』提升至『境界』的地步，也就是說把情客觀化、本質化。」[38] 主體因感而生情，又將情寄託在物象中具體化成世界。

這裡至少出現三個問題。第一、外物在外，情在內，兩者之感在哪裡且如何發生？以及所謂的「緣情感物」的先後順序問題，究竟是先有感還是先有情？中國古典文學中的「感」如果排除掉「應」，只偏重在主體的感的主動性，會不會脫離了原本的脈絡？第二、人的情感與外物有沒有相牴觸的時候？從情感到表現會不會是一直線的毫無

隱喻或象徵的符碼，用以暗示『情志』」。氏著：《反思批判與轉向——中國古典文學研究之路》，頁 150。

[35] 張淑香：《抒情傳統的省思與探索》，頁 70。

[36] 劉勰：〈物色〉，見劉勰著，王更生註譯：《文心雕龍讀本》（臺北：文史哲出版社，1991 年），頁 301。本文所引用之《文心雕龍》原文，胥引自此版本，以下但標篇名，不另附注出處。

[37] 張淑香：《抒情傳統的省思與探索》，頁 71-72。

[38] 呂正惠：〈中國文學形式與抒情傳統——從比較的觀點看中國文學〉，《中國抒情傳統的再發現》，頁 503。

阻礙的過程？第三、在人的情感產生後，外物（或自然）是否就跟人無涉？且人與自然接觸時那混融素樸的經驗整體完全被抹煞，這個經驗只是作為情感的刺激物而已。所以，必須重新理解「情」的意義，以及「感」的模式以及「抒」的條件。方能替「抒情傳統」開創新的論述可能。

當然我們無法否認「抒情傳統」論述的價值有其時代的開創性意義。[39] 只是若試圖以「比較文化」的背景對中國文學藝術進行討論。來到當代，我們不再能滿足於前人的說法。對抒情傳統的補充與反思也已經展開。例如蕭馳的《中國思想與抒情傳統》三卷，就從整個文化、思想傳統方面建立起中國古典文學的基礎。或如鄭毓瑜從《六朝情境美學》[40]、《文本風景：自我與空間的相互定義》到《引譬連類：文學研究的關鍵詞》[41] 不斷地嘗試闡述身體與空間相互感應的模式。當然，顏崑陽、龔鵬程與黃錦樹對於陳世驤到高友工的批判，也提供了我們反思的基礎。不難理解，「抒情傳統」的論述太過於依賴西方主體哲學到結構主義的二分法，以及當代心理學的假設。因此造成在闡述中國古典文學時，脫離了「抒情」的說法在中國文獻中所使用的脈絡，這是由時代以及背景所造成的理解上的斷裂。

綜合上論，我們認為「抒情傳統」中，以下三點有待補充：第一、將情緒視為純粹內在於主體，而與處境無涉。因為主體哲學的預設，外物只是我的心境之內容，世界被我看成形式，經驗被我反思成經驗內容，所以情緒只是我的內心活動。簡言之，「感」只發生在主體內心，只能由主體主動。然而，我們可以看見，「感」與「應」，或是「物

[39] 李鳳亮：「考察西方觀念與中國傳統在『抒情』經驗上的疏離與遇合，引發了『中國抒情傳統』研究的種種發明於誤讀。然而這一研究的目的，不僅在於從一個新的面向重新體認和闡釋傳統，更在於借助『抒情』文類所反映的感知世界和統整經驗的方式，探求中國文化的特殊理想與價值。」氏著：《中國古典文論現代觀照的海外視野》，頁 112。

[40] 鄭毓瑜：《六朝情境美學》（臺北：里仁出版社，1997 年）。

[41] 鄭毓瑜：《引譬連類：文學研究的關鍵詞》（臺北：聯經出版社，2012 年）。

色之動」這些概念中，情緒應該被視為一種空間性的氣氛，在我與世界接觸之際，情感是由物所引發，是因為我在一個處境中。我對世界的「感應」就是一種敞開狀態，物來「感」我，「感」預設了我讓「感」發生的可能。我與世界的關係就在這種情緒的處境中被鋪陳出來。第二、在經驗的描述上，偏向心理活動，而忽略了人的身體與世界的互相交織的過程。身體是我們與世界接觸的管道，人並非透明的，也非沒有感官知覺的。透過看的行為，視覺展開的身體性將我帶入我屬於的世界；同樣，透過說的行為，我與他人進入到一種敞開的脈絡中。第三、將語言視為意義與概念的工具，在表達出詩人的內心世界或經驗時，語言就可以消失。我們因而忽略掉語言本身的力量，言語行為本身已經具有情緒與意義，情緒並不只存在於所說的內容當中而已。也就是在這三個層面上，現象學提供了一個當代的反省視域。[42]

四、現象學與情感

西方的情感理論從希臘時期將靈魂與軀體的區分，到笛卡兒（René Descartes, 1596-1650）的身心二元論，都標示著靈魂與精神在理性的一邊，情感與身體在感性的一邊，這之間存在著巨大的鴻溝，不可能匯通。世界作為知性的對象與經驗的內容物，與人的存在本身也是分裂的，從笛卡兒以來的認識論都在追問人如何認識到世界，這樣一種認識論的主體哲學，在前提中就將焦點放在人身上，討論分開的我與世界如何進行認識活動。在這樣的脈絡下所觀察到

---

[42] 當然，以現象學的視角進行中國古典文學的反思的作法，前人多有之，特別是在抒情傳統的論述中。蕭馳在《玄智與詩興》（臺北：聯經出版社，2011 年）中多處引用梅洛龐蒂（見頁 261-261、320），也引用海德格的「畏」來闡述阮籍詠懷詩中（頁 158）。但因蕭馳重點不在現象學，所以未能詳細闡述。鄭毓瑜的《六朝情境美學》中也因觀看的問題引入梅洛龐蒂作說明（頁 161）。而陳昌明的《沈迷與超越——六朝文學之「感官」辯證》（臺北：里仁出版社，2005 年）更是以梅洛龐蒂的《知覺現象學》作為研究方法來闡明先秦至六朝的感官論述。建立六朝文學中的感官經驗基礎，並以六朝文論中的感官論述來說明感官經驗在創作中的地位。但因為著重與感官，所以忽略了梅洛龐蒂後期的思想。

的中國思想，想當然爾情感當屬於人的內在心理活動。然而，現象學的發展提供了我們對於情感能夠做出不同角度的思考。舍勒（Max Scheler,1874-1928）對於感受的觀察所建立的情感價值，甚至是在倫理價值之前[43]；海德格（Martin Heidegger, 1889-1976）的處身情境（一般譯為「現身情態」）[44]；沙特（Jean-Paul Sartre, 1905-1980）認為「情感作為一種我們與世界的關係而被呈現出來」[45]，以及杜夫海納（Mikel Dufrenne, 1910-1995）的情感先驗論。[46]都指出情緒不只是一種心理活動，而是人展開其世界的方式。

侷限在現代科學視野，理性主義與經驗主義的觀點下的情感，漸漸有了更廣闊的視野。然而，連接上述現象學家而能夠開啟從情感到文學這一有機結構的描述，我們認為梅洛龐蒂（Maurice Merleau-Ponty, 1908-1961）的身體哲學是最為完整且根源的學說，雖然梅洛龐蒂不直接處理情感的問題，但是如果說情感是「在世存有」的基本特徵，且情感發生在身體主體中，那麼對於存在活動的描述，從接觸世界到表達這一整體的活動，必然需要經過身體哲學的脈絡使得情感擁有更豐富的視域。

在追問「此在以何種方式展開它的存在活動」時，海德格認為，

---

43 舍勒著：〈愛的秩序〉。收入於舍勒著、劉小楓選編：《舍勒選集（下）》（上海：上海三聯書局，1999 年），頁 739-775。

44 海德格爾（Martin Heidergger）著，陳嘉映、王慶節合譯，熊偉校：《存在與時間》（北京：三聯書店出版，1987 年），第 29 節，頁 164-171。

45 Jean-Paul Sartre, Esquisse d'une théorie des émotions (Paris:Hermann,1995) ,p35.

46「審美經驗運用的是真正的情感先驗，這種先驗與康德所說的感性先驗和知性先驗的意義相同。康德的先驗是一個對象被給予、被思維的條件。同樣，情感先驗是一個世界能被感覺的條件。但感覺這個世界的不是康德所指的一個非屬人的主體——後康德派哲學家可能把這個主體等同於歷史——而是可以與一個世界保持活的聯繫的一個具體主體。」見杜夫海納（Mikel Dufrenne）著，韓樹站譯：《審美經驗現象學》（北京：文化藝術出版，1996 年），頁 477。

存在等於有情緒的存在[47]，「此在總是已經有情緒的」[48]，一旦此在發現到自己，也發現到一個世界、他人及一個現身情態。因此，在存在論中，意志與認識都不是源始的存在方式，而是情緒[49]。「因為相對於情緒的源始開展來說，認識的各種開展之可能性都太短淺了。在情緒中，此在被帶到他的作為『此』的存在面前來了」[50]，當我發現到我自己時，我發現我已經被某種情緒所支配，由此接觸到某種世界，在我們能感覺到那裏有某種東西存在之前，「有」一個場域已經先於那個某物而被給予。所以「此在」——發現我自己以及發現我在世界中的一個此處——的存在活動，是「此在」面對它的情緒所展開的世界的方式，「而且現身本身就是生存論上的存在方式。此在以這種方式不斷把自己交付給『世界』，讓自己同『世界』有所牽涉」[51]。

情緒不是由客觀世界本身而來，也非主體的主動的情況，而是一種存在的底處而來，情緒無所不在，在存在活動的內部，在存在的結構上。海德格說：

> 現身狀態遠不是經由反省的，它恰恰是在此在無所反省地委身任情於它所操勞的「世界」之際襲擊此在。情緒襲來。它既不是從「外」也不是從「內」到來的，而是作為在世的方式從這

[47] 海德格所謂的情緒，是一種整體性的感覺，傳染成我一整個世界觀的氣氛。不同於高友工對情緒的定義：「『情緒』是常用來指個人對個別現象的生理及心理的感應，而『感情』則用以指個人潛存的情緒的總體。」（見氏著：〈文學研究的美學問題（下）：經驗材料的意義與解釋〉，《中國美典與文學研究論集》，頁 62。）在現象學的用語中，「感情」是一次性的，個別的對象所發生的心理反應，而「情感」才是個人感情的整體，感覺得以可能的整體。此處只是強調海德格所謂的情緒是一種無方向性，不知為何的沒有對象的空間性氛圍（例如：畏）。而感情則是有一個確定對象與關係（例如：怕）。

[48] 海德格爾著：《存在與時間》，頁 165。

[49] 同前註，頁 167。

[50] 同前註，頁 165。

[51] 同前註，頁 171。

> 個在世本身中生起來的。這樣一來，我們卻也就不再限於消極地劃分現身狀態同對「內心」的反省掌握之間的界線，而進一步積極地洞見到現身的開展性質。情緒一向已經把在世界之中作為整體展開了，同時才剛使我們可能向著某某東西制定方向。有情緒並非首先關係到靈魂上的東西，它本身也絕不是一種在內的狀態，彷彿這種狀態而後又以謎一般的方式升騰而出並給物和人抹上一層色彩。在這裡就顯現出了現身的第二項本質性質。世界、共同此在和生存是被同樣源始地展開的，現身是他們的這種同樣源始的展開狀態的一種生存論上的基本方式，因為展開狀態本身本質上就是在世。[52]

在認識對象之前，我們已經在世界之中存在，已經是處於一個共同此在的世界中展開我們的存在活動，當我們「覺得如何」的時候，已經有一種情緒展開。情緒不是一種色彩或屬性，可以附加塗抹在人與物的外表上。在存在論的源始處，情緒將我們帶到一個世界中，「情緒把此在帶到它的此的『它存在著』面前來」[53]，在存在活動裡，情緒展開我們的存在活動，「在情緒狀態中，此在總是已經作為那樣一個存在者以情緒方式展開了」[54]。每一次此在承擔起它的存在的時候就必然處於一種情緒的面前，而「情緒不是以觀望著被拋狀態的方式開展的，它是作為趨就和背離來開展的。」[55]，這是因為在現身情態中，我們通常是因為去承擔或是因為升起一種相反的情緒而成為情緒的主人，也就是在這兩種情況下此在才會發現自己。承擔或是背離情緒，就是存在活動的描述，我承擔起我可能是的樣子去存在，我背離某種情緒而展開籌劃的存在活動。在想要做什麼的意志與認識對象是什麼

[52] 海德格爾著：《存在與時間》，頁 160。

[53] 同前註，頁 167。

[54] 同前註，頁 165。

[55] 同前註，頁 166。

的活動之前，情緒都已經作為在世界中存在的方式而展開。如施密茨（Hermann Schmitz, 1928-）所言：「情感只有當人們在自己身上感覺到它——單純突然侵襲、被動受到侵襲，或試圖與其對抗而保持距離——時，才成為人的情緒震顫狀態。」[56] 於是情緒不再是主體之內或是世界之外的區別問題，而是在情緒中我們會重新發現此在的全部，情緒是在一種自我承擔且被激動地導向世界的此在，人是透過情緒接觸到自身，經由情緒展開具體的世界。

海德格的現身情態最著名的就是「怕」與「畏」。就存在活動而言，「此在」總是具有種種去存在的可能性，作為開展活動，「不僅世界是作為可能的意蘊展開的，而且是內存在者本身的開放也是向它的種種可能性開放」[57]，而這些可能性在我的存在的領會中被展開出來，事物對我的義蘊使得我在領會中展開存在。在這些可能性的領會中，有些令我感到害怕，害怕意味著有一個與我在世的，對我有害的存在者的出現。害怕是一種可能性，害怕並不是我的個體的情感，而是一種生存論上的可能性：

> 害怕先就是在這種東西的可怕性中揭示這種東西的。怕而後才可以一面害怕著，一面明確觀望可怕的東西，把它「弄明白」。尋視之所以能看到可怕的東西，是因為它是在怕的現身情態之中。怕是現身在世的潛在的可能性，即「會怕」。作為這種可能性，怕已經這樣展開了世界——使諸如可怕的東西之類能夠從世界方而來接近。而「能接近」本身則是由在世在本質上具有的生存論空間性開放出來的。怕之何所以怕，乃是害怕著的存在者本身，即此在，唯有為存在而存在的存在者能夠害怕。[58]

[56] 施密茨（Hermann Schmitz）著，龐學銓，馮芳譯：《身體與情感》（杭州：浙江大學出版社，2012 年），頁 86。

[57] 海德格爾著：《存在與時間》，頁 177。

[58] 同前註，頁 172-173。

在存在活動上，怕是關聯到世界內的某一與我有關係的對象，而這個對象，以及這個世界，是在我的害怕中展開。我不是一個主體再加上某種害怕的情緒，反而是這個情緒造就了我的存在，在害怕中我被帶到我自己與世界之聯繫中。但是這種害怕某一對象並不是更根源的，我之所以害怕，是因為對象威脅到我的存在的可能性，即死亡。因此，更根源地說，我不害怕對象對我的危害，我害怕的是對象使我的存在不再有可能。這種根源的向死存在即是畏。[59]「有所畏源始地直接地把世界作為世界開展出來。並不是首先通過考慮把世內存在者撇開而只思世界，然後在世界面前產生出畏來，而是畏作為現身的樣式才剛把世界作為世界開展出來」[60] 畏的情緒展開了我與世界的關聯，鋪陳出我與世界的關係。透過畏揭露出我的存在與世界的存在，發現這一整個世界屬於我，我也必須面對這世界而存在。因此，我們透過「畏」而擁有世界，展開存在活動。存有透過情緒與我發生關係。情緒不是一種內在的心理活動，反而是整個世界向我敞開的通道。情緒作為存在活動所具有的一種整體性特徵，一方面表現為特定部位的身體激動，一方面又表現為包覆著人的空間氛圍，如《文心雕龍·物色》所謂：

> 春秋代序，陰陽慘舒，物色之動，心亦搖焉。蓋陽氣萌而玄駒步，陰律凝而丹鳥羞，微蟲猶或入感，四時之動物深矣。若夫珪璋挺其惠心，英華秀其清氣，物色相召，人誰獲安？

天氣的陰陽與人身體上發生的慘舒，物色的變化由人的心所開顯，情

[59] 海德格：「在畏這種現身情態中，被拋進死亡的狀態對它綻露得更原始更中切些，在死亡之前畏就是在最本己的、無所關聯的和超不過的能在『之前』畏。這樣一種畏的何所面臨的就是在世本身。畏的何所因則完完全全是此在的能在……畏死不是個別人的一種隨便和偶然的『軟弱』情緒，而是此在的基本現身情態，它展開了此在作為被拋向其終結的存在而生存的情況。」氏著：《存在與時間》，頁301。

[60] 海德格爾著：《存在與時間》，頁227。

緒不是由外而內或是由內而外，也沒有一個沒有情緒的存在。情緒襲來，人展開在世存有，人在慘舒的情緒裡鋪陳出世界。正如萬物在陰陽之氣的影響下會有某些動作一般。人在物色的召喚下以某種情緒展開存在活動，在這個存在活動中發現自己。換言之，「人稟七情，應物斯感，感物吟志，莫非自然。」（〈明詩〉），「應物斯感」意味著人懷有七情進入世界，「應物」意即敞開一個世界，而物色以某種意蘊向我展開，召喚我展開存在活動，或是表達，或是聆聽，這個相互牽引的過程，就是情緒的震盪不安的過程。〈物色篇〉接著描述：「是以獻歲發春，悅豫之情暢；滔滔孟夏，鬱陶之心凝；天高氣清，陰沉之志遠；霰雪無垠，矜肅之慮深。」「悅豫」、「鬱陶」就是情緒向我展開的世界氛圍，「情暢」、「心凝」都不只是內心的情感活動，而是存在的展開。世界與存在被一同展開時，人甚至能夠在「志遠」與「慮深」中或願意承擔，或想逃離這個帶有「陰沉」、「矜肅」的此在中發現自己的存在。

情緒並非一種事物的屬性，也非一種人的心理活動，而是如沙特所說：

> 情緒擁有一種意義，情緒標誌著一種事物。經由情緒，我們不只是將情緒理解為一種被給予的單純的性質，而是情緒作為一種我們與世界的關係而被呈現出來。而這種關係（或是說我們從情緒中提取出來的意識）不是一種我們與世界的混亂關係，而是一種有機的且可以被描述的結構。[61]

在此我們發現現象學家所著重的面向，都是一種人與世界的關係。情緒在此並不是一種作為感受的意識，而是存在得以展開其活動的條件，我們透過情緒得以展開存在，情緒又已經是一個被給予的世界。可以說，在描述存在活動時，沙特與海德格都認為情緒是一種管道，

---

[61] Jean-Paul Sartre, *Esquisse d'une théorie des émotions*,(Paris:Hermann,1995), pp35-36.

通過情緒我們才得以展開我們的世界，才能讓世界在我面前呈現。如顏崑陽所說：

> 此「情」已先產生而積存在心，然後接「物」而觸發；故「自然域」的「物象」與「心理域」的「情緒」，其關係既非連類應感，也非譬喻符碼，而是做為「引發」生命存在之各種經驗「情緒」的「觸媒」，也就是「境遇性條件」。[62]

物象與情緒的關係是一種「條件」，畫出一種可能的場域，作為引發生命經驗的觸媒，情緒是有處境性的，也是被引發的。物象僅僅作為觸媒而提供給生命，而所引發的不是某種情緒，而是情境，一個由此在所展開的世界。更進一步說，先有一個場域，有一個主體的感官，這個處境才有可能存在，而處境又是有感官的條件在其中。如海德格說：

> 只因為「感官」在存在論上屬於一種具有現身在世的存在方式的存在者，所以感官才可能被「觸動」，才可能「對某某東西有感覺」，而使觸動者在感觸中顯現出來。如果不是現身在世的存在已經指向一種由情緒先行標畫出來的、同世內存在者發生牽連的狀態，那麼，無論壓力和阻礙多麼強大都不會出現感觸這類東西。[63]

雖然海德格極少討論到身體，他著重的是人如何認識到自己，認識到自己的「在此」。但是在這裡我們可以發現，感觸的先在條件是感官，要能夠被情緒帶到一個現身情態中，必須先具有一個身體及其感官，

---

[62] 顏崑陽：〈從應感、喻志、緣情、玄思、遊觀——論中國詩歌所開顯「人與自然關係」的歷程及其模態〉，《輔仁國文學報》第 29 期（2009 年 10 月），頁 74。

[63] 海德格爾著：《存在與時間》，頁 169。

所以知覺是情緒的條件，沒有感官知覺就沒有情緒，甚至沒有一個存在活動可以展開，無法與世界打交道。「領會作為有所展開的能在則提供了根本地『看』這種可能性的現象基地」[64]。而「『看』讓那個它可以通達的存在者於其本身無所遮蔽地來照面。」[65]正是在「此在」展開有所領會的存在活動時，才能夠讓「看」發生在存在者向我照面的場域中。而「領會總是帶有情緒的領會」[66]情緒是我們通向世界的通道，抒情不再侷限於抒發情感主體的內在情感，現身情態把我與世界之間的場域鋪陳出來，作為我與世界的通道。情緒乃是全面性、包圍著我的氣氛，而且是讓我對我自己以及世界、萬物均獲得某種整體領會，即全面性的敞開。對於「抒情」的追問意味著重新發現經驗展開世界的方式，重新發現人與世界的關係所具有的意義。

五、文學身體觀

「身體觀」一詞在楊儒賓、黃俊傑、湯淺泰雄等學者的努力下，漸漸成為反思中國思想的新路徑。[67]在中國思想史的研究中，身體觀一詞展現了三種新的視野：1. 作為思維方法的身體 2. 作為精神修養之呈現的身體 3. 作為政治權力展現場所的身體。[68]在思想史的脈絡下，身體觀常常圍繞著修養論而展開，特別是「氣論」之工夫。而在文學上，注意到感官知覺以及身體與環境的辯證關係的學者也不少[69]。而

[64] 海德格爾著：《存在與時間》，頁 176。

[65] 同前註，頁 179。

[66] 同前註，頁 174。

[67] 關於身體觀的討論可見楊儒賓：《儒家身體觀》（台北：中研院文哲研究所，1996 年）。楊儒賓主編：《中國古代思想中的氣論與身體觀》（台北：巨流出版社，1997 年）。楊儒賓等編：《中國古代思維方式探索》（臺北：正中書局，1996 年）。

[68] 黃俊傑：〈中國思想史中「身體觀」研究的新視野〉，《中國文哲研究期刊》第 20 期（2002 年 3 月），頁 541。

[69] 最重要的著作當屬陳昌明：《沈迷與超越——六朝文學之「感官」辯證》，將「感官」的地位從先秦到六朝清楚地勾勒出來。或鄭毓瑜：《六朝情境美學綜論》。相關期刊亦有蔡瑜：〈從飲酒到自然——以陶詩為核心的探討〉（《台大中文學報》，

以「身體觀」一詞進行文學研究的翹楚，當屬鄭毓瑜教授，她說：

> 借助於思想史研究中對於「身體觀」的論述，或許可以提供文學的「自覺」一個重新詮釋的機會。如果有所謂「身體思考」，那麼文學創作是否可以說是「身體感興」；如果身體是處在思慮活動中，那麼是否也有處在興感狀態下的身體；如果身體體現了思維所在的世界，那麼身體又如何成為有情天地的照明？[70]

鄭毓瑜試圖以「身體觀」擴大「抒情傳統」的內涵，她從〈樂記〉中闡述音樂與身體的應感模式，應發生在個體與萬物相遇時一收一放的體氣間，到漢賦中「個體」的發現，「是指當人身處在『與物相遭』的氣流間，與情感興發同步的身體知覺場域的開發」[71]。並認為抒情所抒發之「情」不是一個封閉而內在的情感，不能只從內在、主觀的角度去詮釋性情或心志，而是向外開放的體氣通流，「抒情」意味著將鬱結的體氣透過身體與空間的來回協調，在賦詩行為中進行一種治療過程，進而開解心中鬱塞之氣。該著作旁徵博引，建立了先秦兩漢的體氣觀，以「體氣」擴大了抒情個體的論述脈絡[72]。將身體與空間的感應模式鉅細靡遺的勾勒出來。我們將在鄭毓瑜教授的成就上，試

2005 年 6 月）。鄭毓瑜：〈抒情、身體與空間——中國古典研究的一個反思〉（《淡江中文學報》，2006 年 12 月）。

[70] 鄭毓瑜：《引譬連類：文學研究的關鍵詞》，頁 66。

[71] 同前註，頁 82。

[72] 龔鵬程已經注意到：「我國哲學，以心性論為主，但道德心是開不出文學藝術的，當代執持道德主體性的哲學家，看不起順氣言性的進路；古代存天理去人欲的理學家，又詆譭文學。如果不是漢人以氣感論性，提出感性主體，則文學與藝術即不能開顯。」氏著：〈從《呂氏春秋》到《文心雕龍》〉，收入於中國古典文學研究會主編：《文心雕龍綜論》（臺北：臺灣學生書局書版，1988 年），頁 337。

圖推向更根源的詮釋。

海德格將情緒理解成「『此在』經由情來敞開這個我與世界接觸之境」。「抒情」之「情」並非只是主體的內部情感。世界向我敞開、我與世界接觸，都必須經由這個情的通道得以可能。因此，「情」不僅存於語言所指的內容中而已，在說話之際，在書寫之際，身體的運作本身與語言文字本身就蘊含著情緒。所以「抒」情之「抒」，是語言與身體的運作問題，抒情的過程牽涉到人與世界打交道的方式。所以在海德格的現身情態之後，繼以梅洛龐蒂的身體性來展開。將「抒情」透過「所抒之情」和「如何抒情」兩個層面來補充「抒情傳統」的理論基礎。

本文所謂的「文學身體觀」一詞，所依循的脈絡是梅洛龐蒂的身體哲學對於言語的思考[73]。梅洛龐蒂在晚期提出了「世界之肉」（La chair du monde）的概念，他認為藝術（當然包含言語）是世界的感性形式而非知性形式，從身體與自然世界的辯證關係而來，身體與文化世界同樣具有可逆性、模稜兩可（l'ambiguïté）的混融關係。於是「肉身主體」（la chair）不是一種具展延性的單一物質，而是可感與可被感，具有主動與被動性的整體，如同身體一樣，能夠展開空間亦能被空間改變姿勢，能在觸覺中感受到被觸。

---

[73] 中文的「語言」含義較廣。但在法文中，有三個詞來區分語言的不同面向，分別是「le langage」——我們將之譯為「言語」，指所有語言的整體，與說話活動有關，是人類進行說話活動的可能性條件，這是哲學所關切的主題，包括身體動作所顯現的意義與可感世界所訴說的語言。以及「la langue」——我們把它譯成「語言」，是一種語言系統：如中文、法文，當然包含該語言規則與表達方式，是在歷史中發展出來的語言，這是語言學所關心的對象。以及「la parole」（言說、話語），就是實際被說出來的話語，已經獲得具體性的聲音或文字符號。與動詞「parler」（說話）有關。言語是所有符號系統的整體體系，必須落實在每種語言之中。舉個例來說，我之所以能說出具體的一句話（La parole）是因為我學了中文（La langue），而我之所以能學中文，是因為人類具有能夠思考言語（Le langage）的條件。因為這個區分在梅洛龐蒂的哲學論述中極為重要，因此本論文的論述脈絡也將遵照這樣的區分。

從胡塞爾晚期對於「生活世界」的強調以來，人們不斷思考，在科學觀視野下的世界與生活世界有何差別，又該如何進入。「在進行反省之前，世界作為一種不可剝奪的呈現始終『已經存在』，所有的反省努力都在於重新找回這種與世界自然的關係，以便最後給予世界一個哲學地位。」[74] 世界並不是在時間上先於主體而存在，而是「意識始終已經在世界中起作用」[75]，且在意識到自然世界之前，有一個「知覺使我看到的自然界」[76]，所以重新發現我與世界的關係並不是意識作用的結果，也不是現象學還原所要求的將世界作為純粹意識內容，而是必須由知覺的角度發現身體的在世存有：

> 知覺是一切行為得以展開的基礎，是行為的前提。世界不是我掌握其構成規律的客體，世界是自然環境，我的一切想像和我的一切鮮明知覺的場。真理不僅「寓於內在的人」，更確切地說，沒有內在的人，人在世界上存在，人只有在世界中才能認識自己。當我根據常識的獨斷論或科學的獨斷論重返自我時，我找到的不是內在真理的根本，而是投身於世界的一個主體。[77]

在任何活動之前，知覺已經向我呈現一個世界脈絡，「自然環境」一詞不是一個客觀的空間，世界是知覺經驗所呈現出來的場域，所以世界的真理不存在於主體的內在精神中，或者是說，如果存在著一種精神上的真理，這個精神也必須在世界上肉身化（incarné）於身體之中。這個肉身化的主體必然與其身處的世界產生關係。知覺的場域意味著知覺與感性事物並不是空間中兩個擴延物的距離與方向的關係，知覺

[74] 梅洛龐蒂（Maurice Merleau-Ponty）著，姜志輝譯：《知覺現象學》（北京：商務印書館，2005 年），頁 1。

[75] 梅洛龐蒂著：《知覺現象學》，頁 541。

[76] 同前註。

[77] 梅洛龐蒂著：《知覺現象學》，前言頁 5-6。

不是主客體的認識關係，而是在「現象場」（Le champ phénoménal）中展開的主體與對象的關係，對象不是純粹的對象，因為它們內在於我的「現象場」，知覺主體與知覺對象共同作用的場域，就是「現象場」。因為知覺對象具有其背景、世界、呈現給我的方式。因為身體總是在世界之中而且朝向世界的，法文的「être au monde」（在世存有）中的在（à）同時具有「在」與「朝向」的意思（英文的「in」與「towards」），在世界中存在即蘊涵了「朝向世界」、「獻身於世界」、「屬於世界」[78]所以作為一個脈絡中、處境中、場域中的身體，朝向某個任務的具體行動所帶出來的空間，才是他的世界。梅洛龐蒂說：

> 胡塞爾提出了過渡的綜合的概念。我們以我們的身體實現這種過渡，這就是「我能」，每一個知覺都是我的身體的肉體統一的一個時刻，事物是肉體統一性的一種，嵌入在我的身體的全部機能中，借助於某些運動與某些運動覺。從我到我的身體的關係不是一個純粹我到一個客體的關係。我的身體不是一個物體，而是一種手段，一種組織。我在知覺中以我的身體與世界打交道。以我的身體並經由我的身體，我寓居於世界。身體是知覺定位在其中的場。[79]

在知覺場域的整體中，我們的行為運作於其中的「場域」也是我們的知覺場域。與我同在一個空間中的事物，跟我的關係不是我透過運動所展開的空間，而是與我處在同一知覺場域的脈絡中對我具有生存意義的關係。事物不是「我思」（Cogito）的對象，而是「我能」的場域。事物與我的關係建立在身體的感覺中，事物的屬性是與我們的身體相

[78] 宋灝：〈哲學、人文與世界——論述梅洛龐蒂思想中「藝術」與「世界風格」〉《國立政治大學哲學學報》第 22 期（2009 年 7 月），頁 97。

[79] Maurice Merleau-Ponty, *Parcours deux* 1951-1961(Lagrasse:Verdier, 2000), p221.

關的屬性，且「因為我的身體不是並列器官的總和，而是一個協同作用的系統」[80]，「自身身體」（le corps propre）一方面知覺或感覺向內提供給我們事物的屬性，一方面也屬於知覺提供給我的世界。這個知覺場的世界一方面對我的身體產生作用，一方面我們也透過身體對於整體知覺場的協同作用而組織一個世界。知覺以整體的形式與它的周圍世界產生作用，所以，我必須落實於一個身體中，才能夠與我的世界打交道，展開我的世界。

梅洛龐蒂一生的哲學努力在於表明世界的不可窮盡性以及身體的模稜兩可之間的關係。就自然世界的面向來說，他追問的是人如何存在於世、與世界打交道的可能性條件是什麼，萬物的可見性條件是什麼；就文化世界來說，他追問的是人的意義活動——理解與表達——形成的條件是什麼：「身體本身在世界中，就像心臟在機體中：身體不斷地使可見的景象保持活力，內在地賦予它生命和供給它養料，與之一起形成一個系統」[81]。我們所擁有的身體，與這個世界的關係「是一種弔詭的存在關係，主體是他的身體，他的世界與他的處境，而在某種方式上，互相轉換」[82]。客體及世界不是經由主體或意識所構成的意識內容，而是身體展開他的世界，經由身體賦予其處境以意義，且身體不斷地與其處境構成一個有機的系統。世界因為身體的參與而成為具有意義的變動景象，身體因為世界的召喚而展開不同的感知與表達。在這變動的過程中，知覺展開了一個世界、一個處境。處境不是一個客觀空間。在這個處境中，身體一方面具有歷史性的沈澱經驗，現在的具體感知，以及將來的可能條件，「即是將主、客觀生存條件連結起來，是一時間化、實踐化、具體化的『處境』概念」[83]。

[80] 梅洛龐蒂著：《知覺現象學》，頁 298-299。

[81] 同前註，頁 261。

[82] Maurice Merleau-Ponty, *Sens et non-sens*(Paris :Gallimard,1996),p89.

[83] 宋灝：〈生活世界、肉身與藝術——梅洛龐蒂（Maurice Merleau-Ponty）、華登菲（Bernhard Waldenfels）與當代現象學〉，《臺大文史哲學報》第 63 期（2005 年 11 月），頁 228。

處境的概念不僅凸出肉身的重要性，亦提供了一個雙向的思考模式——從世界到人及從人到世界，甚至必須思考作為知覺與被知覺事物之間的處境，如何產生情感與意義。

梅洛龐蒂所說的世界總是一種生活世界的樣貌，不是一種天然自在之世界。「沒有原初的世界，只有一個被構成的世界，沒有世界間性，只有『世界』的意義」[84]世界是為我所知覺到的世界，而認識（connaître）又是由「con」（一起）與（naître）「誕生」兩個意義組合起來，與其說是我在認識世界，不如說世界與我在認識中共同誕生。在世界那端，誕生一個為我而存在的世界樣貌，在我這端，我在我的知覺中發現一個世界，「完全真實的是，有一個自然界，但不是科學的自然界，而是知覺使我看到的自然界。」[85]進而在處境與身體活動中發現我的身體自身。藉由我的存在活動所展開的處境，意義在經驗交匯處浮現而佔據了視覺，因為：

> 知覺不是以某種預先的約定為條件，而是以符號的本身排列和他們的外型的說服力使被表達的東西寓居於符號之中；知覺把一種意義置入到不具有意義的東西之中，它於是遠沒有被耗盡在它誕生的那一刻中，相反，它開放了一個領域，開啟了一種秩序，確立了一種制度或傳統。[86]

當事物進入到我的現象場中時，就已經在我的存在活動中獲得一種意義，就已經向我提供意義並呈現它自己。我的知覺將事物納入我的世界中，使其具有意義。因為生存是一種活動，在這個我的身體的處境中，所有事物都是我的身體意向性所指向的對象。身體因此是意義的

[84] 梅洛龐蒂著，羅國祥譯：《可見的與不可見的》（北京：商務印書館，2008 年），頁 65。

[85] 梅洛龐蒂著：《知覺現象學》，頁 541。

[86] 梅洛龐蒂著，楊大春譯：《世界的散文》（北京：商務印書館，2005 年），頁 88。

核心，是意義變化的基礎，因為在知覺上來說，世界不是客觀的，而是具有一個與肉身主體相應的世界風格：

> 「任何一種風格都是能把世界引向其主要部分之一的世界之組成部分的變形」。當世界的材料通過我們經過一種「一致性變形」，就產生了意義……風格是每一個畫家為了這種表現的作品和「一致性變形」的一般標誌形成的等價體系，畫家就是靠著這種一致性變形把分散的意義集中在他的知覺中，並使之明確的存在。[87]

在此，世界風格就是我們的「通往世界之路」[88]，透過身體朝向世界開放，我的肉身主體獲得一種「相應」的迴響。而在知覺中，當世界作為材料要成為我的現象場時，必須經過我的身體的知覺，我的身體不斷與事物進行一種協調的作用，「知覺已經風格化」[89]，知覺已經具有我們的看世界的方式在裡頭，知覺已經呈現出某種風格。所謂的「一致性」是指為了讓事物在我的知覺中成形，「形式只是可感知對象呈現在我們的眼睛之內的，與提供給我們的捕捉的方式。」[90] 在我將事物看成某種樣貌時，意義就已經在知覺中產生。

如果世界的樣貌必須透過我的肉身主體在知覺中得以形成，如果我的身體所活出來、所體現、進而所表達而參與改變這個為我的世界，那麼「世界之肉」（la chair du monde）意味著與我的肉身主體交織糾纏而為我的肉身所賦予意義的、並且讓我的存在因為與世界的接觸而進行一種轉化與感應的世界。因此梅洛龐蒂說：「風景在我身上

[87] 梅洛龐蒂著，姜志輝譯：《符號》（北京：商務印書館，2005 年），頁 65。

[88] 宋灝：〈哲學、人文與世界——論述梅洛龐蒂思想中「藝術」與「世界風格」〉，頁 105-106。

[89] 梅洛龐蒂著：《符號》，頁 65。

[90] Maurice Merleau-Ponty, *Parcours deux* 1951-1961, p20.

自我思考，我是風景的意識」[91]。這個世界同時具有主動性（與我的肉身的交織，作用於我的肉身）與被動性（作為我的處境，作為我再現重構的世界）。而這個世界只有在我的肉身主體中得以被思考，也只會對我的肉身主體產生作用，當我投身於世界時，我與世界的接觸中風景成為我的處境。「存在的現代意義，就是人們朝向世界所經由的運動，這運動投入了一種物質與社會的處境，而這處境發展成他對於世界的觀點。」[92] 人對世界的觀點反過來又塑造了他的風格，他的「通往世界之路」。

風格做為「通往世界之路」一樣，語言的效果在於提供我們進入作者的思想的通道。世界風格，語言風格，都不是一種屬性的描述，而是一種存在方式的可能性，在這種可能性之中，我們得以由此通道接觸他人所知覺到的世界，他人的「一致性變形」所展開的世界，「一旦我們把關於世界的各種既有材料置於一種『一致的變形』中，含義就會產生」[93]，而一旦我明白了一個短句，我就能將他人的知覺所呈現的風格作為通往世界的一種面向的方式。因此，在他人那裡，話語是作為一種處境，在表達中也必然含有情緒：

> 語言同樣也沒有說出除本身以外的任何東西，語言的意義和語言是不可分離的。因此，應該在情緒動作中尋找語言的最初型態，人就是通過情緒動作把符合人的世界重疊在給出的世界上。[94]

在風格的形成中，人是通過情緒（現身情態）將給予我的世界與自身的情緒做出一種協調作用，「藝術作品的特有意義只有作為加於可見

---

[91] Maurice Merleau-Ponty, *Sens et non-sens*, p23.

[92] Maurice Merleau-Ponty, *Sens et non-sens*, p89.

[93] 梅洛龐蒂著：《世界的散文》，頁 66。

[94] 梅洛龐蒂著：《知覺現象學》，頁 245。

的東西之上的協調一致的變形才首先成為可以知覺到的」[95] 在我的知覺場中，當然含有我的情緒，情緒作為一種風格，象徵話語在知覺場中最初的「一致性變形」是情緒意義的，進一步地說：

> 兩個有意識的主體有同樣的器官和同樣的神經系統，但不足以保證同樣的情緒能在他們身上以同樣的方式表現出來。重要的是他們運用其身體的方式，重要的是他們的身體和他們的世界在情緒中同時成形。……一個人對自己身體的運用超越了作為單純生物存在的這個身體。在憤怒中喊叫或在性愛中擁抱不比把一張桌子叫做桌子更自然或有更少的約定。情感和情感行為和詞語一樣，也是創造出來的。[96]

如同情緒不存在語言所表達的內容中，而是存在於語言的姿態中。情緒是與身體的運作同時地展開一個世界的氛圍。「創造」一詞不是指這些行為是一種真實反映的相對，而是指處境一詞所代表的身體主體與環境之間的關係是必須透過我們身體的活動而呈顯出來。身體透過活動將他的處境表達出來，而其處境是帶有情緒的風格，我們的情感並不是在心裡的內心活動，而是透過身體所活出來的氛圍。而話語作為表達也是一種運用身體的方式，在這種運用中情緒已經呈現。因此言語、情感都是作為我們知覺世界的方式，並形成我們的風格，讓他人得以進入我們的世界與處境。言語在此等同於表達，就像知覺已經具有風格一般，任何知覺的行動就是一種表達，因此話語就是一種知覺，話語呈現出知覺所具有的意義與風格。那麼，創造與表達的問題，就在於「如果我們的眼睛不具有捕捉、拷問、和賦形（mettre en forme）至今未止從未見過的空間和顏色外觀的能力，我們將永遠看

[95] 梅洛龐蒂著：《世界的散文》頁 102-103。

[96] 梅洛龐蒂著：《知覺現象學》，頁 246。

不到任何新的景致。」[97] 只有當語言將風格呈現出來，他人才有辦法在這個世界中看見新的面貌，進入一個為我存在的世界，我的在世存有。「風格是依照發現世界的人的價值（各種才能）重新創造世界的方式，或是風格是一種意涵被提供給世界的表達。是一種視野的呼喚而非一種視野的結果。」[98]

因此，存在著表達與理解的可逆性，在言說活動時，我說的話語之所以具有意義，並不是因為語言學家所說的由系統結構而來的意義。而是我說出的話語，一方面已經是蘊含歷史性的言語脈絡與語言系統，使得我得以在這個基礎上說出話語，被說出來的話語關聯到一個可以被說的可能性脈絡，這個可能性脈絡就是某一種語言在它的範疇中讓事物被呈現出來的方式，就是使用這個語言的人們與存有的關係。一方面，話語本身在說出之際，又得以形成一個新的意義脈絡，反過來影響言說主體，表達就是我的身體在在空間中的行為，就如同我的身體在語言中的運用，行為會造成一種風格，正如語言所造成的風格一般，我們得以超越自己的處境，得以與他人溝通，都是因為這個風格回返我們自身改變我們對事物的看法。

如果所抒之情是一種現身情態，那麼抒的動作就不僅止於「抒發」。吟詩賦詩的根源意義在於，身體與對象之間的往來牽引過程，〈物色篇〉云：

> 一葉且或迎意，蟲聲有足引心。況清風與明月同夜，白日與春林共朝哉！是以詩人感物，聯類不窮。流連萬象之際，沉吟視聽之區；寫氣圖貌，既隨物以宛轉；屬采附聲，亦與心而徘徊。故灼灼狀桃花之鮮，依依盡楊柳之貌，杲杲為出日之容，瀌瀌擬雨雪之狀，喈喈逐黃鳥之聲，喓喓學草蟲之韻。

---

[97] 梅洛龐蒂著：《世界的散文》，頁 102。

[98] 同前註，頁 64-65。

創作的現場，是貫穿在物與文的無窮體驗之間。一葉與蟲聲在我的現象場中透過視覺與聽覺對我產生意義，「亦即『身心』與『物』在相互迎應引生之間」[99] 我的知覺將之形塑為某種風格。所以詩人感物，之所以聯類不窮的原因在於，「感」不是主體內部的一個動作，而是知覺發生的場域，在視聽之區的「感」之中，世界被賦予了某種生命價值，對象與知覺的關係不斷地宛轉變化，意即對象影響我的知覺，我的知覺把握對象的雙向關係。因此「聯類」意味著這個世界中「萬象」以脈絡中的處境向我呈現。處境是身心與物轉換的可逆性關係，我的身體賦予處境意義，世界因為身體的參與而成為具有意義的變動景象。如同〈物色篇〉又說：「山沓水匝，樹雜雲合。目既往還，心亦吐納。春日遲遲，秋風颯颯。情往似贈，興來如答。」在視覺活動中，對象從彼端進入到我這端，身體的吐納活動象徵著處境的變化過程。因此「情往」亦有「興來」，這個往復的動作就是透過身體所鋪陳出的世界。由此可知「抒情」並不是一個單向的作用，而是在往復之間一個具有我的風格的世界在形成中。「屬采附聲，亦與心徘徊」，在這個抒情的同時，所抒之情又回返來重塑「抒」的方式。即所謂「情以物遷，辭以情發」的來回作用中，人透過言語活動承擔起這個情境，將可感世界的可見性轉入了語言之中。當然，世界以意義脈絡向我呈現時已經是一個沈默可感之世界，然而視覺落入語言後，語言及開啟了一個可見的世界，重新塑造精神的目光，正如身體與處境的互相轉換一樣，話語與知覺同樣存在著可逆性。話語反過來形成另一種處境，在對話語的知覺中，重新塑造這個處境的風格。

言語活動或是書寫表達所具有的身體意義在於，關鍵不在於所說的內容，而在「說」、「表達」的行為上，風格與情緒已經產生，「吐納而成身文」（〈明詩〉）在言語活動上最為明顯：

---

[99] 鄭毓瑜：〈「文」的發源——從「天文」與「人文」的類比談起〉，《政大中文學報》第 15 期（2011 年 6 月），頁 123。

> 是以聲畫妍蚩，寄在吟詠，滋味流於下句，風力窮於和韻。異音相從謂之和，同聲相應謂之韻。韻氣一定，則餘聲易遣；和體抑揚，故遺響難契。〈聲律〉

聲律的和韻如同陳世驤所言：「情意之動與生理器官變化幾乎是同時，所以可以說是一而二，二而一的均等，那麼生理器官的變化接著生成的姿態，自然也和情意完全一致，即原始內容與形式的一致。」[100] 更進一步說，是聲音本身就已經具有情感的意義，「玲玲如振玉」或「纍纍如貫珠」都不是指所表達的內容，而是從語言中所提取出來的姿態的意義。「吐納英華，莫非情性」（〈體性〉）身體展開表達活動是一個發生的場域，在發生中情緒已經成形。〈養氣篇〉云：

> 是以吐納文藝，務在節宣，清和其心，調暢其氣，煩而即捨，勿使壅滯，意得則舒懷以命筆，理伏則投筆以卷懷，逍遙以針勞，談笑以藥倦，常弄閑於才鋒，賈餘於文勇，使刃發如新，腠理無滯，雖非胎息之萬術，斯亦衛氣之一方也。

在書寫的過程中，身體的卷與舒，與情緒的樂與煩同時成形，這種身體之姿，如楊儒賓所說：「理想人格在使用語言時，不會僅限定在言說概念的層次，他知道人類在前語言階段的各種身體之姿（gestures），從笑容到表情到身體的空間移動模態，都具有一定的意義，只是這種意義往往是模糊的、多義的、需要在脈絡底下定位的。」[101] 身體的姿態本就具有情緒與意義，寫作作爲一種身體運動，可以調暢身心一體的「氣」，因此也是一種修養工夫。「馭文之法，有似於此。去留隨心，修短在手」（〈附會〉），「木美而定於斧斤，事美而制

[100] 陳世驤：〈姿與 GESTURE〉，《陳世驤文存》，頁 39。

[101] 楊儒賓：〈卮言論：莊子論如何使用語言表達思想〉，《漢學研究》第 10 卷第 2 期（1992 年 12 月），頁 141。

於刀筆，研思之士，無慚匠石矣。」（〈事類〉）。都表現出寫作並不僅止於由內心到文字的過程，而是身體參與其中，發生變化的表達的發生。由此觀之，不僅抒情之「情」在「抒」中成形，而且抒情作為一種修養論，也同樣具有將我的存在狀態改變的功用。「並杼軸乎尺素，抑揚乎寸心。」（〈書記〉）在抒情的身體動作上，我的存在處境得到了改變：「吟詠之間，吐納珠玉之聲；眉睫之前，卷舒風雲之色」（〈神思〉），在吟詠之間所產生的身體變化，返回來改變（卷舒）處境的景色。

當身體處於一個空間時，知覺與處境的作用會產生風格。身體不是我思，而是我能，我能夠在這樣物我的情境中產生何種情感的來回牽引。文字的使用也是如此，在言語的世界中，使用語言，意味著讓語言與我產生存在的變化，而非選擇某些語言來使我的情緒具有意義。作為表達的身體意味著，在使用語言時情緒已然成形：

> 積學以儲寶，酌理以富才，研閱以窮照，馴致以繹辭，然後使玄解之宰，尋聲律而定墨；獨照之匠，闚意象而運斤：此蓋馭文之首術，謀篇之大端。〈神思〉

姿態是意義的肉身化，而文章則體現這豐富的姿態。在言語的世界中，進入他人的風格中。身體將對象視為我能的處境，「尋聲律而定墨」，語言不是思想的外衣，而是思想的肉身化，因為在表達活動中，被定下來的，就是思想本身。「闚」意象而運斤，知覺將意義置入到符號，使其具有意義並且開啟了一個世界。〈定勢篇〉所謂：「夫情致異區，文變殊術，莫不因情立體，即體成勢也。」或是「設情以位體」（〈鎔裁〉），情不是文章要表達的內容，而是文章所鋪陳出的世界。「章總一義，須意窮而成體。其控引情理，送迎際會，譬舞容迴環，而有綴兆之位；歌聲靡曼，而有抗墜之節也。」（〈章句〉）在語詞的組合中，情感與意義已經被賦予在符號裡，故語詞本身也具有姿態的意義，像舞蹈，像音樂。因此抒情意味著經由情來展開一個世界。

因此閱讀前人的作品，進入前人的風格之中，意味著進入他所展開的世界。而作家所展開的世界，又是經由他的知覺所開顯的一致性變形。風格意味著作家情所展開的世界。〈風骨篇〉云：「若夫鎔鑄經典之範，翔集子史之術，洞曉情變，曲昭文體，然後能孚甲新意，雕畫奇辭。昭體故意新而不亂，曉變故辭奇而不黷。」在前人的風格中領會到他的風格，就等於是將其處境具體化成我們的處境，即是「憑情以會通，負氣以適變」（〈通變〉）。閱讀的意義在於，使身體處於一個風格之中，並讓身體產生能與之對話的動作。所以「洞曉情變」若僅止於理解作家的情感，那麼是無法在言語的實踐中為我們提供一種視野，並在視野中讓我們看見自己的。看見自己意味著「意新」與「辭奇」。我在閱讀時不斷讀出自己的存在，在視野中展開我的存在活動。「觀文者披文以入情」（〈知音〉）所入之情即是作家的風格，而這個風格又是其朝向、通往世界之路，亦為其知覺所賦予的一致性變形。因此「故其敘情怨，則鬱伊而易感；述離居，則愴怏而難懷；論山水，則循聲而得貌；言節侯，則披文而見時。」（〈辯騷〉）在言語的世界中所展開的，就是這個可感世界的變形。而這個變形牽涉到作家的知覺所鋪陳出來的世界，作家的身體所嵌入的世界。

因此，透過文學身體觀，抒情傳統中的情可以被擴大成作家的風格，如〈情采〉所云：

> 故立文之道，其理有三：一曰形文，五色是也；二曰聲文，五音是也；三曰情文，五性是也。五色雜而成黼黻，五音比而成韶夏，五性發而為辭章，神理之數也。

聲文是語詞的姿態，形文是作家的身體知覺，而情文則是一種風格，透過語言活動將處境具體化，將知覺落入語言中，如同身體與處境的可逆性關係，在表達與語言中，亦存在著一種可逆性。表達賦予語言意義，透過語言影響表達。「物色盡而情有餘者，曉會通也」（〈物色〉），表明即使表達的內容可以被看到，可以窮盡。但是在表達中所鋪陳出來的世界、作家的知覺所產生的風格的變形、以及作家之情所展開的，身心與物之間的往來關係，在閱讀的的會通中，讀者彷彿進入了作家所展開的世界，會通同時意味著，讀者與作者的處境不斷楚生變化，「情曄曄而更新」（〈物色〉）。在讀者身上產生的存在的變化，即是與作者抒情之「抒」的方式不斷關涉的過程，即是存在活動的展開。

結語

文學身體觀意味著：透過知覺，身體鑲嵌於世界，在知覺中我朝向、通往這個世界。我與業已身處其中的世界打交道的方式，就是將世界展開成我的風格，我的知覺的一致性變形。在言語上，當我進行表達時，身體的動作敞開一個共同的世界，讓他人得以與我處在相同的脈絡中。而情必須從整體來看，情緒在表達之中成形，表達的姿態本身與所表達的內容同樣具有情緒。「抒情」不是「表達主體的內部情感」，而是經由情來敞開一個世界。使用語言意味著讓語言在身體與世界的交織混融中發生，進而讓語言改變我或他人的存在狀態，讓身體與語言再一次重新獲得存在。

引用文獻

中國古典文學研究會主編：《文心雕龍綜論》，臺北：臺灣學生書局書版，1988 年。

王德威：《現代抒情傳統四論》，臺北：國立台灣大學出版中心，2011 年。

朱光潛：《詩論》，《朱光潛全集 5》，北京：中華書局，2012 年。

宋　灝：〈生活世界、肉身與藝術——梅洛龐蒂（Maurice Merleau-Ponty）、華登菲（Bernhard Waldenfels）與當代現象學〉，《臺大文史哲學報》第 63 期，2005 年 11 月，頁 225-250。

______：〈哲學、人文與世界——論述梅洛龐蒂思想中「藝術」與「世界風格」〉《國立政治大學哲學學報》第 22 期，2009 年 7 月，頁 82-122。

李鳳亮：《中國古典文論現代觀照的海外視野》，臺北：秀威資訊，2016 年。

施密茨（Hermann Schmitz）著，龐學銓，馮芳譯：《身體與情感》，杭州：浙江大學出版社，2012 年。

柯慶明、蕭馳編：《中國抒情傳統的再發現》（臺北：國立臺灣大學出版中心，2009 年）

海德格爾（Martin Heidergger）著，陳嘉映、王慶節合譯，熊偉校：《存在與時間》，北京：三聯書店出版，1987 年。

高友工：《中國美典與文學研究論集》，臺北：臺大出版中心，2004 年。

張淑香：《抒情傳統的省思與探索》，臺北：大安出版社，1992 年。

梅洛龐蒂（Maurice Merleau-Ponty）著，姜志輝譯：《知覺現象學》，北京：商務印書館，2005 年。

梅洛龐蒂著，姜志輝譯：《符號》，北京：商務印書館，2005 年。

梅洛龐蒂著，楊大春譯：《世界的散文》，北京：商務印書館，2005 年。

梅洛龐蒂著，羅國祥譯：《可見的與不可見的》，北京：商務印書館，2008 年。

陳世驤：《陳世驤文存》，瀋陽：遼寧教育出版社，1998 年。

陳國球：〈「抒情」的傳統——一個文學觀念的流轉〉，《淡江中文學報》第 25 期，2011 年 12 月，頁 173-197。

黃錦樹：〈抒情傳統與現代性：傳統之發明，或創造性的轉化〉，《中外文學》第 34 卷第 2 期，2005 年 7 月，頁 157-185。

______：〈面具的奧秘：現代抒情散文的主體問題〉，《中山人文學報》第 38 期，2015 年 1 月，頁 31-59。

楊儒賓：〈卮言論：莊子論如何使用語言表達思想〉，《漢學研究》第 10 卷第 2 期，1992 年 12 月，頁 123-157。

劉勰著，王更生註譯：《文心雕龍讀本》，臺北：文史哲出版社，1991 年。

鄭毓瑜：〈「文」的發源——從「天文」與「人文」的類比談起〉，《政大中文學報》第 15 期，2011 年 6 月，頁 113-142。

______：《引譬連類：文學研究的關鍵詞》，臺北：聯經出版社，2012 年。

顏崑陽：〈從應感、喻志、緣情、玄思、遊觀——論中國詩歌所開顯「人與自然關係」的歷程及其模態〉，《輔仁國文學報》第29期，2009年10月，頁 55-102。

______：《反思批判與轉向——中國古典文學研究之路》，台北：允晨文化出版社，2016 年。

龔鵬程：〈不存在的傳統：論陳世驤的抒情傳統〉，《政大中文學報》第10期，2008 年 12 月，頁 39-52。

______：〈成體系的戲論：論高友工的抒情傳統〉，《清華中文學報》第 3 期，2009 年 12 月，頁 155-190。

Jean-Paul Sartre, *Esquisse d'une théorie des émotions*, Paris:Hermann,1995.

Maurice Merleau-Ponty, *Sens et non-sens*, Paris :Gallimard,1996.

Maurice Merleau-Ponty, *Parcours deux* 1951-1961, Lagrasse:Verdier, 2000.

虛構實在、多重身變與假設檢驗：論史景遷的歷史詮釋

孫宇凡*

〔摘要〕

理解史景遷的書寫風格，不僅要從史學家或文學家的身份認定入手，更要從詮釋規則角度入手。基於對史景遷的文本式疑問與脈絡式疑問，本文指出他在《大汗之國》中為自己樹立了漢學的虛構傳統，以之區別《改變中國》中體現的干預傳統。在前一脈絡下，史景遷的文本中體現出被觀察者／被觀察的觀察者／觀察者（或作者）三重結構，並可以進一步借助述平和呂炳強的某與人、第四身與第一身的文法層次之說，將其發展出作者通過文法學意義上的化身成為被觀察的觀察者，進而參與到其行動歷程與歷史世界的事件序列之間的假設檢驗過程，從而形成文學化的歷史書寫。最後，本文以《康熙》的自傳風格和《王氏之死》的文學風格為例，說明其中的文法層次與詮釋規則。

關鍵字：史景遷、詮釋規則、化身、第四身、因果性

* 國立中山大學哲學研究所碩士生

一、問題的提出：文本式與脈絡式

儘管史景遷（Jonathan Spence）是首位運用臺灣故宮博物館清宮秘檔的西方歷史學者[1]，開風氣之先，但他後來的名聲之盛，卻往往在於妙筆生花。正如在回答盧漢超的訪談時，史景遷對自己寫作風格的一段概括：

> 如果說我把文學和歷史相結合，這只是意味著我對史學的和風格有著激情。你可以說在歷史學者中我比較注意寫作的效果，我試圖把一本書建立在這樣的架構上，使其既在一個層次上準確，又在另一個層次上表達感情，並給所述故事以更豐富的背景。這就像運用藝術一樣，使歷史寫作接近藝術以取得更深層的效果。我想這對我來說是一種自覺，因為我熱愛西方傳統中的文學人物。[2]

如何理解史景遷的文學式史學書寫？在他的文本中對「準確」、「表達感情」、「更深層的效果」的理解，離不開與「西方傳統中的文學人物」相類似的、探究歷史人物深層的所思所想。因而閱讀他的代表作，不難發出這樣的文本式疑問：

1. 為什麼《康熙：重構一位中國皇帝的內心世界》一書能夠以自傳體的方式使用第一身（the first-person）代名詞的敘事視角和章節編

---

[1] Frederic Wakeman Jr., "Jonathan Spence Biography," *In The General Meeting Booklet, 2005 AHA Annual Meeting* https://www.historians.org/about-aha-and-membership/aha-history-and-archives/presidential-addresses/jonathan-spence/jonathan-spence-biography. (2018 年 7 月 23 日)

[2] 盧漢超：〈史學的藝術——史景遷訪談錄〉，收入王希、盧漢超、姚平編：《開拓者：著名歷史學家訪談錄》（北京：北京大學出版社，2015 年），頁 30。陳國棟說：「史景遷，雖然並不脫離美國歷史學發展的潮流，卻是美國史學界的異數。」見陳國棟：〈史景遷（Jonathan Spence）〉，《近代中國史研究通訊》第 14 期（1992 年），頁 86。

排？

2. 如何看待《王氏之死：大歷史背後的小人物命運》通過引用文學作品《聊齋志異》來瞭解山東民眾的「心靈圖像」[3]？

3. 與以上相似，涉及到其它文本的問題還包括：《太平天國》用意「瞭解洪秀全的內心世界」[4]是如何可能的，為什麼在語法能夠使用現在時態？[5]《雍正王朝之大義覺迷》認為「吾人……總是能進入他們二人（孫按：曾靜、雍正）的內心世界而探索這整個過程的蛛絲馬跡」是如何可能的？[6]在《胡若望的疑問》中史景遷如何能夠推測胡若望的心靈，理解他到底瘋還是沒瘋[7]……

如果要將史景遷及其作品放回到美國的中國學 / 漢學界，疑問也難以解答。畢竟，他是鮮見以如此文筆、如此視角見長的漢學家或中國史學家，因而也容易有這樣的脈絡式疑問[8]：

4. 能否從漢學傳統中給予史景遷這位以文學式書寫見長、「雙重身份」、「把幻境變成歷史判斷的正當範圍」的學者以定位嗎？[9]

---

[3] 李孝悌：〈代譯序〉，收入史景遷（Jonathan D. Spence）著：《王氏之死：大歷史背後的小人物命運》（桂林：廣西師範大學出版社，2011 年），頁 xvi。

[4] 史景遷（Jonathan D. Spence）著，朱慶葆等譯：《太平天國》（桂林：廣西師範大學出版社，2011 年），頁 14。

[5] Frederic Wakeman Jr., “Telling Chinese History,” *Modern China* 24.2（1998）: 162.

[6] 史景遷（Jonathan D. Spence）著，溫洽溢、吳家恆譯：《雍正王朝之大義覺迷》（桂林：廣西師範大學出版社，2011 年），頁 3。

[7] Bruce Mazlish. “The Question of the Question of Hu.” *History and Theory* 31.2 （1992）: 143–152.

[8] 雖然也可以將從文化史的角度來理解史景遷的書寫風格，但是該脈絡不容易將之與史景遷的長時段作品（《大汗之國》、《改變中國》）聯繫起來。該脈絡導向的提問與回答，有待進一步研究。有關初步討論見 Matthew Penney. “Making History: Manga between Kyara and Historiography.”*Manga and the Representation of Japanese History*. ed. Roman Rosenbaum,（London and New York: Routledge, 2012）, p.162.

[9] 康無為（Harold Kahn）著：《讀史偶得》（臺北：中央研究院近代史研究所，1993

5. 能否從史景遷的文本中，找出他如何看待自己在整個漢學脈絡中定位之可能呢？

6. 他在漢學傳統中的定位能夠和其作品風格結合起來理解嗎？

二、文獻述評：兩種回答及其不足

本文對於上述的脈絡式疑問和文本式疑問，嘗試給出統一回答，呈現一個「融貫的」史景遷。

先就學界現狀來看，主要有兩種回答：第一種看法是認為史景遷「成于文學、敗于史學」，是通過批評他的史實之誤、史見之陋，按其風格將之歸為小說家之列。汪榮祖認為，史景遷的作品「重點不在理論與議題，而是在敘事」，並且指出「他的作品作為歷史文章畢竟缺乏分析與論證，也少見他對歷史問題提出獨特的解釋。因而雖多引人入勝的故事，卻少扎實的歷史知識」。[10]在討論到史景遷的《康熙》、《胡若望的疑問》文本時，汪榮祖便認為這樣越界的敘事是受到「後學」影響，迎合了「敘事再生」（revival of narrative），是在寫小說而非寫歷史。[11]

第二種看法是認為史景遷的「文學之成，不敗于史學」，使其以「說故事」的方式貢獻於歷史學。鄭培凱等人承認史景遷的作品確在史學界帶來爭論，但如是為其辯護：一方面反對「傳統學究型歷史學家的諷刺」，認為不應以社會科學方法和理論的貢獻作為評判標準，而認為史景遷的作品是符合中國傳統史學的主流寫法以及吉本（Edward Gibbon）等人的「說故事」的史學原則；另一方面也反對將史景遷歸入將歷史寫作與文學寫作差別抹殺的「後學」之列，認為他在歷史推論時仍堅守文獻材料的考證，解讀歷史的「可能」是什麼。[12]

年），頁 26。

[10] 汪榮祖：〈夢憶中的夢囈〉，《近代史研究所集刊》2009 年第 65 期，頁 139。

[11] 汪榮祖：《書窗夢筆》（臺北：麥田出版，2006 年），頁 101-102。

[12] 鄭培凱、鄢秀：〈總序：妙筆生花史景遷〉，收入史景遷（Jonathan D. Spence）著：《大

儘管雙方的觀點都與上述的文本式問題和脈絡式問題有接近，但仍有不少距離。比如，雙方都承認史景遷的文筆超群，但是這樣歷史書寫的詮釋規則是什麼？如何應用到解釋史景遷文本中關於內心世界之推測？顯然，雙方的抽象或泛化理解都無以回答。再比如，雙方爭執于史景遷的「後學」位置，背後是對史學家 / 小說家身份的認同，任何一方的回答都無助于理解其文本本身內部的架構。即使接受史景遷寫作為後現代史學，那麼在汪榮祖看來，史學寫作無異于文學寫作，「越界」的書寫（如第一人稱）卻合理化而「去問題化」，掩蓋了可討論的空間。如果不接受這樣定位，又無法給出合理的理由來解釋這樣的「越界」書寫。

不同於上面的規範性討論，柯嬌燕（Pamela Crossley）在《美國歷史學評論》（The American Historical Review）舉辦的關於歷史解釋與因果性問題的討論會上，卻談到理解史景遷的另一種可能性。

她認為，史景遷以及與之類似的學者，儘管沒有直接參考狄爾泰（Wilhelm Dilthey），但是卻是在狄爾泰所說的「精神科學」範圍、在詮釋論的導向下從事「敘事」，其研究目的是去理解過去的人，使得過去與現在得到交匯。[13] 並且，在柯嬌燕看來，敘事與因果性是同一回事而非僅僅是等價的（narrative and causation are the same—not just equivalent, but the same），而史景遷正是在於通過「有感情的敘事」（affective narrative）的方式開啟了對因果性研究的新取徑，這尤其反映在史景遷（有意或無意地）在史學家通常認為相關「證據」（evidence）已存在具有不可修復的脆弱性之處開展的研究。[14]

從詮釋論的脈絡下、從敘事與因果性的關係入手來理解這樣的歷

汗之國：西方眼中的中國》（桂林：廣西師範大學出版社，2013 年），頁 v-x。

[13] Emmanuel, Akyeampong, Caroline Arni, Pamela Crossley, Mark Hewitson, and William Sewell Jr., "AHR Conversation: Explaining Historical Change; Or, The Lost History of Causes," *The American Historical Review* 120（2015）,1379.

[14] Emmanuel, Arni, Crossley, etc., "AHR Conversation: Explaining Historical Change; Or, The Lost History of Causes,"1379-1380.

史書寫，實際上是將汪榮祖和鄭培凱之間的爭論進一步深化，在「後學」與「傳統學究型歷史學家」之外尋找出路，並且進一步轉至更切實的討論而非停留空泛的規範主張。不過，柯嬌燕儘管表達了對史景遷貢獻的欣賞，[15] 但卻未能開展她的論述，難窺她所說的「有感情的敘事」為何、詮釋論與因果性如何在史景遷的作品中體現、如何解決缺損證據的敘事等一系列問題。

順此道路，孫宇凡也討論了史景遷作品中的敘事與因果性。他以《康熙》和《王氏之死》為案例，借用呂炳強解讀德勒茲文本所得的「士多噶因果性」（Stoic causality），結合韋伯（Max Weber）的行動歷程（the course of action）概念 [16]，認為史景遷的敘事方法，是一種以歷史世界中可觀察的、「表層」的事件序列作為果，以行動者不可觀察的、內心「深處」的行動歷程作為因的一種假設檢驗。[17] 換句話說，他認為，史景遷的歷史書寫是以可得的歷史證據（如聖旨文本、地方誌、小說）以反事實的方式推測歷史行動者（如康熙、婦人王氏）所思所見。[18]

但是，這樣的因果性解讀雖然將柯嬌燕說法加以細緻化，但是與史景遷的自陳自說結合起來看，仍有一定的距離。史景遷在回答關於《王氏之死》使用文學材料引起的爭論時，這樣說：

---

[15] 這樣欣賞是有保留的，她也認為史景遷沒有真正實現將「過去」與「現在」聯接起來，並且同樣沒有說明具體理由，見 Emmanuel, Arni, Crossley, etc., “AHR Conversation: Explaining Historical Change; Or, The Lost History of Causes,”1379.

[16] 借用裡德（Isaac Reed）的說法，韋伯關於「理由作為原因」（reason as cause）構想，在亞里斯多德的四因說中，屬「目的因」（the final cause），見 Isaac Ariail Reed, “What Is Interpretive Explanation in Sociohistorical Analysis?” *in Inheriting Gadamer: New Directions in Philosophical Hermeneutics*, ed. Georgia Warnke.（Edinburgh: Edinburgh University Press, 2015）

[17] 孫宇凡：〈時間、因果性與社會學想象力：與成伯清商榷〉，《社會理論學報》（2017年），頁 155-181。

[18] 同前註。

> 因為我們知道它們是小說。但同時我們知道蒲松齡正是生活在本書所涉的時代。儘管是小說，它代表的一種見解。我們在《聊齋志異》裡看到了蒲松齡本人。……所以我想蒲松齡是他那個時代一個中國人的聲音，而《王氏之死》正是為了表達當時中國人的聲音。……。所以並不是，「我猜想這事發生了」，而是「我們知道這裡有一樁謀殺案，我們知道蒲松齡很關注這類暴力，所以也許可以將《福惠全書》中的真實記錄和蒲松齡的小說綜合使用」。……，所以這是我的想法：「這裡有一個非常優秀的耆老之年的中國人，生活在同一地區，思考著同樣的問題。讓我們把他當作一個同盟吧，不要忽視了他。」[19]

這並非史景遷第一次強調「同盟」的作用。在《胡若望的疑問》的序言中，史景遷同樣把帶著胡若望從廣州帶到歐洲的耶穌會神父傅聖澤（Jean Francoise Foucquet）看為「同盟」，依賴他的觀察與記錄，認為：

> 我們對胡若望的瞭解，終究還是得仰賴傅聖澤的記載。……我並不認為傅聖澤對待胡若望的方式是正確，但我卻因為他所保存的記錄，才得以做出這樣的判斷。因此，即使我認為我成功批判了他，但就某方面而言，他仍然是勝利的一方。[20]

對照來看，孫宇凡對史景遷的因果性特點分析難以直接解釋這個書寫特點，例如：「並不是『我猜想這事發生了』」、「〔蒲松齡的小說〕它代表了一種見解」、「把他當作一個同盟吧」、「他仍然是勝利的一方」。因為在這樣的書寫關係中，史景遷不是設計了書寫者 / 歷史學家——被書寫者／歷史行動者的二者之間的關係，而是書寫者／

[19] 盧漢超：〈史學的藝術——史景遷訪談錄〉，頁 34-35。

[20] 史景遷（Jonathan D. Spence）著，陳信宏譯：《胡若望的疑問》（桂林：廣西師範大學出版社，2014 年），頁 16。

歷史學家——同盟／見解——被書寫者／歷史行動者的三層關係。例如，被書寫的婦人王氏作為歷史中的行動者，不僅被蒲松齡這個「同盟」觀察、記錄和表達出一種見解，還被史景遷再觀察和再書寫。

不過，我在下面將會論證，這樣的層次拓展與孫宇凡此前的分析並不完全衝突，反而能夠同樣在詮釋論導向下，以此為基礎加以拓展，由士多噶因果性論述向「化身」邁進。

三、分析框架：虛構與化身

首先要論證的是，理解這樣拓展的三層關係的切入點無需他助，正在史景遷為自己隱秘地建立的一種漢學傳統之中。

史景遷在《改變中國：在中國的西方顧問》一書出版後，仍持續思考了四十多年的跨文化交流問題，並寫就同系列的第二本著作：《大汗之國：西方眼中的中國》。不過，我嘗試提供另一種解讀視角：不是跨文化交流，而是歷史書寫方法。

《大汗之國》介紹了數百年來48個西方歷史人物留下的文本中對中國的想象或理解，但直至最後一個才終於接合了上述的觀察／書寫層次問題：討論「被觀察的觀察者」（the observed observer）主題的卡爾維諾（Italo Calvino）。在卡爾維諾筆下，當忽必烈問及馬可波羅回到西方後，是否願意向同胞複述與他聊談的故事的時候，馬可波羅卻回答屆時家鄉的碼頭工人、熱亞那的獄友都將聽到不一樣的故事，因為「決定故事的不是說故事的聲音，是聽故事的耳朵」。[21]對此，史景遷這樣讚賞道：

> 卡爾維諾給了我們最好的答案，而且適用於所有的故事。關鍵在於耳朵，只聽想聽內容的耳朵。……從一開始，西方人對中國就充滿興趣，幾世紀來，新的資料不斷，熱誠更從未稍減。

[21] 史景遷（Jonathan D. Spence）著，阮叔梅譯：《大汗之國》（桂林：廣西師範大學出版社，2013年），頁301-302。

> 至今我無法對此現象提出解釋。但是本書中的故事似乎證明，中國完全無須改變自己以迎合西方。[22]

回顧這本書來看，卡爾維諾的答案與史景遷自己的書寫一樣，都保持了同樣的三層關係：中國——敘述中國者——敘述中國者的同胞。其中，敘述中國者是卡爾維諾所說的「被觀察的觀察者」，既觀察中國——憑藉他的「耳朵」得到了敘述中國為何的權力，但同時又被他的同胞們所觀察——「耳朵」的那權力又被同胞所據。

「耳朵」的權力帶來一個後果，正是這本書的主題：「以感覺而非視覺去體會中國」；即使是到過中國的觀察者，也一樣「不脫想象的成分」。[23] 在一次訪談中，史景遷進一步總結這些主題時說「我想唯一聯貫性在於『虛構』這一行為本身」。[24]

的確，當以感覺、想象、體會，憑藉聽者的力量來影響敘事的生產，那麼「虛構」便成為繞不開的議題。那麼同時值得質疑的是：當史景遷認為他眼中的這些「瞄看中國」的歷史人物作為「被觀察的觀察者」並且都在從事虛構的時候，他自己這個同樣在寫中國的西方人是不是在從事「虛構」呢？

對於這樣的「史景遷的史景遷」式自反性質疑，他在另一番回答中有涉及。他並不避諱自己有時會模糊真實與虛構的界限，答道：

> 我只是集中記錄了他們自以為是的觀察結果。在某一類歷史研究中有人會質疑材料的真實性，這種質疑與我所作的研究沒有關係。……。我儘量試圖從作者自己的角度來解釋他們。我的目的不是要對這些作者作出任何論斷。[25]

---

[22] 同前註，頁 302。

[23] 同前註，頁 7、11。

[24] 巴宇特：《迷失上海》（上海：上海書店出版社，2005 年），頁 23。

[25] 同前註，頁 20、23。史景遷研究者習于引用盧漢超對史景遷的訪談，指出史景遷說過自己是近文學（literature）而非小說（fiction），前者是一種哲學與藝術傳統，

回顧史景遷將蒲松齡、傅聖澤看作是「同盟」的說法，實際上他並不是要去質疑「被觀察的觀察者」所觀察世界，而是呈現出來這些「同盟」的觀察結果（如傅聖澤看到的胡若望的歐洲之旅）。將這兩個議題聯繫起來，可以得下圖：

表 1：《大汗之國》（及《胡若望的疑問》）中書寫關係

元 / 胡若望……	馬可波羅 / 傅聖澤	史景遷
被觀察者	被觀察的觀察者 /「同盟」	觀察者
歷史中的行動者	歷史中的觀察者	當代歷史學家

這樣看來，實際上史景遷是續上了「瞄看中國」傳統：該脈絡由史景遷自己書寫出來，歷經天主教時期、中國風時期等一系列階段，經由最後的卡爾維諾，再「匿名地」由史景遷銜接上。

如果將《大汗之國》看作史景遷樹立漢學（我在廣義上使用這個詞彙，以呼應「瞄看中國」之說）研究「虛構」傳統之作的話，那麼將會帶來另一個麻煩：同一系列的《改變中國》又要如何理解呢？

顯然，這二者之間存在著明顯的對立。這不僅在於前一本書中的人物多數以文學家身份出現，並且大多沒有到過中國，而後一本書中歷史人物則均到過中國，並多以顧問等身份參與中國事務，更是因為相較於「虛構」在跨文化交流中也可理解為——「中國完全無須改變自己以迎合西方」來說，[26] 這本書立下相對立的「干預」傳統——「使

而後者則是「一種方法，而這種方法除了廣義的合情合理外不必以事實為依據」。而本文此處的引用，又說明瞭史景遷的自相矛盾之處。我的看法是：文學與小說的界限並非固定，因為「事實」成為研究證據，需要史學家評判或重構的（見下文分析）。史景遷可以在寫作中兼用二者，既傳達文學品質，又運用小說方法。史景遷的論說見盧漢超：〈史學的藝術——史景遷訪談錄〉，收入《開拓者：著名歷史學家訪談錄》（北京：北京大學出版社，2015 年），頁 29。引用該說的有關研究，例如侯方峰：〈論史景遷的歷史敘事寫作〉，《東嶽論叢》第 3 期（2014 年 3 月），頁 64-69。馬金生：〈試論史景遷的著史風格〉，《史學理論研究》第 4 期（2007 年），頁 93-102。

[26] 史景遷（Jonathan D. Spence）著，阮叔梅譯：《大汗之國》，頁 302。

中國按西方所理解的定義來改變」。[27]

史景遷以湯若望、南懷仁為始，以美蘇的顧問專家為終，敘述了這些西方人在干預中國的過程中獲得關於中國的知識，又在理解中國的過程中進一步干預中國，以希望通過中國實現他們自己所追求的「宿命」（如傳教天職、冒險人生）。[28]

如果按照上述處理《大汗之國》那樣，將跨文化交流理解轉化為歷史書寫方法的話，這本書中湯若望、南懷仁等「漢學家」，不是「通過虛構來講述中國故事」，而是「通過干預講述中國故事」。這意味著，一個中國研究者，必須實際參與到中國當中去，與中國人從「被觀察者」轉化為「被干預者」，並使自己一同成為「歷史中的行動者」，成為中國歷史的一部分（如以「掌關稅大權，振將傾王朝」的赫德、「以譯事小枝，撼千年科舉」的傅蘭雅）

表 2：《改變中國》中的書寫身份關係

明 / 清 /......	湯若望 / 美蘇顧問專家……
被干預者	干預者
歷史中的行動者	歷史中的行動者

由此卻帶來另一個問題：如何理解史景遷在「干預」傳統下的位置呢？他不在此列嗎？的確，僅為學者身份的他，與這些改變中國的歷史行動者相距甚遠。不過，也唯有將這兩條脈絡並立觀之，方才能理解史景遷在「虛構」中的定位。

鄧為寧（Victoria Cass）在評論《王氏之死》時說，通過蒲松齡的作品，史景遷不僅去重新塑造了「物理實在」（physical

[27] 史景遷（Jonathan D. Spence）著，溫洽溢譯：《改變中國：在中國的西方顧問》（桂林：廣西師範大學出版社，2014 年），頁 329。

[28] Paul A. Cohen, "Review of *To Change China: Western Advisers in China*, 1620-1960," *Pacific Historical Review* 39.2 （1970）: 254.

realities），也重新塑造了「想象實在」（imaginative realities）。[29] 我認為這樣鄧為寧說法可以借鑒，但需修訂。史景遷只通過文本閱讀的方式瞭解和研究中國，無法直接改變「物理實在」，而「重新塑造」的郯城風貌，也只是「想象中的物理實在」。因此，我傾向於將物理實在的改變歸功於「干預」傳統，想象實在的重新塑造歸功於「虛構」傳統，而史景遷在他的兩本書中所樹立的分化現象，及其與卡爾維諾的同構性，正說明他是站在「虛構」傳統的一端。

表 3：史景遷的脈絡建構及其定位

史景遷文本	《大汗之國》	《改變中國》
脈絡傳統	虛構	干預
實在	想象實在	物理實在
史景遷定位	√	×

不過，當「虛構」轉回到史學中來理解的話，便容易與「發明或篡改史料」之類的評判聯繫起來，以致模糊了歷史與小說之間的界限。因此，這樣的討論不得不與主流的兩種看法聯繫起來。為此，看一看史景遷自己怎麼說。

他在評論歷史小說家阿特伍德（Margaret Atwood）時，認為小說與歷史之間的區分在於「我們所允許自己的自由地帶」（the zones of freedom that we allow ourselves），包括三個層次：

第一，阿特伍德認為自己寫歷史小說是「在有確鑿的事實（solid fact）之時便不能改變它」，而史景遷的回應卻在於：評判一個證據（evidence）是否為實存的（the actual），衡量它的可信度，使之構

[29] Victoria B. Cass, "Review of *The Death of Woman Wang*," *The Journal of Asian Studies* 39.3 (1980): 551.

成事實，卻是要靠歷史學家。[30]

第二，阿特伍德認為她的作品《格蕾絲》（*Alice Grace*）中的主要部分雖然都能得到了格蕾絲及其時代有關書寫的支持，而這些書寫本身「可能」（might be）也是含糊的。[31] 史景遷注意到了阿特伍德「可能」一詞的曖昧性，並認為這也是歷史學家的「黑暗領域」（dark area），因為執迷於此的歷史學家往往會為了證明他所提出的假設（hypothesis）而忽視正在閱讀的事實其實是「含糊的」。[32]

第三，阿特伍德指出在自己的書寫中存在無法得到填補、無法解釋的空缺之時，便由她去自由地發明出來[33]。史景遷對此回答反而是「諷刺」歷史學家雖聲稱不會如此，但實際上他們所作所為與此往往是等價的，例如中國早期史學家常借助已記錄的對話去填補和重構歷史人物的對話。[34]

史景遷看似在說明歷史學家與歷史小說家區分、抹殺了二者之間的絕對性界限，但實則不然。他一方面指出，似乎歷史學家可以擁有更高的權威，將複雜的歷史融入到「闡釋和記錄的模式」（interpretation and the modes of recording），使得史學家如有「見證」自己所未經歷之事的本領，知道可能或不可能發生了什麼，但另一方面也提出對這種權威的限制：他以阿特伍德的文本為例，指出她虛構的歷史生活普遍特徵（比如飲食）在歷史學家看來會受到質疑，因為虛構出來的「普遍」要受到不同文化模式、不同的技術條件所限制。[35]

可以看出，史景遷並不否認史學家如同小說家的虛構與想象、見證與填補的特權，但是也不忘其限制。這樣的假設與證據、重構與

[30] Spence, Jonathan D., "Margaret Atwood and the Edges of History,"*The American Historical Review* 103.5 （1998）：1523.

[31] Spence, "Margaret Atwood and the Edges of History,"1523

[32] Spence, "Margaret Atwood and the Edges of History,"1523.

[33] Spence, "Margaret Atwood and the Edges of History,"1523.

[34] Spence, "Margaret Atwood and the Edges of History,"1523-1524.

[35] Spence, "Margaret Atwood and the Edges of History,"1524.

記錄、見證與閱讀之間的相互制約、相互促進的關係，也促成了虛構的開始與終結的關係——作者通過虛構的想象去填補歷史空白、推論「黑暗領域」，評判「證據」與「事實」，但一旦進入「想象實在」之中，便不得不受到「物理實在」之限制，使得小說家式的本領受到當時的歷史情境（證據、文化／技術）所限，使得虛構的無限性走向了歷史的可能性，使得「怎樣都行」的純粹建構風格走向了「何種可能、何種不可能」假設檢驗的詮釋論風格。

為了再挖掘虛構、想象實在及其限制在書寫實踐中的文法學關係，我暫且繞開史景遷的史學家一端的視角，轉到當代中文小說家述平一端，從他的一部具有歷史學詮釋意味的小說——《某》吸取理論工具。

述平這部小說的題材並不出奇，講的是中年女性喬麗榮在丈夫老周去世後，順著他遺物（如書信）中的線索，逐漸發現了在她面前一向忠厚的老周的另一面——小城姑娘珍珍的情夫。隨著故事以探案的方式開展，喬麗榮對老周的原先印象逐漸模糊，新的形象不斷出現，如同解不盡的謎團。而小說的特別之處卻在於，述平在謎團越解越不盡之時，「按捺不住」地插入故事之外的理論解說：

> 我是冒著一種可能要破壞這部小說的危險跳出來說這番話的……，我想說的僅僅圍繞著一個字，也就是我這部小說的名字：「某」。……。據我在商務印書館1978年版的《現代漢語詞典》中查到的有關「某」字的解釋，有如下幾條：……。②指不定的人或事物：某人、某地、某種線索；……。其中，令我最感興趣的就是第二條。……。字典上說這是一個指示代詞，而在這裡，我卻試圖使它名詞化，從以往那些代替什麼東西的附屬地位中分離出來、解放出來，作為一個獨立存在，……。在此之前，這個字要結合一些字才能正確使用，比如說某人、某事、某地……。但我更喜歡單個地看這個字，我

> 覺得它有點模糊曖昧、意義未明，可以隨意地指向任何方向，在時間和空間上都非常廣大，可以容納一切，同時又無所歸屬。……。〔它〕是虛構開始的地方，也是虛構終結的時刻。（粗字體為筆者所加）[36]

在述平「跳出來」說的這幾句之後，又轉入重新紡織這個故事，包括老周沒有去世等一系列可能性。不過，我感興趣的是他與史景遷異曲同工之處：「某」的名詞化。

名詞化的「某」在獲得獨立存在之時，實際上是轉到「人稱代名詞」系統[37]裡獲得了一個新的身份。正如述平想以此想指陳充滿謎團的亡者老周：當老周作為活人、面對妻子喬麗榮時，他不是「某」，而是「人」[38]，但當他脫離了肉體，不再說話的時候，成了「某」。此時，「某」與其說是標定了「他」這個「人」（「老周」），倒不如說是標定了「死亡」（「亡者」）。如果接受這樣的說法的話，那麼「他」甚至「它」這些第三人稱代名詞便不能精確表達的一種情況。實際上，「人」面對「死亡」一樣非肉身的他者的情況不止此例，還可以包括人面對「文化」、「道德」、「制度」、「歷史」。當我們說「歷史人（物）」或「文化人」的時候，可以將其指定為自己面對的特定的人——如「文化人述平」、「歷史人物蒲松齡」，但把「人」字抽離，讓「文化」、「歷史」獨立成為「人」所面對的對象之時，就會發現這種在「附屬地位中分離出來、解放出來，作為一個獨立存在」情況普遍之至。

故此，呂炳強借用勒維納斯的「他性」（otherness）的概念，將

[36] 述平：《某》（武漢：長江文藝出版社，2011 年），頁 57-59。

[37] 關於漢語的人稱代名詞系統的討論，見陳翠珠：《漢語人稱代詞考論》（北京：光明日報出版社，2013 年）。呂炳強、李越民、孫宇凡、劉擁華：《聽與說 社會學電郵集 2012-2013》（北京：中國社會科學出版社，2013 年），頁 94-97。

[38] 以「某與人」和人稱代名詞方法來分析這段故事，最初的想法來自于呂炳強的指點，見呂炳強、劉忠魏、孫宇凡等：《某與人 社會學電郵集 2014-2015》（未刊稿）。

之視作「第四身代名詞」。[39] 在這裡，我將他者（包括我、你、他）/他性（包括上帝、死亡、歷史、文化）之間的人稱代名詞關係，理解為「人／某」之間的關係[40]。

這樣一來，小說講述的不是喬麗榮和老周這個第三身或「他」的互動——實際的老周早已過世，而是喬麗榮和名詞化的死亡本身之間的遊戲，是第一身與第四身之間、是人與某之間的關係。

但是，一旦述平從小說中跳出來，人稱結構會完整轉變了。當述平處於匿名狀態時，這起平凡故事如同真人真事，如同物理實在的一部分，因而喬麗榮是「人」而非「某」。而當述平要「冒著一種可能要破壞這部小說的危險跳出來」的時候，小說與作者之間的界限樹立了起來，「物理實在」露出了其為想象實在的本來面目，小說終究是小說。但也因此，述平拋開了限制，沒有將這部分理論解說作為結尾，而僅是中間語，並在後半部分中放棄了「匿名」，開始實驗故事重新紡織的可能性。在後半部分，喬麗榮只是述平筆下的一個符號，使得小說人物成為作者這個第一身所面對和組織的第四身。

表 4：小說《某》中的文法學關係

述平與小說的關係	匿名 / 出場前	出場時	出場後
文本內容的特點	如真人真事	理論解說	文學實驗
喬麗榮的文法學地位	第一身 / 真人	無	第四身 / 符號

喬麗榮的雙重身份以述平的介入作為截點，說明了第一身與

[39] 呂炳強：《我思、我們信任與社會之奧秘》（臺北：漫遊者文化，2009 年），頁 143-167。關於他性、行動歷程概念的更廣泛討論，見孫宇凡：〈「四兩撥千斤」與「鐵磨鐵」：葉啟政與呂炳強的本土社會學之比較與對話〉。發表於 2016 年臺灣社會學會年會（花蓮：國立東華大學，2016 年 11 月 26-27 日）。

[40] 人稱代名詞作為社會學研究事體的類型學傳統（提問如：社會學的研究對象有哪些、可以如何分類、分成哪幾類？），見孫宇凡：〈君主與化身的奧秘：從孔飛力的《叫魂：1768 年中國妖術大恐慌》出發〉，《社會學評論》2016 年第 6 期（2016 年 12 月），頁 76-93。。

第四身、某與人的不可並存於一體的關係。唯一的例外是基督耶穌。耶穌是被釘在十字架之後死而復生並「道成肉身」或「化身」（incarnation）。不過，下面將會看到，史景遷的詮釋規則的要害，正是如基督耶穌一樣突破人稱代名詞的界限。

四、案例分析：《康熙》與《王氏之死》

我以史景遷的兩個文本：《康熙》和《王氏之死》為例，進一步分析其中的文法學結構、虛構與假設檢驗之間關係。

《康熙》一書的奇妙之處在於：首先，該書只有在《自序》部分中以一般歷史學家的方式，用第三人稱來談康熙、第一人稱說自己，而正文中恰恰相反——史學家不見了，只有了第一人稱的康熙，由此形成了極致的文法學對照。其次，在章節安排上以「遊」、「治」、「思」、「壽」、「阿哥」和「諭」來重構康熙的面貌。如史景遷所說，「儘管是一種歷史學家並不常運用這些範疇來架構他們有關制度與傳記的材料，但官方活動的種種面向，似乎很自然被涵攝到在某種私人、情感的框架之內。」[41] 如此一來，文本的焦點便是帝王「個人自身」（the individual himself）而非「假面」（persona）。[42] 再者，史景遷以這樣的框架、這樣的口吻所說出的話，其依據的卻是「來自於不同脈絡的混合材料之拼貼」。[43]

對於這些問題，史景遷並非隨意為之，而是將之稱為一種「實驗」。[44] 我認為，理解該實驗要明確的是，從史景遷這個當代人視角出發，康熙作為故去之人，如老周一樣，已是「在那兒」的歷史謎團，是第四身，是「某」。但是，史景遷的《康熙》中要呈現的是康熙

---

[41] 史景遷（Jonathan D. Spence）著，溫洽溢譯：《康熙：重構一位中國皇帝的內心世界》（桂林：廣西師範大學出版社, 2011 年），頁 3。

[42] Frederic Wakeman Jr., “Jonathan Spence Biography”.

[43] Frederic Wakeman Jr, “Jonathan Spence Biography”.

[44] 史景遷（Jonathan D. Spence）著，溫洽溢譯：《康熙：重構一位中國皇帝的內心世界》，頁 10。

作為「在這裡」的歷史當下，是第一身，是「人」。 如上所述，這看似是一種文法學上的不可能——死者何以復活？誰能讓死亡如何發聲？「某」何以為「人」？

史景遷的實驗正是將自己化身為康熙。他的入口是在《自序》中反復提到的康熙性格——「能夠坦率又生動地表達他人個人思想，這樣的特質在大帝國的統治者身上實屬罕見」，以及康熙留下的特殊史料——「數百封以漢、滿文書法所述的信箋和斷簡殘篇，……。通過這些信函，我們得以一睹康熙私底下口語化的風格，捕捉康熙的語言神韻，窺視康熙心緒的翻騰和糾葛」。[45] 可以推測的是，史景遷對化身對象的選擇是有考慮的，畢竟他同樣寫過雍正的「內心世界」，但卻沒有採取自傳體的書寫風格。[46]

由此入口，史景遷開始虛構與想象自己作為康熙，進入營造出來的歷史當下。但一旦作為「某」的歷史之康熙「道成于肉身」史景遷這個「人」，卻也對史景遷的虛構產生了限制，因為他的想象必須是「來自於不同脈絡的混合材料之拼貼」。無疑，這些材料都是與康熙直接相關。也就是說，當史景遷化身為歷史中的康熙的時候，他又要面對文本中的康熙，需要將自己想象的一舉一動放到文本脈絡中加以假設檢驗。因此，最後在《康熙》一書中呈現的康熙，只是「被觀察的觀察者」——一方面被史景遷所觀察，另一方面觀察著自己（史料）。

這樣關係在史景遷對《康熙》的時間結構說明中最為清楚。他在《自序》的末尾提醒讀者，這本書「不僅橫跨了康熙公佈《臨終諭旨》前六十三載的生命歷程，也可以壓縮在《臨終諭旨》公佈前流逝的一個小時」，這意味著史景遷在實錄、起居注等「文本中的康熙」，和化身為「歷史中的康熙」作臨終前的生平回想之間、在物理的實在

[45] 同前註，頁 2、11。

[46] 史景遷（Jonathan D. Spence）著，溫洽溢、吳家恆譯：《雍正王朝之大義覺迷》，頁 3。

（physical reality）和想象的實在（imaginative reality）之間輾轉。[47]

值得留意的是，這樣的輾轉，也正要借助了史景遷這個「人」的化身，才能夠使得作為第四身的康熙獲得了第一身的內心世界，能夠使得可觀察的、事件序列的文本（如編年體的實錄）與作為不可觀察的、行動歷程的康熙內心（如遊、治、思、壽）之間的因果性論證成為可能[48]。否則，僅就「文本中的康熙」進行論證，撇開化身這一環節，便無法解釋《自序》中對該書的章節安排、材料來源的特別說明。我將上述分析中涉及到的第一身與第四身之間、觀察者與被觀察的觀察者、史景遷與歷史中的康熙之間的化身作為均處在橫軸的行動歷程中，而文本中的康熙則在縱軸的另一端的事件序列之中，二者之間的來回往返的關係正是假設檢驗式的詮釋規則，見圖 1。

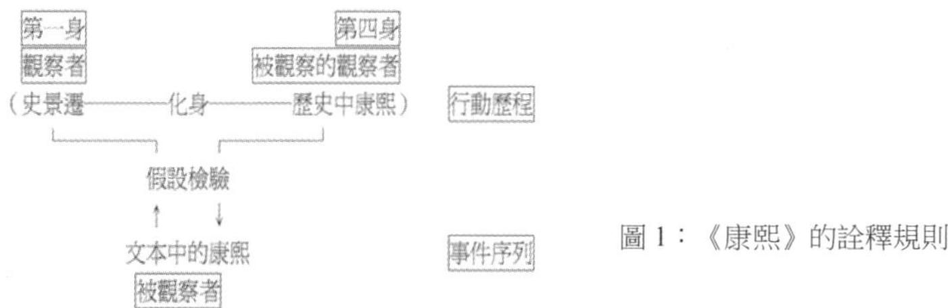

圖 1：《康熙》的詮釋規則

在史景遷的傳記作品中，既有被觀察的觀察者以回憶、反省的方式審視自我，觀察生平，使得被觀察者與被觀察的觀察者合二為一，但也有被觀察的觀察者和被觀察者分離開來的情況，如《胡若望的疑問》中通過傅聖澤的視野來觀察胡若望以及下面要談到的《王氏之死》。

《王氏之死》述說了艱難之世事是如何一步步將婦人王氏推向死

[47] Victoria B. Cass, "Review of *The Death of Woman Wang*," 551.

[48] 呂炳強為處於深處的行動歷程架設了主體時間（回憶過去、注意現在、期望未來），為處於表層的事件序列架設了物理時間（較早—較晚），孫宇凡也運用這一區分分析了史景遷的文本，見呂炳強：《凝視、行動與社會世界》（臺北：漫遊者文化，2007 年），頁 221-233、246-252。孫宇凡：〈時間、因果性與社會學想象力：與成伯清商榷〉（2017 年）。

亡的深淵，以致整本書的大部分都如同婦人王氏之死的註腳。[49] 在這本書中，直至第五章《私奔的女人》的中間部分，王氏才登場。但是，在前五章半中被頻頻使用的蒲松齡《聊齋志異》材料，在此之後只作為王氏的死前夢境內容引用過一次，而在王氏死後的部分（包括第六章）便徹底不再引用了。由於史景遷在第一章《觀察者》中，將蒲松齡列為其中，因而有理由相信，蒲松齡作為觀察者的任務那一時點便結束了。這樣的複雜關係也反應了史景遷在步步推進地過程中，熟練地切換了他的化身對象，看到不同的被觀察世界，提出不同的假設並予以檢驗。

在前四章多的篇幅裡，史景遷一直依賴蒲松齡這位「觀察者」——準確地講，是被觀察的觀察者。但問題在於，相較于《福惠全書》、《郯城縣誌》而言，史景遷是希望用這樣的材料來瞭解當地人的「寂寞、性愛、夢想」，以完成這本書的兩個目標：一是描述一個平凡的地方社會。二是「個人的特性」[50]。

為此，史景遷不厭其煩地試圖說服讀者：由於身居與郯城接壤的淄川縣，蒲松齡講述的一些故事的原型可能來自於家鄉附近。[51] 以此基礎，史景遷通過化身蒲松齡，使得小說文本的指向聚焦於郯城記錄，形成相互映照的關係——畢竟這是蒲松齡原初的小說，與以康熙為中心的實錄或起居注的根本區別之一。

例如，在論述女性喪偶後的「節烈」問題時，史景遷通過引述《聊齋志異》的故事說明寡婦在財務壓力、再婚壓力下的處境，並同時引

---

[49] Victoria B. Cass, "Review of *The Death of Woman Wang*," 551.

[50] 史景遷認為，關於近代以前的中國鄉村研究，有兩種傾向：第一種是關注廣地域、長時段，以致忽視「個人的特性」，另一種是關注地方特色（如出過哪些名人），而對默默無聞的縣難以瞭解，見史景遷（Jonathan D. Spence）著，李孝愷譯：《王氏之死：大歷史背後的小人物命運》（桂林：廣西師範大學出版社 , 2011 年），頁 15-16。

[51] 史景遷（Jonathan D. Spence）著，李孝愷譯：《王氏之死：大歷史背後的小人物命運》（桂林：廣西師範大學出版社，2011 年），頁 46、71、75、79、105-106。

用《縣誌》中的案例對照說明蒲松齡對該問題的看法（「寡婦需要道德和確切的目的」）。雖然是文學表述，但是「寂寞、性愛與夢想」方面確可通過歷史描述中得到驗證了。[52]如此一來，史景遷才會說「蒲松齡是他那個時代的一個中國人的聲音，而《王氏之死》正是為了表達當時中國人的聲音」，也才需要「綜合使用」兩種材料，[53]將作為事件序列的郯城記錄轉化為蒲松齡主觀的行動歷程所觀所想。[54]史景遷化身蒲松齡，對其所觀察的郯城記錄進行假設檢驗的過程，見下圖。

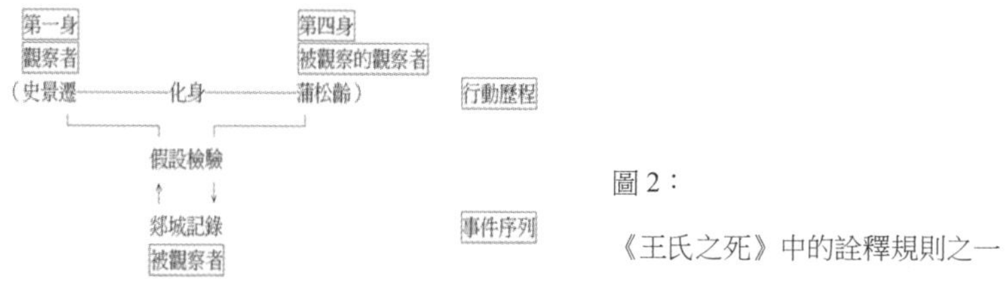

圖 2：

《王氏之死》中的詮釋規則之一

不過，當王氏登場之後，史景遷便靈活地暫時拋開蒲松齡這個化身，轉而直接化身王氏，這尤其反映在關於王氏離開丈夫任某之後和另一個男人出逃，並在王氏歸鄉之前這段出逃時間的描寫。

史景遷頻繁地以「如果⋯」的句式，如同謀士一樣為沒有聲音的王氏出謀劃策。他提出了三種假設：第一，史景遷雖然說「不知道兩個人打算到哪裡」，但又說「從地圖上可以看出，他們最初有三個選

---

[52] 史景遷（Jonathan D. Spence）著，李孝愷譯：《王氏之死：大歷史背後的小人物命運》，第 3 章。

[53] 這並非意味著兩種之間總是相互支援的關係。從假設檢驗的角度來看，也可以是相互辯駁。例如蒲松齡也質疑當時當地《縣誌》中「節烈」記錄的偏袒問題，見史景遷（Jonathan D. Spence）著，李孝愷譯：《王氏之死：大歷史背後的小人物命運》，頁 78-80。

[54] 盧漢超：〈史學的藝術——史景遷訪談錄〉，頁 34-35。孫宇凡：〈時間、因果性與社會學想象力：與成伯清商榷〉（2017 年）。

擇」，包括邳州、郯城和沂州，並逐一分析了這三個選擇的利弊。[55]第二，史景遷指出「這對情侶需要一個藏身處」，隨後又開始分析王氏的行為在法律上的犯罪定位，及其對逃亡生活可能帶來的影響。[56]第三，史景遷又進一步指出王氏被愛人拋棄後在郯城自己獨立生活、尋找工作機會的可能性。[57]

這三個方面的分析反映了史景遷一方面通過縣誌等事件記錄提供資料，另一方面從王氏的角度提供反事實假設。例如：如果留下獨立生活而非返鄉要面對怎樣的處境？此時的零假設為王氏選擇單獨逃亡，備選假設為王氏選擇返回老家。為了推論王氏的「選擇」，史景遷分析了郯城記錄，瞭解到當時當地對女性「並未給她們提供太多的工作」，因此作為歷史故去的王氏，在假設檢驗中得到了史景遷的化身式推論，並借助史景遷搜集的記錄資料思考當時處境。

由此，史景遷雖然描述的是郯城記錄，但卻讓讀者體會到一個「私奔女人」的行動歷程。畢竟，史景遷在第一次提到王氏時，是在講述完蒲松齡的一則故事之後：「但那些沒有魔法、金錢做靠山的郯城女性該怎麼辦呢？嫁給任姓的男子王氏又該怎麼辦呢？」史景遷的「怎麼辦」提問（作為假設）是從行動者王氏出發，資料是從郯城縣中諸般事件出發，二者正是輾轉于史景遷化身王氏，詳見下圖。

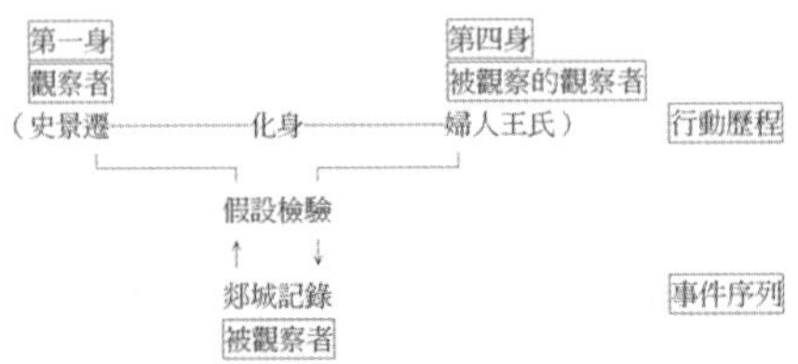

圖 3：《王氏之死》中的詮釋規則之二

55 史景遷（Jonathan D. Spence）著，李孝愷譯：《王氏之死：大歷史背後的小人物命運》，頁 134-136。

56 同前註，頁 136-139。

57 同前註，頁 139。

故事的高潮是王氏回到丈夫任某身邊並被他殺害之前的夜晚，做了一個由史景遷為她編織的、關於「寂寞、性愛與夢想」的美夢。[58] 這一大膽的嘗試當然打破了歷史與文學的界限，[59] 但確實「使歷史寫作接近藝術以取得更深層的效果」。[60]

如果對照此處和前四章半的部分中的引文可以發現一個強烈的反差：前部分中，蒲松齡的引文均是單獨成段，一引一用，甚至出現了大篇幅地引用一個故事的情況[61]。到了編織王氏的夢境之時，史景遷標注引用 38 次，橫跨蒲松齡的文本從第 60 頁到第 1535 頁不等。[62] 如何理解這種差別呢？

如上所述，蒲松齡一直是被觀察的觀察者：被史景遷觀察的同時又作為史景遷笔下的觀察者。但在此處，史景遷延續了自己作為婦人王氏化身的時刻，蒲松齡則只是被觀察者。夢境紡織的過程，如同是王氏去閱讀蒲松齡的文學世界（《聊齋志異》），而史景遷則需要想象夢境中的王氏與這個文本世界中的諸種記錄之間的假設檢驗關係。

也就是說，由於文學世界的記錄代替了歷史世界的記錄，夢境中的王氏代替了現實中的王氏，二者完全脫離了歷史世界。但是，史景遷的化身卻得以帶入他對郯城女性的「寂寞、性愛與夢想」的理解，

---

[58] 史景遷（Jonathan D. Spence）著，李孝愷譯：《王氏之死：大歷史背後的小人物命運》，頁 18。

[59] Victoria B. Cass, "Review of *The Death of Woman Wang*," 552.

[60] 盧漢超：〈史學的藝術——史景遷訪談錄〉，頁 30。

[61] 我檢查了這本書引用《聊齋志異》中故事的部分，凡獨立成段之處，除此之外，其它 17 處均為一則引用標一個註腳說明來自僅僅一則故事，並指說見附錄中蒲松齡原文。各則故事引文見史景遷（Jonathan D. Spence）著，李孝愷譯：《王氏之死：大歷史背後的小人物命運》，頁 35-36、37、38、39、41-44、44-46、61-62、65、66-71、78-79、80-87、95-96、97-105、120-121、121-122、123、124-126、126-133。

[62] 史景遷（Jonathan D. Spence）著，李孝愷譯：《王氏之死：大歷史背後的小人物命運》，頁 149-150。

沒有讓這個夢境天馬行空，而非努力保證它的歷史性——讓讀者認為一個適合王氏而非其他人做的夢，以及先是个得意滿足但又瞬間回到恐怖現實的夢境而非其它夢境。因此，史景遷如此大篇幅修剪與拼貼文學材料而非如此前那樣直取一則故事，也正是化身王氏給作者帶來的限制，使其儘管在文學中仍只停留在歷史的「可能」。這樣的詮釋規則如下圖所示。

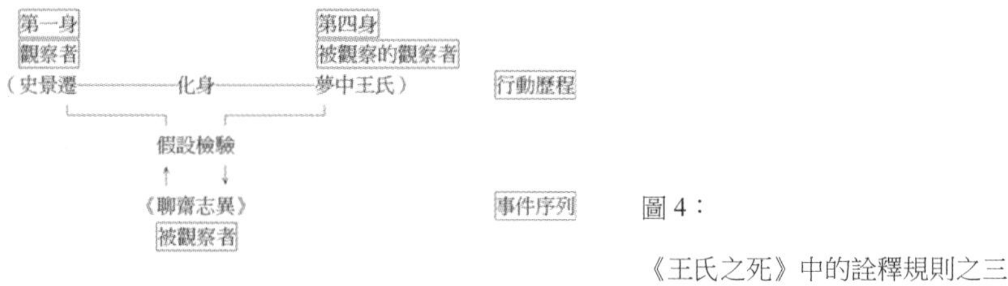

圖 4：

《王氏之死》中的詮釋規則之三

五、結語

也許正因為史景遷這樣的化身式書寫，鄧為寧才評價他不僅使用了蒲松齡的「視角」（angle of vision），甚至將之內化了（internalized），甚至做得比蒲松齡還要好。[63] 我接受這樣的說法，並將「視角」、「內化」進一步聯接述平的「某與人」所傳達出的、呂炳強關於「第四身」文法學理論之創見，由此深化到柯嬌燕和孫宇凡關於詮釋與敘事、因果性與假設檢驗的構想。

確實，在這樣的深化過程中，學界關於史景遷身份之爭的主流看法也都有可取之處：文學之長，長於化身術；歷史之優，優於因果性。歷史與文學的邊界不僅並不固定，更要靠歷史的規則來挖掘和組織證據，以及靠文學的想像來理解歷史證據及其推論。

更為重要的是，這樣的理論取徑並非外來地套用，而是從史景遷的文本式疑問與脈絡式疑問中生發出來的銜接。畢竟正如上面所分析的，史景遷在《大汗之國》一書已經蘊含了被觀察者、被觀察的觀

[63] Victoria B. Cass, "Review of *The Death of Woman Wang*," 551.

察者和觀察者的化身式三重結構與虛構傳統，而他在《康熙》、《王氏之死》等作品中的歷史詮釋也應用與發揮了這樣的結構與傳統。因此，本文實際上並非「介入」或「改譯」史景遷，而只是以理論為工具，進一步澄清融貫性的史景遷。

當然，由於研究取徑所限，本文仍有三個問題未能充分展開，希望在結尾處拋磚引玉，引起學界進一步思考。第一，拓展文本。儘管本文按照史景遷的傳記寫作類型分別處理了兩個文本，但史景遷更多文本中的細節分析仍有待進一步呈現。第二，重探理論脈絡。關於文學與歷史的關係，本文只是將有關爭論放回到史景遷的個案論述之中來化解，因此今後還有待反向探索，將之放回歷史學或文學理論脈絡來更為深刻的存在論或認識論的分與合。第三，重探漢學傳統。儘管史景遷挖掘了虛構傳統並自立於此，但如何在此脈絡中將史景遷與其它的漢學家加以比較，將也是今後研究的議題。

最後，我以魏斐德對史景遷一段評價作為結語。魏斐德認為史景遷作品中最精彩的是《太平天國》一書的最後一幕——在陷落的太平天國都城，在法國人的軍營內外，不再有天國的信仰、只剩下忙碌的西方商船以及凝視夜光與聆聽信號的士兵。這樣描寫雖然因細緻之至而具有「歷史性」，但「作者將自己的視角融入了條約口岸和戰場的廣角鏡頭之中，……。它能夠回饋出存在於虛構和事實之間的多重性張力」[64]。

[64] Frederic Wakeman Jr., “Telling Chinese History,” *Modern China* 24.2 (1998): 162.

引用文獻

陳國棟：〈史景遷（Jonathan Spence）〉，《近代中國史研究通訊》第 14 期，1992 年 9 月，頁 80-87。

康無為（Harold Kahn）著：《讀史偶得》，臺北：中央研究院近代史研究所，1993。

侯方峰：〈論史景遷的歷史敘事寫作〉，《東嶽論叢》第 3 期，2014 年 3 月，頁 64-69。

李孝悌：〈代譯序〉，收入史景遷（Jonathan D. Spence）著：《王氏之死：大歷史背後的小人物命運》，桂林：廣西師範大學出版社，2011 年，頁 i-xvii。

盧漢超：〈史學的藝術——史景遷訪談錄〉，收入王希、盧漢超、姚平編：《開拓者：著名歷史學家訪談錄》，北京：北京大學出版社，2015 年，頁 28–47。

呂炳強：《凝視、行動與社會世界》，臺北 : 漫遊者文化，2007 年。

_______：《我思、我們信任與社會之奧秘》，臺北：漫遊者文化，2009 年。

呂炳強、李越民、孫宇凡、劉擁華：《聽與說 社會學電郵集 2012-2013》，北京：中國社會科學出版社，2013 年。

呂炳強、劉忠魏、孫宇凡等：《某與人 社會學電郵集 2014-2015》（未刊稿）。

馬金生：〈試論史景遷的著史風格〉，《史學理論研究》第 4 期 2007 年，頁 93-102。

史景遷（Jonathan D. Spence）著，溫洽溢譯：《前朝夢憶》，桂林：廣西師範大學出版社，2010 年。

史景遷（Jonathan D. Spence）著，李孝愷譯：《王氏之死：大歷史背後的小人物命運》，桂林：廣西師範大學出版社，2011 年。

_______：《康熙：重構一位中國皇帝的內心世界》，桂林：廣西師範大學出版社，2011 年。

史景遷（Jonathan D. Spence）著，溫洽溢、吳家恒譯：《雍正王朝之大義覺迷》。桂林：廣西師範大學出版社，2011 年。

史景遷（Jonathan D. Spence）著，朱慶葆等譯：《太平天國》，桂林：廣西師範大學出版社，2011 年。

史景遷（Jonathan D. Spence）著，阮叔梅譯：《大汗之國》，桂林：廣西師範大學出版社，2013 年。

史景遷（Jonathan D. Spence）著，陳信宏譯：《胡若望的疑問》，桂林：廣西師範大學出版社，2014 年。

史景遷（Jonathan D. Spence）著，溫洽溢譯：《改變中國：在中國的西方顧問》，桂林：廣西師範大學出版社，2014 年。

述平：《某》，武漢：長江文藝出版社，2011 年。

孫宇凡：〈君主與化身的奧秘：從孔飛力的《叫魂：1768 年中國妖術大恐慌》出發〉，《社會學評論》第 6 期，2016 年 12 月，頁 76-93。

______：〈「四兩撥千斤」與「鐵磨鐵」：葉啟政與呂炳強的本土社會學之比較與對話〉，發表於2016年臺灣社會學會年會，花蓮：國立東華大學，2016 年 11 月 26-27 日。

______：《時間、因果性與社會學想象力：與成伯清商榷》，《社會理論學報》，2017 年 3 月，頁 155-181。

汪榮祖：〈夢憶裡的夢囈〉，《近代史研究所集刊》第 65 期，2009 年 9 月，頁 139–149。

______：《書窗夢筆》，臺北：麥田出版，2006 年。

鄭培凱、鄢秀：〈總序：妙筆生花史景遷〉，收入史景遷（Jonathan D. Spence）著：《大汗之國：西方眼中的中國》，桂林：廣西師範大學出版社，2013 年，頁 i-xiv。

Cass, Victoria B., “Review of The Death of Woman Wang,”*The Journal of Asian Studies* 39.3（1980）: 550–552.

Cohen, Paul A., “Review of *To Change China: Western Advisers in China,1620-1960*,” *Pacific Historical Review* 39.2 (1970): 253–254.

Emmanuel, Akyeampong, Caroline Arni, Pamela Crossley, Mark Hewitson, and William Sewell Jr., “AHR Conversation: Explaining Historical Change; Or, The Lost History of Causes,” *The American Historical Review* 120(2015),1369-1423.

Mazlish, Bruce. “The Question of the Question of Hu.” *History and Theory* 31.2 (1992): 143–152.

Reed, Isaac Ariail, “What is Interpretive Explanation in Sociohistorical Analysis?” in *Inheriting Gadamer: New Directions in Philosophical Hermeneutics*, ed. Georgia Warnke. Edinburgh: Edinburgh University Press, 2015.

Penney, Matthew. "Making History: Manga between Kyara and Historiography." In *Manga and the Representation of Japanese History*. ed. Roman Rosenbaum, London and New York: Routledge, 2012.

Spence, Jonathan D., "Margaret Atwood and the Edges of History," *The American Historical Review* 103.5 (1998): 1522-1525.

Wakeman, Frederic Jr., "Telling Chinese History," *Modern China* 24.2 (1998): 162.

—————., "Jonathan Spence Biography," In *The General Meeting Booklet, 2005 AHA Annual Meeting*,https://www.historians.org/about-aha-and-membership/aha-history-and-archives/presidential-addresses/jonathan-spence-biography

福爾摩沙之召喚——
探索蘇格蘭傳教士李庥牧師之臺灣心

翁瓊華 *

〔摘 要〕

本文探討首位至福爾摩沙之蘇格蘭傳教士李庥牧師（Rev. Hugh Ritchie），為實現上帝旨意不畏艱險，全心投入尚未開發之蠻荒地 - 福爾摩沙，達成服務奉獻之心路歷程。以堅定信仰面對語言、文化和生活習慣之差異，以溝通、破除與化解種種困境，從衝突、對立與排斥，至容忍、接受與互助，其運用西方知識教育民眾，實現上帝之愛。秉持不懈精神通過重重藩籬，建立他理想中的傳教場域，在台期間足跡遍佈南台灣，為南部與東部設立多所教會，且為福爾摩沙教民建立學習環境，創辦臺灣女學。唯因過於勞累，致其身影長留福爾摩沙，永遠安息在臺灣。本文以有限的文獻資料，將其可貴及短暫之生命呈現，以彰顯李庥牧師犧牲奉獻之精神。

關鍵詞：福爾摩沙、李庥、蘇格蘭、傳教士、佳美腳蹤

* 國立中山大學中國文學系博士生。

一、前言

十九世紀中，外國人士進入中國遊歷、傳教、租買土地及興建教堂等條款開放後，基督教即如帝國主義霸權般之強勢，將基督教義傳至東方。英國聯合長老教會（United Presbyterian Church）藉此派遣海外宣教師宣揚教義，以關懷與愛心，犧牲與奉獻之精神，兼以醫學技術與科學思想，達至傳揚福音之目的。在福爾摩沙教友們殷切的召喚下，傳教士秉持上帝旨意，堅信主耶穌力量，展現出他們的真誠、熱心、寬容、耐心及誠心，無怨無悔付出，將福音之光照耀臺灣，喚起人心，點亮群眾，引領住民認識上帝，認識自我，開啟其視野與觀念。透過傳教士之宣導、訓練與教育，改變福爾摩沙居民傳統封閉之觀念，由排斥、推卻，至面對、接受，甚而延續傳道之職責。傳教士們將融化住民心性之功勞，歸於上帝之榮耀，其生命之主宰權歸於主，視上帝為至友，全心信任與依靠祂協助，即如李麻牧師（Rev. Hugh Ritchie）[1]在其唯一著作之聖詩詞中述及「我有至好朋友，耶穌屬我…依靠救主得勝，能得稱義成勝…我信靠祂幫助…」[2]。

自 1865 年首位來台的馬雅各醫師（Dr. James Laidlaw Maxwell）[3]至 1867 年為協助醫師而來福爾摩沙的李麻牧師及夫人[4]，為實踐自我

---

[1] 李麻（Hugh Ritchie，1840-1879）蘇格蘭人，畢業於蘇格蘭格拉斯哥大學 (University of Glasgow) 之後再進入倫敦英國長老教學院研讀。是英國長老教會宣教士。臺灣宣教先驅、牧師。於 1867-1879 年在臺服務。參見《華人基督教史人物辭典》網址：http://www.bdcconline.net/zh-hant/stories/by-person/l/li-xiu.php（檢索：2017 年 3 月 29 日）。

[2] 李麻（Hugh Ritchie）作詞〈我有至好朋友〉，《聖詩》第 158 首，台灣基督長老教會總會編訂 2011 年 1 月。（案：舊聖詩為第 285 首）。

[3] 馬雅各（James Laidlaw Maxwell，1836-1921）蘇格蘭人，畢業於愛丁堡大學。英國長老教會醫療宣教士，臺灣醫療宣教的先驅者；臺南新樓醫院的創始人。於 1865-1884 年在臺服務。參見《華人基督教史人物辭典》網址：http://www.bdcconline.net/zh-hant/stories/by-person/m/ma-yage.php（檢索：2017 年 3 月 29 日）。

[4] 伊莱莎・李麻（Elizabeth Cooke Ritchie，1828-1902），李麻夫人，對早期教會女子教育有重大貢獻，目前台南長榮女子中學即是李麻夫人任女宣教師時所創辦。參

服務奉獻之意念，堅決不畏艱辛勞苦，貢獻其精華歲月，投注在未開發的福爾摩沙土地及人民身上。

二、開展福爾摩沙之福音

英國長老教會透過杜嘉德牧師（Rev. Carstairs Douglas）[5]銳利觀察，馬雅各醫師精湛醫術，將基督福音觸角延伸至黑暗、蠻荒、迷失的異邦—福爾摩沙。[6]運用醫療結合傳道方式維護民眾健康，進而吸收福音之種籽。因馬雅各醫生無執行洗禮聖典權責，於 1866 年向英國長老教會尋求協助，[7]教會即派遣領有牧師職之宣教師來台，唯該牧師於航行途中發生海難葬身大海。[8]

迫於福爾摩沙之緊急狀況，教會乃提前任命尚在學之李庥為「牧師」。他原計畫先完成神學課程，再至德國愛爾朗根 - 紐倫堡大學（University of Erlangen - Nuremberg）修習德語知識，祈學成後依願至中國服務。於教會緊急授命，需放棄學業與計畫，李庥仍誠心領受，執行其終身嚮往之神聖任務，協助馬雅各醫師。於 1867 年臨行前，李庥向教會表示，期望與同樣富有虔誠、熱心、犧牲與奉獻之傳教精神的女友結婚，以便強化其在福爾摩沙宣教力量。[9]教會牧師們更告誡李庥，福爾摩沙之環境與氣候，將是他們要面對的挑戰，在牧

見《台灣歷史博物館》網址：https://women.nmth.gov.tw/information_101_39956.html（檢索：2017 年 12 月 26 日）。

[5] 杜嘉德牧師（Rev. Carstairs Douglas，1830-1877），蘇格蘭人，於 1851 年自格拉斯哥大學 (University of Glasgow) 畢業後進入蘇格蘭愛丁堡大學神學院深造，1855 年受派至中國廈門，極力鼓吹對台宣教，曾編《廈英大辭典》。甘為霖（William Campbell）原著，林弘宣、許雅琦、陳珮馨譯：《素描福爾摩沙：甘為霖臺灣筆記》（台北：前衛出版社，2009 年），頁 001。

[6] 楊雅惠：〈天國與異邦—近代蘇格蘭傳教士在福爾摩沙的時空視域〉，收入王成勉編：《傳筆下的大陸與臺灣》(台北：遠流出版社，2014 年)，頁 180-181。

[7] 教會公報出版社：《使信全覽（*The Messenger*）（V.18），1867》（台南，台灣教會公報社，2006 年），頁 21-22、111-112。

[8] 同前註，頁 43-48。

[9] 同前註，頁 174。

師及信眾們誠敬禱告、祝福與期盼下，祈願他們能注重健康且抵達目的地，以完成神聖使命。[10]

承蒙上帝保佑與兩國教眾敬禱下，李庥夫婦一行人歷經 117 天航程，雖曾遭遇惡劣海象，幸於 11 月 18 日安抵香港，至安息日上午再轉往廈門。停留廈門期間，與其在中國從商之同學會面，也參觀廈門之教會據點，且與教友及英美籍牧師們相互學習與祝禱。聽聞英籍牧師以當地語言講解福音，甚為驚訝，促使其於廈門待船期間更加努力精進語言。[11] 李庥於 12 月 13 日到達打狗港，其及時協助與支援，給予馬雅各醫生有更充裕時間服務信眾，更為此區之宣教工作增強不少力量，致教友們甚為興奮與歡呼。[12] 於先驅們相互教導下，民眾漸漸接受基督教義，慢慢改變木偶膜拜觀念，以禱告、祈禱與追思儀式，望求心靈慰藉。更為凝聚力量，籌建禮拜堂處所，可見傳教士無私奉獻之精神，終獲教友們實質回應，齊為耶穌基督崇高教義宣揚。

三、福爾摩沙之召喚

「你們往普天下去、傳福音給萬民聽。」(馬可福音 16:15)

對基督徒而言，上天選擇之處即是最佳地域。傳教士們肩負重大使命，滿懷信心不畏艱難之勇氣，至任何場域傳揚教義。就如加爾文主義要點所闡述「不可抗拒的恩典，人類不可能拒絕上帝的救恩，上帝拯救人的恩典不可能因為人的原因而被阻撓，無法被人拒絕。」[13]

(一) 克服險境，擁抱異域

十九世紀的臺灣仍具原始自然風貌，是海上另個世界，島上居民

[10] 同前註，頁 210-211，239，249。

[11] 教會公報出版社：《使信全覽（*The Messenger*）（V.19），1868》，頁 33-34。

[12] 同前註，頁 49。

[13] 林鴻信：《加爾文神學》（台北：校園書房，2004 年），頁 8。

被視為化外之民，被清政府撇為無任何經濟價值之土地。[14] 依李庥首次觀察，福爾摩沙是個傳播福音最佳場域，其豐富物產可成為出口貿易島國，就其地域論之，則是水深且廣，住民居於沙洲低窪處，[15] 如傳教士描述由廈門到福爾摩沙之艱辛與驚恐：

> 當時從廈門到福爾摩沙並沒有汽船可搭，我只好成了唯一搭乘小帆船橫渡海峽的乘客。我想，我當時的體驗與約拿很像，因為上帝派遣而來的強風讓我們那條又破陋又難聞的船隻，在海上搖晃到了極點。…當我快要接近打狗時，有艘竹筏冒險前來載…，對槳手來說，要成功滑到港口，實在是個艱鉅的任務，因為湍急的波浪所激起的浪花，一直不留情面地往我們身上飛濺過來，…上了岸，整個人疲憊至極。[16]

而船隻入打狗港之險象，如 1863-1870 年居留臺灣的英國人必麒麟（W.A. Pickering，1840-1907）描述：

> 臺灣西部的泥岸地層，在淺水灘與泥沙岸交錯之間，有一片肥沃的沖積平原，長約一百八十哩，寬平均有三十哩，…，有好幾條河流經這個平原，那些河流流程極短，加上從山上沖下來的大量沖積物堆積在出海口，形成沙洲或淺灘，因此妨礙了船隻的航行。…。臺灣西部最南端的港口是打狗 (Takao)。海港甚淺，因風沙填滿這個礁湖，又被潮水沖積到入口處，所以船隻停泊的部分日益縮小。越過淺灘，必須經過一條寬七十五碼

[14] 白尚德（Chantal ZHENG）著，鄭順德漢譯：《十九世紀歐洲人在臺灣》(台北：南天書局，1999 年)，頁 17。

[15] 教會公報出版社：《使信全覽（*The Messenger*）（V.19），1868》，頁 56-57。

[16] 甘為霖（William Campbell）原著，林弘宣、許雅琦、陳珮馨譯：《素描福爾摩沙：甘為霖臺灣筆記》，頁 3。

斷層，才能到達港口的入口。[17]

據此，人定勝天之思想難於落實於蠻荒原始地，李麻若無肩負上帝旨意，持以堅定意念，惦記福爾摩沙，秉懷虔誠奉獻之信仰，實難面對。

(二) 化解衝突，異教相容

漢人因面對自然環境之險峻與衝擊，需藉由宗教力量祈求神祇保佑以克服困境，膜拜神像成為其信心歸屬。漢民認為外籍傳教士向民眾灌輸基督信仰與教義，藉機詆毀他們原有信仰，目睹外國商人無限制開發島上物產而致富，民眾卻得不到任何報酬或利益，致產生排外心態。

李麻到任數月後，首度面臨激烈對抗。1868 年衝突事件達最高點「暴力程度嚴重威脅到在臺的外國人，導致糾紛頻傳，基督教堂橫遭破壞焚毀，中國傳道師被毆致死，傳教士受到攻擊，糾纏等嚴重事件。」[18] 李麻向英國長老教會之信件描述：

上星期六早上，在埤頭街上有位女子公開表明她有意加入天主教會，卻遭到人們認為是因教會給她喝下毒水導致其有此瘋狂意念。當時我們的一位助手 T' iong 在場說：「他們沒有這種東西」，這個簡單的話語，卻遭到暴民的一頓毆打。在逃跑中，他被暴民俘虜且送到監獄。[19]

群眾暴動因素除宗教問題，尚有因專賣限制品交易，引起官方、商人、教會和百姓間之對抗。人民情緒激亢以強烈手段對付外國人，致憤恨、爭吵、互罵、襲擊等事件不斷發生，中國官員坐視不管，任其

[17] 必麒麟（W.A. Pickering）著，陳逸君譯述：《歷險福爾摩沙》(台北：前衛出版社，2010 年)，頁 50-52。

[18] 白尚德（Chantal ZHENG）著，鄭順德漢譯：《十九世紀歐洲人在臺灣》，頁 103-104。

[19] 教會公報出版社：《使信全覽（*The Messenger*）（V.19），1868》，頁 147-148。

自然發展，導致事件愈發不可收拾。「從暴動不斷的教案，正可看出臺灣對外來者的排斥與抗拒，如果這些事件是文化差異主權扞格所造成的裂痕，在日後的傳教過程中必更盡心修補這些裂痕，再造一無所嫌隙、多元渾融的共同體空間。」[20] 李庥初入福爾摩沙尚未完全理解語言與文化時，即面對暴徒毀壞教堂，燒毀家具，書籍或藥品等事。衝突事件後，透過各方努力修補，教會與民眾關係獲得回報。李庥向英國報告信中提到：

> 有位曾經在國內從事生意的我們一個成員，於星期六晚上回到家，發現他的房子被掠奪，家人逃跑。而他被追趕到樹林裡，避難了幾個小時後，在安息日早上三點鐘到達這裡。當他為自己所建立的家庭被摧毀而哭泣時，我問他現在如何看待他所信奉的宗教。他回答說：「我永遠不會放棄基督，至於我的財產，這不重要。[21]

「顯然，歷史事件的突轉無論得利或受挫都有神的美意。…衝突的轉化，總是來自超越雙方的神秘力量…」[22] 牧師們懇切、謙讓之態度，讓教友們面對家破人亡之際，仍能放棄身外物，突破困境擁抱上帝，著實讓牧師們深感上帝之無私。然而，暴動依舊高漲囂張，暴力事件層出不窮，「事實真相是，道臺運用特權不理會福建總督，而直接呈報皇帝。清政府的外交部卻辯稱，臺灣府的行政長官隸屬總督管轄，在沒有接到福建方面的公文前，是無法處理的。中國的官場文化可說是遠東地區最繁文縟節的了。」[23] 其關鍵在於清官吏態度，他們無視民眾拆教堂、毆打信徒，將傳教士趕出臺灣，故引起英國發動炮艦佔

[20] 楊雅惠：〈天國與異邦—近代蘇格蘭傳教士在福爾摩沙的時空視域〉，頁 195。

[21] 教會公報出版社：《使信全覽（*The Messenger*）（V.19），1868》，頁 147。

[22] 楊雅惠：〈天國與異邦—近代蘇格蘭傳教士在福爾摩沙的時空視域〉，頁 208。

[23] 必麒麟（W.A. Pickering）著，陳逸君譯述：《歷險福爾摩沙》，頁 287-288。

領安平港，迫使清廷接受和約條款，教會重申傳教自由，清政府承認傳教士權益。[24] 也扭轉了基督教的劣勢立場。事件落幕後，李庥以打狗為基點，持續為福爾摩沙群眾講道及為教徒舉行施洗盛典。

(三) 破除觀念，文化互融

漢人對傳教士執行傳教活動總懷有敵意，認為傳教士顛覆他們原有信仰，故採取強烈抗拒與排斥否決之。除中西文化觀念差異外，也認為宗教與醫術有對價關係：

> 道光二十五年，廣東總督奏…。則方其入教也，有吞受藥丸、領銀三次之事，有掃除祖先神主之事，其同教有男女共宿一堂之事，其病終有本師來取目睛之事，其銀每次給百三十兩為貿易資本，虧折則複領。凡領三次則不複給，贍之終身。[25]

漢民認為接受教義就需將木偶神像銷毀，不同性別教友須同宿一室，若有病人往生，傳教士會把死者眼睛取下供基督教科學家研究之用「人們也懷疑傳教士吃人肉，…，最普遍的是認為人肉有療效，這觀念在社會上每個階層通行，這很可能與聖經上所提麵包和葡萄酒變成耶穌的身體和血有關」。[26] 福爾摩沙住民之文化習俗與西方觀念亦有差異，如李庥 1875 年至臺東傳教時，對於原住民宇宙觀之認知與形式深感不解，僅以客觀角度理解原住民對造物主的期望：

> 在這裡逗留期間，我經常仔細地詢問關於他們宗教情懷的事。從他們的一些宗教習俗中，很容易地可以推斷他們認為宇宙中

[24] 中央研究院近代史研究所編：《教務教案檔第三輯（一）》（台北，中央研究院近代史研究所），1975 年 2 月，頁 1-8。

[25] 魏源：〈天主教考下〉，《海國圖志》卷二十七，中國哲學書電子化計劃，網址：http://ctext.org/wiki.pl?if=gb&chapter=227#(檢索：2017 年 4 月 3 日)。

[26] 白尚德（Chantal ZHENG）著，鄭順德漢譯：《十九世紀歐洲人在臺灣》，頁 129。

存在一位至高的神，以及一個肉眼看不見的無形世界。出去打獵以前，原住民會將一顆檳榔剝開，放入一顆紅色珠子（琉璃珠，其他顏色不行），然後將這東西放在手掌上，對著上天搖動祝禱，希望天神能幫助和保佑狩獵平安順利，之後將檳榔放在地上，然後上路去打獵。當村落裡有人生病，巫師會用香蕉葉在病人身上揮動，親吻並吸吮病痛的部位，最後無論病人是活著或是死去，這位巫師唯一的酬勞就是這顆紅色珠子。這裡的人都喜歡飲用小米釀製而成的白酒。他們樂意見到的是，偶然有一個人在喝酒前將手指伸入杯裡沾酒，然後灑幾滴在地上，其他人也跟著做，之後就將酒喝了，沒有舉行任何其他儀式。當他們殺死一個敵人，就會灑一些酒在地上，用以祭祀被殺者的靈魂。由於檳榔是部落與部落間和解的象徵物，提供檳榔和深紅色的珠子意味著一個深遠的期待，就是希望與造物主維持和平。[27]

臺灣原住民部落多半為母系社會，在婚姻上女性擁有自主與自由的權利，這與漢民族以男性為主，女性屈居卑微地位迥異，讓李庥甚感訝異，如其信件中特別標出原住民之婚俗（Marriage Customs）：

如果有姑娘心裡中意一位青年，為了表明她的愛，她會經常去男方家或男方的田裡協助做事。如果她成功贏得了男方的感情，她就帶他回到自己的家裡。結婚當天，這丈夫送禮物給新娘的父母，布匹、一把槍、一個陶甕和殺一隻豬，並且圍坐喝酒。如果丈夫希望帶領妻子到其他地方，但是新娘的父母親仍

[27] 李庥（Hugh Ritchie）著，潘稀祺編譯：〈東福爾摩沙旅行札記〉《教務雜誌》第 6 期，頁 206-211。原文參見教會公報出版社：《使信全覽（*The Messenger*）（V.23），1875》，頁 217。

健在的話，妻子不會跟他一起離開。[28]

原住民們保存自我傳統文化之觀念較之於漢人堅定，外籍人士認為「他們不像北美印第安人那麼粗魯，比他們還純潔，天性溫柔安詳，他們彼此相親相愛，相互扶持，不為私利不重視金銀。」[29] 對照「漢人的陰險與狡猾，無論是山地原住民或平埔族則純樸和善與坦白。」[30] 原住民單純、坦蕩之個性，是基督教福音易於傳入部落因素之一。而漢人接受度雖不如原住民快速，唯其觀念改變後則不輕易轉移，1869年7月7日李庥曾記載：

有位信徒因其子生病未癒，故而將其收集之木偶及石頭神像，聚集在門前焚燒及毀壞它們，其鄰居警告他，如此作為將引起天神怒殺其子，奪去其生命，但這父親告知鄰居們說，他的小孩是從上帝而生，並非由石木神像而來，即使天父要帶走他兒之生命，他仍然是信靠上帝的。幾天後，這孩子痊癒的非常好。[31]

不以強制高壓力量逼迫信眾，以真誠態度教予正確思考方向，翻轉人心朝向理智之希望，接受信徒固有文化，轉換其態度。李庥曾說「通常上帝真理曙光，會逐步慢慢地照耀在純樸的人心裡」。[32]

(四) 克服語言，用心教導

在臨危授命下，李庥夫婦來台前，先至廈門據點及其周圍駐點參訪教堂時，首次聽聞牧師以廈門話與群眾講道，甚為驚訝。來臺後努

[28] 同前註。原文參見教會公報出版社：《使信全覽（*The Messenger*）（V.23），1875》，頁 218。

[29] 白尚德（Chantal ZHENG）著，鄭順德漢譯：《十九世紀歐洲人在臺灣》，頁 32。

[30] 必麒麟（W.A .Pickering）著，陳逸君譯述：《歷險福爾摩沙》，頁 91。

[31] 教會公報出版社：《使信全覽（*The Messenger*）（V.19），1869》，頁 246。

[32] 同前註，頁 198。

力學習閩南語、客語和原住民語言[33]。到達福爾摩沙約十個月後，其鼓起勇氣以不純練的閩語為當地群眾佈道，福爾摩沙住民們仍試圖理解牧師的語詞，以寬容態度接納他，以上帝之力支撐傳教士之決心與毅力。[34] 在面對文盲住民時，李庥以「製作字卡」及「個別指導」用心教導，讓住民慢慢認識文字，閱讀經文。李庥曾紀錄：

> 我妻子和我去崗仔林探訪，…，有些學生是初學者，…很輕易地在一周內就學完字卡 (初級讀本)…，…女孩及婦女每日學習閱讀，所有學生依序逐一的教導，…大概有三分之二是初學者，他們對學習閱讀都相當渴望。[35]

原住民各族群之語言相異，無文字相互溝通，「沒有一個婦女對書本有任何知識。熟番的方言並沒有文字可書寫。他們對漢語的了解也僅限於口語的用法。」[36] 李庥夫婦透過原熟習本族語者，亦能識漢字之熟番代為轉述及溝通，以另類方式教導原住民，讓他們認識聖經，閱讀經文，相互溝通。其誠懇與耐心超越一般人，對漢人、平埔族或原住民總秉持相同態度。

四、福爾摩沙之蹤跡

李庥抵達打狗後，即努力學習語言與住民直接溝通，再積極投入宣揚福音工作，導引住民認識上帝成其子民，開展據點延伸佈道場域，足跡遍及各地為信眾祈禱。

---

[33] 教會公報出版社：《使信全覽（*The Messenger*）（V.19），1868》，頁 56、115。

[34] 教會公報出版社：《使信全覽（*The Messenger*）（V.19），1869》，頁 5。

[35] 教會公報出版社：《使信全覽（*The Messenger*）（V.26），1878》，頁 92。

[36] 李庥（Hugh Ritchie）：〈在熟番婦女間從事主的工作〉，摘自：《英國長老教會的史信與傳教士記事》（1878 年 5 月 1 日），頁 92，收入於費德廉（Douglas L. Fix）、羅效德（Charlotte Lo）編譯：《看見十九世紀台灣》（台北：如果出版，2006 年），頁 222-223。

(一)矢志奉獻，傳揚福音

上帝賦予人信心與勇氣足以化解眼前困境，成就未來。李庥憑藉其意念，矢志奉獻，從事宣揚福音工作。此心意早在其為學生時已具備。與李庥在大學時即已舊識的甘為霖牧師回敘：

> 當時他是個頂勤奮的學生，做任何事都謹慎正直，同學們都非常清楚，他準備將來要到外邦人中服事，他凡事都與此目標保持密切關係，因此讓人對他懷抱著最高的敬意。我們都喜歡他坦誠，開放的作風，長久跟他在一起，而看不到在他前面有個高尚的理想，且有意如此行，是不可能的事。…，在學院修完神學課程後，奉派到福爾摩沙，長久懷抱要投入外國宣教工場的期望終得實現。[37]

在福爾摩沙共事期間，甘為霖牧師觀察到李庥「個性慷慨，熱心事主，能犧牲自我的偉大宣教師。他在工作和生活中非常重視『禱告』的事。」[38] 透過禱告與天父對話，將喜樂與憂愁傳遞上帝，尋求心靈平靜，突破語言障礙，與信眾溝通無礙，教導民眾自行閱讀認識上帝。文獻上曾紀錄「李牧師為人忠誠，熱心於救人年的工作。住在旗後時，曾招募許多人研究聖經，同時訓練他們成為傳道者。」[39] 李庥宣教初期以打狗及臺灣府為目標而成立傳道班，為擴大傳道，藉助漢族教友協助，將打狗傳道養成班與臺灣府合併為一所「大學」[40]，作為培養傳道人才之場所。李庥親自擔任講師，為學生講授「舊約概論、天文學、地理學等學科，讓學生從望遠鏡觀看土星、木星、月亮運動之情

[37] 甘為霖（William Campbell）原著，陳復國譯著：《台灣佈教之成功》（臺南市：教會公報出版社，2007 年），頁 254-255。

[38] 潘稀祺編著：《台灣盲人教育之父—甘為霖博士傳》，頁 98。

[39] 楊士養編著：《台灣信仰名人略傳》第一集，頁 13。

[40] 此即為「台南神學院」之前身。

形。」[41] 其不遺餘力將其知識傳授，期望福爾摩沙住民感受上帝福祉，成為上帝子民。

（二）逐步踏查，佳美腳蹤

海外宣教師主要任務乃為傳福音及建立民眾信仰，運用自身知識與專長教導當地民眾，「關心可能令宣教士關心注意的歷史、地質學、人種學、社會學，或其他方面的科目，都必須考慮到它與福音的關係。」[42] 李庥於 1868 年底起，即馬不停蹄地至福爾摩沙各地講道，設立教場、成立教會，為群眾舉行洗禮儀式等，足跡遠至福爾摩沙後山，是第一位將福音傳至臺東地區的傳教士。傳教途中忍受相當多煎熬，巔簸，艱辛與驚險路程，在其宣揚下教會與教徒數量倍增。甘為霖牧師於 1871-1872 年曾兩次陪同巡視李庥所建立之教會，首次由台灣府出發，至打狗、東港後、竹仔腳等教會[43]。第二次則由打狗、碑頭、阿里港、木柵、柑仔林[44]、木柵[45]、拔馬[46]、崗仔林[47]等教會巡視。

傳教士為群眾講解福音，信守教義了解洗禮之意義，乃因「受洗無法　救贖，而是要信仰主，且依靠祂的工才會得救。受洗是希望公開信服祂，逐漸了解其教義」[48] 根據文獻記載，將李庥設立教會及受洗人數以下表顯示，藉此了解其對福爾摩沙之貢獻。

---

[41] 楊士養編著：《台灣信仰名人略傳》第一集，頁 14。

[42] 偕叡理（George Leslie Mackay）原著，林晚生漢譯，鄭仰恩校注：《福爾摩沙紀事—馬偕臺灣回憶錄（From Far Formosa）》(台北：前衛出版社，2007 年)，頁 125。

[43] 甘為霖（William Campbell）原著，林弘宣、許雅琦、陳珮馨譯：《素描福爾摩沙：甘為霖臺灣筆記》，頁 10-11。竹仔腳（即屏東縣林邊鄉）。

[44] 柑仔林即高雄市內門區溝坪村。

[45] 木柵即高雄市內門區木柵教會。

[46] 拔馬即為台南市左鎮區左鎮村。

[47] 崗仔林即台南市左鎮區崗林村。

[48] 甘為霖（William Campbell）原著，林弘宣、許雅琦、陳珮馨譯：《素描福爾摩沙：甘為霖臺灣筆記》，頁 015。

表一、李庥牧師在臺期間於南部地區所建立之教會

	成立時間	教會名稱	資料記錄來源
1	1869/1/31	埤頭拜堂	*The Messenger*, May 1869 p.122
2	1869/5/17	阿里港教會	*The Messenger*, Aug. 1869 p.198
3	1871/1/31	阿猴城禮拜堂	*The Messenger*, May 1871 p.105
4	1872/1/14	竹子腳教會	*The Messenger*, May. 1872 p. 112
5	1872/4/22	杜君英禮拜堂	*The Messenger*, Aug. 1872 p. 184
6	1872/5/19	鹽埔禮拜堂	*The Messenger*, Oct. 1872 p. 230
7	1872/7/7	東港禮拜堂	*The Messenger*, Oct. 1872 p. 236
8	1873	加蚋埔教會	*The Messenger*, July 1873 p. 191 192
9	1873	橋仔頭教會	*The Messenger*, July 1873 p. 191 192
10	1874	客家南岸教會	Campbell Missionary, Vol. I pp.442-445

* 研究者根據《臺灣基督長老教會歷史年譜》記載由李庥設立教會之內容整理。

表二、由李庥牧師執行受洗之人數

	時間	地點	受洗人數	資料記錄來源
1	1868/6/14	打狗	4 人	*The Messenger*, Oct.1868 p.219
2	1869/6/27	臺灣府	7 人	*The Messenger*, Oct.1869 p.247,248
3	1869/9/14	臺灣府	5 人	*The Messenger*, Dec.1869 p. 290
4	1869/12/22	阿里港	24 人	*The Messenger*, Apr. 1870 p. 85
5	1869/12/22	埤頭	22 人	*The Messenger*, Apr. 1870 p. 85
6	1869/12/22	打狗	9 人	*The Messenger*, Apr. 1870 p. 85
7	1870/1/24	打狗	3 人	*The Messenger*, June 1870 p. 135
8	1870/2/13	埤頭	7 人	*The Messenger*, June 1870 p. 135
9	1870/3/27	阿里港	9 人	*The Messenger*, July 1870 p. 160
10	1870/5/8	木柵	19 人	*The Messenger*, Sep. 1870 p. 215
11	1870/5/22	埤頭	7 人	*The Messenger*, Oct. 1870 p. 238
12	1870/6/3	阿里港	9 人	*The Messenger*, Oct. 1870 p. 239
13	1870/8/7	木柵	43 人	*The Messenger*, Nov. 1870 p. 264
14	1870/10/23	阿里港	7 人	*The Messenger*, Feb. 1871 p. 37
15	1870/12/13	木柵	33 人	*The Messenger*, Mar 1871 p. 65
16	1871/2/19	阿里港	9 人	*The Messenger*, July 1871 p. 160
17	1871/2/26	打狗	6 人	*The Messenger*, July 1871 p. 160
18	1871/7/21	臺灣府	4 人	*The Messenger*, Nov. 1871 p. 254

19	1871/7/16	埤頭	5 人，按立長老 1 人	*The Messenger*, Nov. 1871 p. 254
20	1871/7/23	東港	8 人	*The Messenger*, Dec. 1871 p. 277
21	1871/8/6	阿里港	12 人	*The Messenger*, Dec. 1871 p. 278
22	1871/9/8	木柵和拔馬	49 人	*The Messenger*, Dec. 1871 p. 279
23	1871/9/11	大社	10 人	*The Messenger*, Dec. 1871 p. 280
24	1871/11/5	埤頭	4 人	*The Messenger*, Feb. 1872 p. 41,42
25	1871/11/12	阿里港	14 人	*The Messenger*, Feb. 1872 p. 41,42
26	1871/11/21	東港	6 人	*The Messenger*, Feb. 1872 p. 41,42
27	1872/2/14	竹仔腳	14 人	*The Messenger*, June 1872 p. 135
28	1872/3/26	埔社	22 人	Mackay,op.cit.p.37; Campbell, Missionary Success, Vol. I, p.271
29	1872/5/5	阿里港	2 人	*The Messenger*, Oct. 1872 p. 230
30	1872/5/7	木柵等	43 人	*The Messenger*, Oct. 1872 p. 230
31	1872/6/30	竹仔腳	11 人	*The Messenger*, Oct. 1872 p. 235
32	1872/7/7	東港	1 人	*The Messenger*, Oct. 1872 p. 236
33	1873/2/28	杜君英 / 加蚋埔 / 橋仔頭	11 人	*The Messenger*, July 1873 p. 191 192
34	1873/3/6	打狗	6 人	*The Messenger*, July 1873 p. 191 192
35	1873/5/4	加蚋埔	2 人	*The Messenger*, Sep. 1873 p. 238

* 研究者根據《臺灣基督長老教會歷史年譜》記載李庥執行受洗之內容整理，共 457 人受洗 [49]。

李庥深入教區投以關注，不論路徑驚險與否都不足以令他怯步，只為主服事造福住民。「我們可看到在那個年代醫療傳道對宣教帶來的助益，福音從府城到打狗，再帶回遠遠的漁村東港。醫療宣教師不只是醫病，也教導福音真理，奠定信仰根基，以致得醫治的病人可繼續把福音帶回自己的家鄉，並領人歸主。宣教士是觸媒、是門徒訓練

[49] 1873 年 6 月時甘為霖再到拔馬、崗仔林、木柵、柑仔林等教會巡視，發現這些山地教會很快衰退，認為是傳教士對多數的慕道友無詳細調查素質就納為信徒施洗之結果。詳見教會公報出版社：《使信全覽（*The Messenger*）（V.23），1874》，頁 39。

者，一定要有當地的信徒被建造、興起，滿有傳福音的熱忱、與聖靈同工，基督信仰才可能傳開來。」[50]

(三)鞠躬盡瘁，榮歸上主

李麻憑藉虔誠堅定信仰，肩負神聖使命之任務，將自身安危拋諸腦後，卻常為信徒之事焦慮，如為偏遠信徒著想而急欲籌設禮拜堂；為東港教會受損需重建而奔波；為將福音遠傳後山部落而勇於冒險；為各族群信仰歸屬，學習語言順利講道。其付出全部愛心只為造福神賜予的場域。

馬偕博士初抵福爾摩沙時與李麻相處數日，他觀察到「李麻牧師只要能找到有群眾願意聽他傳道，他就會停下來佈道。」[51] 李麻熱心與善良可謂上帝最忠實僕人，即使因傳道路途遙遠顛簸而致身體不適，仍不忘他崇高的任務，繼續前進。馬偕博士記述他們驚濤駭浪的旅程與住處：

> 早上11點由海峽北上。恐怖的天氣，海洋狂暴，浪花洶湧。暈船暈得像狗一般。台灣海峽猛烈的拋擲我們可憐的「海龍號」，而它也確實像「海蛇」般的翻轉，見到台灣的山脈，但是很快的就又消失不見。…昨晚我們在一間黑暗的房間過夜，房中豬隻就在附近，而跳蚤在我們的四周。[52]

歷經驚險路程與忍受髒亂污穢，如未能轉換心境面對它，難以想像宣教師們如何接受外在環境挑戰，如何衝破困境，相信是神的考驗，因為「你必將生命的道路指示我，在你面前有滿足的喜樂，在你右手中有永遠的福樂。」（詩篇 16:11）

---

[50] 陳怡真：〈李麻書信中的東港教會拾穗〉，《屏中通訊》第152期，頁05。

[51] 偕叡理（George Leslie Mackay）原著，林昌華等譯：《馬偕日記：1871-1901》(台北：玉山社，2012年)，頁28。

[52] 同前註，頁37-38。

五、企盼福爾摩沙之心

長老教院屬基督新教流派，教會堅守加爾文教義，認為教義應當回歸聖經。[53] 故李庥在此修習下，對於教育問題特別關注。他全心企盼福爾摩沙教眾能接受福音，成為上帝子民。初期傳教時，成立傳道養成班，協助民眾識字學習真理，認識福音。1871 年與其夫人在各地傳道教導年輕人閱讀文本，以羅馬拼音書寫白話文。他發現，福爾摩沙女子在「女子無才便是德」的父權觀念下，地位卑微且無受教機會，他認為信仰若要健全發展，必須重視婦女教育，輔導女性們學習認字，閱讀教會讀物。他期望能為福爾摩沙的女子籌建學校，讓女性也能接受教育，1879 年時他極力催促英國母會協助學校用地事宜，更期盼成立女子學校，且請求英國長老會派遣女性宣教師至福爾摩沙協助教導。最終願望即是辦理「女學」，讓婦女擁有受教育機會，故極力催促籌建女學。[54]

但遺憾的是，李庥因長期於各地奔波，未能獲得充分休息，不幸身染熱病而於 1879 年 9 月 29 日在臺南府城逝世。[55] 其念念不忘之遺願，最終交由其夫人代為執行。英國長老教會女宣道會乃任命其夫人為臺灣首任女教士，承接李庥神聖使命，繼續為福爾摩沙傳揚福音而努力，且為婦女們服務，負責巡迴李庥所創立之教會。[56] 李庥夫人為臺灣的付出實不亞於李庥，其為堅守職責繼續為臺灣基礎教育努力，輔導婦女和女童學習認字、閱讀聖經及教會讀物等工作，其將心

---

[53] 林鴻信：《加爾文神學》，頁 3-10。長老教會於 1560 年由加爾文（John Calvin）的學生約翰•諾克斯（John Knox）在蘇格蘭進行宗教改革時正式建立。所謂的加爾文主義有五要點：(1) 全然敗壞（Total depravity）或完全無能力（Total inability）。(2) 無條件的揀選（Unconditional selection）。(3) 限定的代贖（Limited atonement）。(4) 不可抗拒的恩典（Irresistible grace）。(5) 聖徒恆忍蒙保守（Perseverence of the saints）。

[54] 黃武東、徐謙信合編：《臺灣基督長老教會歷史年譜—第一部滿清時代編》，頁 41。

[55] 教會公報出版社：《使信全覽（*The Messenger*）（V.26），1879》，頁 207。

[56] 教會公報出版社：《使信全覽（*The Messenger*）（V.27），1880》，頁 113。

力完全專注於教育。李庥遺志乃是為創辦女學，雖然創校建築問題因當地仕紳與當局政策阻礙而稍致延誤[57]，終至 1884 年完工，女學校於 1887 年開學。[58]

六、尋找李庥牧師安息地

李庥夫人依牧師遺願，將李庥安葬於打狗宣道區，由施大闢牧師（Rev. David Smith）[59] 親自為李庥牧師製作棺木，由宣教師、教友和學生們自安平護送至打狗，安葬於打狗山山腳砲台下的外國人公墓，與早逝的次子同穴。[60]。

據知 1864 年時史溫侯（Robert Swinhoe，1836-1877）[61] 曾買下打狗「哨船頭」山坡地，原計畫興建英國領事館，為英國政府否決此項建案，該地卻在 1871 年輾轉將使用權讓給外國社團作為外國墓園之用。於 1871 至 1896 年共有 38 位外國人士葬於此墓園，[62] 包括李庥及其幼子。由於臺灣政權自 1879 年的清政府，經 1895 年的日治時期，至 1949 年後的國民政府管治，已因時空背景的換置，所謂「打狗山山腳砲台下的外國人公墓」之遺址已蕩然無存。

根據文獻搜尋墓園資料，以目前土地地號「鼓山區鼓南段二小段 288 地號」與門牌地址「高雄市鼓山區登山街 60 巷」作為基準，實地探索該墓地之遺址。首先為查證資料相符性，乃透過與地政機關電

[57] 同前註，頁 153。

[58] 該校命為「新樓女學校」即今台南「私立長榮女中」之前身，其所在地乃為今之「台南神學院之慕林館」。

[59] 施大闢牧師（Rev. David Smith）於 1876-1882 年在臺服務據載。李庥幼子於（1872 年）三歲時因病葬於打狗的外國人公墓，李庥於 1879 年亦葬於其旁。

[60] 黃茂卿：〈為台灣而生的李庥牧師〉《新使者雜誌》第 40 期（1997 年 6 月），頁 31-35。

[61] 史溫侯 (Robert Swinhoe，1836-1877)，於 1861-1862 年及 1864-1866 年任英國駐台領事。

[62] David Oakley:〈The Foreign Cemetery At Kaohsiung（座落於高雄的外國墓園）〉，臺灣文獻，第五十六卷第三期（2005 年 9 月），頁 266-291。

腦連線之房仲業者[63]代為查證地籍資料（如附錄三）及列印相關地形圖（如附錄一），以便連結兩者之相關性。經連線查證及相互勾稽檔案內之「地址」與「地籍」資料，結果顯示：

「高雄市鼓山區登山街 60 巷」目前之建物及門牌為：

高雄市鼓山區登山街 60 巷 20 號，20-1 號…

高雄市鼓山區登山街 60 巷 30 號，30-1 號…

唯並未查證到各地址與土地所有權相對應之資料，且無地籍編號，亦即有「現存地址」但「無該址之地籍編號」之意，於地政單位之檔案顯示「空號」，應為「空地」。再以文獻中之地號查詢發現，此地段為「公有土地權利」（如附錄三），於 1983 年 8 月地籍圖經過重測，故：

文獻資料：鼓山區鼓南段二小段 288 地號．

重測前之地號為：渡船段五小段 8 號

目前土地地號：高雄市鼓山區鼓南段二小段 0288-0000 地號

土地面積：1516 平方公尺

前次移轉時間為：1964 年 9 月

此次登記日期為：2011 年 1 月

登記原因為：接管

所有權人為：高雄市

管理者為：高雄市政府財政局

推斷該地號應屬空地，目前建物為違章建築。經實地至「登山街 60 巷內」勘查現存的「一個墓碑底座」與「二個墓碑之碑文」，對照文獻所列墓園名冊（如附錄四）發現，碑座圖樣及墓碑文字與名冊記載

[63] 因個資法之限制與隱私權之考量，故委由研究者熟悉之永慶房屋代為查詢。

相對應，故可肯定此地確為墓址所在。而現存殘缺的墓座和墓碑與違建住民共處，居民對依附於墓碑旁一事，已習以為常不以為意，他們認為相較於其他宗教之墓園，基督教墓園顯得親切，未有恐懼之感，只因家族們早期開墾聚集於此處深感無奈，認為是時勢所趨，致他們仍維持現有住宅空間，此乃天人共容之境。唯可惜李庥及其幼子之墓碑已遭破壞，實令人深覺惋惜。

七、結語

李庥以堅定不拔之信仰，克服中西方習俗與觀念之差異，努力學習閩客語，以卑屈、虔誠、誠懇之態度與住民溝通，勇敢面對異教之攻擊，協助民眾破除老舊觀念，為教徒化解困難，讓衝突、對立化為烏有；容忍環境之惡劣與污濁，與民眾共同承受喜怒哀樂，悲歡離合之事；更協助教導民眾識字，教化當地住民，將上帝之愛傳佈發揚。為臺灣南部與東部設立多所教會，為福爾摩沙教民建立最佳學習環境，創辦臺灣女學，為婦女創造學習機會。他秉持堅忍不懈精神通過重重藩籬，建立他理想中的傳教場域。唯因過於勞累身染熱病而將精神與身影長留福爾摩沙人心中。我們遺憾未能妥善保存他最後歸宿的墓園，但期待未來能重新規畫建構其紀念園區，以感念李庥牧師將他短暫精采的人生，無怨無悔的全部奉獻給福爾摩沙這塊既遙遠又蠻荒土地。

附　錄

一、墓園地形圖

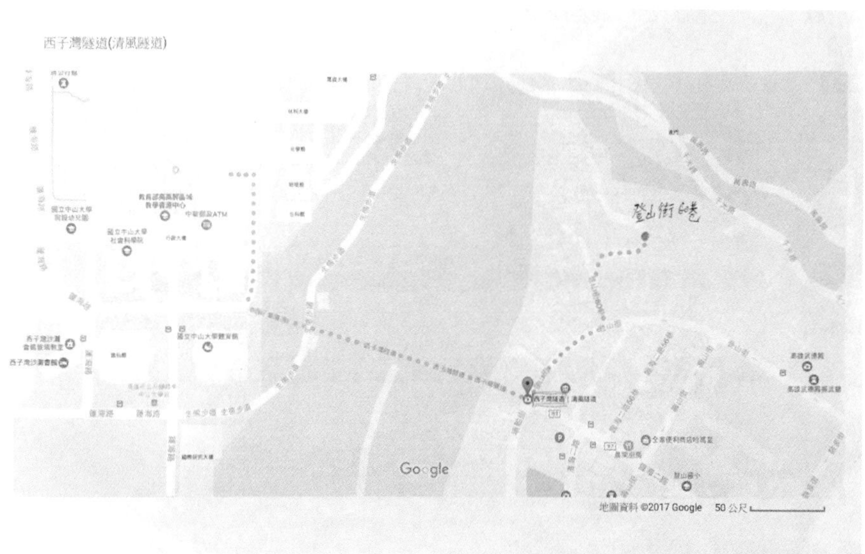

二、墓園位置圖

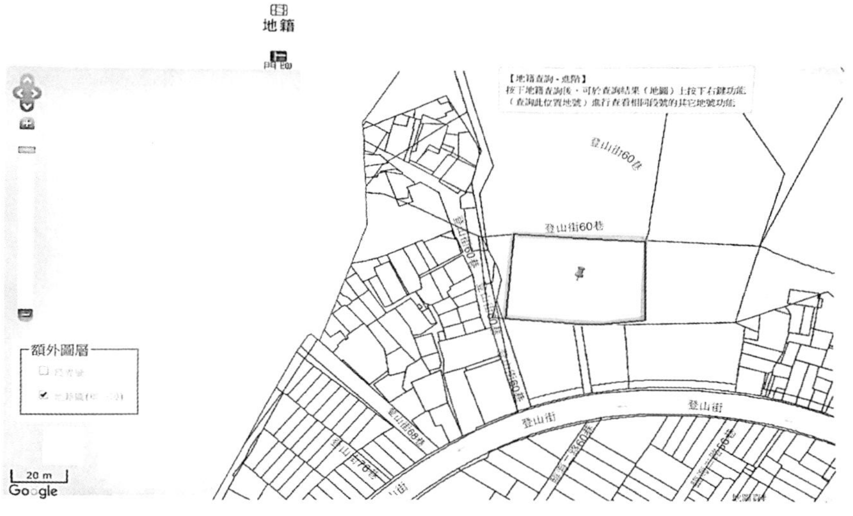

* 資料來源：永慶房屋仲介提供

三、墓園地籍資料

高雄市 鼓山區 鼓南段二小段 0288-0000 地號
華安地政電傳專業版
資料來源：高雄市政府地政局
資料管轄單位：高雄市鹽埕地政事務所
(如需登記謄本，請向地政事務所申請)

土地所有權部

高雄市鼓山區鼓南段二小段 0288-0000地號

登記次序	0002	登記日期	民國100年01月19日
登記原因	接管	原因發生日期	民國099年12月25日
所有權人	高雄市	統一編號	0006400000
地址	(空白)		
權利範圍	全部1分之1		
權狀字號	(空白)		
當期申報地價	105年01月 7,200.0元/平方公尺		

前次移轉現值 共1筆

移轉年月	序號	前次移轉現值	歷次取得權利範圍
053年09月	0001	196.6元/平方公尺	全部1分之1

前次移轉現值資料，於課徵土地增值稅時，仍應以稅捐稽徵機關核算者為依據

管理者 共1筆

1	姓名	高雄市政府財政局
	統一編號	79828638
	地址	

相關他項權利登記次序 共0筆

其他登記事項 共1筆

申請免繕發權利書狀：公有土地權利登記

查詢時間:2017年04月19日13時46分42秒，本筆查詢花費:358毫秒，查詢金額0元
本查詢資料非屬地政同步資料，有時間落差，實際應以地政謄本資料記載為準
※注意：本查詢之處理及利用，申請人應注意依個人資料保護法第５條、第１９條、第２０條及第２９條規定辦理。

高雄市 鼓山區 鼓南段二小段 0288-0000 地號
華安地政電傳專業版
資料來源：高雄市政府地政局
資料管轄單位：高雄市鹽埕地政事務所
(如需登記謄本，請向地政事務所申請)

土地標示部

高雄市鼓山區鼓南段二小段 0288-0000地號

登記日期	民國072年08月08日	登記原因	地籍圖重測
使用分區	(空白)	使用地類別	(空白)
面積	1516平方公尺		
公告現值	民國106年01月 17000元/平方公尺		
公告地價	105年01月 7200元/平方公尺		
地上建物建號	(空白)		

其他登記事項 共1筆

重測前：渡船段五小段８號

查詢時間:2017年04月19日13時46分42秒，本筆查詢花費:31毫秒，查詢金額0元
本查詢資料非屬地政同步資料，有時間落差，實際應以地政謄本資料記載為準
※注意：本查詢之處理及利用，申請人應注意依個人資料保護法第５條、第１９條、第２０條及第２９條規定辦理。

＊資料來源：永慶房屋仲介提供

四、打狗外國人公墓園共三十八人名冊

* 墓園設計：共三層，分列左右（東西）兩邊

Level 3（North）第三層（北面）		*Left（or West）of Path 左邊（或西邊）
1	John BELL	A Baltimore-born steward on board the American barque 'Charlotte Ann Littlefield', who died from tuberculosis at Takao on 19 September 1880.
2	William HOPKINS	An Irish seaman from the barque 'West Glen, who drowned while crossing tthe sandbar at Takow on 20 July 1880, aged 24. 墓碑位於高雄市鼓山區登山街 60 巷 30-2 號房屋後面圍牆內
Level 3（North）第三層		*Right（or East）of Path 右邊（或東邊）
3	I. MILLISERSON	Died 1875
4	H. ANDERSON	
5	J. JOSEPHSON	
6	Charles NEWMAN	A British stoker from the British Royal Navy ship 'HMS Dwarf,who drowned while trying to cross the Takao lagoon on a catamaran on 3 Dec.1871.
7	J. ANDERSON	Died 1871
8	Catharina Maria KOORDERS	
9	Asmus Friedrich ASMUSSEN	Probably the grave of a Norwegian sailor who drowned a Takao in 1873.after jumping overboard from his ship.
Level 2 第二層		*Left（or West）of Path 左邊（或西邊）
1	Mary Donnithorne WARREN	The wife of the British Consul, (Sir)Pelham Laird WARREN, She died of 'drain poisoning' at the British Consular Residence at Takao on 14 January 1884, aged 33. 墓碑的底座位於 高市鼓山區登山街 60 巷 20 號前方位置

2	John William HARWOOD	A British trader who died of Bright's Disease at Takao on 3 August 1880, aged 40 years.
3	Charles Henry VOSTEEN	The infant son of (Captain) Hermann and Emma VOSTEEN, who died on 30 June 1884, aged 16 months.
4	George Crter STENT	The British Assistant-in-Charge of the Takow Chinese Customs Service, who died on 1 September 1884, aged 50 years
5	(indistinct)	
6	P C KRAAL	The British, Singapore-born, agent of Elles & Co at Anping who died onn 23 Aril 1883, aged 35 years.
7	Robert WILSON	A British trader in the employ of Bain & Co, who died at Takao on 11 June 1887, aged 32, after spending 13 years on the south China coast.
8	Benjamin Rober WICKHAM	A British employee of Tait & Co, who died of tuberculosis at the age of 29 on 11 January 1880.
9	Friedrich Wilhelm HULSE	From Hamburg, He died on 19 April 1882, aged 40.
10	Johann EGGERT	From Boesch, Died 19 August 1882.
11	David BROWNE	His gravestone was simply marked 'Sacred to the Memory of David Browne, Tidewaiter, Customs Service'
Level 2 第二層		*Right（or East）of Path 右邊（或東邊）
1	Conway Knox FLETCHER	An Irish Assistant in the Chinese Customs Service, from Dun Laoghaire,who died at Takao on 2 march 1893, aged 23. 墓碑位於高市鼓山區登山街 60 巷 20 號的熱水器下瓦斯桶旁
2	Alphonse Hermann ROGISTER	A native of Hamburg and Tidewaiter in the Chinese Customs Service, who died at Takao on 17 March 1889, aged 38.

3	Dajibhai Dadabhai OLLOA	A Parsee commission agent for Ollia & Co. Killed in a riot over a camphor dispute at Chushan, Nantou County, at a time of booming comphor prices, on 28 January 1896, aged 61 years.
4	George GUE	A British Tide-Surveyor in the Chinese Customs Service who died in 1876, aged 39.
5	George J ELIOTT	A British Tidewaiter in the Chinese Customs Service, who died at Takao 9 April 1878, aged 42.
6	August W BOLINCKE	A German Tidewaiter, from Lubck, in the Chinese Customs Service, who died at Takao on 1 December 1879, aged 32.
7	Claus KROHN	The Klostersande-born Master of the small Anping steam-launch 'SS Sin Taiwan', who died from heart failure aboard his steamer on 20 June 1879.
8	H D J WILBRAND	A Hamburg-born captain, who died in the wreck of the British barque 'Caroline Hutchings', jus to the north of Takao, on 2 August 1874.
9	Hugh RITCHIE 李庥牧師	The second English Presbyterian missionary to arrive at Takao. He died of fever at Tainan on 29 September 1879, and was buried next to his son in the Takao cemetery.
10	Robert H RITCHIE 李庥牧師次子	The son of Rev Hugh and Eliza Ritchie, He died of dysentery and fever, aged 3, on 23 June 1873.
Level 1（South）第一層（南面） *Left（or West）of Path 左邊（或西邊）		
2	Jacob MEWES	A Hamburg-born sailor aboard the Hamburg Schooner 'Chusan' who died in May 1864.
3	T W OHM	Died on 24 September 1886（？）

4	Hans RAWERT	The captain of the Hamburg schooner 'Magto' who was murdered, aged 43, by wreckers on 29 August 1859 after his ship was stranded half a mile north of Takao during a typhoon.
5	(indistinct)	
6	Fernandez de la CRUZ	A (presumably) Manilaman aboard the American barque 'Science' of Robinet & Co. He died at Takao on 13 July 1858.
7	John CLAREY	An Irish gunner aboard Jardine's opium receiving ship 'Pathfinder' who died on 12 August 1863, aged 52 years having served more than 20 years on the coast of China.
Note: The graves in the above section were probably reclocated from an earlier graveyard.		
Level 1（South）第一層（南面）*Right（or East）of Path 右邊（或東邊）		
<1>	Mortuary Chapel	The 1925 plan shows he remaining portion a shrine of the Mortuary Chapel erected in memory of Mary Warren who died in 1884.
8	Percy LORD	A British surgeon abord the Royal Nave ship 'HMS Tweed,' who died o fever at Takao on 8 June 1895, aged 29 yeard.

以上資料來源：節錄自 David Oakley:〈The Foreign Cemetery At Kaohsiung（座落於高雄的外國墓園）〉，《臺灣文獻》，第 五十六卷第三期（2005年9月），頁 275-276。

五、墓園墓碑位置圖

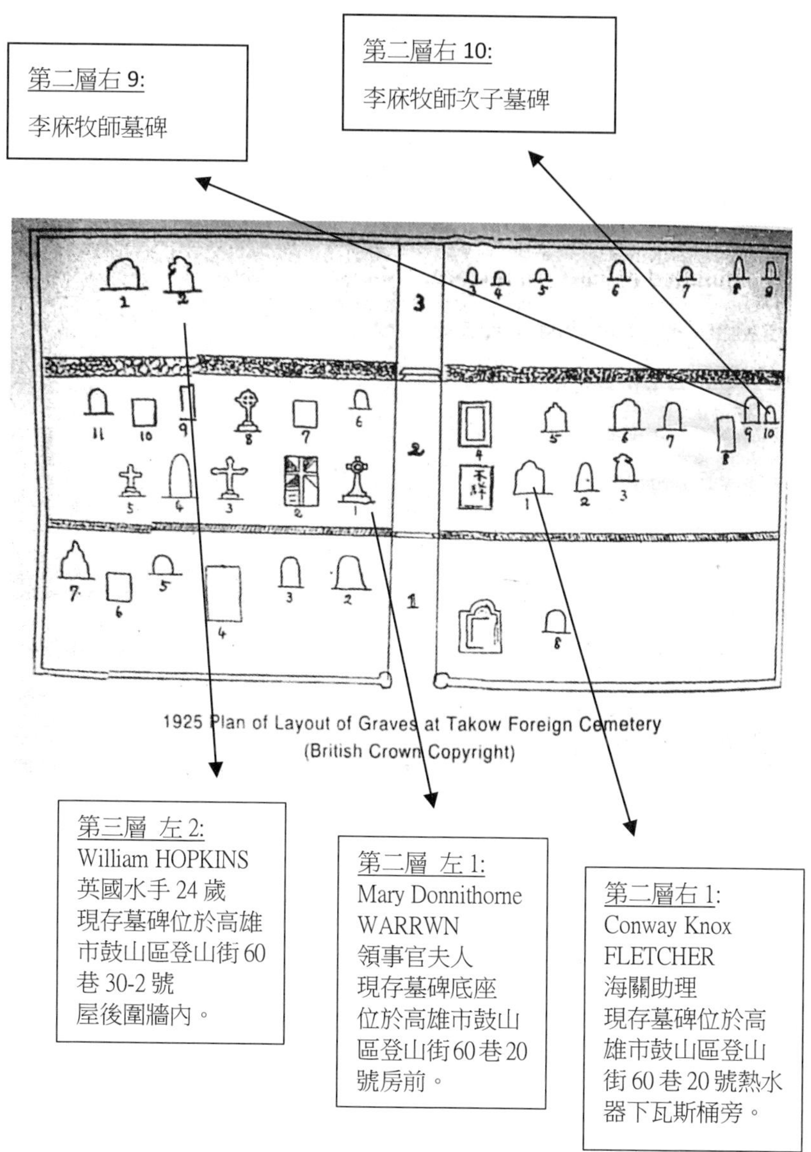
第二層右 9:
李庥牧師墓碑
第二層右 10:
李庥牧師次子墓碑
第三層 左 2:
William HOPKINS
英國水手 24 歲
現存墓碑位於高雄市鼓山區登山街 60 巷 30-2 號屋後圍牆內。
第二層 左 1:
Mary Donnithorne WARRWN
領事官夫人
現存墓碑底座位於高雄市鼓山區登山街 60 巷 20 號房前。
第二層右 1:
Conway Knox FLETCHER
海關助理
現存墓碑位於高雄市鼓山區登山街 60 巷 20 號熱水器下瓦斯桶旁。

1925 Plan of Layout of Graves at Takow Foreign Cemetery
(British Crown Copyright)

以上資料來源 ： 節錄自 David Oakley :" The Foreign Cemetery At Kaohsiung" (座落於高雄的外國墓園)，《臺灣文獻》第五十六卷第三期 (2005 年 9 月) 頁 274。

MR. RITCHIE'S TOMBSTONE, TAKOW.

資料來源: *The Monthly Messenger of the Presbyterian Church of England*, 1905, p.331.

引用文獻

一、專書

中央研究院近代史研究所編：《教務教案檔 第三輯（一）》，台北，中央研究院近代史研究所，1975 年 2 月。

甘為霖（William Campbell）原著，陳復國譯著，《台灣佈教之成功》，臺南：教會公報出版社，2007 年。

甘為霖（William Campbell）原著，林弘宣、許雅琦、陳珮馨譯：《素描福爾摩沙：甘為霖臺灣筆記》，台北：前衛出版社，2009 年。

白尚德（Chantal ZHENG）著，鄭順德漢譯：《十九世紀歐洲人在臺灣》，台北：南天書局，1999 年。

必麒麟（W.A. Pickering）著，陳逸君譯述：《歷險福爾摩沙》，台北：前衛出版社，2010 年。

林鴻信：《加爾文神學》，台北：校園書房，2004 年。

高俊明：〈美好的種子〉，《十字架之路—高俊明牧師回憶錄》，新台北：望春風出版社，2001 年。

教會公報社：《使信全覽（*The Messenger*）》V.18-28，（1867-1885），台南，臺灣教會公報社，2006 年。

偕叡理（George Leslie Mackay）原著，林晚生漢譯，鄭仰恩校注：《福爾摩沙紀事 - 馬偕臺灣回憶錄（*From Far Formosa*)》，台北：前衛出版社，2007 年。

偕叡理 (George Leslie Mackay) 原著，林昌華等譯：《馬偕日記：1871-1901》，台北：玉山社，2012 年。

黃武東、徐謙信合編：《臺灣基督長老教會歷史年譜—第一部 滿清時代編》，台南：臺灣基督長老總會歷史委員會刊行，1959 年。

黃茂卿：《臺灣基督長老教會太平境馬雅各紀念教會九十年史》，臺南：太平境馬雅各紀念教會歷史資料室，1988 年。

______：〈為台灣而生的李庥牧師〉《新使者雜誌》第 40 期，1997 年 6 月，頁 31-35。

楊士養編：《台灣信仰名人略傳第一集》，臺南：台灣教會公報出版社，1966 年。

楊雅惠：〈天國與異邦—近代蘇格蘭傳教士在福爾摩沙的時空視域〉，收入王成勉編：《傳教士筆下的大陸與臺灣》，台北：遠流出版社，2014 年。

潘稀祺編著：《台灣盲人教育之父：甘為霖博士傳》，台南：仁光出版社，2004 年。

謝加恩：〈李庥牧師簡介〉，《李庥牧師教會巡禮》，屏東：屏東中會大眾傳播部，2015 年，頁 5。

二、期刊報紙

李庥 (Hugh Ritchie) 著，潘稀祺編譯：〈東福爾摩沙旅行札記〉，《教務雜誌》第 6 期 1875 年，頁 206-211。

臺灣教會公報社：《台灣教會公報》第 1975 期，1990 年 1 月 7 日。

陳怡真：〈李庥書信中的東港教會拾穗〉，《屏中通訊》第 152 期，2016 年 06-12。頁 04-05。

三、網路資訊：

《華人基督教史人物辭典》網址：http://www.bdcconline.net/zh-hant/stories/by-person/m/ma-yage.php（檢索：2017 年 4 月 9 日）

《賴永祥長老史料庫》網址：http://www.laijohn.com/archives/pm/Ritchie,H/brief/TNcoucil.htm（檢索：2017 年 4 月 9 日）

魏源：〈天主教考下〉，《海國圖志》卷二十七，《中國哲學書電子化計劃》網址：http://ctext.org/wiki.pl?if=gb&chapter=227#（檢索：2017 年 4 月 9 日）

19 世紀在甬西方人對寧波婦女的書寫

陳莉萍 *

〔摘 要〕

19 世紀婦女社會生活的變化，率先發生於五個通商口岸所在的南部和東南沿海地區。寧波作為五口之一，開埠後即有西方人進入定居，或以此為北上西進的中轉站。在西學、近代工業的影響下，寧波產生了最早的女校女生和早期女工，婦女的生活方式及觀念也由此改變。關於寧波婦女在社會劇變中的命運，曾在寧波居留的赫德、丁韙良、施美夫、李希霍芬等西方人，在其關於寧波生活的日記、回憶錄和遊記中，有不少相關紀錄。他們以同情的筆觸，理解、書寫美麗卻悲慘的寧波婦女，並輔之以宣教的努力，反映出以西方婦女觀構建中國姐妹新形象的意圖，客觀上推動了婦女對自我的價值認識，以及相關婦女問題的改革；這些文本在西方的傳播也有助於對西方社會中國婦女認知的糾偏。

關鍵詞：寧波、西方人、婦女

* 中國寧波工程學院副教授，國立中山大學博士生。

前言

鴉片戰爭以後，西人、西學不斷湧入，近現代工業的醞釀發展打破了自給自足的小農經濟，婦女的社會生活首先在最早開放的南部及東南沿海地區發生改變[1]。寧波這座「中國財富和保守主義的中心」[2]城市，自作為通商口岸被迫開放之後，農業和傳統手工業受嚴重衝擊。寧波婦女種桑養蠶，編席織布的傳統生活方式受到影響；耕織分離後興起的棉紡織工廠，吸引了婦女加入，女工成為新的女性職業。隨著西方人的到來，西學及西方婦女觀、西方女性的生活方式也隨之傳入。1844 年愛爾德賽（Mary Ann Aldersey, 1797-1868）創全國最早的女子學校：寧波女塾，寧波出現了最早的女校女生。女工女生的出現意味著女性有了職業的選擇和一定的經濟保障，逐漸脫離單一的家庭角色，開始走上社會。婦女的生活方式、道德觀念和社會風俗也開始近代化。

關於寧波地區婦女社會生活及其轉變的記錄，曾定居寧波的西方人的觀察有其獨特性。與早期來華天主教傳教士筆下的婦女和城市描繪不同，他們多關注中國城市及與女性相關的習俗、觀念的陰暗

[1] 改變的主要表現為，婦女的社會形象以穿著裝飾、禮儀做派等為明顯的外在裝扮改變，社會角色也從傳統單一的家庭角色向社會角色轉換，以三從四德為標準的賢良主義發展為相夫教子並宜家善種的賢妻良母標準；新的女性稱謂出現，女性權利包括對身體的處理、婚戀追求、婦女職業也出現變化。鄭永福、呂美頤著：《中國婦女通史民國卷・概論》（杭州：杭州出版社，2011 年 11 月第 1 版），頁 3-11。

[2] 西人的觀察多提及其富庶，如德國商人白鼎斯提到其在中國遊歷「蹤跡所至，凡號稱都會之所地，商賈輻輳，叩其鄉井，則以寧波對者蓋十居三、四焉」。抵甬後，「綜覽其山川風土，而後知人物繁庶。都邑雄富，甲乎浙江」。白鼎斯：〈甬報緣起〉，《德商甬報》1898 年 11 月 28 日。費正清等在介紹赫德到寧波時，這座城市如福州一般，是「中國財富和保守主義的中心」。赫德（Robert Hart,1835-1911）著，〔美〕凱瑟琳・F・布魯納、費正清、理查德、司馬富編，傅曾仁、劉壯翀、潘昌運、王聯祖譯：《步入中國清廷仕途——赫德日記 1854-1863》（*Entering China's Service: Robert Hart's Journals*）（北京：中國海關出版社，2003 年 1 月第 1 版），頁 39-43。

面[3]，他們在書寫處於社會劇變中的寧波婦女時，是含有以西方婦女觀構建「中國姐妹」的意圖的，並努力落實辦教育、辦刊等行動中；教育和西學影響下逐步興起的社會思潮，無疑促進了寧波婦女對自我和兩性關係認知的改變。這種書寫在西方的傳播，還有助於澄清西方社會對於中國婦女認識的某些偏見。

一、在甬西方人的寧波婦女觀察與著述

（一）在甬西方人的構成

寧波因奉化江和姚江在城內交匯成甬江後注入東海，簡稱為甬。地理上寧波城處在京杭運河的南端，是通往帝都的起點；與長江入海口近，可以是深入內地的橋頭堡；又有天然的深港優勢，早就受西方人的注意。西方人大多評價寧波地方富裕，居民友好，在「對外國人開放的沿海城市中，享有最佳城市之聲譽」[4]。因此，1844 年 1 月 1 日，寧波在江北岸正式開埠後，傳教士、外商和領事館人員等西方人先後

---

[3]〔英〕約・羅伯茨（J.A.G.Roberts,1935-），蔣重躍、劉林海譯：《十九世紀西方人眼中的中國・導言》（*China Through Western Eyes the Nineteen Century*）（北京：時事出版社，1999 年 1 月第 1 版），頁 102。〔美〕費正清（John King Fairbank,1907-1991）著，唐吉洪等譯：《觀察中國——費正清看中國》（北京：吉林出版集團有限責任公司，2013 年 3 月第 1 版），頁 2、3。

[4] 施美夫（George Smith，1815-1871）、丁韙良（William Alexander Parsons Martin,1827 － 1916）、赫德、倪維思夫婦（Nevius）等都在其遊記、日記中表示過同樣的意見。〔英〕施美夫：《五口通商城市遊記》（*A narrative of to each of the consular cities of China*）（北京：北京圖書館出版社，2007 年 7 月第 1 版），頁 158、229；丁韙良評價寧波人對他們態度很好，在寧波收穫了畢生的友誼，寫出了一些最好的作品。〔美〕丁韙良著，沈弘譯：《花甲憶記》（*A Cycle of Cathay*）（南寧：廣西師範大學出版社，2004 年 5 月第 1 版 1 刷），頁 38、139。李希霍芬（Ferdinand von Richthofen，1833-1905）認為寧波這個「中國東部的中心地帶」，是除廣州外他見過「最富有最安逸的中國城市」；寧波人生活在一個和諧的社會中，大部分人對他們的命運感到滿意。〔德〕費迪南德・馮・李希霍芬著，〔德〕E・蒂森選編，李岩、王彥會譯：《李希霍芬中國旅行日記》（*Ferdinand Von Richthofen's Tagebücher Aus China*）（北京：商務印書館，2017 年 3 月第一版第 3 次印刷），頁 31、36、41、249、445。

進入。

早期在甬的西方人，以傳教士人數為最。寧波被認為是「在高尚居民中進行安然的傳教工作的有希望的地區」[5]，對傳教士有極大的吸引力。1855 年 22 個常住寧波的外籍成年男子中，有 14 人是傳教士（英國籍 4 人，美籍 10 人）[6]。英國倫敦會的美魏茶（William Charles Milne,1815 -1863）於 1842 年 2 月最早抵達[7]。次年美國浸禮會的瑪高溫（Daniel J.Macgowan,1814-1893）到甬。美國長老會麥嘉蒂（D.B.Mecartee,1820-1900）[8]於 1844 年 6 月進入，次年該會便成立了中國大陸第一個基督教新教教會寧波長老會支會，是在華主要的活動據點[9]。1854 年秋天鷺賓．赫德（Robert Hart,1835-1911）到寧波時，所處的外國人社會依舊以傳教士為主[10]。這個傳教士群體有來自英國的施美夫（George Smith,1815-1871）[11]，美國的倪維思（John Livingstone Nevius,1829-1893）及妻子海倫．倪維思（Helen S.C.

[5] 美國長老會認為寧波「一因天氣頗佳，與美相彷彿；一因甯音易學，各處土音均可相近；一因寧地尚未如閩廣等省受外來之澆風，較易為化導也，爰派定往別處宣教師二人，而寧波則必派五人焉」。〈長老會甯紹中會 70 年史略〉，寧波市檔案館，舊 30-1-19，頁 1。

[6] 〔美〕馬士 (Hosea Ballou Morse,1855-1934) 著，張匯文譯：《中華帝國對外關係史》（*The International Relations of the Chinese Empire*）第一卷（上海：上海書店出版社，2000 年 9 月第 1 版），頁 389、404；趙世培、鄭雲山著：《浙江通史．清代卷（中）》（杭州：浙江人民出版社，2005 年 12 月版），頁 76。

[7] 美魏茶 (William Charles Milne,1815 -1863）在寧波時用漢文發表《鄉訓五十二則》等手冊，因其在甬時間不長，英國倫敦會並沒有在寧波建立教會。

[8] 麥嘉蒂（D.B.Mecartee,1820-1900）是北美長老會派出第一個到寧波的傳教士，在寧波期間，還代理主持過美國在寧波的領事館。赫德：《步入中國清廷仕途——赫德日記 1854-1863》，頁 72。

[9] 〈長老會甯紹中會 70 年史略〉，頁 8-12。

[10] 赫德到寧波時的外籍人士，成年男子有 18 個耶穌教教士，以及 12 個他們的妻子，另外還有兩個領事、一兩個商人、附近陸港接收站的兩三個鴉片船船長。赫德：《步入中國清廷仕途——赫德日記 1854-1863》，頁 45。

[11] 英國新教傳教士還有戴德生 (James Hudson Taylor,1832-1905) 等。

Nevius,1833-1910）[12]，法國的天主教主教石伯鐸（Pierre Savaissiere, 1813-1849）、趙保祿（Paul Marie Reynased,1854-1926）[13]，以及下屬的修會、醫院等外籍人士。

傳教士以外，還有領事館人士及洋商等。早在寧波開埠之時，為了管理本國在寧波的通商事務，英國就率先設領事府於江北岸，並且設領事、翻譯官各一人駐扎，還兼管奧匈帝國的領事事務。法國、美國也效仿英國在寧波設立領事一人。普魯士、荷蘭則委派副領事駐寧波。客卿除赫德外，還有翟理思（Herbert Ailen Glies,1845-1935）等[14]，軍官有英國人少校華生（J.C.Watson,1834-1908）等[15]。寧波港也吸引了數量難以統計的洋行外商[16]，以及外籍水手。

寧波的西方人社會就由上述主要的三種人士組成，他們尤其是傳教士大多在寧波定居至少半年以上，婁理華（Walter Macon Lowrie, 1819-1847）等甚至埋骨於寧波。也有的經此北上到上海、南京、山東、北京，以及西進深入武漢等內地城市。此外還有大量到過寧波做短暫居留的旅行者、攝影家、科學家、社會學家等，如德國的李希霍芬（Ferdinand von Richthofen,1833-1905），普魯士的郭士立（Karl Friedrich August Gützlaff,1803-1851），英國攝影家約翰·湯姆遜（John Thomson,1837-1921）[17]等。

---

[12] 另有丁韙良、婁理華（Rev. Walter M. Lowrie,1819-1847）等。

[13] 法國天主教來到寧波較早，另有顧方濟（Franceis Xavier,1806-1860,1850-1855 年任）等。趙保祿長期擔任主教，對寧波地方政界有極大影響力。

[14] 其他英國領事官員還有密迪士（Thomas Taylor Meadows,1815-1868,1857-1858 年間任）等。還有美國駐寧波領事蒲安臣（Anson Burlingame,1820-1870,1861-1867 到任），Thomas F.Pettus、司提文。

[15] 華生少校（J.C.Watson,1834-1908）在寧波居住 46 年，曾擔任寧波衛安勇、中英聯合炮隊負責人之一，同時也是攝影師。另有英軍恩康脫號（HMS Encounter）艦長等。

[16] 洋行外籍人員主要所屬有廣源洋行（Davidson & Co.）、太古洋行（John Swire & sons Ltd.）、華順洋行等。

[17] 此外，還有漢學家福蘭閣（Otto Franke）等先後在寧波定居過。

在甬西方人大多能放下姿態，對中國人充滿同情，希望瞭解中國，對於寧波城、寧波人的觀察與寫作，其「目的不僅僅是為了要刺探中國的機密，以及調查中國的市場和人文地理，也是為了試圖溝通中西方之間的文化差異」[18]。他們在甬時的辦學、辦刊、研究著述、翻譯活動，使寧波一度成為西學中心。愛爾德賽辦的境內第一所女塾；瑪高溫行醫外，於 1954 年辦境內出版的第一份近代中文報刊《中外新報》（*Chinese and Foreign Gazette*）；1845 年科爾（R. Cole）主持從澳門遷到寧波的華花聖經書房（The Chinese and American Holy Classic Book Establishment）[19]，到 1860 年再遷去上海前，該書房在寧波所出的書籍有 106 種，是僅次於上海 171 種的出版中心，該書房使寧波成為「中國近代出版業的主要中心之一」，「客觀上有力地推動了浙江近代文化的興起。」[20]。

值得注意的是在甬西方人對寧波的觀察與書寫，是作為介紹、分析中國的基礎的，赫德說他使用「中國人」時，「其實是站在寧波的角度說的。」同時代其他一些著作中可以見到相似的说法[21]。從中可見，這些異文化的觀察者關注並記錄寧波城市歷史、文化、宗教、民俗等方方面面，其目的是為了向西方介紹中國，當他們講到「中國婦女」時，是包涵了以寧波婦女為主要的觀察對象和言說典型的。

（二）在甬西方人對寧波記錄的主要著述

上述曾定居於寧波的西方人多漢學家，著述甚豐，但就本文要討論的寧波婦女書寫而言，涉及其在寧波時期的生活經歷記錄、回憶較為真實可靠。赫德的《步入中國清廷仕途——赫德日記 1854-1863》

[18] 沈弘：《晚清映像・寫在前面的話》（北京：中國社會科學出版社，2005 年 6 月第 1 版），頁 2。

[19] 該書房名稱有「華花聖經書房」和「花華聖經書房」兩種譯法，據目前所見 1859 年 10 月 1 日通過的《美國長老會寧波差會章程》原始檔案，明確該機構名稱為華花聖經書房，本文採用此種說法。

[20] 龔纓晏：《浙江早期基督教史》（杭州：杭州出版社，2010 年 2 月），頁 199。

[21]〔英〕約・羅伯茨：《十九世紀西方人眼中的中國》，頁 14。

(*Entering China's Service: Robert Hart s Journals*,1975 年版)，開始于離開家鄉前的學習及獲得外派機會，首先到中國寧波定居工作，其日記對於寧波的城市環境、氣候物象、人情風俗等等都有詳細的記載。儘管後來刪去了部分跟情人阿姚等往來的內容，但其內容的真實性基本不受影響。丁韙良（William Alexander Parsons Martin,1827-1916）的回憶錄《花甲記憶》（*A Cycle of Cathay*,1900 年第三版）對寧波的十年生活回憶是經過整理的，敘事清晰有條理。被聘為劍橋大學第二任漢學教授的翟理思，後來在大學演講的記錄合集《中國和中國人》（*China and the Chinese*）有寧波的生活經驗和觀察；李希霍芬的旅行日記對寧波的城市地理、人文環境做過比較細緻的觀察；湯姆遜來中國前已經在東南亞遊歷了好幾年，對遠東各地區間互相聯繫又有區別的文化非常著迷，他對於中國的觀察就有別於一般的旅行者，帶有各種族、文化間的差異探索，他用照相技術記錄其在中國的觀察，還作為對文字的說明和注釋。其所著《中國與中國人影像》（*Illustraitions of China and Its People*）內中出現不少寧波婦女的形象，有將寧波婦女與其他地區的做比較的，也有關於其穿著舉止等的評論。

傳教士的日記、遊記部分。英國派往中國最早的兩個傳教士之一的施美夫，講到《五口通商城市遊記》（*A narrative of to each of the consular cities of China*,1847 年）的寫作目的時，明確該遊記非傳教活動記事，其「收集統計資料，記錄綜合性觀察，提供詳盡數據，以便對該國社會、政治及倫理道德各個方面作一正確評估」[22]。同樣的，慕雅德 (Arthur Evens Moule,1836-1918) 在其《新舊中國》顯示出「中國本土民族志的人類學家原型」[23] 素質，其中有他 20 年的寧波傳教生活的記載。倪維思的《中國和中國人》（*China and the Chinese*,1869 年），海倫・倪維思的《在華歲月》（*0ur Life in China*, 1869）、

[22] 施美夫：〈原序〉，《五口通商城市遊記》，頁 1。

[23] 陶家俊：〈書寫中國，中國想像，論英國現代主義話語中的中國轉向〉，《當代外國文學》2011 年第 2 期，頁 139。

美魏茶《在寧波居住的七個月生活》（*Seven Month's Residence at Ningpo*）等都有專章專節真實記載他們在寧波傳教、生活經歷，其中都涉及到對寧波婦女的觀察[24]。

各種刊物的照片、畫報部分。如 1842 年由赫伯特・英格拉姆（Herbert Ingram,1811-1860）和馬克雷蒙（Mark Lemon）創辦的世界上第一份以圖畫為內容主體的週刊《倫敦新聞畫報》，對寧波相當關注，其中有 8 篇關於寧波戰事如兩次鴉片戰爭、太平天國攻佔寧波等的文章圖片。美國的《哈潑斯月報》（Harper,s Monthly Magazine）及《哈潑斯週報》（Harper' s Weekly:A Journal of Civilization）有組文章是以作家朱利安・拉爾夫（Julian Ralph,1853-1903）在江浙一帶的大運河沿岸採訪、寫作為主要內容，同行的畫家韋爾登（C.D.Weldon）為其配插畫，圖文對江南水鄉表現真實細膩。

以上這些文本多為他們母語寫作（本文目前所據是以英語為主的資料），主要流傳於西方世界。赫德等人的文本被視為西方漢學研究的重要資料源，如英國漢學家約・羅伯茨（Roberts,J.A.G.1935-）所著的《十九世紀西方人眼中的中國》（*China Through Western Eyes the Nineteen Century*），就把它們跟瑪高溫的《中國人生活的明與暗》（*Men and Manners of Modern China*）等著作並列，稱其「曾經在西方世界較廣泛地流傳，對西方的『中國觀』產生過程度不同的影響」[25]。因此，以這些對西方中國觀有極大影響力的文本來探討西方人對寧波婦女書寫，可以揭示西方婦女觀，也可以由此了解西方人的

---

[24] 另有郭士立的《中國沿海三次航行記》（*Journals of three voyages along the Coast of China in 1831,1832&1833*）、馬禮遜夫人（E1izebeth Morrison）的《馬禮遜回憶錄》（*Memoirs of the Life and Labors of Robert Morrison,D.D.*）、婁理華的《婁理華回憶錄》（*Memoirs of the Rev.Halter M Lowrie, Missionary to China*），克陛存的《中國宗教狀況》（*The Religious Conditions of the Chinese,and Their Claims on the Church*）等也有相關記載在華東浙江一帶傳教考察的活動。

[25]〔美〕馬森（Mary Gertrude Mason）著，楊德山譯：《西方的中國及中國人觀念 1840—1876》（*Western Concept of China and Chinese 1840-1876*）（北京：中華書局，2006 年），頁 5。

中國婦女想象。

二、美麗卻悲慘的寧波婦女形象

在甬西方人對於寧波婦女的整體印象多表示欣賞，認為她們善良美麗；對其不幸深表同情。

（一）美麗的寧波婦女

瑪高溫以醫學人類學的眼光看寧波人，「男子都比較強壯，女子膚色白皙，體態健美，一點也不令人討厭——確實，真正漂亮的也不少」[26]。大部分西方人在談到寧波人時，顯示出比較認可的傾向。李希霍芬將紹興人與寧波人相比，認為前者下巴突出，顯得很醜陋[27]。丁韙良覺得「福州人高聳的顴骨與寧波人橢圓形臉龐」可以區分兩地人樣貌[28]。這些瑣碎的細節敘述，說明寧波婦女體態膚色形貌方面，較符合西方人的審美規範。

同時，他們都指出寧波婦女善於著裝。李希霍芬基於在南方考察的印象，認為大同府女性，「顯得不夠『中國』得多」[29]。海倫・倪維思回憶中的寧波婦女具有江南女性美的風範，「在寧波，女人穿一種精緻的襯裙，幾乎長及她們的小腳，但又努力不讓它蓋住」，「我覺得總體來說，寧波女人的服裝，比北方的或者更南方的，要秀氣合身得多。」[30]約翰・湯姆遜也認為中國婦女會「把更多的精力花費在如何學習梳妝打扮上」[31]，但寧波婦女善穿著裝扮似乎是天生的，他在奉化看到即使是貧窮的農村，婦女和孩童也會在頭上插上杜鵑花作

---

[26] "The Chinese Repository" ,Feb 1844, pp111-112. 轉自龔纓晏：《浙江早期基督教史》，頁 136。

[27]〔德〕李希霍芬著，《李希霍芬中國旅行日記》，頁 45。

[28]〔美〕丁韙良著：《花甲憶記》，頁 27。

[29]〔德〕李希霍芬著，《李希霍芬中國旅行日記》，頁 147。

[30]〔美〕海倫・倪維思（Helen S.Coan Nevius）著，〔美〕溫時幸，李國慶譯，《在華歲月》（*Our Life in China*）（北京：國家圖書館出版社，2015 年 10 月），頁 72、73。

[31]〔英〕約翰・湯姆遜著，徐家寧譯：《中國與中國人影像》，頁 36。

為裝飾[32]。

西方人對寧波婦女外貌關注的焦點還在其髮型和腳。海倫・倪維思欣賞寧波女性髮型之精緻[33]，也見於許多西方人的筆下、鏡頭中。華生少校和湯姆遜的鏡頭下，有寧波女性髮型展示、髮型師的系列。後者的〈中國女性的髮式〉專題，以廣州、汕頭、寧波與上海的女性髮式做為模特，把寧波婦女的髮型與上海婦女的髮型幷置，形成繁複的精緻與儉樸的幹練的對照；他讚揚寧波髮型師的髮髻「巧奪天工」。在〈雪竇山〉中再次提及寧波婦女的裝束，認為與更南邊的婦女的差別無幾，主要就在於髮式上[34]。《倫敦新聞畫報》中對於中國各地各階層婦女的介紹，其中以〈中國速寫：婦女髮型和洗衣方式〉（「Sketches in China: Hair Style Like a Teapot,Washing Linen」)為題的文章，寫的是中國婦女「像茶壺一樣的髮型」，配有兩個做髮型時的婦女照片，儘管沒有明確地區，但與湯姆遜的照片中寧波婦女的髮型基本一致，至少可以斷定是以寧波婦女的髮型為原型的[35]。當時寧波婦女的髮型製作複雜，種類繁多，《鄞縣通志》記載寧波婦女髮髻，有「被如蟬翼，曳與腦後」的假後鬢，「其翼蟬縮而短而小」的真後鬢，受蘇滬之風影響的蟠髻種種。寧波婦女在髮型上，不惜花費時間和金錢，一旦做好，為保持原狀，休息時只能用平枕頭把頭固定；街頭有人走街串巷收集假髮，還形成了「假髮兌針者」的市場[36]。

三吋金蓮依舊是婦女的時尚，寧波中上層婦女普遍纏小腳，下層勞動婦女的天足，反而被認為醜陋，教會女校的女生因此有綁上穿小

---

[32] 同前註，頁 304。

[33] 她描寫「寧波女人的髮型，雖過於精細繁複，但比起其他地方女人僵硬的頭飾卻更有品味，與服裝相得益彰。」海倫・倪維思著，〔美〕溫時幸，李國慶譯：《在華歲月》，頁 73。

[34]〔英〕約翰・湯姆遜著，徐家寧譯：《中國與中國人影像》，頁 214、215、312。

[35] 該文出版於 1869 年 4 月 2 日第 34 卷，第 967 號的版面，沈弘編譯：《遺失在西方的中國史：《倫敦新聞畫報》記錄的晚清》（上），頁 380、381。

[36] 龔維琳、許燕：〈十九世紀中晚期寧波婦女的髮型〉，《寧波通訊》2011 年第 8 期，頁 42、43。

鞋的假腳的，「然而，按照中國人的觀念，這樣的腳依然醜陋。」[37] 就像瑪高溫評價的，寧波婦女扮相無懈可擊，「從髮式及模仿上層社會婦女金蓮一樣的裹足，到裙子的下擺以及由於裹腳所致的女人那慢條斯理的步態，這一切都顯得那麼自然和生活化。」[38]

西方人的记錄中這些美麗的寧波婦女，出身富裕家庭的女性「鄙視勞作，卻又沒有受過教育，因此得不到任何讀書人的樂趣……但許多女人都學繡花」，具有較高音樂修養的女性越來越少[39]；「家境低下的女人都得幫助做家務。她們燒飯、洗衣、縫補、照看孩子等等，一般都很忙，也十分勤勞。」[40]「有的還要負擔起生活的重擔，跟家裡的男人一起在田間勞作。採茶和養蠶都是女性的工作。」[41] 約翰·施嘉士的《旅華十二年：人民、叛亂與官員》中有張〈浙江紡絲〉照片的版畫，畫上三名婦女合力與家人紡絲的情景[42]，是普通勞動婦女的真實寫照。《倫敦新聞畫報》的速寫〈中國速寫：採茶女和清軍旗手〉，報道了舟山的茶樹開花季採茶女的採摘，「採茶女的雙手要保持乾淨，在採摘某些優質的茶葉時，採摘者幾乎不敢朝茶葉呼氣。」[43] 畫報中另一篇〈中國的絲綢文化〉文字和圖片都顯示從桑蠶養殖到絲織的主要工作由女性承擔。施美夫描述寧波婦女所從事的手工業不少，「編織地毯、篾席為許多人提供了就業機會。婦女中有相當數量

---

[37]〔美〕海倫·倪維思著，〔美〕溫時幸，李國慶譯：《在華歲月》，頁 71。

[38]〔美〕瑪高溫（Daniel J.Macgowan,1814-1893）：《中國人生活的明與暗》（*Men and Manners of Modern China*）（北京：中華書局，2006 年版），頁 187。

[39]〔美〕海倫·倪維思著，〔美〕溫時幸、李國慶譯：《在華歲月》，頁 73。

[40] 同前註。

[41]〔英〕約翰·湯姆遜著，徐家寧譯：《中國與中國人影像》，頁 36。

[42]〔英〕喬治·亨利·梅森等著，趙省偉、於洋洋編譯：《中國西洋鏡清代風俗人物圖鑒》（北京：台海出版社，2017 年 2 月），頁 130。

[43]〈中國速寫：採茶女和清軍旗手〉，《倫敦新聞畫報》第 30 卷，第 843、844 號，1857 年 2 月 7 日，114 頁。出自沈弘編譯：《遺失在西方的中國史：《倫敦新聞畫報》記錄的晚清》（上），頁 146。

的人紡線織布。」[44] 但到 19 世紀末，原本從事這些採茶、絲織、棉織手工業的婦女在近代工商業的發展衝擊下大多面臨轉行。

（二）出生就註定悲慘命運的女性

西方人更多看到的是寧波婦女美麗表象背後的悲慘命運，女孩出生就意味著是家庭的負資產，無論是在父親的家庭還是將來丈夫的家庭都沒有地位和權利，只能成為男性的附庸。19 世紀急劇變動的社會中，小農經濟的破產更容易導致對女性的任意處置。雖然有了近代工廠的選擇，但女工們在工廠日夜勞作，其所得往往只有男工的一半，還不能維持自身的溫飽。而貧苦家庭的年幼女性，一旦遭遇變故其結局或被賣為妾或奴，甚至淪為妓女。也有少數貧困人家把女孩子賣入庵院以求生存的。赫德剛到寧波時就知道可以 50-100 塊錢買一個女性，每月給兩到三塊錢養家費即可；他的頂頭上司密迪樂 (Thomas Taylor Meadows,1815-1868)，就是以這種方式養了「中國老婆」；赫德自己與寧波婦女阿姚也是同樣的關係。

西方人書寫寧波婦女的悲慘集中在其婚嫁上，認為沒有自主選擇的權利，聽天由命的婚姻決定了女性的悲劇，這也是對認為嫁得好可以改變女性命運的觀念的否定。寧波婚禮的記錄在各個回憶錄中都可見到，書寫方式和角度也不盡相同，有的側重于婚俗，有的偏重于形象。美魏茶詳細描寫了他在寧波所看到的婚禮；海倫・倪維思的文字比較詳細生動地記載了婚禮的過程及細節，其中孤寂可憐的新娘成為寧波婦女悲慘婚戀的縮影。她看到新娘被帶著向賓客致禮答謝，被他們品頭論足，「感覺到中國的新娘並不讓人羨慕。……無論集聚的人們如何歡樂，新娘都是一個可憐、可悲、孤寂的人。」[45] 她還描述了去寧波紳士家庭時，主婦介紹家裡幾個妾時，告知她自己是正室。與別的女性分享丈夫的愛情在傳教士看來實為不幸。施美夫則記錄了一個令人啼笑皆非的案例，英國領事館參贊邢先生差人提親時把心儀的

---

[44]〔英〕施美夫：《五口通商城市遊記》，頁 158。

[45]〔美〕海倫・倪維思著，〔美〕溫時幸、李國慶譯：《在華歲月》，頁 55。

四小姐錯弄成了五小姐，進洞房後才發現混淆的尷尬[46]，導致問題的關鍵在於中國婚禮講求父母之命媒妁之言，該案例的記錄無疑是對這一婚戀方式的質疑與批判。

命運最悲慘的莫過於寡婦。在甬西方人的記錄中沒有直接提到該地寡婦殉葬的事實，但有臨近的溫州、福州地區的殉葬案例記錄。社會輿論對於婦女殉葬的宣揚，為貞女烈婦立牌坊等做法，更是把寡婦推向了絕境。即使是未婚夫死亡，未出嫁的女性不僅要守節，還會被周圍人認為是剋星，無論在娘家還是婆家都沒有任何家庭地位，隨時面臨被逐、被賣的境地。丁韙良感慨中國的婚姻市場將寡婦當作一件貶值的商品叫賣的不合理現象，也一再批判佛教的火葬，主要是針對婦女在丈夫去世後自焚殉葬現象[47]。愛爾德賽的學生和助手薩娜馮（Sanavong）也是在未婚夫去世后，被其準公婆決計要賣掉，幸運的是她得到了愛爾德賽的出資救助。

西人記載悲慘的寧波婦女還有一類特殊的「墮貧」婦女，她們從來不會被其他女人尊稱為「嫂子」[48]。這類墮民是是元明清時在浙江境內受歧視的一部分民眾，主要分佈在浙東地區。《清稗類鈔．奴婢類．喜婆》中就有相關記載。他們只能從事被認為最低賤的職業，婦女也是如此，一般婚喪嫁娶中各類三姑六婆多由墮民承擔。女性墮民婚前稱「鰻線」，婚後則稱老嫚或喜婆，[49]還有的墮民婦女則成為優伶。倪維思記載寧波的迎神賽會中，遊行「隊伍中間有幾個人扛著塊

[46]〔英〕施美夫：《五口通商城市遊記》，頁 138。

[47]〔美〕丁韙良著，沈弘譯：《花甲憶記》，頁 207、81。

[48]〔英〕施美夫：《五口通商城市遊記》，頁 203。

[49]「墮貧」又稱「怯鄰戶」，後世稱為「墮民」。被視為「賤民」，不能與一般平民通婚、同列。不許參加科舉考試，只能從事婚喪喜慶的雜役工作等事項。《清稗類鈔．奴婢類．喜婆》中有「紹興有墮民巷者，居方里，男為樂戶，女為喜婆。……婚嫁、祭祀外，常時則以說媒、售衣錦為業。」甬俗以路遇老嫚為喜。潘莉：〈中國的吉普賽人：墮民〉，《寧波民俗與寧波人》（杭州：浙江大學出版社，2013 年 4 月版），頁 182、183、187。

木板，一個衣著華麗、面容姣好的姑娘翩翩然立於板上」[50]，這些姑娘大多是「墮貧」或者其他出身低微的婦女。

在甬西方人書寫寧波婦女的悲慘，往往將其置於19世紀社會轉變的情境中，結合特定的婚喪、生育禮俗以及歲時習俗。他們書寫寧波婦女活動的重要場景還多在廟宇或歲時節日中。倪維思夫婦、施美夫、李希霍芬等人的筆下經常出現宮觀廟宇中活動的各階層婦女，丁韙良回憶錄中出身紳士家庭的迷信的老太太，廟宇裡多達兩三千信女的集中祈禱，還有大街上斥責養子的老太太等[51]。西人記載她們參與這些迷信活動，大多為祈禱來世轉為男性，以擺脫女性悲慘的處境；或者藉助惡毒的詛咒發洩自己作為女性面臨的痛苦；或者祈求把自己的悲慘轉嫁給他人，以及諸如此類的自私心理。這些婦女的活動、心理及與之相關的習俗其實是帶有浙東婦女的共相的。浙東地方沿海多丘陵，人多地狹，社會風氣歷來有別與他處，重實用講功利的社會風氣也體現在對婦女的態度上，除了上述記載的婦女可以買賣外，該地區還有「典妻」的陋習。浙東自隋唐以來佛道教盛行，多佛教各宗派的重要寺廟，節俗活動受宗教影響明顯，民間信眾尤其多婦女。這種視婦女為商品的習氣，婦女多迷信以寄望來世，也是西人認為除了社會外在因素外，婦女的悲慘更主要在於其迷信、愚昧而不自知的原因所在。

三、西方人構建「中國姊妹」的努力

（一）以西方女性觀重塑「中國姊妹」

寧波是這些西方人尤其是傳教士真正踏上異域的土地，認識並深入瞭解華人和中華文化的開始。從西方社會進入東方這個異文化（other culture）環境中，他們在巡迴傳教、旅行、考察等過程中，會遇到巨大的文化衝擊（cultural shock）。他們觀察思考寧波社會、

[50]〔美〕倪維思著，崔麗芳譯：《中國和中國人》，頁216、220。

[51]〔美〕丁韙良著，沈弘譯：《花甲憶記》，頁38、39、50、51。

文化的種種現象，不免抱持有「我族中心」的觀點，有關寧波婦女的也不例外。但當其經過一定的時間適應後，他們思考寧波婦女的種種問題時，就兼有了異域文化的觀察者和本地居住者的雙重身份，這讓他們的思考更深入、合理。他們能從社會文化、制度、心理等方面探討，對寧波婦女的悲慘命運表現出充分的理解與同情，這也是其主要價值所在。儘管這些在甬西方人的文本被認為較客觀忠實地記錄了處於 19 世紀社會劇變中的寧波婦女，但他們的觀照與同情實際上是被置於基督教文明背景下的，是隱藏著西方婦女觀的價值標準，他們對寧波婦女這個「他者」的觀照書寫，包含著對寧波乃至「中國姐妹」的重新構建的意圖及努力的。

在甬西方人試圖構建「中國姐妹」，主要表現在他們以基督教文明為價值標準，傳教士的書寫尤為明顯。如在甬西方人的寧波婦女書寫比較集中的婚姻問題上，他們堅持了自明末以來天主教傳教士所堅持的平等協調的一夫一妻制。一夫一妻制本身不具有宗教色彩，但在甬西方人解釋一夫一妻制時，是從基督教教義出發，認為是真神所定，世人所應該遵循的，這就回到了他們的基督教文明的立場。丁韙良較其他人更明確主張兩性平等和諧。他多次詮釋夫妻關係為「真神肇始之初，止此一男一女，為萬世配偶之常經」。并對中國「多娶」、西藏「共妻」現象做了否定[52]。在《天道溯原》中，他將中國富豪的妻妾成群與西方各國遵守的一夫一妻制進行對比，認為「休妻」做法中可見西方女性的權利，強調男女應互相忠貞。在主編《中西聞見錄》中也多次指出「一夫一婦為人倫之正矣」[53]。

在甬西方人的基督教文明的觀點還在於書寫寧波婦女和西方婦女時，採用了完全不同的態度。他們筆下的寧波婦女大多缺乏教育，

---

[52]〔美〕丁韙良：〈論必須上天垂教〉，《天道溯原》中卷（新北：文泉出版社影印版，1967 年），頁 34。

[53]〔美〕丁韙良：〈英國民冊三則〉，《中西聞見錄選編》第 33 號，選自沈雲龍主編：《近代中國史料叢刊》第 32 輯（臺北：文海出版社有限公司印行，1989 年），頁 671。

生活無聊，命運悲慘，熱衷于到寺廟中參拜，寄望于來世改變性別以免再遭罪，是缺乏自主意識的女性。與此作為參照系的是西方文明中熱情大方的女性。海倫・倪維思筆下互幫互助的女傳教士姐妹；赫德懷念家鄉婦女的熱情大方，在寧波時遇見的活潑可愛的西方婦女等。丁韙良是傳教士中比較注重世俗教育的，他在《天道溯原》中提及婚姻問題，以及後來編《中西聞見錄》討論女性問題時，多以西方女性的自主、自立為楷模。

關鍵在於對這兩種婦女的區分，不是單純以東西方區域、人種劃分，而主要以是否接受基督教文明的影響為標準。西人對於普通的寧波婦女尚能給予同情，對於異教的婦女則持保留態度。在大部分西方人筆下異教婦女「通常舉止粗俗，面目平庸」[54]。美魏茶提到了兩個小尼姑，因為得不到照料而早夭。湯姆遜去雪竇山賞景的路上遇見兩個老尼姑，也是「面容枯槁、看起來病懨懨的乾癟老太婆」，甚至喝她們泡的茶時，還懷疑是被下咒了[55]。與此相對的是無論中西的「姐妹」教友，這些信基督教的「中國姐妹」在西方人筆下總是容貌美麗端莊，形象良好。丁韙良筆下路介臣[56]的漂亮賢慧的未婚妻，頑固甚至以死遏制兒子入教的母親，都描述生動，性格分明；「天生麗質」的愛爾德賽（在其他人的介紹中，極少提到愛爾德賽的美貌）；薩娜馮黑黑的皮膚，俏麗的臉龐帶點傷感。兩種異質文明中的女性命運差異，當然會更有利於宣揚教義。這些新的「中國姐妹」也還是以家庭為本位、以對丈夫和子女的義務為本分，但她們的核心價值觀念已經發生了變化，在她們的意識中，業已初步生成了性別角色的自覺與相應的價值判斷，並且基於此而主動選擇了生存空間。她們是有主體性、有新的精神面貌的女性。

---

[54]〔英〕施美夫：《五口通商城市遊記》，頁 172。

[55]〔英〕約翰・湯姆遜著，徐家寧譯：《中國與中國人影像》，頁 304。

[56]沈弘翻譯的《花甲記憶》中只有教方言的「魯老師」，甬方言「魯」、「路」同音，本文參考王文兵的著作，譯作「路介臣」。

（二）輔以教育宣傳

除了書寫上體現以西方女性觀重構的努力外，在甬西方人還身體力行，通過教育、輿論宣傳，來引導「中國姐妹」的產生。由傳教士主辦並帶動國人自辦對女性的教育機構，以及媒體、出版物，多討論婦女問題，宣傳一夫一妻制，批判傳統婦女觀念、習俗和社會制度，以促進寧波婦女對自我價值和兩性關係的認知，培養有自由獨立意識的中國婦女，帶動社會對婦女問題的反思。

新的中國姐妹首要的是具有健康體格和健全人格。在甬西方人特別是女傳教士一方面營造輿論，推動反裹足運動，同時也創辦許多醫院，華美醫院等設立有婦產科、女病室和婦女病床以治療解除女性的痛苦。他們在其所創的刊物上發表大量反對纏足的文章，提倡廢止這一針對女性的酷刑。瑪高溫在行醫中經常碰到寧波婦女因纏足導致的種種疾病，極力主張廢止這種「野蠻的習俗」[57]。丁韙良也認為這個「整整三十代的中國婦女深受折磨的」的「纏足酷刑」，違背了聖人的古訓[58]。由傳教士所發起「天足運動」最終在 20 世紀獲得成功，解除了這一摧殘中國婦女近千年的陋習。另一方面他們宣傳女性英豪，鼓勵婦女樹立自信心。丁韙良所編的《中西聞見錄》中，至少有 9 篇文章直接介紹西方興女學、男女自由婚戀，讚美各時代的女英雄，包括文章極佳的女學士、女學者等，還贊揚布巴兒回回小國女主見識「出於尋常萬萬之上」[59]。這些文章都旨在開拓婦女的視野，給女性自立自強以莫大的鼓舞，也為社會重新認識女性的價值創造了環境。

---

[57] William Lockhard, *The Medical missionary in China:A Narrative of Twenty Years' Experience*（New York, 1861）, p339-340.

[58]〔美〕丁韙良著，沈弘譯：《花甲憶記》，頁 8。

[59] 分別是第 11 號的〈法國烈婦戰功〉、〈巴黎慧婦脫危〉，第 12 號的〈義女遭患〉，第 16 號的〈各國近事〉，第 19 號的〈振興女學〉，第 21 號的〈英國近事．才女列傳〉，第 22 號的〈新婦妨家謬說〉，第 31 號的〈日後捐助女學〉，第 32 號的〈美女興國〉等文章。布巴兒回回小國女主故事見〈印度近事〉，〔美〕丁韙良等編：《中西聞見錄選編》，頁 351、352。

新的「中國姐妹」更要有女性意識的自覺和價值判斷，這只有通過教育實現。在甬西方人大力宣導創辦女學，並在辦學過程中，探索適合無任何文化基礎的寧波婦女的教學方式。丁韙良自創用拉丁字母作為寧波方言的注音，推廣用此注音的識字課本[60]，很快就讓不識字的女性掌握了基本的學習方法[61]。受教育不僅使女教徒擺脫了「善於利用她們的無知的狡猾的僧侶的愚弄」[62]，還在於獲得了與男性平等的機會，有了自主的空間選擇，而不僅只被囿於家庭中。在甬創辦的各教會學校管理嚴格[63]，宗教課與世俗科學的教育並存，這為寧波乃至中國近代新式的女子教育、職業教育開了先河。外國傳教士在寧波創辦了浸會中學等 50 餘所現代學校（其中女校 7 所）[64]。

四、書寫引導西方社會對中國婦女的認知

在西方興起中國熱時，西方絕大多數關於中國和中國人的著作，都存在「毫無根據的以偏概全的錯誤」[65]。關於中國婦女的介紹也是如此。在甬西方人的回憶錄、遊記等多半是散文文體，但他們書寫時多以嚴謹審慎的態度面對，對問題的討論有理有據；即使同樣的問題，這些西方人基於不同的立足點，提出的觀點不盡相同，有的甚至相左，但在其文本中多能有合理的分析。這類文字在西方的流傳，是有助於矯正主流社會對中國婦女認識的成見的。

如：西方社會對中國婦女的認知最主要也是最集中的是關於中國

[60] 段琦：〈丁韙良與西學東漸〉，《世界宗教研究》第 1 期（2006 年），頁 113。

[61] 1852 年 11 月 6 日，在寧波給美國長老會海外傳道部寫信並致美國的姐妹們，丁韙良敘述一位女子信奉基督教的故事，並表示「這是我們學校的第一個果實。」傅德元：《丁韙良與近代中西文化交流》，頁 62。

[62] 王維儉：〈丁韙良在寧波十年宗教活動述評〉，《浙江學刊》第 3 期（1987 年），頁 100。

[63]《寧波市教育志》（杭州：浙江教育出版社，1996 年 9 月），頁 499、500。

[64] 同前註，頁 504、505。

[65]〔英〕約・羅伯茨著，蔣重躍、劉林海譯：《十九世紀西方人眼中的中國》，頁 14。

婦女的社會地位問題，19 世紀中期以後的西方主流社會認為中國婦女地位低下，這些在甬西方人也多持同樣觀點，但他們較一般人理解更深入。丁韙良從漢學研究中追根究源，認為《詩經》體現男女差別，主要是「儒者重男輕女」所致，而孟子「不孝有三，無後為大」觀念深深影響了儒者，早婚、養育子嗣就成為中國人的首要義務，也是「孝道」最主要的體現。他贊同「孝道」觀念，但對於盡孝的諸多行徑持有異議[66]。倪維思也從婦女燒香拜佛的動機，女孩子不需要名字等現象，提出同樣的觀點[67]。而翟理思則對這一觀點提出異議，他認為中國婦女地位與別國婦女的境況也相差無幾[68]，對兒子的偏愛是各國普遍現象；所謂的弄璋弄瓦作為象徵意義都有其重要性。

這些文本在西方社會流傳廣泛并具有較大影響力。李希霍芬和翟理思的寧波婦女觀察一開始主要限於學院內，但當發表出版後其傳播遠遠溢出了學院；赫德、丁韙良、湯姆遜等的日記、回憶錄、照片是西方中國觀主流研究的常用材料；施美夫、倪維思夫婦等雖為傳教士，可其對寧波的觀察卻超越了傳教記事；《倫敦新聞畫報》影響力遍及歐美亞許多國家[69]，《哈潑斯月報》擁有上至總統下至平民的龐大讀者群體，是 19 世紀中下期美國最具影響力的圖畫新聞週刊[70]。這些文本中的寧波婦女形象在西方社會的流傳，無疑可以增進西方對於中國女性的瞭解，在一定程度上澄清視聽，糾正西方社會對中國婦女的成見。

五、結論

[66]〔美〕丁韙良著，沈弘譯：《花甲憶記》，頁 70。

[67]〔美〕倪維思著，崔麗芳譯：《中國和中國人》，頁 192。

[68]〔英〕翟理思著，羅丹、顧海東、栗亞娟譯：《中國和中國人》，頁 257、258、259。

[69] 沈弘：〈譯序〉，沈弘編譯：《遺失在西方的中國史：《倫敦新聞畫報》記錄的晚清》（上），頁 7。

[70]〔美〕張文獻編：《美國畫報上的中國 1840-1911・前言》（北京大學出版社，2017 年 8 月第 1 版），頁 16、17。

丁韙良說「從倫理道德上來講，婦女是中國更好的那一半人口——她們謙卑、優雅和優秀。」[71] 這基本可以作為 19 世紀在甬西方人眼中的寧波婦女形象概括。西方人觀察書寫這些寧波婦女時，大多將她們置於動盪變化的地方社會中，在記錄城市及其女性社會生活的變遷時，表現出異域觀察者對寧波地方和婦女問題的同情的理解。

這些在甬西方人因在寧波生活較長時間，寫作中所引述的資料可靠性強，其文本也成為了西方研究近現代中國最常引用的資料。這些文本材料豐富，又具有較強的可讀性，在西方社會流傳較廣，其觀點必然會影響西方社會的看法。文本書寫又各具特色，傳教士的遊記、回憶錄等觀察評論視角較宏觀，往往通過大量例舉、比較等方式得出結論；作為翻譯者的赫德的日記具生活化氣息；女性寫作者的觀察細膩感性，且以女性角度看女性，其觀察更多同理心，筆下的寧波婦女形象也更鮮明。儘管風格迥異，這些西方人眼中的寧波婦女又不乏相同之處，即多以西方基督教文明的婦女觀來檢視寧波婦女，在不同類型的婦女書寫中注入不同的情感，顯示出構建理想中國婦女的意圖。

就中國社會而言，丁韙良們以辦學、辦醫院、辦報刊等方式加以引導，力圖改變寧波婦女的觀念以塑造新的「中國姐妹」，尤其是教會辦女學確實推動了寧波乃至浙江近代女子教育的發展。教會學校辦學規模大，類型多樣化，層次豐富，從單一的普通學校發展到普通學校、職業學校、師範學校、女子學校，還有幼稚園、小學、中學，且女校畢業生每年維持在一定規模。其辦學模式成為國人自辦教育取法的對象。這股興女校的氛圍逐漸從沿海擴大至內地。

教會女學向所有的女性開放，其辦學早已超出了培養女基督徒的初衷，女性受教育的觀念也逐步為社會所接受。如 1910—1911 年，馮氏女中的學生有 22 人，其中 13 人來自於非基督教家庭，且幾乎都來自於官宦家庭[72]。在他們帶動下，婦女們開始反思如放足、社會

---

[71]〔美〕丁韙良著，沈弘譯：《花甲憶記》，頁 51。

[72] 谷雪梅：〈英國聖公會近代以來在浙江辦學述評〉，《黑龍江史志》第 4 期（2009

交往公開、財產繼承等傳統對婦女的從屬角色設定，並有了更多的職業選擇。從寧波女校走出了中國第一個女留學生金韻梅（Dr.Yamei Kin，1864-1934，也譯金雅妹），哥倫比亞大學教授康美霞，紐約凡塞大學教授陳銀蓮，金陵大學校長的徐秀英等[73]；陳逸僧、陳逸仙（陳修良）姊妹等則成為了婦女運動的領軍人物。在對這些女性楷模的學習中，寧波婦女逐漸走出「父親」和「丈夫」的家庭，走上社會，尋求實現自身價值的職業和事業，從而成為真正的新女性。

年），頁 137。

[73] 鄞縣宗教志編纂委員會：《鄞縣宗教志》（北京：團結出版社，1993 年 12 月），頁 283-284。

引用文獻

一、專書：

〔美〕丁韙良著，劉伯驥譯：《丁韙良遺著選萃》，臺北：中華書局，1981年初版印行。

〔美〕丁韙良著，沈弘等譯：《漢學菁華》（The Lore of Cathay，or The Intellect of China），香港：中華書局，2007 年 9 月。

《上海婦女志》編纂委員會編：《上海婦女志》，上海：上海社會科學院出版社，2000 年。

王文兵：《丁韙良與中國》，北京：外語教學與研究出版社，2008 年 11 月第 1 版。

王瑞成：《寧波城市史》，寧波：寧波出版社，2010 年 12 月。

〔法〕古伯察（Evariste Régis Huc）著，張子清等譯：《中華帝國紀行——在大清國最富傳奇色彩的歷險》（上），南京：南京出版社 2006 年 9 月第 1 版。

包偉民主編：《江南市鎮及近代命運》（1840-1949），北京：知識出版社，1998 年。

李又寧、張玉法主編：《近代中國女權運動史料（1842-1911）》（上冊），臺北：龍文出版社股份有限公司，1995 年。

李奭學：《譯述：明末耶穌會翻譯文學論》，香港：香港中文大學出版社，2012 年。

姚賢鎬編：《中國近代對外貿易史資料 1840-1895》，北京：中華書局，1962 年 11 月。

〔美〕費正清（John King Fairbank）著，唐吉洪等譯：《觀察中國——費正清看中國》，北京：吉林出版集團有限責任公司，2013 年 3 月第 1 版。

〔美〕瑪高溫（Daniel J.Macgowan）：《中國人生活的明與暗》（Men and Manners of Modern China），北京：中華書局，2006 年。

熊月之：《西學東漸與晚清社會》，北京：中國人民大學出版社，2011 年 3 月第 1 版。

趙世培、鄭雲山著：《浙江通史．清代卷》（中），杭州：浙江人民出版社，2005 年 12 月。

鄭永福、呂美頤：《近代中國婦女生活》，鄭州：河南人民出版社，1993

年 4 月第 1 版。

二、期刊：

王欣榮：〈《甬報》初步研究〉，《杭州大學學報》第 3 期，1984 年。

王業興：〈基督新教對中國近代化的雙重影響〉，《社會科學戰線》第 6 期，1996 年。

林獻堂《環球遊記》凝視異國「女性」形象與文化詮釋

吳毓琪 *

〔摘 要〕

本文研究林獻堂《環球遊記》如何詮釋異國女性的形象與其文化蘊意。藉由旅遊理論的「看」與「被看」、「自我」與「他者」文化之間的對話，探討林獻堂 1927 年至 1928 年期間，如何在這趟環球之旅中，體察各國各地的女性文化，包括婦女的身體語言、女性的潛質才能、社交地位與主權、身體界線等面向。這類女性書寫在《環球遊記》中的意義，是林獻堂欲借鏡歐美女性文化，反思臺灣婦女的權力；為求改革舊慣中女性被犧牲的處境，返臺後，與其子在故鄉組織「一新會」，籌辦相關婦女教育，以期落實提升臺灣婦女教育與權力的理念，林獻堂費時向歐美先進國家的學習之旅的成果，不局限於滿足他個人旅遊體驗的享受，而是一個力行「知而後能行」臺灣傳統仕紳展現社會實踐家的氣度，突顯《環球遊記》這部日治臺灣旅遊文學，不凡的價值意義。

關鍵詞：林獻堂《環球遊記》、凝視異國女性、日治臺灣旅遊文學、旅者文化詮釋

* 國立成功大學臺灣文學系副教授

一、前言

跨國旅行的過程中，旅人的「看」與異地文化的「被看」，建構出「凝視主體」和「凝視對象」之間的權力關係。旅人經由「凝視」的方式翻譯詮釋了「自我」與「他者」文化之間的對話，融合視域成為新文化主體。

林獻堂自 1927 年 5 月起，以一年多時間搭乘郵輪，前往歐美各國遊歷考察，至 1928 年 5 月 25 日抵達日本東京結束此趟旅程，共計 378 天，實際將一己親眼的見聞經歷記錄下來，連載發表於《台灣新民報》第 171 號起連載，前後四年共一百五十二回，由秘書葉榮鐘先生集結成《環球遊記》一書，為台灣歷史留下一份寶貴的紀錄，這趟旅程開啟了他新視野。林獻堂是接觸新文明的傳統文人，破除臺灣固有的性別框架，認為一國女性的地位高低正是評斷該國文明或發展的指標。承此，返回臺灣後的林獻堂體認到婦女權力的重要性，遂與其子林攀龍 1932 年 2 月 24 日在臺中霧峰成立「一新會」，此組織甚為重視婦女教育，舉辦「婦人國語漢文研究會」，又舉辦攸關女性權力的演講、延聘女性講者，這些文化革新的成效，以提升臺灣婦女地位為目的。林獻堂身為臺灣社會領導先驅，秉著開明進步的女性觀念，且以傳統仕紳的男性身份而言，能夠主動關切，並將理念化為實際行動，推動婦女權力運動，實為難能可貴！此舉對於臺灣漢人社會長久以來，慣於將女性邊緣化、弱勢化的習俗，有著一定的衝撞力。

關於臺灣女性的研究甚多，筆者本文受益於楊翠〈日據時期台灣婦女解放運動的歷史位置〉[1] 一文，揭櫫臺灣婦女傳統地位被卑下的歷史緣由，臺灣漢族移植的史實，將移墾漢儒社會的兩性失衡的習氣移入臺灣，導致臺灣女性置身於男尊女卑的風俗框架中，婦女生命毫

[1] 楊翠：〈日據時期台灣婦女解放運動的歷史位置〉，收於《日據時期台灣婦女解放運動——以《台灣民報》為分析場域（1920-1932）（臺北：時報出版公司，1993 年），頁 35-37。

無個人尊嚴可言。將傳統婦女受困於「兩性失衡」的習俗框架中，撥清社會歷史的根源問題。

至於，林獻堂《環球遊記》在日治時期堪稱罕見之跨國遊記，研究者更不勝繁舉，其中，較早有許雪姬〈林獻堂著《環球遊記》研究〉[2]，文中論及林獻堂遊歷各國之經驗，包括林獻堂體驗歐美民主制度及自治精神、比較東西文化，乃至於各國婦女風情等。晚近研究者，多將林獻堂《環球遊記》聚焦在「現代性」的議題上，如：徐千惠碩士論文《日治時期台人旅外遊記析論——以李春生、連橫、林獻堂、吳濁流遊記為分析場域》[3]，於許雪姬論文的基礎上，更全面亦詳盡的對《環球遊記》中各國文化與現代化的問題；林淑慧〈史蹟與現代空間的迻譯：林獻堂《環球遊記》的都會意象〉[4]此文以文化迻譯的解讀路徑探討林獻堂《環球遊記》如何穿引西方現代化於漢語文文化系統中，尤其是都會意象的現代性的概念。蔡米虹〈借鏡與反思：臺灣士紳林獻堂觀見的美國〉[5]，文中以林獻堂《環球遊記》中〈美國見聞錄〉的主要分析對象，輔以日記的載述資訊，分別由美國民主發展內涵和現代化兩個面向歸結林獻堂的旅遊觀察，並與該趟旅行後林氏思想或活動作為之間的可能關連進行討論。

研究林獻堂的女性議題的論文，與本文最直接相關的是，李毓嵐〈林獻堂與婦女教育——以霧峰一新會為例〉[6]，此文以嚴謹史料論證林獻堂所倡設主導的「一新會」，如何分從婦人茶話會、婦女懇

[2] 許雪姬：〈林獻堂著《環球遊記》研究〉，《臺灣文獻》49期2卷（1998年6月），頁1-33。

[3] 徐千惠：《日治時期台人旅外遊記析論——以李春生、連橫、林獻堂、吳濁流遊記為分析場域》（臺北：臺灣師範大學國文所碩士論文，2002年）。

[4] 林淑慧：《旅人心境：臺灣日治時期漢人旅遊書寫》（臺北：萬卷樓圖書公司，2014年），頁397-422。

[5] 蔡米虹：〈借鏡與反思：臺灣士紳林獻堂觀見的美國〉，《國立彰化師範大學文學院學報》13期（2016年3月）頁167 – 198。

[6] 李毓嵐：〈林獻堂與婦女教育——以霧峰一新會為例〉，《臺灣學研究》第13期（2012年6月），頁93-126。

親會、日曜講座、巡迴講演與通俗講演、一新義塾及運動會等面向，具體地落實女性教育與知識啟蒙的工作。其次，有兩部學位論文觸及林獻堂《環球遊記》中的女性議題：其一，是黃郁升《林獻堂《環球遊記》及其現代性論述》第四章第二節〈女性議題〉探究林獻堂如何比較東、西女性的差異與不同，以及西方「文明女性」在林獻堂筆下的樣貌[7]；另一是林淑芬《從《灌園先生日記》探討林獻堂的家人互動與家庭觀》第二章第三節家人共同推動的社會活動及角色分工，分述林獻堂如何「運用歐美經驗：自治精神」、「建設學習環境：創立一新會、一新義塾」、「一新會推動的公益活動：老人慰安會、兒童親愛會、婦女親睦會」等重點，此章簡述林獻堂經遊歷歐美吸取經驗後，如何藉由「一新會」的創設，辦理教育，提昇霧峰地方的女性知識[8]。

遊歷世界各地的林獻堂，在《環球遊記》裡記錄了歐美國家中形形色色的女性形象，也詮釋婦女地位與權力的概念。林獻堂如何突破臺灣社會的性別框架，吸納跨國的性別文化意識，轉化挹注改革臺灣婦女權力地位的動力？本文將以《環球遊記》為文本對象，逐一剖析林獻堂旅遊歐美的過程中，如何凝視異國女性形象，進而詮釋其中的文化涵義。當林獻堂解釋西方文明的新樣態時，也企圖從跨文化的比較思惟，重新建構新的「女性」認知話語，並且旅人經由「凝視」的方式翻譯詮釋了「自我」與「他者」文化之間的對話，融合視域成為新文化主體。

二、《環球遊記》中旅者「凝視」異國女性的形象

林獻堂《環球遊記》記述了他旅遊歐美所見所聞，其中，異國女性的形象是這部遊記經常書寫的焦點之一，也是他較常視為比較東西

---

[7] 黃郁升：《林獻堂《環球遊記》及其現代性論述》（國立臺灣師範大學臺灣文化及語言文學研究所碩士論文，2011 年），頁 111-117。

[8] 林淑芬：《從《灌園先生日記》探討林獻堂的家人互動與家庭觀》（臺中：國立中興大學臺灣文學與跨國文化研究所碩士論文，2013 年），頁 31-35。

文化的取材對象。旅遊過程中旅者的「凝視」，不僅只是「專注觀看」的一種注視而已，在心理學家拉岡的主張裡，「凝視」為自我和他者之間的鏡映關係，即他人看待自己的眼光折射之後，構成了人與自己的再現，他用此概念來說明男性和其凝視客體女人之間的關係[9]。

林獻堂這趟跨國旅程，即以男性旅人的眼光來「凝視」與異國女性，並且從這些「被看」的女性形象，再得建構「凝視主體」和「凝視對象」之間文化詮釋的權力關係。

（一）、婦女的身體語言

「身體語言」即信息發送者把要發送的信息，通過儀表、姿態、神情、動作輸送到信息接受者的視覺器官，再通過信息接收者的視覺神經作用於大腦，從而引起積極反應，實現信息發送者的目的。因此，所謂的「身體語言」是指人們在日常生活中通過身體某些部位的表情、姿態、動作、生理反應以及不同衣飾等等，透露出自身的心理信息，這些信息包括：意念、看法、態度，也涵蓋了生活中的諸般感覺和情緒。[10]

林獻堂「凝視」了歐美國家的女性各方面的身體語言：臉面、衣著裝扮、才能表現、身體界線等，將其所接受到的訊息，包括意念、看法、態度，再加以反應詮釋。

1、臉面

視覺感官凝視人物的第一目光常會落在人的臉上，林獻堂旅遊至埃及，見當地婦女有面掛黑紗的風俗，以男性偏好觀看「美目流盼」的傾向，被遮蔽的美人臉孔，引人疑竇！深究箇中原因是：

乃有人大攻擊回教之壓逼婦女，故用此服粧。回教之壓逼婦女

[9] 廖炳惠：《關鍵詞 200：文學與批評研究的通用辭彙編》（臺北：麥田出版社），頁 122-123。

[10] 張明玉：《身體語言心理學》（臺北：布拉格文創社，2015 年），頁 15。

> 或有其事，但此服粧不知始自何時，而回教徒不下三億萬人，如印度等處之婦女皆不掛面紗，若言掛面紗即是回教之壓逼婦女之證據，恐未必盡然。夫埃及建都於三面沙漠之下，不分寒暑，出門則風沙搏人，婦女所重者顏色，恐其受烈日塵沙之所毀損，思有以保護之，所以掛面紗之起源，其或由此始也。古時未有發明眼鏡，若有，則其兩目亦必戴眼鏡方敢出門矣。數年來，婦女運動漸有成效，亦有人倡廢除面紗，至今不見實行，良非無故也。[11]

婦女之所以有掛黑紗之習俗，人言傳說，是為回教壓逼婦女的緣故。林獻堂卻不甚以為然，比較埃及與印度回教婦女，兩地共同宗教信仰卻沒有因此而遵行黑紗蒙臉的習俗，至少印度等地的回教婦女是不需掛黑紗的。若此，埃及婦女之所以蒙臉，林獻堂解釋地處沙漠，「風沙搏人，婦女所重者顏色，恐其受烈日塵沙之所毀損，思有以保護之，所以掛面紗之起源」，也因此，即便女權運動鼓吹廢除面紗，不符合「因地制宜」的需求，亦未成效。在此，林獻堂以性別話語詮釋埃及蒙紗婦女，理解埃及婦女的蒙紗習俗，是一種因地制宜，而非女權主義「倡廢除面紗」的權利訴求。還原實地場景的需要，埃及當地女性「蒙臉」以防風沙的實務需求，更甚於權力的爭取！

2、衣著裝扮各國各地婦女衣著的不同，也成了林獻堂《環球遊記》筆下的紀錄，也這將位男性觀點對女性的注視，顯出其人的心理反應，來到法國南方綠水濱：

> 尼斯人口約近二十萬，是綠水濱一個大都會。……凡來此散步之人，衣服皆整齊可觀，而婦女的衣服又特別講究，尚新奇，五花十色，使領略不盡，就中有一婦人，於此十二月溫暖的太陽光之下，穿戴的衣服帽履一色皆白，右手執一枝金色鑲黑邊

[11] 林獻堂：《環球遊記》（臺北：天下雜誌股份公司，2015 年），頁 57。

> 的綢傘，左臂宿著一隻純綠的鶯歌，這種出色的裝束，真能若人加倍注目，在這個往來雜踏之中，俱忘領略此海濱自然景色的美麗，唯聞履聲雜以笑語聲與浩浩之潮聲相應而已。[12]

來到法國尼斯見一人裝扮出色的婦人「穿戴的衣服帽履一色皆白，右手執一枝金色鑲黑邊的綢傘，左臂宿著一隻純綠的鶯歌」，格外引他的注目，視覺的享受，的確可以看出這位臺灣名士旅行過程，透過法國女性的裝扮伸出視覺意識的邊界，注視異國女性白色衣服帽履、金色鑲黑邊的綢傘，手臂宿著一隻純綠的鶯歌，這特殊的法國女性形象，對林獻堂而言是一種愉悅的經驗，跨文化的視覺體驗，引起喜好觀裝扮美麗女性的林獻堂忘我注目。旅行中，我們如何取悅自我的感官，依文化型態而有不同反應，由於我們的感官知覺無論旅行體驗了多少文化，或者經歷過多長的時間向度？我們的感官知覺會使我們與過去記憶緊密連合從而有所反應[13]，林獻堂表達出一種「凝視」他者時愉說自我審美觀的想法，此舉不知是否與他身為霧峰地方名望士紳，重視身份門面的教養有關？

在旅程裡，林獻堂見聞美國紐約中央公園見騎馬女性的打扮，正好給了他視覺刺激而重省傳統性別文化的機會：

> 一日在園中散步，遇一隊少年騎馬而來，初以為男子，及至方知為女子。余在歐洲見女子乘馬，多是穿長裙，戴中山帽，而側坐於鞍上，今在此見女子騎馬，皆穿短衣、窄褲、長鞋，兩足跨於鞍上，與男子無異，茲事雖小，亦可見歐美風俗之不同也。[14]

---

[12] 林獻堂：《環球遊記》，頁 174-175。

[13] 黛安・艾克曼（Diane Ackerma），莊安祺譯：〈我們的每一種感官〉，《感官之旅》（臺北：時報文化公司，2007 年），頁 11-15。

[14] 林獻堂：《環球遊記》，頁 343。

這裡可看見林獻堂的既定思維：騎馬的應是男子，受到臺灣漢人性別觀念的影響，女子傳統形象，不太能夠與「騎馬」跨坐馬鞍的形象等同思考。來到美國，乍見「西方」女子的自由不拘，給他一種「覺醒」的體悟，「方知為女子」。再者，從騎馬女性裝扮，比較歐美風俗之別，美國騎馬女性的衣著符號：「穿短衣、窄袴、長鞋，兩足跨於鞍上」，歐洲乘馬女性是「穿長裙，戴中山帽，而側坐於鞍上」，是有奔放與拘謹的不同程度。此處林獻堂的觀看，以異國「騎馬」之裝扮的便利性，看到美國女性兩足跨於鞍上的自由「駕馭」與奔放，相對於歐洲女性著長裙「側坐」的淑女之姿，顯出行動跨度不若美國女性之大，也顯示美國女性的擁有更充分的自主能力，不拘泥禮儀服飾的規範。

從埃及蒙面、騎馬鞍跨的女性衣著語言，林獻堂比較詮釋了外國各地的女性穿著與舉止，這是臺灣婦女所未有的形象。異地風俗不同，林獻堂接受另類新文化視野的刺激，重新認識女性的裝扮語言。

（二）、女性才能

接觸與觀察異國婦女的林獻堂，在這部遊記中另有著墨女性的內在才能與才幹的部分，《環球遊記》「滯英雜錄」：

> 一日途次遇著文姑娘，相見非常歡喜。她為基督教傳道，在臺灣住過四十年，近為養老歸來，纔抵倫敦數日。她謂梅牧師知君欲來，已為婦人傳道會會長鍾氏介紹，故鍾氏常問君來也未，今住何處，余遂告之。越數日鍾氏來訪，白髮如銀猶甚康健，坐談片刻，她欲為余開一茶話會，訂約而去。及期，余等踐約到其家，是日來會者有二十餘人，大半是曾經住過泉州、廈門、臺灣的牧師姑娘，皆可自由談話，真是暢快！鍾氏取出其暇時研究意大利文學之課程示余等，鍾氏今年七十餘，而猶

> 學如是，吾人對之真是愧死無地矣。[15]

是年七月林獻堂在倫敦的途中遇見來臺宣教的文姑娘，這位文姑娘於 1927 年 3 月 12 日準備於五月下旬返英國前，造訪林獻堂[16]。經由文姑娘的介紹，認識了婦人傳道會會長鍾氏，鍾氏為林獻堂安排一茶會，參與者有二十多人，都是宣教泉州、廈門、臺灣的牧師姑娘。與這群女性茶敘，讓林獻堂記下「自由談話，真是暢快」；再者，對婦人傳道會會長的好學，以七十餘歲的高齡乃研究意大利文學，更烙下「老猶力學」的印象。統合這群英國女宣教士的生命樣態，自由暢談、活力無限，正向的生命力，讓這位臺灣社會菁英，竟說出「愧死無地」的話語！

女性的烹飪才能，在林獻堂的旅行書寫裡，也成為他所著目的焦點，《環球遊記》林獻堂記載來到哥本哈根所見：

> 丹麥的教育界對於婦女也特設有機關，為她學習烹飪術、家政學的，大約幾個月，便可卒業。故丹麥婦女個個都是持家有則，而又烹飪技術皆為超等絕論者也。法蘭西菜餚是世界馳名的，

[15] 林獻堂：《環球遊記》，頁 115。

[16] 文姑娘：文安（Miss Annie E. Butler），英國人，1885 年與朱文安姑娘（Miss Oan Stuart）來台工作。除執教於 1887 年成立的長老教會女學校（設於台南新樓）外，也負責巡訪教會，及基督教家庭，教導白話字使能讀經，另外也向外佈道，幫助患病的婦人，並向高雄梅醫生學助產術，免費為婦女接生。1927 年她七十一歲時欲回英，是年 3 月 11 日特到霧峰向林獻堂告別，告以 5 月下旬將回英，林予以餞行，7 月 22 日林獻堂赴英旅遊時再度相見。參見《灌園先生日記》1927 年 3 月 12 日，「臺灣日記知識庫」，中研院臺灣史研究所，http://taco.ith.sinica.edu.tw/tdk/%E7%81%8C%E5%9C %92%E5%85%88%E7%94%9F%E6%97%A5%E8%A8%98，徵引日期：2017 年 4 月 6 日。另外，黃子寧〈林獻堂與基督教（1927-1945）〉一文，也提及此事。文載許雪姬編：《日記與臺灣史研究：林獻堂先生逝世 50 週年紀念論文集》（臺北：中央研究院臺灣史研究所，2008 年），頁 695-696。

> 余在巴黎近有三個月，凡有名之餐館嘗之殆遍，以為果然名不虛傳，不意區區一小國之丹麥，較之殊無遜色。蓋丹麥國土雖小，因農作物出產豐富，人民經濟得以自給自足，與世界無爭無忤，而自樂其樂，故有餘裕講究飲食。[17]

來到丹麥，他觀察丹麥對於婦女教育甚為重視，更特設機關提供給女性學習烹飪與家政，造就出丹麥婦女個個都是持家有則，持家也是門專業學問，更甚者，丹麥餐飲之出色，林獻堂的評價認為不遜於世界聞名的法國美食。丹麥國土雖小，因農作物出產豐富，加上講究飲食，形成「與世界無爭無忤，而自樂其樂」的民風，其間女性的貢獻，不可抹殺。這裡看見婦女教育的培養對國家的影響力不可小覷，林獻堂後來返臺後開始臺灣落實女性教育工作，舉辦教育婦女的相關講座及活動 。

除了技能教育，身為日治時「臺灣議會設置請願運動」領袖，林獻堂考察歐美的政治文化界，「參政女性」亦他常凝視的對象，了解「政治」對於女性見識之拓展，與女性參政的熱絡程度，女性接受政治教育的新面向：

> 保守黨占絕對多數，自然政權屬於彼黨不問可知。六百十五名之中，有女議員八人，就中有一女優。若以東方人之視女優為一種玩弄物，自來不以藝術家看重之，設使婦人參政權得以實現，亦絕對無望選其為議員，此亦東西人特異之一點也……。余等傍聽半小時，然後退出。是日的傍聽席幾無立錐之地，但是婦人佔有十之六，亦可見婦人之關心政治也。[18]

英國是世界議會政治最早發達的國家，林獻堂進入上下兩院議院參觀

[17] 林獻堂：《環球遊記》，頁 268。

[18] 林獻堂：《環球遊記》，頁 78-80。

旁聽，見女議員在六百十五名中，佔有八名之多，其中一名為「女優」，這是在東方社會裡不可見的現象，東方社會不僅輕視這種女性職業，更是不能接受女性從政。英國議院有位「女優」議員，讓林獻堂不僅見識女性參政權落實在英國議會裡的開放態度。相對的，看見東方社會的封閉與女性的不自由，林獻堂以「絕對無望」的評論當時東方社會裡不能夠接受女性從政，且女性「自身」受文化情境制約的社會實情。女性不願意問政，對政治活動亦無參與意願，而失去了參與社會、接觸社會的機會。不同於英國議會旁聽席上女性佔有十分之六的比率，看見英國婦女對政治關心的程度甚高，女性走出私家閨房，邁入國會議院，置身於公眾議論的社會氛圍中，這應是林獻堂認識到西方女性「現代性」的一面。

承此，追溯歐洲國家女性參政的風氣，由來甚早，且影響深遠，在法國的政治史，即有革命女健將羅蘭夫人：

> 革命健將之羅蘭夫人，亦同路易十六之末路，其臨刑之言曰：「自由！自由！世間借汝之名以行罪惡，正不知多少也！」其後革命黨人自相殘害，及志士仁人之相繼上此斷頭臺者，不知其幾何！[19]

法國巴黎曾有位巾幗英雄羅蘭夫人，她自己因不公義的遭遇，臨刑前留下至理名言：「自由！自由！世間借汝之名以行罪惡，正不知多少也」，當年羅蘭夫人的壯烈犧牲，也為日後女性站出爭取社會公義自由立下典範，往後多少冤魂誤送斷頭臺，留下含冤者的心聲！也是這位十八世紀法國的女英雄羅蘭夫人，為社會不公發聲所帶下的影響力。林獻堂見識到歐洲女性勇於站立在公眾場域裡展現自己！

（三）、女性的社交能力

[19] 林獻堂：《環球遊記》，頁 129。

女性參與公共的言論，其實，不僅限於議院這類政治性的場合，英國人的家庭裡就可以見看女主人領導言論的作風。

林獻堂來到英國披野遜家庭，從這家庭裡女主人與下女與來自東方社會的林家父子共享宴席時，看出英國對待不同身份的女性，給予不同發揮主權的空間。先是女主人在餐桌上的舉止表現：

> 主婦在晚餐席上，真如一個專制君王，餐畢後她未起位，無論何人概不得離席，若先離席者，則為失禮。所食之肉皆由她宰割分配，若其所喜的，則多割與之，若其所不喜的，則少割與之，此就惡的一方面而言。若就善的一方面而言，她如一個公僕，分配時，知某人不要食肥肉，她則選精肉與之，知某人食量較大，則多割與之。待至食完，則一一問其再添否。若室中寂靜無語之際，她則尋一有趣問題，以開滿座的話門。她又必待至眾人議論終了，方始起位，眾人亦隨之離席。[20]

這位英國精明能幹的女主人，在餐桌上猶如「專制君王」，眾人都需尊重她，「所食之肉皆由她宰割分配」，獨佔飲食權、又佔發言權「她則尋一有趣問題以開滿座的話門」，引起全場對她的注目，這在東方社會裡，女性退隱在男性身後的表現是不同的。這位女主人地位之崇高是宴會結束需由她先離席，眾人才隨之離席。言論權的彰顯，讓女性能夠暢所欲言的表達內心言語，也讓女性的才能在公開平臺上自由表現。同樣在這披野遜家庭裡，下女也同樣擁有另一種自主權力，下女坦然以共產主義自居：

> 下女年十八，威爾斯人善唱歌，故下女亦有乃祖父之遺風，她謂一日不唱歌則幾欲死，每在晚餐之際，她則在廚下高歌。……密斯戈登謂勿以天真爛漫之女子視之，她是一個共產

[20] 林獻堂：《環球遊記》，頁 104-106。

主義的信者，乃述其贊成共產主義之原因。蓋她所得的工金，每月有四鎊（四十二圓），若逢休日，則招其友人看電影，買食物，作種種揮霍，所以身邊不留一文，因是常憤慨他人何以有錢我何以窮困，適逢共產主義者講共產主義是欲使世間無貧無富，她僅聞此一語，則大表贊成。……密斯達披野遜，自起行酒，始余，次攀龍，次其妻及其姐，後及其子，最後及於下女，下女雖不供棹而食，他亦另斟一杯與之，真可謂平等無差別矣。[21]

在林獻堂的觀察裡，披野遜家庭的下女，也是頗具特色的女性，承襲威爾斯人善唱歌的遺傳，她常在廚房裡高歌。這位善歌的女性，擁有自己的思想主張，且力行共產主義，將自己所得的工金揮霍殆盡以享友人，將「欲使世間無貧無富」的共產思想付出行動。在物資上主張共產的這位女性，在披野遜家庭裡，雖未與主人同桌共飲，也得到主人另斟一杯酒與之，林獻堂評之「真可謂平等無差別矣」！顯見不論何種身份地位的女性、或女主人、或下女，即使身份不同，各自擁有不同的主義立場，代表這國家對不同階級的女性給予不同的自主權力。林獻堂有感而發地說「真可謂平等無差別矣」，實緣於當時臺灣社會裡存在著「婢女」或「女僕」這類下等階級的女性，是專供主人差使的僕人，這類女性多被視為「物品」，甚至是需要被訂下「賣身契」成為交易對象的。如此陋俗之下，臺灣漢人社會中的女性，遑論有所謂的言論思想的自由！

見識到歐洲國家的女性可以自主表達意見，無論是政治議會、家庭餐桌，英國女性自主性高，這情況亦使林獻堂憶起於德國法蘭克福買鞋經驗：

行路過久，則脚氣下墮，鞋緊而足痛，乃往買一雙較大者，以

[21] 林獻堂：《環球遊記》，頁 107-109。

> 便行路。一入鞋店，即感著男女之分別，大異倫敦。余曾在倫敦買鞋，凡在試穿之時，男女各一室。女室之門，蔽之以幕。而為來客試之店員，亦各男女有別，不得混同。法蘭克福則不然，試穿同在一室，男女店員，亦混同無別。為余試穿者，是一少婦，余受其親切，反覺不安。倫敦之女子，不但不肯為男子穿鞋，甚至餐館之女侍，亦不肯為男子穿外套，其驕貴如是，而德人較之則大相反矣。[22]

在德國法蘭克福鞋店，男女混同一室試穿；在英國倫敦則男女分別一室，且店員也分男、女各自服務，性別界線分明的文化現象，林獻堂解釋這英國服務業的性別區分，緣自於倫敦女子的驕貴氣息，女店員不願為男子穿鞋、女侍不願為男子穿外套，與德國人大相徑庭。英國社會裡，女性自主權力之高，不隨意曲身為男性服務，不若臺灣漢人社會裡「男尊女卑」，女性常是依附在男性之下而生存。

一樣是社交場合，美國女性便擁有男性相當的尊重，林獻堂寫在美國紐約看到的場景：

> 美國男子對於婦女，有一種之特殊禮貌，凡在升降機中，若有婦女在焉，不論男子有幾多人，必皆脫帽以表敬意，此種禮貌，是歐洲所無者，而女子並不答禮，甚至不屑一顧，蓋男子是對女而表敬意，並不是對於某人而表敬意，故她不肯輕用其秋波之一轉也。[23]

美國的兩性社交禮儀，男子對女性有一特殊禮貌：在升降機中對女性脫帽以示敬意。然而這禮貌僅是外在儀禮，並非發自內心的敬意，林獻堂說即使美國女性都不願接受，更令他困惑的是，這禮儀也沒有一

[22] 林獻堂：《環球遊記》，頁 231。

[23] 林獻堂：《環球遊記》，頁 342-343。

貫性，「但表敬意，又不徹底，如對於司升降機之女子，或店中之女事務員則可以不脫帽。余在升降機中，常苦此種禮貌，每見眾人盡脫，而我不脫，恐被人非笑黃種人之不知禮，若欲脫，又不願作此無為之應酬，故有時或脫，有時或不脫，一任此刻心之所安而已」[24]，以旅人的心態「入境隨俗」，林獻堂或脫帽、或不脫帽，取決於避免被譏笑的情況下隨心所安。

美國校園裡，亦可見女性受尊重的場景：

> 哥倫比亞大學是美國一流的大學。……將出圖書館，遇一女子，耕南極表親切，與之周旋，歸時始告余曰，大學院男女學生，無一定之坐位，若遇左右有女學生之時，必先與之談話，方為有禮，以此每日常搜索話題以備談資，而又恐不適當，頗以為苦，然亦頗以此為有趣云。[25]

在美國哥倫比亞大學的圖書館裡，男學生若遇左右位是女性，需主動找話題，「必先與之談話，方為有禮」。男性主動與女性談話，以示對女性的尊重，是社交禮儀，也是林獻堂在臺灣社會裡不易見聞的社交現象。

無論是英國、或是美國，女性的社會地位是被尊崇的，甚至是與男性平齊共坐，林獻堂對此異國性別文化的體驗，而後也移植到「一新會」曾舉辦茶話會，會中女性身穿現代洋裝，仕女士紳齊聚一堂，近乎現代沙龍，可知林獻堂對於文明生活的嚮往[26]。

（四）、女性身體界線

當時「現代」的都市裡，林獻堂以東方男性的眼光，觀察西方男

[24] 林獻堂：《環球遊記》，頁 343。
[25] 林獻堂：《環球遊記》，頁 351。
[26] 本次茶會拍攝的舊照片，參見林獻堂：《環球遊記》，頁 391。

女的身體界線，迥異於東方世界避諱男女親近關係的界線概念。

「世界花都」之稱的法國巴黎，集合時尚、文化、藝術、知識殿堂的代名詞於一城，林獻堂行經此城市適逢「女人節」的街頭活動：

> 十一月二十五日，是二十五歲的女人節，我們適在平和咖啡店，忽聞街上咻咻之聲，又聞哈哈哄哄笑之聲，見數十名女子，以七八人為一隊，其所穿戴的衣帽多是黃、紅二色，手或執旗或執花不等，亦有乘車的，亦有步行的。一群青年男子包圍，欲強與之接吻，她等極力逃避。末後一隊女子至，遇一老紳士，鬚髮如銀，手執短杖緩步而來，諸女子包圍此老紳士，請其對她等一一接吻，此老紳士熟視微笑，徐徐脫去其高帽，然後向之一一接吻，諸女子哈哈哄笑，揚揚而去。[27]

街上數十名女子為慶祝女人節，執旗或執花不等，亦有乘車的，亦有步行的，青年男子強與之接吻，女子則極力逃避；相反的，風度翩翩的老紳士，深受這群女子的喜愛，請他與之接吻，老紳士也「熟視微笑，徐徐脫去其高帽，然後向之一一接吻」回應，顯然英國的老紳士也應和得宜。「接吻」遊戲成為巴黎街道上之風景，如此親近身體接觸非東方士紳所能夠適應！

這一次類似場景在法國尼斯賽會（嘉年華會）出現，這次卻是林獻堂身陷其中與女子近距離接觸：

> 俟其行列的隊伍過盡，男女如潮水之澎湃，隨於其後齊唱「無端接吻雖言不該，若在此良辰佳節，就接百回何害！」男子強抱少女而與之接吻，雖有怕羞的女子欲避之，而亦無處可避。……。行到人眾最擁擠之處，胸背肩膀受壓逼的非常的緊，是時周圍之人皆唱歌跳舞，余受前後左右的摩擦頗以為

[27] 林獻堂：《環球遊記》，同上註，頁 150。

> 苦，不得已乘其起落之勢亦與之同作跳舞，邊跳邊行，忽聞笑聲，回頭視之，見一少女她的面與我的面相離不過二寸，嫣然而笑似欲向我要求接吻，我急掉頭避之。[28]

尼斯賽會是法國男女的狂歡節，「男子強抱少女而與之接吻」是遊戲內容；而後，待林獻堂自身擠入人群之中，胸背肩膀受壓迫而產生身體摩擦，平日以冷靜客觀的雙眼，觀看異國女性的林獻堂，這次尼斯賽會是親身體驗與女性幾乎是無界線的接觸，甚至一少女主動向他要求接吻，也令這位臺灣傳統士紳「急掉頭避之」，內心的驚恐可想而知，不若前述英國的老士紳泰然處之。

遊歷歐洲的過程中，林獻堂常有機會遇見異國女子主動招徠，在德國漢堡林獻堂也有相似的奇遇：

> 遊湖已倦，則往觀跳舞，其場所頗寬大，可容百餘人，是時男女不滿五十，坐定，座客則盡以香檳，把盞徐酌，以看雙雙跳舞。隔座有少女二人，屢目余而笑，余於不知不覺之間，亦以一笑報之。繼而樂復再奏，她則來招跳舞，余因素未練習，唯有敬謝不敏。西俗凡跳舞，皆男子求之女子，少有女子求之男子者。今她來求余，而被余拒絕，真是使她難堪。余想她之來招余跳舞，或者因余等為東方人，未有相識之婦女，可共跳舞，故特意來周旋，豈知竟被拒絕，余看她羞澀之氣，亦甚過意不去。[29]

到舞場見識，「把盞徐酌，以看雙雙跳舞」，這畫面林獻堂先是理性地分析「西俗凡跳舞，皆男子求之女子，少有女子求之男子者」，待有位女子主動邀約共舞，林獻堂禮貌性地拒絕，卻又心軟「余看她羞

[28] 林獻堂：《環球遊記》，同上註，頁 177。

[29] 林獻堂：《環球遊記》，同上註，頁 253。

澀之氣，亦甚過意不去」！

視線離開都會男女的現代而親暱的關係，來到法國克呂尼博物館，林獻堂看見的是古代歐洲婦女的身體捆拘在「貞操帶」鐵製鎖鏈裡的酷刑裡：

> 貞操帶是男子防閒其妻與人私通之用，帶以鐵為之，環在腰際，另一條封在前後陰，以鎖鎖之，通大小便之處，開一小孔以通之。蓋中世紀男子，出征動輒經年，恐其妻不貞，思欲以防閒之，想入非非，故有貞操帶之作。 聞說其夫出門未及兩日，而此貞操帶最難開之鎖，以不勞煩費心竟能脫鈕而出矣，讓她無遮無礙進退自由。……。欲戒淫亂，最善之方法，莫如教育，使其能尊重自己的人格，不敢自暴自棄，若此則其庶幾乎！不然，雖有無量數之割禮刀與貞操帶，其何益於事哉！貞操帶已不用甚久，而割禮式則至今仍行之，可見猶太人仍未脫原始之風也。[30]

十字軍東征時期，西歐戰士踏上東征的旅途，會要求妻子戴上貞操帶，以防止其淫亂。這項枷鎖工具，不僅有形地傷害身體，無形地束縛女性的心靈。林獻堂看見法國博物館裡，竟存此器物，林獻堂有感而發「欲戒淫亂，最善之方法，莫如教育，使其能尊重自己的人格」。正因不能相互尊重，林獻堂認為「貞操帶」捆鎖女性的自由，也捆鎖了男性對於女性的信任感，致使其用有形鐵製器物控制女性的生活。「貞操帶」表面上是規範女性勿犯淫亂的工具，實質用意卻是傳統猶太社會中男性權威框限女性貞節道德操守的古老遺風！

對於女性犯淫亂之說，林獻堂來到義大利「聖彼得大教堂」另見一景象：

[30] 林獻堂：《環球遊記》，同上註，頁 140。

> 壁旁有十五個赦罪亭或云認罪亭，有人說此亭頗多穢史，謂婦女犯著不可告人之事來認罪，有僧同在亭中，僅隔一板，語可聞而人不可見，反復詰問盡得其秘密，因是脅逼強姦，婦女畏人知其陰事不得已而從之，無數淫案皆出自認罪亭云云。以我觀之，僧之犯淫必有其事，若云皆出自認罪亭，則恐傳聞之誤也。亭高約九呎，長約六呎，深不滿三呎，分作三格，有僧人坐其中，手執一長鞭，我適看見有一婦人來求赦罪跪在亭前，僧以鞭輕叩其首一下，婦即起立而去，並不作一語，那有反復詰問、脅逼強姦之事也。[31]

「聖彼得大教堂」本是世人認罪、贖罪之聖所，然而為保有隱私而設的「赦罪亭」卻也引來局外人的閒言閒語，訛言：「僅隔一板，語可聞而人不可見，反復詰問盡得其秘密，因是脅逼強姦，婦女畏人知其陰事不得已而從之，無數淫案皆出自認罪亭」；站在客觀觀察的立場，「我適看見有一婦人來求赦罪跪在亭前，僧以鞭輕叩其首一下，婦即起立而去，並不作一語，那有反復詰問、脅逼強姦之事」。林獻堂破除「以訛傳訛 」的污穢言語，重新解釋「聖彼得大教堂」赦罪亭之神父非有對來赦罪婦女之非禮之事。

從「貞操帶」、「赦罪亭」對於女性貶抑與污名化的情勢，林獻堂總是站在女性立場設想，釐清事實真象，還原女性自身尊嚴。

在遊歷歐洲，見識異國女性的風俗後，林獻堂所持的女性觀是尊重的，凝視者的主體為位置乃是「設身」為被凝視者著想，且大多以「旁觀」的客觀敘述與理性分析，來形繪女性的身體語言、潛質才能、社交能力與身體界線。在性別權力關係之間，林獻堂《環球遊記》力持「平權」的觀察視角，比較沒有「強者」與「弱者」的對立關係。

三、林獻堂借鏡歐美女性文化反思臺灣女性的權力主體

[31] 林獻堂：《環球遊記》，頁 194。

旅人經由「凝視」的方式翻譯詮釋了「自我」與「他者」文化之間的對話，融合視域成為新文化主體。1932 年林獻堂與其子自歐洲旅遊返臺後，於是年 3 月 9 日成立「一新會」，也是林獻堂領導臺中霧峰林家落實其文化標竿：建設「新文化」，達成創設「一新會」的目的：「在促進霧峰庄內之文化而廣布清新之氣於外，使漸進自治之精神，以期新台灣文化之建設」[32]，林獻堂以故鄉霧峰為據點，推行新文化之建設，其中一環即致力提升女性教育權力。

林獻堂所參與的霧峰「櫟社」，詩社成員也成立「臺灣文社」，實踐接受新文明，啟蒙地方自治精神、創設新文化的精神目標，也說明了此社發行機關刊物《台灣文藝叢誌》，而後陸續改名《台灣文藝旬報》、《台灣文藝月刊》的原始動機。此報刊的第十三號有篇論述〈文明進步之原動力及物質文明與精神文明之關係〉：

> 文明進步之原動力，不外乎精神之活動。而其精神活動之各方面，又皆於各種文明有非常之貢獻，固不待言矣。然若更進而徹底探求文明進步之原動時，則得謂為深結於人類中心願望與要求也。即此種願望或要求，為欲自己之目的，而刺激吾人之生活，促進吾人之努力，於是文明生焉。[33]

追求文明進步，其中「精神活動」的各個層面，是各種文明之中最大貢獻者，它深結於人類內心的願望，也是刺激人們努力生活的動力。林獻堂在歷經一年多的歐美旅遊，吸取世界文明，藉由探求文明進步之原因，結合促進臺灣社會進化，乃至生發新文明的思考，因此，「觀

[32]《灌園先生日記》，「臺灣日記知識庫」，中研院臺灣史研究所，http://taco.ith.sinica.edu.tw/tdk/%E7%81%8C%E5%9C%92%E5%85%88%E7%94%9F%E6%97%A5%E8%A8%98，徵引日期：2017 年 4 月 20 日。

[33]《臺灣文藝旬報》第十三號，大正十一年（1922 年）11 月 10 日。

察他者指出異文化的不同，對漢文化作出反省」[34]，旅遊過程中林獻堂書寫《環球遊記》，吸收世界新文明，返回臺灣後，再造新文化，「回歸點」與「出發點」因旅遊而產生差異，且旅遊敘事者愈深入未知的領域，原本遠離自我，他就愈深遂地返回自我，是為林獻堂此趟環遊文明之旅的收獲所在。

在林獻堂履行這趟環遊之旅前，當時臺灣社會對兩性認知的輿論情況如何？受日本殖民政府移進明治新文明的影響，當時臺灣的文化界、文學界吸納西方世界的文化元素，漸進地吸納外譯思潮，1924年6月11日《臺灣民報》2卷10號〈社會進化與婦人的地位〉：

> …於文明始期時代婦人全失了曚昧時代的獨立自由的權利了。婦人的地位有些改善是屬於這最近世的。……婦人境遇的高低是隨他們有從事人生必要品生產有無、或是他們有做國民生活的經濟要素的有無而決定，她們的生活改善和勢力也從這兩點而消長。所以婦人問題究極是經濟問題、如正義的感情是經濟的事情產出，從問題解決上來說這正義感情只有第二義意義而已。[35]

改善婦女地位是當時代的世界趨勢，但西方最初婦女地位的估量仍是以有無經濟生產能力來權衡，至於，婦女精神層面的要求在資本主義的趨使之下被犧牲了。這是西方世界工業革命後，經濟資本掛帥而推出「改善婦女的地位」的說詞。當時《臺灣民報》翻譯傳播此文，應是提供世界新知的視窗。至於，臺灣婦女地位的提升應該還回歸臺灣社會裡的兩性傳統習俗被反思。

---

[34] 許雪姬：〈追求現代、走入世界：我看灌園先生的《環球遊記》〉，收於林獻堂《環球遊記》，頁23

[35] 文末有載：略述美人 Philip Rappopozt 氏的「Looking Forward 的大意翻譯」，「臺灣民報系列資料庫」（台北：得泓出版公司），頁7-10。

1926年6月20日《臺灣民報》第110號有篇〈臺灣的婦女教育〉，就開啟女性教育重要的認識：

> 婦女和社會，實在有密切關係。婦女如果沒有受教育，那個社會就不能有多大的發展。……。因為舊禮教制度的中毒太深，以致”重男輕女”的觀念還是不薄，有些做父母的，就令經濟不充裕，還肯設法使男兒就學，若對於女兒便不肯如此了。況且，並不是貧困的家庭，實在能夠培植女兒受教育，以女兒將來是別家的人，不願使其就學，這也是一個婦女教育衰頹的原因。……。我們更希望先覺者，出為提倡創置政府設立以外的學校，如夜學校、補習學校、星期學校、講習會、讀書會等，就可使平民女子得有入學的機會了。

傳統禮教社會兩性不平等的觀念影響太深，以致當時臺灣男女就學比率不均等，傳統男性多有接受知識教育，女性則以「無才便是德」否決她的受教權。再加上，女大當嫁，嫁為人妻後的一切都歸屬夫家，女性無法自主。因此，此文有進步思想，主張提倡以民間的力量辦學，設立夜學校、補習學校、星期學校、講習會、讀書會等，使平民女子得有入學的機會。

《臺灣民報》刊載了女性教育啟發女性的自主權力的思想，隱然對讀者的知識傳播有著無形的影響力。林獻堂《環球遊記》裡，記載他來到英國披野遜家庭，看見女主人與女僕之間，各自擅揚著社交能力與自我主張，不因為身份階級的不同而遭受壓抑，自由發言這是東方女性所難以擁有權力。

追溯清治以降，隨著漢族「男尊女卑」性觀念移植，導致臺灣傳統社會兩性關係的失衡，誠如學者楊翠〈日據時期台灣婦女解放運動的歷史位置〉所言，來自移墾社會的特質——政府控制力薄弱、講求實務與成就取向、兩性失衡與文教未興等因素，終清一世，乃至整個日治時期，傳統漢儒文化中之父系繼嗣的家族制度仍然影響婦女生活至深，無論從婚姻習俗、生育習俗、家庭婦女的生活、蓄妾制度、婦女離婚與再嫁的習俗，都可看出父系思維運作模式，影響女性身處於不易鬆動的框架限制之下，從而更突顯女性的附屬性與類物性[36]。

挾帶著漢族社會的女性觀，林獻堂遊歷歐美的挹注女性話語之一所在，是在法國克呂尼博物館，看見女鞋，說道：

> 婦人之鞋、刺繡皆頗美麗，鞋有數十雙，唯路易十四時代之鞋，其頭非常尖小，長僅四吋餘，後跟高約有三吋，實無異漢族婦女的纏足，以婦女足小為美觀，不意中西人如出一轍。[37]

早期法國人以尖頭鞋作為女性之美的標誌，林獻堂聯想到漢族女性「纏足」習俗，為迎合男性「以婦女足小為美觀」，犧牲女性自然健康。

旅遊經過與「他者」的比較，林獻堂凝視異國風俗習慣，常返照出自身的文化特質，如前述他在德國林獻堂遇見主動邀舞的女子，拒絕她之後，有感而發：

> 余想她之來招余跳舞，或者因余等為東方人，未有相識之婦女，可共跳舞，故特意來周旋，豈知竟被拒絕，余看她羞澀之氣，亦甚過意不去。[38]

在宴樂場合裡，德國女性主動邀約林獻堂共舞，不同於東方女性的

[36] 楊翠：〈日據時期台灣婦女解放運動的歷史位置〉，《日據時期台灣婦女解放運動——以《台灣民報》為分析場域（1920-1932）（臺北：時報出版公司，1993 年），頁 35-48。

[37] 林獻堂：《環球遊記》，頁 138。

[38] 林獻堂：《環球遊記》，頁 253。

「矜持含蓄」，林獻堂禮貌性地回絕邀舞女子。林獻堂觀看西方女性不在於身體接觸，更是從女性「衣著之美」與「知性之美」來讚賞，是一種有距離的客觀美感，是理性反思的凝視！

遊歷了歐美文明國家後，林獻堂如何接受世界新文明、如何借鏡西方，重新建構臺灣女性權力話語，替弱勢的臺灣女性找到自身的主體位置，無論外在容貌或內在才能，皆引發他重視女性教育的思考。這趟旅遊歐美的過程，某一程度上，也可以說是林獻堂進行理解女性的過程，從過去的記憶，一種單一向度的認知記憶，經由移動的過程將自己的視域推向另一可能性，甚至超過了那種在陌生語言世界中進行漫遊和歷險的經驗[39]。除了歐美女性衣著外貌各展其能，他在英國與女宣教士茶敘中，看見這群女性的內在生命才能，到年老仍好學不倦，且展現出自由開朗的生命力，以及「丹麥的教育界對於婦女也特設有機關，為她學習烹飪術、家政學的」。在歐洲國家看見婦女才能如何經由教育而發掘聰明才智，受此觀察的影響，林獻堂認識了女性受教權之可貴，返臺後開始臺灣落實女性教育工作。

於是，遊歷歐美後的林獻堂，返回臺灣後體認到啟發婦女知識的重要性，遂與其子林攀龍 1932 年 2 月 24 日在臺中霧峰成立「一新會」，藉此組織開辦婦女教育講學活動，企圖將他在國外見聞引入臺灣社會，啟蒙婦女，也引導社會走向現代化的性別觀念。林獻堂在《環球遊記》裡，記載了上文所述的女性形象，這些不同的女性在他筆下，自然挾帶著他對異國文化的理解，再詮釋出新的觀念，尤其是他見過歐美國家對於女性權力的重視之具體事蹟，常喚醒他重新省思臺灣女性地位需要被提升的意識；同時他也未盲目地「崇洋」，在他詮釋歐美國家的女性習俗文化時，多了一層自己觀點，有了「視域融合」[40]後而形成了他的詮釋立場。

[39] Hans-Georg Gadamer（漢斯・格奧爾格・加達默爾）；洪漢鼎譯，《真理與方法》（臺北：時報文化，1993 年），頁 501。

[40]《真理與方法》，頁 499。

1927 年 5 月後啟程往歐美等世界各地，讓林獻堂了體驗東西文化對比箇中差異，突破臺灣社會的性別框架，吸納跨國的性別文化意識，轉化挹注改革臺灣婦女權力地位的動力。林獻堂跨界研究婦女文化，最終企圖建構什麼樣的「新女性」，甚至新兩性社會互動模式，其中所蘊含的社會改革的動機如何融入「一新會」之中？

以性別話語之建構為例，林獻堂所重視「兩性平等」的話題，是否能被「一新會」的會員接受，據《灌園先生日記》1933 年 3 月 25 日記載：

> 七時四十分在土曜講座，林氏紫雲講「婦人與社會奉仕」，陳槐庭講「男女不平等」，引古來男女不平等為當然，又言女性嫉妒而好虛榮。余恐聽眾誤解，乃急為說明男女之不平等皆由制度、習俗使然，非智能之不能平等；次說明制度平等、機會平等，以闡明平等原則，使一般知乞丐與大臣之平等與不平等。[41]

在本次「一新會」的「土曜講座」上，陳槐庭先生講「男女不平等」，認為臺灣傳統漢人風俗中「古來男女不平等」為理所當然，席間林獻堂一聽，急於反駁此說，解釋道「男女之不平等皆由制度、習俗使然，非智能之不能平等」，林獻堂同前述《臺灣民報》所言「舊禮教制度」扼殺了女性受教權，傳統社會中女性遭遇不平等，非女性智能劣於男性，乃是傳統風俗慣性思維使然。打破習焉而不察的錯謬思考，此處更可看見林獻堂所著重的啟蒙，非外在組織的「假樣」，乃企圖從「平等原則」的新思想的闡述來改變「男女之不平等」舊慣思想。

「一新會」的「土曜講座」亦會安排女性講員，如《灌園先生日

[41]《灌園先生日記》，「臺灣日記知識庫」，中研院臺灣史研究所，http://taco.ith.sinica.edu.tw/tdk/%E7%81%8C%E5%9C%92%E5%85%88%E7%94%9F%E6%97%A5%E8%A8%98，徵引日期：2017 年 4 月 6 日。

記》記載 1 935 年 8 月 20 日：「日曜講座百五十二回七時半開於青年會館，吳氏素貞講『女性之黎明』、潘瑞安講『今昔之比較』」[42]。依據李毓嵐的整理，認為「一新會」中女講員的講題，也都是提倡與婦女相關的新知，包括：林雙全講「現代婦人之主張」、洪浣翠講「男女平等」、吳素貞講「婦女教育之必要」、洪瑞蘭「家庭改造與妻之財產權」、王水講「妊產婦及初生兒之衛生」、李春蔭講「幼兒之教育」、林碧霜講「女子社會奉仕」、謝有講「新婦人之使命」等，唯女講員自身的知識有限，乃需常諮詢林獻堂[43]。

除了思想的革新，「一新會」為了提振女性自身的知識內涵，由社會部主催之「婦女懇親會」，擬辦新式的講題演說，引薦新的文化意識，《灌園先生日記》1933 年 4 月 19 日記載：

> 一新會社會部主催之婦女懇親會，午後三時開於會館，婦女及男子出席者五十餘人，瑞蘭司會，碧霞述開會辭，會歌合唱。攀龍擬演說題目八個，以抽籤定之，各人所得之順次如下：一、霧峰之自然與人生（余），二、男女交際的考察（成龍），三、拿破倫、大里杙、一新會（桂桃），四、台灣女性美論（階堂），五、感激的話（猶龍），六、我的戀愛觀（桂鶯），七、太平洋、麵包、音樂（春蔭），八、假使利得一萬円（以義）。[44]

從講題來看，演講內容不僅將「在地性」與「世界觀」俱呈含括，也

---

[42]《灌園先生日記》，「臺灣日記知識庫」，中研院臺灣史研究所，http://taco.ith.sinica.edu.tw/tdk/%E7%81%8C%E5%9C%92%E5%85%88%E7%94%9F%E6%97%A5%E8%A8%98，徵引日期：2017 年 4 月 6 日。

[43] 李毓嵐：〈林獻堂與婦女教育——以霧峰一新會為例〉，《臺灣學研究》第十三期（2012 年 6 月），頁 111。

[44]《灌園先生日記》，「臺灣日記知識庫」，中研院臺灣史研究所，http://taco.ith.sinica.edu.tw/tdk/%E7%81%8C%E5%9C%92%E5%85%88%E7%94%9F%E6%97%A5%E8%A8%98，徵引日期：2017 年 4 月 20 日。

重視兩性的情感面向，如：男女交際的考察、台灣女性美論、我的戀愛觀，後者是臺灣「男尊女卑」的傳統性別觀念中較少觸及的。另外，「一新義塾」也是為教育臺灣女性而開設的，「一新義塾預定八時半舉行開塾式，同內子如時而往。學生百二十餘人，女子七十餘，男子四十餘。」[45]，從一新義塾學生比例，看出女性多於男性，可見女性追求新知識的需要度頗高；這也是林獻堂看見世界各國對婦女教育的重視，且女權受到重視之後，以「一新會」為平臺，提供臺灣婦女接受新知、展現自我的機會。

女性自我權力與女性地位的提升，是遊歷歐洲多國後的林獻堂，踏上美國的國土，其感受最深刻的。美國是他見識過各國風情之後，對於女性地位最為尊重的國家：

> 美國婦人之地位，在萬國中比較為高，試舉數端如下，凡男子相遇於道中，點頭而已。惟遇婦女，則必脫帽為禮。在昇降機中，一婦女進，則眾皆脫帽。地下電車，坐位既滿，一婦進，男子必起讓坐。繁文縟禮，如見大賓，然此不徒對於上流社會為然，即尋常婦女亦莫不如也。女尊男卑之風，非僅遊美者之言，即美國人亦自謂然也，故有恆言曰，『欲驗一國文野程度，當以其婦人之地位為尺量。』試觀亞洲婦人之地位，較之歐美，實大相徑庭，故亞洲文明不能與歐美並駕齊驅，其信然也哉！[46]

兩性社交場合，不僅是前述的在升降機裡男性對女性脫帽，另在地下電車裡，男性亦需讓位給女性。男性對女性的禮儀，女尊男卑之風，

[45]《灌園先生日記》1933 年 5 月 15 日，「臺灣日記知識庫」，中研院臺灣史研究所，http://taco.ith.sinica.edu.tw/tdk/%E7%81%8C%E5%9C%92%E5%85%88%E7%94%9F%E6%97%A5%E8%A8%98，徵引日期：2017 年 4 月 6 日。

[46] 林獻堂：《環球遊記》，頁 400。

顯現美國女性地位之崇高。「欲驗一國文野程度，當以其婦人之地位為尺量」，林獻堂以女性地位之高下權衡一國之文野程度，認為文明開化的程度多少與該國民情給予女性崇高之地位有關。歷經一年多環球旅遊，林獻堂目睹了歐美國家給予女性相當的尊重，實非亞洲婦人之地位所能比擬的，故亞洲文明亦無法與歐美文明並駕齊驅！

林獻堂經過世界文明的洗禮，凝視世界的目光其實是相當理性，且持有自主思想的。在「女性」文化這版塊上，有其敬仰推崇者，亦有不合理使其無法恭維的風俗，統合臺灣女性習俗，融合成為他的女性新視域。這趟旅程可謂是他跨越國境的文化探究之旅，積極發揮女性文化研究的精神：以批判改造社會為職志，保有其「反學科」、「跨學科」、「挑戰學科」的火力。面對每個文化情境的不同，林獻堂詮釋匯通兩種文化習俗的比較差異，這種近乎近代學科的文化研究的「翻譯轉向」，將每一個區域的文化研究都像的文化翻譯、文化傳播，也像一種文化再生、或是花瓶的碎片，這些碎片、這些再生的生命，匯集起來也許可以幫助我們釐清一些答案，走出當前的某些困境，最終的目標是拼湊出一個完好的花瓶，追求一個更進步社會[47]。林獻堂《環球之旅》以旅遊的軟性方式，串流匯通世界各種花瓶的碎片，釐清臺灣傳統社會中女性權力被犧牲的根源，以重新建構女性內外形象的實際需要為目的，藉由知識啟蒙，讓女性經由培育的過程得以再生，於是，倡設「一新會」，實踐他對故鄉、對社會的改革理想，提供臺灣婦女精神成長的空間。

四、結語

林獻堂在歷經一年多的歐美旅遊，吸取世界文明，藉由探求文明進步之原因，結合促進臺灣社會進化，乃至生發新文明的思考。旅遊過程中林獻堂書寫《環球遊記》，吸收世界新文明，返回臺灣後，再

[47] 李芳根：〈文化研究的翻譯與旅行〉，《全球在地化的文化翻譯》（臺北：書林出版公司，2016 年），頁 158-160。

造新文化，「回歸點」與「出發點」因旅遊而產生差異，且旅遊敘事者愈深入未知的領域，原本遠離自我，他就愈深遂地返回自我，是為林獻堂此趟歐美之旅的收獲所在。

《環球遊記》中林獻堂以旅者目光凝視著世界異族、異國的女性，筆者於內文中分從婦女的身體語言、女性的潛質才能、女性的社交地位與主權、女性身體界線與貞操規範等面向，來探究林獻堂如何觀察、接觸異國女性，並詮釋異國女性習俗的文化意涵。本文詳讀細述的方式研究《環球遊記》，發現林獻堂遊歷歐美國家，見識諸多異國女性的風俗樣態後，他所持的女性觀是尊重的。凝視者的主體為位置乃是「設身」為被凝視者著想，且大多以「旁觀」的客觀敘述與理性分析，來形繪女性的身體語言、潛質才能、社交主權與身體界線。在性別權力關係之間，林獻堂力持「平權」的觀察視角，比較沒有「強者」與「弱者」的對立關係。

在性別話語之建構上，林獻堂重視「兩性平等」的話題，林獻堂主張「男女平等」，體恤臺灣女性之所以遭遇不平等待遇，非女性智能劣於男性，實為漢人傳統風俗慣性思維使然。打破習焉而不察的錯謬思考，此處更可看見林獻堂所著重的啟蒙，非外在組織的「假樣」，乃企圖從「平等原則」的新思想的闡述來改變「男女之不平等」舊慣思想。

借鏡歐美女性權力之高漲，激發女性才能發展，使其體驗到女性地位之高低關乎一國的文明開化程度。因此，為提倡臺灣社會的文明進化，需實踐改革婦女地位、改善女性受教權，1932 年 3 月 9 日林獻堂與其子自歐洲旅遊返臺後成立「一新會」，落實其建設「新文化」文化標竿。「一新會」的「土曜講座」會安排女性講員，女性講者多演說婦女相關的新知，包括：林雙全講「現代婦人之主張」、洪浣翠講「男女平等」、吳素貞講「婦女教育之必要」、洪瑞蘭「家庭改造與妻之財產權」、林碧霜講「女子社會奉仕」、謝有講「新婦人之使命」。另外，「一新會」延伸的「婦女懇親會」，其演講內容不僅將

「在地性」與「世界觀」俱呈含括，也重視兩性的情感面向，以及女性美學、職業婦女，這是傳統臺灣「男尊女卑」的性別觀念所不重視的。「一新義塾」也是「一新會」以啟發臺灣女性為目的，從一新義塾學生比例，看出女性多於男性，可知女性追求新知識的需要性，此組織另有「婦人國語漢文研究會」，啟發女性的知識能力。林獻堂看見世界各國對婦女教育的重視，且重視女權力的提升，在臺中霧峰以「一新會」為平臺，舉辦女性權力的演講、延聘女性講者，提供臺灣婦女接受新知、展現自我的機會，甚至影響女性生命重新自覺，如吳德功姪女吳帖[48]，革新傳統陋習對女性的不平等對待。

林獻堂費時費力向歐美先進國家的學習之旅，成就了不是他個人旅遊的享受，而是一個力行「知而後能行」臺灣傳統仕紳，展現社會實踐家的氣度，跨越個人文化限度，從故鄉出走「接受新知」，再返回故鄉「傳播新知、實踐新知」，突顯《環球遊記》這部日治時期臺灣旅遊文學之作的價值意義不同於一般。

[48] 鄧慧恩：《日治時期臺灣知識份子對於「世界主義」的實踐：以基督教受容中心》（臺南：成功大學臺灣文學所博士論文，2011 年），頁 188-189。

引用文獻

李芳根：〈文化研究的翻譯與旅行〉，《全球在地化的文化翻譯》，臺北：書林出版公司，2016年。

李毓嵐：〈林獻堂與婦女教育──以霧峰一新會為例〉，《臺灣學研究》第13期2012年6月，頁93-126。

林獻堂：《環球遊記》，臺北：天下雜誌股份公司，2015年。

林淑慧：《旅人心境：臺灣日治時期漢人旅遊書寫》，臺北：萬卷樓圖書公司，2014年。

林淑芬：《從《灌園先生日記》探討林獻堂的家人互動與家庭觀》，臺中：中興大學臺灣文學與跨國文化研究所碩士論文，2013年。

徐千惠：《日治時期台人旅外遊記析論──以李春生、連横、林獻堂、吳濁流遊記為分析場域》，臺北：臺灣師範大學國文所碩士論文，2002年。

許雪姬：〈林獻堂著《環球遊記》研究〉，《臺灣文獻》49期2卷，1998年6月，頁1-33。

黃子寧〈林獻堂與基督教（1927-1945）〉，許雪姬編：《日記與臺灣史研究：林獻堂先生逝世50週年紀念論文集》，臺北：中央研究院臺灣史研究所，2008年，頁695-696。

楊翠：〈日據時期台灣婦女解放運動的歷史位置〉，《日據時期台灣婦女解放運動──以《台灣民報》為分析場域（1920~1932），臺北：時報出版公司，1993年。

蔡米虹：〈借鏡與反思：臺灣士紳林獻堂觀見的美國〉，《國立彰化師範大學文學院學報》13期，2016年3月，頁167 – 198。

鄧慧恩：《日治時期臺灣知識份子對於「世界主義」的實踐：以基督教受容中心》，臺南：成功大學臺灣文學所博士論文，2011年。

Diane Ackerma（黛安・艾克曼），莊安祺譯：〈我們的每一種感官〉，《感官之旅》，臺北：時報文化公司，2007年，頁11-15。

Hans-Georg Gadamer（漢斯・格奧爾格・加達默爾）；洪漢鼎譯，《真理與方法》，臺北：時報文化，1993年。

《臺灣文藝旬報》第十三號，大正十一年（1922年）11月10日。

「臺灣民報系列資料庫」，得泓出版公司。

《灌園先生日記》，「臺灣日記知識庫」，中研院臺灣史研究所，http://

taco.ith.sinica.edu.tw/tdk/%E7%81%8C%E5%9C%92%E5%85%88%E7%94%9F%E6%97%A5%E8%A8%98。

國家圖書館出版品預行編目 (CIP) 資料

垂天之雲：歐洲漢學與東／西人文視域的交映／楊雅惠主編 . --
初版 . -- 高雄市：中山大學人文研究中心，中山大學文學院，
民 107.08〔2018.08〕

450面； 16*23公分 .

ISBN 978-986-05-6637-6（平裝）

1. 漢學研究　2. 文集

030.7　107013603

垂天之雲：歐洲漢學與東／西人文視域的交映

發行人　張錦忠
主　編　楊雅惠
編輯助理　林若琪・周怡廷・江品約
出版者　國立中山大學人文研究中心
　　　　國立中山大學文學院
地　址　80424 高雄市鼓山區蓮海路 70 號
電　話　886-7-5252000 轉 3241
傳　真　886-7-5250818
網　址　http://humanitiescenter.nsysu.edu.tw/
發行日期　中華民國一〇七年八月
定　價　新台幣 450 元
展售處　§ 國家書店松江門市
　　　　台北市松江路 209 號 1 樓
　　　　電話：886-2-25180207
　　　　§ 五南文化廣場台中總店
　　　　台中市中山路6號
　　　　電話：886-4-22260330#20
　　　　§ 高雄復文書局
　　　　高雄市鼓山區蓮海路70號
　　　　電話：886-7-5250930
版　次　初版
印　刷　正友印刷有限公司
ISBN　978-986-05-6637-6
GPN　1010701322